TIMSS/III

Dritte Internationale Mathematik- und
Naturwissenschaftsstudie –
Mathematische und naturwissenschaftliche
Bildung am Ende der Schullaufbahn

Band 1
Mathematische und naturwissenschaftliche
Grundbildung am Ende der Pflichtschulzeit

Jürgen Baumert, Wilfried Bos
Rainer Lehmann (Hrsg.)

TIMSS/III
Dritte Internationale Mathematik-
und Naturwissenschaftsstudie –
Mathematische und
naturwissenschaftliche Bildung
am Ende der Schullaufbahn

Band 1
Mathematische und naturwissenschaftliche
Grundbildung am Ende der Pflichtschulzeit

Leske + Budrich, Opladen 2000

Gedruckt auf säurefreiem und alterungsbeständigem Papier.

Die Deutsche Bibliothek – CIP-Einheitsaufnahme
Ein Titeldatensatz für diese Publikation ist bei Der Deutschen Bibliothek erhältlich

ISBN 3-8100-2075-3

© 2000 Leske + Budrich, Opladen

Das Werk einschließlich aller seiner Teile ist urheberrechtlich geschützt. Jede Verwertung außerhalb der engen Grenzen des Urheberrechtsgesetzes ist ohne Zustimmung des Verlages unzulässig und strafbar. Das gilt insbesondere für Vervielfältigungen, Übersetzungen, Mikroverfilmungen und die Einspeicherung und Verarbeitung in elektronischen Systemen.

Druck: Druck Partner Rübelmann, Hemsbach
Printed in Germany

Inhalt

Vorwort 17

I. Untersuchungsgegenstand und Fragestellungen 19
   Jürgen Baumert, Wilfried Bos und Rainer Lehmann
   1. Einleitung 19
   2. Untersuchungsgegenstand und Fragestellungen 25

II. Anlage und Durchführung der Dritten Internationalen Mathematik- und Naturwissenschaftsstudie zur Sekundarstufe II (TIMSS/III) – Technische Grundlagen 31
   Jürgen Baumert, Olaf Köller, Manfred Lehrke und Jens Brockmann
   1. Definition der Untersuchungspopulationen 31
   2. Test- und Fragebogenentwicklung 43
   3. Testdesign 55
   4. Skalierung der Leistungstests in TIMSS 60
   5. Stichprobenziehung und Stichprobengewichtung 68
   6. Durchführung der Untersuchung 81
   7. Teilnehmende Länder 83

III. Mathematische und naturwissenschaftliche Grundbildung: Konzeptuelle Grundlagen und die Erfassung und Skalierung von Kompetenzen 85
   Eckhard Klieme, Jürgen Baumert, Olaf Köller und Wilfried Bos
   1. Konzeptuelle Grundlagen 85
   2. Dimensionen des Grundbildungstests 94
   3. Mathematisch-naturwissenschaftliche Grundbildung: Erfassung und Skalierung von Kompetenzen 107

IV. Mathematische und naturwissenschaftliche Grundbildung im internationalen Vergleich 135
   Jürgen Baumert, Wilfried Bos und Rainer Watermann
   1. Variabilität der Bildungsbeteiligung in der Sekundarstufe II und mathematisch-naturwissenschaftliche Grundbildung 135

2.	Mathematisch-naturwissenschaftliche Grundbildung: Der internationale Leistungsvergleich	142
3.	Relative Stärken und Schwächen der deutschen Abschlussjahrgänge der Sekundarstufe II im Bereich der mathematisch-naturwissenschaftlichen Grundbildung: Analysen differentieller Itemfunktionen	171
4.	Leistungsvergleiche zwischen Sekundarstufe I und Sekundarstufe II	187
5.	Unterrichtszeit und Fachleistungen im Bereich der mathematisch-naturwissenschaftlichen Grundbildung	192

V. Mathematische und naturwissenschaftliche Grundbildung beim Übergang von der Schule in den Beruf ... 199

Rainer Watermann und Jürgen Baumert

1.	Institutionelle und regionale Leistungsunterschiede	199
2.	Mathematisch-naturwissenschaftliche Grundbildung und berufliche Erstausbildung im dualen System oder in beruflichen Vollzeitschulen	211
3.	Die Bedeutung des Erlebens von Kompetenz, Autonomie und sozialer Eingebundenheit für die Entwicklung einer intrinsischen Berufsmotivation	246

VI. Einflüsse sozialer und ethnischer Herkunft beim Übergang in die Sekundarstufe II und den Beruf ... 261

Kai Uwe Schnabel und Knut Schwippert

1.	Schichtenspezifische Einflüsse am Übergang auf die Sekundarstufe II	261

Knut Schwippert und Kai Uwe Schnabel

2.	Mathematisch-naturwissenschaftliche Grundbildung ausländischer Schulausbildungsabsolventen	282

Anhang: Aufbau und Struktur der Sekundarstufe II der an der Untersuchung beteiligten Länder ... 301

Literatur ... 351

Tabellenverzeichnis

Tabelle II.1:	Schüler der Sekundarstufe II im letzten Ausbildungsjahr nach Schulart 1995/96	36
Tabelle II.2:	Ausschöpfungsgrad der international gewünschten Zielpopulation und national definierten Untersuchungspopulation nach Ländern in Prozent des einschlägigen Altersjahrgangs *(Age Cohort Coverage Efficiency)*	38
Tabelle II.3:	Ausschöpfungsgrad der Teilpopulationen mit voruniversitärem Mathematik- bzw. Physikunterricht nach Ländern in Prozent des einschlägigen Altersjahrgangs *(Mathematics and Physics TIMSS Coverage Indices* [MTCI, PTCI])	41
Tabelle II.4:	Ausschöpfungsgrad der Teilpopulationen mit differenziertem voruniversitärem Mathematik- bzw. Physikunterricht nach Ländern in Prozent des einschlägigen Altersjahrgangs *(Mathematics and Physics TIMSS Coverage Indices* [MTCI, PTCI])	42
Tabelle II.5:	Mathematische Testaufgaben im Grundbildungstest nach Sachgebiet und Verhaltenserwartung	49
Tabelle II.6:	Naturwissenschaftliche Testaufgaben im Grundbildungstest nach Sachgebiet und Verhaltenserwartung	49
Tabelle II.7:	Testaufgaben des Grundbildungstests nach Fachgebiet und Aufgabenformat	50
Tabelle II.8:	Testaufgaben für den voruniversitären Mathematikunterricht nach Sachgebiet und Verhaltenserwartung	50
Tabelle II.9:	Testaufgaben für den voruniversitären Mathematikunterricht nach Sachgebiet und Aufgabenformat	51
Tabelle II.10:	Testaufgaben für den voruniversitären Physikunterricht nach Sachgebiet und Verhaltenserwartung	51
Tabelle II.11:	Testaufgaben für den Physikunterricht nach Sachgebiet und Aufgabenformat	52
Tabelle II.12:	Aufgabenbündel nach Sachgebiet und Bearbeitungszeit ...	58
Tabelle II.13:	Verteilung der Aufgabenbündel auf Testhefte	59
Tabelle II.14:	Zuweisung der Testhefte auf Subgruppen der Untersuchungsteilnehmer	59
Tabelle II.15:	Untersuchungsbeteiligung von Schülern nach Schulart in Prozent der Sollzahlen (Ausschöpfungsgrad der Stichprobe in Deutschland)	72

Tabelle II.16:	Realisierte Stichprobe nach Schulart und Erhebungsjahr in Deutschland (ungewichtet)	73
Tabelle II.17:	Auszubildende nach Ausbildungsberufen (Hauptgruppen) in der Stichprobe der berufsbildenden Schulen und der Grundgesamtheit	74
Tabelle II.18:	Realisierte Stichprobe der Abschlussklassen in der gymnasialen Oberstufe an Gymnasien, integrierten Gesamtschulen und Fachgymnasien nach Kurswahl in Mathematik und Physik in Deutschland (ungewichtet)	75
Tabelle II.19:	Realisierte Stichprobe für den Untersuchungsbereich „Mathematisch-naturwissenschaftliche Grundbildung" nach Schulformen (gewichtet)	78
Tabelle II.20:	Realisierte Stichprobe für die Untersuchungsbereiche „Voruniversitärer Mathematik- und Physikunterricht" nach Fächern und Kursniveau (gewichtet)	79
Tabelle II.21:	Teilnehmende Länder nach Untersuchungsbereichen	84
Tabelle III.1:	Mathematische Testaufgaben im MSL-Test nach Sachgebiet und Aufgabenformat	93
Tabelle III.2:	Naturwissenschaftliche Testaufgaben im MSL-Test nach Sachgebiet und Aufgabenformat	93
Tabelle III.3:	Angewandte Aufgabenstellungen im MSL-Test *(Reasoning and Social Utility)* nach Fach und Aufgabenformat	94
Tabelle III.4:	Kennwerte für die Anpassungsgüte konkurrierender Modelle zur Überprüfung der Dimensionalität des Tests zur mathematisch-naturwissenschaftlichen Grundbildung (zwei Gruppen mit unterschiedlichen Testheften)	98
Tabelle III.5:	Charakteristische Aufgaben auf den Kompetenzstufen der mathematischen Grundbildung	122
Tabelle III.6:	Charakteristische Aufgaben auf den Kompetenzstufen der naturwissenschaftlichen Grundbildung	129
Tabelle III.7:	Fähigkeitsniveaus und Gruppenbildung für die beiden TIMSS-Grundbildungstests	133
Tabelle IV.1:	Ausgewählte Kennziffern der Bildungssysteme der TIMSS/III-Länder	136
Tabelle IV.2:	Ergebnisse der Regression vom Grundbildungsniveau auf ausgewählte Systemmerkmale	141

Tabelle IV.3:	Ausschöpfungsgrad der international gewünschten Zielpopulation und national definierten Untersuchungspopulation nach Ländern in Prozent des einschlägigen Altersjahrgangs *(Age Cohort Coverage Efficiency)*	144
Tabelle IV.4:	Testleistungen im Bereich mathematisch-naturwissenschaftlicher Grundbildung bei unterschiedlichen am TCI normierten Teilpopulationen nach ausgewählten Ländern	148
Tabelle IV.5:	Schüler nach Fähigkeitsniveau im Bereich mathematischer Grundbildung und ausgewählten Ländern bei normiertem und nicht normiertem *TIMSS Coverage Index*	161
Tabelle IV.6:	Schüler nach Fähigkeitsniveau im Bereich naturwissenschaftlicher Grundbildung und ausgewählten Ländern bei normiertem und nicht normiertem *TIMSS Coverage Index*	162
Tabelle IV.7:	Testaufgaben nach Anforderungsniveau und Sachgebiet	172
Tabelle IV.8:	Aufgabenschwierigkeiten im Grundbildungstest nach Sachgebiet und Anforderungsniveau	173
Tabelle IV.9:	Testaufgaben nach Anforderungsniveau, Aufgabenformat und Sachgebiet	182
Tabelle IV.10:	Differentielle Aufgabenschwierigkeiten (DIF) im mathematischen Grundbildungstest im Vergleich mit ausgewählten Referenzländern nach Anforderungsniveau	183
Tabelle IV.11:	Differentielle Aufgabenschwierigkeiten (DIF) im naturwissenschaftlichen Grundbildungstest im Vergleich mit ausgewählten Referenzländern nach Anforderungsniveau	186
Tabelle IV.12:	Approximierte nominale Unterrichtszeit (in Zeitstunden) in Mathematik und den Naturwissenschaften von der 1. bis zum Ende der 8. Jahrgangsstufe in ausgewählten Ländern	195
Tabelle V.1:	Erreichte Kompetenzniveaus der mathematischen Grundbildung nach Bildungsgang	201
Tabelle V.2:	Erreichte Kompetenzniveaus der naturwissenschaftlichen Grundbildung nach Bildungsgang	201
Tabelle V.3:	Erreichte Kompetenzniveaus der mathematischen Grundbildung nach Schulabschluss	202
Tabelle V.4:	Erreichte Kompetenzniveaus der naturwissenschaftlichen Grundbildung nach Schulabschluss	202
Tabelle V.5:	Leistungen in mathematisch-naturwissenschaftlicher Grundbildung nach zuletzt besuchter allgemeiner Schulform und Schulabschluss	206

Tabelle V.6:	Auszubildende nach am häufigsten in der Stichprobe vertretenen Ausbildungsberufen	213
Tabelle V.7:	Berufsfachschüler nach am häufigsten in der Stichprobe vertretenen Bildungsgängen	213
Tabelle V.8:	Geschlecht, Schulabschluss und Realisierung des Wunschberufs nach Berufsgruppen im dualen System	215
Tabelle V.9:	Klassifikation der beruflichen Bildungsgänge nach Sachgebietsnähe	218
Tabelle V.10:	Multiple Regression der Leistungen in den Untertests der mathematisch-naturwissenschaftlichen Grundbildung auf Geschlecht, Schulabschluss, Sachgebietsnähe des Ausbildungsgangs und Ausbildungsjahr	223
Tabelle V.11:	Multiple Regression der Leistungen in den Untertests der mathematisch-naturwissenschaftlichen Grundbildung auf Geschlecht, Schulabschluss, Sachgebietsnähe des Ausbildungsgangs, Ausbildungsjahr und Einschätzung der Lerngelegenheiten am Arbeitsplatz und im Fachunterricht der Berufsschule	226
Tabelle V.12:	Geschlecht und höchster allgemeinbildender Schulabschluss nach den am häufigsten in der Stichprobe vertretenen Ausbildungsberufen im dualen System	228
Tabelle V.13:	Kennwerte zur kriterialen Validität des Grundbildungstests nach Berufsfeld und Sachgebiet	238
Tabelle V.14:	Wichtigkeitsratings der Experten (in %), relative Lösungshäufigkeiten und differentielle Itemparameter (Gruppe × Item) (in Logits) ausgewählter Aufgaben aus dem Bereich der mathematischen Grundbildung nach Bildungsgängen	241
Tabelle V.15:	Wichtigkeitsratings der Experten (in %), relative Lösungshäufigkeiten und differentielle Itemparameter (Gruppe × Item) (in Logits) ausgewählter Items aus dem Bereich der naturwissenschaftlichen Grundbildung nach Bildungsgängen	242
Tabelle V.16:	Produkt-Moment-Korrelationen zwischen Itemwichtigkeit und relativer Itemschwierigkeit	243
Tabelle V.17:	Skalen zur Erfassung von Merkmalen subjektiver Ausbildungsumwelten	248
Tabelle V.18:	Skalen zur Erfassung der Berufsmotivation	250
Tabelle V.19:	Mittelwerte und Standardabweichungen der Skalen bzw. Items zur Bewertung der Ausbildungssituation und der Berufsmotivation	251

Tabelle VI.1:	Ausgewählte Kennwerte der Untersuchungsstichprobe	270
Tabelle VI.2:	Logistische Regression zur Vorhersage des Niveaus des Hauptschulabschlusses (regulär/qualifiziert)	273
Tabelle VI.3:	Logistische Regression zur Vorhersage des Bildungsverlaufs nach Realschulabschluss (duale Ausbildung/Fachoberschule)	275
Tabelle VI.4:	Logistische Regression zur Vorhersage universitärer Ausbildungsgänge (GOS/FG vs. übrige Bildungsgänge)	277
Tabelle VI.5:	Sprachgebrauch und Geburtsort der Befragten und ihrer Eltern in den drei Migrantengruppen	287
Tabelle VI.6:	Alter und Geschlecht der TIMSS-Probanden und familiärer Sprachgebrauch	288
Tabelle VI.7:	Verteilung von Jugendlichen und jungen Erwachsenen aus Familien mit unterschiedlichem Sprachgebrauch nach Bildungsgang	289
Tabelle VI.8:	Materiale Ausstattung der Jugendlichen aus Familien mit unterschiedlichem deutschen Sprachgebrauch	291
Tabelle VI.9:	Höchster Schulabschluss der Eltern nach familiärem Sprachgebrauch	292
Tabelle VI.10:	Berufswahl von Auszubildenden aus Familien mit unterschiedlichem deutschen Sprachgebrauch	294
Tabelle VI.11:	Leistungsverteilung von Jugendlichen aus Familien unterschiedlichen deutschen Sprachgebrauchs	296
Tabelle VI.12:	Erklärter Varianzanteil an der mathematisch-naturwissenschaftlichen Grundbildung durch die Sprachgruppenzugehörigkeit („familiärer Sprachgebrauch") unter Berücksichtigung weiterer Kontrollvariablen	297
Tabelle VI.13:	Effekte der Kovariaten auf das Leistungsniveau in der Analyse des Nettoeffekts der Variable „familiärer Sprachgebrauch"	298

Abbildungsverzeichnis

Abbildung II.1:	Datenquellen von TIMSS/III	43
Abbildung II.2:	Überblick über die Grundkonzeption der Test- und Fragebogenentwicklung	46
Abbildung II.3:	Item-Charakteristik-Kurven für zwei Items im Rasch-Modell	63
Abbildung II.4:	Kategorien-Charakteristik-Kurven für ein Item mit vier Lösungskategorien	64
Abbildung III.1:	General-Faktor-Modell zur Erklärung von Leistungen im Test zur mathematisch-naturwissenschaftlichen Grundbildung	95
Abbildung III.2:	Zwei-Faktoren-Modell zur Erklärung der Leistungen im Test zur mathematisch-naturwissenschaftlichen Grundbildung	96
Abbildung III.3:	Modell mit einem Generalfaktor und spezifischen Faktoren zur Erklärung der Leistungen im Test zur mathematisch-naturwissenschaftlichen Grundbildung	97
Abbildung III.4:	Modell mit zwei korrelierenden spezifischen Faktoren zur Erklärung der Leistungen im Test zur mathematisch-naturwissenschaftlichen Grundbildung	98
Abbildung III.5:	Modell mit einem General- und zwei unabhängigen spezifischen Faktoren zur Erklärung der Leistungen im Test zur mathematisch-naturwissenschaftlichen Grundbildung	99
Abbildung III.6:	Modell mit zwei korrelierenden spezifischen Faktoren zur Erklärung der Leistungen im Test zur naturwissenschaftlichen Grundbildung (standardisierte Lösung) ...	101
Abbildung III.7:	Modell mit einem Generalfaktor und drei unabhängigen Methodenfaktoren zur Erklärung der Leistungen im Test zur mathematisch-naturwissenschaftlichen Grundbildung	106
Abbildung III.8:	Zusammenhang von Testwerten und Prozenträngen unter der Voraussetzung von Normalverteilung	109
Abbildung III.9:	Item-Charakteristik-Kurven (ICCs) für Beispielaufgaben aus dem TIMSS-Test zur naturwissenschaftlichen Grundbildung	115

Abbildung III.10:	Testaufgaben aus dem Bereich mathematischer Grundbildung – Beispiele nach Schwierigkeit	124
Abbildung III.11:	Testaufgaben aus dem Bereich naturwissenschaftlicher Grundbildung – Beispiele für Biologie nach Schwierigkeit	128
Abbildung III.12:	Testaufgaben aus dem Bereich naturwissenschaftlicher Grundbildung – Beispiele für Physik nach Schwierigkeit	131
Abbildung IV.1:	Länder mit mittlerer Leistung in mathematisch-naturwissenschaftlicher Grundbildung und nach dem Ausschöpfungsgrad der Altersgruppe (TCI)	139
Abbildung IV.2:	Testleistungen im Bereich mathematisch-naturwissenschaftlicher Grundbildung nach ausgewählten Ländern (TCI zwischen 78 % und 88 %)	150
Abbildung IV.3:	Testleistungen im Bereich mathematisch-naturwissenschaftlicher Grundbildung nach Ländern	152
Abbildung IV.4:	Testleistungen der testleistungsstärksten 25 Prozent einer Alterskohorte im Bereich mathematisch-naturwissenschaftlicher Grundbildung nach Ländern	153
Abbildung IV.5:	Testleistungen im Bereich mathematischer Grundbildung nach Ländern	156
Abbildung IV.6:	Testleistungen der testleistungsstärksten 25 Prozent einer Alterskohorte im Bereich mathematischer Grundbildung nach Ländern (Mittelwerte)	157
Abbildung IV.7:	Testleistungen im Bereich naturwissenschaftlicher Grundbildung nach Ländern	158
Abbildung IV.8:	Testleistungen der testleistungsstärksten 25 Prozent einer Alterskohorte im Bereich naturwissenschaftlicher Grundbildung nach Ländern	159
Abbildung IV.9:	Beispiele für Mathematikaufgaben der Skala *Reasoning and Social Utility*	164
Abbildung IV.10:	Beispiel einer Biologieaufgabe der Skala *Reasoning and Social Utility*	165
Abbildung VI.11:	Testleistungen im Bereich *Reasoning and Social Utility* nach Ländern	166
Abbildung IV.12:	Testleistungen der testleistungsstärksten 25 Prozent einer Alterskohorte im Bereich *Reasoning and Social Utility* nach Ländern	167
Abbildung IV.13:	Differentielle Itemfunktionen (DIF)	180

Abbildung IV.14:	Mathematische Beispielaufgaben der Niveaustufe III und IV mit erhöhter relativer Lösungsschwierigkeit für deutsche Schülerinnen und Schüler im Vergleich zur Schweiz, zu Frankreich und Schweden	185
Abbildung IV.15:	Naturwissenschaftliche Beispielaufgaben der Niveaustufe III und IV mit erhöhter relativer Lösungsschwierigkeit für deutsche Schülerinnen und Schüler im Vergleich zu den Referenzländern	186
Abbildung IV.16:	Mathematikleistungen am Ende der 8. Jahrgangsstufe und im Abschlussjahr der Sekundarstufe II nach Ländern (Abweichungen vom jeweiligen deutschen Median)	190
Abbildung IV.17:	Zusammenhang zwischen approximierter nominaler Unterrichtszeit (in Zeitstunden) in Mathematik von der 1. bis zum Ende der 8. Jahrgangsstufe und Mathematikleistungen am Ende der 8. Jahrgangsstufe	194
Abbildung IV.18:	Zusammenhang zwischen approximierter nominaler Unterrichtszeit (in Zeitstunden) in Naturwissenschaften von der 1. bis zum Ende der 8. Jahrgangsstufe und naturwissenschaftlichen Leistungen am Ende der 8. Jahrgangsstufe	197
Abbildung V.1:	Mathematisch-naturwissenschaftliche Grundbildung nach Schulabschluss	204
Abbildung V.2:	Schüler im Abschlussjahr der Sekundarstufe II nach mathematisch-naturwissenschaftlichem Grundbildungsniveau und allgemein erreichtem oder erwartetem Schulabschluss	205
Abbildung V.3:	Mathematisch-naturwissenschaftliche Grundbildung nach Bildungsgang in der Sekundarstufe II und allgemeiner Schulabschluss/Schulform	207
Abbildung V.4:	Testleistungen im Bereich der mathematisch-naturwissenschaftlichen Grundbildung in alten und neuen Ländern der Bundesrepublik Deutschland nach Schulabschluss	209
Abbildung V.5:	Testleistungen im Bereich der mathematisch-naturwissenschaftlichen Grundbildung nach Ländergruppen mit unterschiedlicher Bildungsbeteiligung in der gymnasialen Oberstufe	210
Abbildung V.6:	Fachspezifische Interessen nach Bildungsgängen	220

Abbildung V.7:	Testleistungen im Bereich der mathematischen und naturwissenschaftlichen Grundbildung nach Sachgebietsnähe der Ausbildung	221
Abbildung V.8:	Testleistungen im Bereich der biologischen und physikalischen Grundbildung nach Sachgebietsnähe der Ausbildung	222
Abbildung V.9:	Testleistungen in den Bereichen mathematischer und naturwissenschaftlicher Grundbildung nach Ausbildungsberufen	228
Abbildung V.10:	Testleistungen in den Bereichen biologischer und physikalischer Grundbildung nach Ausbildungsberufen	230
Abbildung V.11:	Kommunalitätenanalytische Zerlegung der erklärten Varianz in den Leistungen der mathematischen und naturwissenschaftlichen Grundbildung	231
Abbildung V.12:	Beispielaufgaben aus dem Bereich der mathematischen Grundbildung nach ihrer von Experten der beruflichen Bildung beurteilten berufsfeldspezifischen Wichtigkeit	233
Abbildung V.13:	Beispielaufgaben aus dem Bereich der naturwissenschaftlichen Grundbildung nach ihrer von Experten der beruflichen Bildung beurteilten berufsfeldspezifischen Wichtigkeit	237
Abbildung V.14:	Strukturmodell zur Erklärung des Berufsinteresses und der Berufsbindung	253
Abbildung V.15:	Strukturmodell zur Erklärung des Selbstkonzepts der beruflichen Befähigung, des Berufsinteresses und der Berufsbindung	254
Abbildung V.16:	Strukturmodell zur Erklärung des Selbstkonzepts der beruflichen Befähigung, des Berufsinteresses und der Berufsbindung bei Auszubildenden in mathematik- und techniknahen Berufen	255
Abbildung V.17:	Strukturmodell zur Erklärung des Selbstkonzepts der beruflichen Befähigung, des Berufsinteresses, der Berufsbindung und der geplanten Berufstreue respektive Weiterbildungsabsicht	256
Abbildung VI.1:	Interesse an Technik und Bildungsverlauf	278

Vorwort

Der vorliegende Bericht, der zwei Bände umfasst, gibt in analytischer Perspektive Auskunft über die Ergebnisse jener Teiluntersuchungen der Dritten Internationalen Mathematik- und Naturwissenschaftsstudie (TIMSS), die sich mit der mathematisch-naturwissenschaftlichen Grundbildung der nachwachsenden Generation am Ende der Pflichtschulzeit und dem Mathematik- und Physikunterricht voruniversitärer Bildungsgänge beschäftigen. Diese Analysen verbreitern und vertiefen die deskriptiven Befunde, die bislang nur in knapper Zusammenfassung vorliegen (Baumert, Bos & Watermann, 1998). TIMSS/III ist im Unterschied zur deutschen Mittelstufenstudie, die abweichend vom internationalen Design längsschnittlich angelegt war, auch in Deutschland eine Querschnittuntersuchung. Dies schränkt die Analyse- und Aussagemöglichkeiten je nach Fragestellung in unterschiedlicher Weise ein. Während Struktur und Niveau der erworbenen mathematisch-naturwissenschaftlichen Kompetenzen sehr wohl auch in einer Survey-Studie untersucht werden können, erreichen Zusammenhangsanalysen fast immer nur explorativen Status. Sie bedürfen der Absicherung und Stützung durch Befunde aus Längsschnittstudien und experimentellen Arbeiten. Trotz dieser Einschränkungen, die wir in unseren Analysen immer wieder herausstellen werden, sind Untersuchungen wie TIMSS alles andere als überflüssig: Häufig genug widerlegen sie vermeintliche pädagogische oder bildungspolitische Gewissheiten und erfüllen so bereits eine wichtige diagnostische Aufgabe; darüber hinaus können sie – und TIMSS ist dafür ein gutes Beispiel – sowohl Fragen zuspitzen und auf den Punkt bringen als auch neue Perspektiven, nicht zuletzt für konstruktive pädagogische Phantasien, eröffnen.

Der unseres Erachtens wohl wichtigste bisherige Beitrag von TIMSS liegt in der Neustrukturierung der öffentlichen und professionellen Aufmerksamkeit. Nach TIMSS finden Bildungsthemen größeres Interesse, der Unterricht selbst ist als Kernaufgabe der Schule in das Zentrum gerückt. Dieser Aufmerksamkeitswandel ist nicht folgenlos geblieben. Auf politischer Ebene ist damit begonnen worden, Gräben einzuebnen und sich gemeinsam der Aufgabe der Qualitätsentwicklung und Qualitätssicherung zu widmen. Auf wissenschaftlicher Ebene ist anwendungsbezogene Anschlussforschung mit einem neuen Schwerpunktprogramm der Deutschen Forschungsgemeinschaft (DFG) zur Qualität von Schule und Unterricht auf den Weg gebracht. Sowohl in der Erziehungswissenschaft als auch in den Fachdidaktiken hat TIMSS der empirischen Forschung und der Entwicklung innovativer Lehr- und Lernformen Anregungen gegeben. Auf praktischer Ebene – und hier liegt der entscheidende Prüfstein – sind die Wirkungen am vielfältigsten. In der Aus- und Weiterbildung von Lehrern haben die Fragestellungen und Befunde von TIMSS starken Widerhall gefunden. Prozesse und Inhalte des kumulativen fachlichen Lernens, der intelligente Umgang mit Aufgaben und die Verbindung von motivierenden und kognitiv aktivierenden Unterrichtsformen gehören zu den Themen, die Aufmerksamkeit gefunden haben. In fast allen Ländern und länderübergreifend sind Initiativen begonnen worden, um die Rolle der Einzelschule als Ausgangspunkt und Zentrum der Qualitätsentwicklung zu stärken und die Leistungen der die Schule unterstützenden Einrichtungen zu verbessern. Mit dieser Stoßrichtung gehen die Maßnahmen, auch wenn sie zunächst dem mathematisch-naturwissenschaftlichen Unterricht gewidmet sind, weit über diesen hinaus. In der Konzentration auf den Unterricht in der *einzelnen* Schule versprechen die Initiativen auch Nachhaltigkeit, da ein großes Entwicklungspotential unserer Schulen in der fachlichen Qualifikation der Lehrkörper und der schulinternen Zusammenarbeit liegt.

Dennoch wollen wir nicht übersehen, dass die breite Resonanz von TIMSS auch Kosten hatte. Sie liegen vor allem in einer allzu großen Simplifizierung komplexer Befunde und der interessengeleiteten Interpretation von Ergebnissen, die sich unabhängig von politischen Orientierungen nachweisen lässt und sich keineswegs auf die öffentliche Rezeption beschränkt, sondern auch in der Pädagogik zu finden ist. Nicht selten vermischen sich berechtigte fachliche Fragen und kritische Einwände mit der persönlichen Mission, sodass eine adäquate Behandlung der Argumente nicht einfach ist. Im vorliegenden Bericht werden wir auf kritische Fragen, die in der bisherigen Diskussion über TIMSS aufgeworfen worden sind, sorgfältig eingehen und diese auf ihren fachlichen Gehalt prüfen. Zugleich hoffen wir, dass sich unsere Analysen gegenüber vorschneller Vereinfachung und interessengeleiteter Einvernahme als sperrig erweisen. In der Regel sind die Befunde so vielschichtig, dass sie sich kaum dazu eignen, vorgefasste Meinungen zu bestätigen; eher werden sie Anlass geben, Problemwahrnehmungen neu zu strukturieren. Dazu gehört auch die Überwindung solcher vermeintlichen Alternativen wie „Entwickeln statt Vermessen". Dass dies gelingen könnte, dafür gibt es gute Anzeichen. Denn in der Schulentwicklungsforschung besteht längst Einigkeit darüber, dass sich Qualitätsentwicklung und Qualitätssicherung ergänzen – und zwar auf allen Ebenen des Schulsystems. Studien, die wie TIMSS der Beobachtung systemischer Zusammenhänge und nicht unmittelbar der Steuerung der Einzelschule dienen, können ein Element der Schulentwicklung unter anderen sein, indem sie Orientierungswissen für Bildungsplanung, Lehrplanarbeit, Lehrerfortbildung, aber auch für die didaktische Arbeit am und im Unterricht selbst liefern.

Für die Forschungsgruppe
Jürgen Baumert, Wilfried Bos, Rainer Lehmann

I. Untersuchungsgegenstand und Fragestellungen

Jürgen Baumert, Wilfried Bos und Rainer Lehmann

1. Einleitung

Anliegen und Rezeption von TIMSS

Nur wenige pädagogisch-psychologische Arbeiten haben vergleichbare öffentliche Aufmerksamkeit gefunden wie TIMSS. Eine derartig breite Rezeption hat allerdings auch Kosten. Die offensichtlichsten sind die Simplifizierung von Ergebnissen und die Reduktion komplexer Befunde auf wenige griffige Botschaften, die dem wissenschaftlichen Anliegen einer solchen Studie alles andere als gerecht werden. So steht das Akronym „TIMSS" in Deutschland vereinfachend für die Überraschung, dass die mathematisch-naturwissenschaftlichen Kompetenzen von deutschen Jugendlichen und jungen Erwachsenen in einem breiten internationalen Mittelfeld liegen. Dieser Befund allein ist jedoch nur von geringem Interesse; Bedeutung erhält ein solches Ergebnis erst durch die Analyse der inhaltlichen Qualität der Kompetenzunterschiede innerhalb definierter Fachgebiete und im Rahmen der Bildungsvorstellungen unserer Lehrpläne. Gerät die Komplexität der empirischen Befunde, die sich nicht selten wechselseitig relativieren, in Vergessenheit, löst sich die öffentliche Diskussion sehr schnell von der wissenschaftlichen Substanz einer Untersuchung und gewinnt im Spiel der Interessen ein wenig beeinflussbares Eigenleben. Im Rahmen unserer Möglichkeiten würden wir gern dazu beitragen, diesen Prozess bei der Rezeption des vorliegenden Berichts zu verlangsamen. Deshalb wollen wir im Rückgriff auf unsere erste Veröffentlichung (Baumert, Lehmann u.a., 1997) den Entstehungszusammenhang und das grundsätzliche Anliegen von TIMSS noch einmal zusammenfassen.

Die dritte internationale Mathematik- und Naturwissenschaftsstudie – *Third International Mathematics and Science Study* (TIMSS) – setzt die Reihe der international vergleichenden Schulleistungsuntersuchungen fort, die seit 1959 von der *International Association for the Evaluation of Educational Achievement* (IEA) durchgeführt werden. Die erste und zweite Mathematikstudie – *First and Second International Mathematics Study* (FIMS, SIMS) – wurden 1964 bzw. 1980 bis 1982 durchgeführt. Die beiden internationalen Naturwissenschaftsstudien der IEA – *First and Second International Science Study* (FISS, SISS) – fanden in den Jahren 1970 bis 1971 und 1983 bis 1984 statt. Mit TIMSS werden die Mathematik- und Naturwissenschaftsleistungen von Schlüsseljahrgängen in der Grundschule und den Sekundarstufen I und II zum ersten Mal gleichzeitig untersucht. Deutschland beteiligte sich an den Untersuchungen zur Sekundarstufe I und II (TIMSS Populationen II und III). Der vorliegende Bericht, der in zwei Bänden erscheint, ist Analysen zur Sekundarstufe II (TIMSS/III) gewidmet. Der erste, hier vorliegende Band behandelt die mathematisch-naturwissenschaftliche Grundbildung am Ende der Pflichtschulzeit. Der zweite Band untersucht mathematische und physikalische Kompetenzen am Ende der gymnasialen Oberstufe.

Die Bundesrepublik Deutschland gehört zu den wenigen Industrienationen, die zwar ein komplexes System der Steuerung und Abstimmung des – im deutschen Fall föderalen – Bildungssystems entwickelt haben, aber lange Zeit auf nationale Qualitätskontrollen der Ergebnisse von Bildungsprozessen und deren Justierung im internationalen Vergleich verzichteten. Mit der Beteiligung an TIMSS wurden in Deutschland im Grunde zum ersten Mal verlässliche Daten verfügbar, die Auskunft über den Ausbildungsstand ausgewählter Schülerjahrgänge in den mathematisch-naturwissenschaftlichen Fächern geben. Denn an der ersten Mathematikstudie der IEA (Husén, 1967) beteiligten sich in Deutschland nur die Länder Hessen und Schleswig-Holstein (Schultze & Riemenschneider, 1967). An der ersten internationalen Naturwissenschaftsstudie der IEA (Comber & Keeves, 1973) nahm zwar eine größere Anzahl von Ländern teil, aber es gab außer einer kurzen Zusammenfassung (Schultze, 1974) keinen publizierten Bericht über die deutschen Ergebnisse. Die Informationen, die TIMSS bereitstellt, erlauben eine Beurteilung des Ausbildungsstands der Referenzjahrgänge nicht nur im internationalen Vergleich, sondern auch im Vergleich zur selbstangelegten Messlatte der Lehrpläne. Es versteht sich allerdings von selbst, dass TIMSS in der Beschränkung auf ausgewählte Fachgebiete und Jahrgangsstufen weder Auskunft über das Niveau der Allgemeinbildung insgesamt gibt, noch eine Evaluation des Schulsystems in Deutschland darstellt.

Die Organisation für wirtschaftliche Zusammenarbeit und Entwicklung (OECD) nutzt die Befunde der Mittelstufenuntersuchung von TIMSS als *Performance Indicators* für die vergleichende Darstellung der Bildungssysteme ihrer Mitgliedsstaaten. Die mathematisch-naturwissenschaftlichen Leistungsdaten sind fester Bestandteil des periodischen Indikatorenbandes „Education at a Glance" (OECD, 2000). Mittlerweile hat die OECD ein eigenes System der Dauerbeobachtung für wichtige Qualifikationsleistungen von Bildungssystemen aufgebaut, das auf periodischer Basis Indikatoren für zentrale Funktionsbereiche des Bildungssystems bereitstellen soll. An diesem *Programme for International Student Assessment* (PISA), das auf den Erfahrungen von TIMSS aufbaut, aber in vielen Punkten eine qualitative Weiterentwicklung anstrebt, beteiligen sich alle Länder der Bundesrepublik Deutschland (PISA-Konsortium, 1999). Dies ist ein sichtbarer Beleg für ein durch TIMSS vorbereitetes Umdenken.

TIMSS ist nicht oder nur zum geringsten Teil eine internationale Schulleistungsolympiade. Dies gilt im besonderen Maße für die Untersuchung der Sekundarstufe II, wo sich jeder direkte Ländervergleich verbietet. Aber auch abgesehen von Vergleichseinschränkungen, die sich aus der Differenziertheit der unterschiedlichen Oberstufensysteme ergeben, wird jeder unbefangene Leser unseres Berichts sehr schnell erkennen, dass der internationale Vergleich nur ein Element in dem Versuch darstellt, die Struktur von mathematischen und naturwissenschaftlichen Kompetenzen, die in der Schule erworben werden, zu explizieren und das komplexe Bedingungsgefüge des Kompetenzerwerbs systematisch zu ordnen und verstehbar zu machen. Wir hoffen, dass unsere Analysen auch verdeutlichen, dass die in Deutschland beliebte Diskussion über Vor- und Nachteile eines so genannten *Rankings* weitgehend in einem virtuellen Raum stattfindet, der mit den substantiellen Ergebnissen von TIMSS wenig zu tun hat.

Dennoch darf man angesichts dieser Stimmen die direkten und indirekten Wirkungen, die von TIMSS auf die Weiterentwicklung und Verbesserung des Schulsystems ausgegangen sind, nicht übersehen. Es sei nur auf einige Gesichtspunkte hingewiesen, die insgesamt Zuversicht bezüglich der fachlichen Rezeption der in diesem Bericht vorgelegten Analysen zur Sekundarstufe II vermitteln:

(1) Die Befunde der TIMSS-Untersuchung haben in Deutschland die professionelle Aufmerksamkeit für den Unterricht als Hauptaufgabe der Schule geschärft. Gleichzeitig ist die Bedeutung der Einzelschule und der fachlichen und überfachlichen Kooperation der Lehrkräfte als Ausgangspunkt und Zentrum der Schulentwicklung nachdrücklich bestätigt worden.

(2) Mit der Identifikation und Analyse spezifischer Stärken und Schwächen deutscher Schülerinnen und Schüler im mathematisch-naturwissenschaftlichen Bereich hat die konstruktiv orientierte fachdidaktische Forschung nicht nur empirische Unterstützung erhalten, sondern es sind auch Ansatzpunkte sichtbar geworden, von denen eine schrittweise Verbesserung des Unterrichts ausgehen kann.

(3) Beispiele für konstruktive Folgemaßnahmen sind die Programme zur Weiterentwicklung des mathematisch-naturwissenschaftlichen Unterrichts, die auf Länderebene und länderübergreifend auf den Weg gebracht worden sind. Alle Programme setzen an der Einzelschule als Träger der Schulentwicklung an.

(4) Auf Systemebene hat TIMSS durch die Relativierung der Schulstrukturdebatte zu einer Versachlichung der Bildungspolitik beigetragen. Die gemeinsame Aufgabe besteht in der Optimierung der pädagogischen Prozesse innerhalb von Institutionen – eine Aufgabe, für deren Lösung es keinen schulstrukturellen Generalschlüssel gibt. Die Frage der Schulstruktur stellt sich je nach historischem Kontext, regionalen Bedingungen und Bildungsnachfrage jeweils neu und unterschiedlich, und zwar immer als Optimierungs-, nicht aber als Überzeugungsproblem. Vollzieht man diesen von TIMSS nahegelegten Perspektivenwechsel, ist auch die Analyse der Entwicklungsmilieus von Schulformen keine Fragestellung der Schulstruktur, sondern der Schulentwicklung.

(5) Von langfristiger Bedeutung dürfte auf der Ebene der Systementwicklung der von TIMSS ausgegangene Anstoß sein, über das Verhältnis von Qualitätsentwicklung und Qualitätssicherung im Kontext der politisch-administrativen Steuerung des Schulsystems systematisch nachzudenken. Die bisherige Diskussion hat nicht nur gezeigt, dass Qualitätsentwicklung und Qualitätssicherung zwei Komponenten eines gemeinsamen Programms darstellen, sondern auch, dass ihr Zusammenwirken maßgeblich durch das jeweilige Modell der Systemsteuerung beeinflusst wird.

Eine internationale Vergleichsstudie, an der sich so viele Staaten beteiligen wie an TIMSS, muss notwendigerweise Kompromisse eingehen. Nachteile dieser Kompromisse auszugleichen, ist Sache der nationalen Projektgruppen. In Deutschland wurde das Untersuchungsprogramm durch nationale Optionen erweitert, zu denen die curriculare und unterrichtliche Validierung der Oberstufentests, die Untersuchung epistemologischer Überzeugungen in Mathematik und Physik sowie die Rekonstruktion des Unterrichtsgeschehens aus Schülersicht gehören. Darüber hinaus wurde eine Reihe von Zusatzuntersuchungen durchgeführt, die von Expertenbeurteilungen bis hin zu Abnehmerbefragungen reichen. Die Ergebnisse dieser Zusatzstudien sind in diesen Bericht integriert.

Die Forschungsgruppen

TIMSS ist eine Studie der *International Association for the Evaluation of Educational Achievement* (IEA). Die IEA ist eine internationale Forschungsorganisation mit Sitz in Amsterdam, Niederlande, der Bildungsministerien und Forschungsorganisationen der Mitgliedsländer angehören. Die IEA hat die Gesamtverantwortung für die internationale Organisation von TIMSS für den Zeitraum 1991 bis 1993 an die University of British Columbia, Vancouver, Kanada (David F. Robitaille) und ab

1993 an das Boston College, Chestnut Hill, MA, USA (Albert E. Beaton) delegiert. Die Aufbereitung der internationalen Datensätze erfolgte am Data Processing Center (DPC) in Hamburg. Für die Überwachung der Stichprobenziehung und die Berechnung der Stichprobengewichte waren Statistics Canada, Ottawa, und Westat Inc., Washington, DC (Pierre Foy und Keith Rust) verantwortlich. Die Skalierung des internationalen Datensatzes wurde vom Australian Council for Educational Research, Camberwell, Australien (Raymond J. Adams) durchgeführt.

Für die Vorbereitung, Durchführung und Auswertung der Studien sind in den einzelnen Teilnehmerstaaten nationale Projektgruppen verantwortlich. In Deutschland ist die TIMSS-Oberstufenuntersuchung ein kooperatives Forschungsvorhaben des Max-Planck-Instituts für Bildungsforschung, Berlin, des Instituts für die Pädagogik der Naturwissenschaften an der Universität Kiel (IPN) und der Humboldt-Universität zu Berlin. Projektleiter und nationale Koordinatoren waren Jürgen Baumert (Max-Planck-Institut für Bildungsforschung, Berlin) und Rainer Lehmann (Humboldt-Universität zu Berlin). Leiter der mit der Auswertung der Oberstufenuntersuchung betrauten Projektgruppe am Max-Planck-Institut für Bildungsforschung war Wilfried Bos (Institut für Schulentwicklungsforschung an der Universität Dortmund). Die Untersuchungsinstrumente der deutschen Studie wurden am IPN entwickelt oder adaptiert. Dort lag auch die Verantwortung für die Feldarbeit. Die Stichprobenziehung wurde in Hamburg vorgenommen. Datenaufbereitung und -auswertung einschließlich der Testskalierung der deutschen Daten erfolgten am Max-Planck-Institut für Bildungsforschung.

Eine Studie der Größe und Komplexität von TIMSS ist auf ein Team engagierter Mitarbeiter und Mitarbeiterinnen angewiesen. Zur Mitarbeiterschaft von TIMSS/III gehörten in Deutschland folgende Personen in alphabetischer Reihenfolge:

Jürgen Baumert	Max-Planck-Institut für Bildungsforschung, Berlin
Wilfried Bos	Institut für Vergleichende Erziehungswissenschaft an der Universität Hamburg
Jens Brockmann	Data Processing Center der IEA, Hamburg
Sabine Gruehn	Humboldt-Universität zu Berlin
Wolfram Günther	Institut für die Pädagogik der Naturwissenschaften an der Universität Kiel
Eckhard Klieme	Max-Planck-Institut für Bildungsforschung, Berlin
Olaf Köller	Max-Planck-Institut für Bildungsforschung, Berlin
Rainer Lehmann	Humboldt-Universität zu Berlin
Manfred Lehrke	Institut für die Pädagogik der Naturwissenschaften an der Universität Kiel

Johanna Neubrand Universität Lüneburg
Sigrid Patjens Universität Hamburg
Kai Uwe Schnabel University of Michigan, Ann Arbor
Knut Schwippert Data Processing Center der IEA, Hamburg
Rainer WatermannMax-Planck-Institut für Bildungsforschung, Berlin

Finanzierung

Die internationale Vorbereitung, Koordination und Datenaufbereitung der TIMSS-Hauptstudie wurden durch Mittel des National Center for Educational Statistics des U.S. Department of Education in Washington, DC (NCES), der National Science Foundation, USA (NSF) und der kanadischen Regierung gefördert. Das Bundesministerium für Bildung und Forschung (BMBF) förderte die Durchführung der TIMSS-Hauptstudie in Deutschland (Förderungskennzeichen: G 52 35.00 und TIMSS 97).

Danksagung

In einem föderal verfassten Staat, in dem wie in der Bundesrepublik Deutschland die Kulturhoheit und Schulaufsicht bei den Länderregierungen liegen, ist es nicht einfach, eine nationale Schulleistungsstudie durchzuführen, da alle Kultusministerien die Untersuchungen in den Schulen genehmigen müssen. Der Untersuchung der 7. und 8. Jahrgangsstufen haben alle Bundesländer mit Ausnahme Baden-Württembergs freundlicherweise zugestimmt. Für die ein Jahr später durchgeführte Untersuchung der Abschlussjahrgänge der Sekundarstufe II erteilte auch Baden-Württemberg die Genehmigung. Für die freundliche Unterstützung von TIMSS möchten wir allen Kultusministerien ausdrücklich Dank sagen. Danken möchten wir auch den Statistischen Landesämtern, die bei der Stichprobenziehung unschätzbare Hilfe leisteten, und den Mitarbeitern von Landesinstituten, die die Lehrplangültigkeit der Testaufgaben geprüft haben. Ebenso gilt unser Dank den Hochschullehrerinnen und Hochschullehrern, die uns bei fachdidaktischen Fragen mit Rat zur Seite standen oder TIMSS-Testaufgaben unter Abnehmergesichtspunkten beurteilt haben. Der gleiche Dank geht auch an die Ausbilder und Prüfer der Handwerks-, Industrie- und Handelskammern, die unter beruflichen Qualifikationsgesichtspunkten Aufgaben des TIMSS-Grundbildungstests unter die Lupe genommen haben.

Die deutsche TIMS-Studie wurde durch Mittel des Bundesministeriums für Bildung und Forschung gefördert. Die Förderung dieses internationalen Forschungsvorhabens erforderte ein hohes Maß an Abstimmung innerhalb des Ministeriums. Für die Förderung und flexible Unterstützung danken wir dem Zuwendungsgeber.

Größten Dank schulden wir den Schulleiterinnen und Schulleitern, Lehrerinnen und Lehrern sowie Schülerinnen und Schülern, die in großer Offenheit und Hilfsbereitschaft diese internationale Vergleichsstudie unterstützt haben. Die Schülerinnen und Schüler haben an der Untersuchung aufgeschlossen und intensiv mitgearbeitet. Allein die hohen Beteiligungsraten sind ein sichtbarer Beleg für ihre Bereitschaft, sich in Leistungssituationen zu bewähren. Ihnen sei ganz besonders gedankt. Schließlich möchten wir allen beteiligten Lehrerinnen und Lehrern für die professionelle Selbstverständlichkeit Dank sagen, mit der sie ihre Klassenzimmer für die Administration von Tests und Fragebögen geöffnet und die TIMSS-Tests unter den Gesichtspunkten der unterrichtlichen Validität einer Überprüfung unterzogen haben. Auf ihrer Hilfe und der Mitarbeit ihrer Schülerinnen und Schüler beruht der vorliegende Bericht.

2. Untersuchungsgegenstand und Fragestellungen

TIMSS/III befasst sich mit der mathematisch-naturwissenschaftlichen Bildung im letzten Jahrgang der Sekundarstufe II. Der vorliegende erste Band unseres Berichts ist der Darstellung der technischen Grundlagen der Studie und der Analyse der mathematisch-naturwissenschaftlichen Grundbildung am Ende der Pflichtschulzeit gewidmet. Das Spektrum der Themen ist breit: Es reicht von den technischen Grundlagen über die Analyse mathematisch-naturwissenschaftlicher Kompetenzen bis hin zur Bewältigung des Übergangs in die berufliche Erstausbildung. Im Einzelnen gehören dazu:
– Probleme der Populationsdefinition und Stichprobenziehung,
– Grundlagen und Grenzen probabilistischer Testkonstruktion,
– Struktur und Niveau der am Ende der Pflichtschulzeit verfügbaren mathematischen und naturwissenschaftlichen Kompetenzen als Teil einer modernen anwendungsorientieren Grundbildung *(Literacy)*,
– qualitative Einordnung der deutschen Befunde in einen internationalen Vergleich sowie Identifikation und Analyse spezifischer Stärken und Schwächen deutscher Schulabsolventen,
– Prüfung der Stabilität der Befunde über Schulstufen hinweg und Analyse der Rolle von nomineller Unterrichtszeit,
– Beschreibung und Analyse der Selektionsmuster beim Übergang in die berufliche Erstausbildung und Entwicklung von Hypothesen zur differentiellen Sozialisa-

tionswirkung von unterschiedlichen Berufsausbildungen im Hinblick auf die mathematisch-naturwissenschaftliche Grundbildung,
– Untersuchung potentieller Determinanten intrinsischer Berufsmotivation sowie
– Analyse der sozialen und ethnischen Herkunftsbedingungen für den Erwerb mathematisch-naturwissenschaftlicher Kompetenzen und den Übergang in die berufliche Erstausbildung.

Gegenstand des zweiten Bandes ist der Mathematik- und Physikunterricht der gymnasialen Oberstufe, seine institutionelle Einbettung, didaktische Gestaltung und seine Ergebnisse. Auch dabei ist der Bogen weit gespannt. Eingeschlossen in die Analysen sind:
– Kurswahlverhalten und Kurswahlmotive,
– Kursniveaus als differentielle Motivations- und Lernmilieus,
– der Zusammenhang zwischen Motivation, Lernstrategien und Fachverständnis als ein zentraler Aspekt des selbstregulierten Lernens,
– Struktur und Niveau der in der Schule erworbenen mathematischen und physikalischen Kompetenzen,
– epistemologische Vorstellungen von Mathematik und Physik,
– Unterrichtsstrategien im Mathematik- und Physikunterricht und ihre Bedeutung für Leistung und Fachverständnis,
– multiple Zielerreichung im Mathematik- und Physikunterricht sowie
– der Zusammenhang zwischen Kurswahlen und Fachleistungen einerseits sowie Berufsperspektiven und Studienfachwahlen andererseits.

Im Zentrum des vorliegenden ersten Bandes steht die Analyse der mathematisch-naturwissenschaftlichen Grundbildung einer gesamten Alterskohorte der Sekundarstufe II – unabhängig davon, ob die Personen eine allgemeinbildende oder berufliche Schule besuchen. Mit der Erweiterung der Untersuchungspopulation über die Besucher voruniversitärer Programme hinaus und dem Einschluss von Teilnehmern an beruflichen Bildungsgängen oder -maßnahmen betritt TIMSS Neuland. Aufgrund der Differenziertheit und Unterschiedlichkeit der Oberstufensysteme aller teilnehmenden Staaten ergeben sich aus dieser Definition der Zielpopulation erhebliche Folgeprobleme für die Durchführung und Auswertung der Untersuchung. Die Implikationen der Populationsdefinition müssen dem kritischen Leser bewusst sein, um unsere – keineswegs immer perfekten – Lösungsvorschläge beurteilen zu können und die Aussagemöglichkeiten, aber auch die Grenzen der Aussagefähigkeit von TIMSS zu erkennen. In einem weiteren Punkt vollzieht TIMSS einen für den internationalen Vergleich innovativen Schritt, der in das Zentrum der Erfassung und Interpretation von Kompetenzen führt. In TIMSS wird ein so genanntes *Multi-Matrix Testdesign* implementiert, bei dem nicht alle Schülerinnen und Schüler alle Testaufgaben erhalten, sondern jeweils unterschiedliche Kombinationen kleinerer Aufgabengruppen. Dieses Verfahren ermöglicht es, eine Domäne durch eine Vielzahl von Aufgaben inhaltlich breit abzudecken, ohne die Testzeit des einzelnen Probanden ungebührlich auszudehnen. Mit einem solchen Testdesign kann man im Rahmen der klassischen Testtheorie sehr schlecht umgehen. Skalierungsmethoden, die auf der *Item-Response*-Theorie beruhen, sind hier das Verfahren der Wahl. Sie sind jedoch dem nicht spezialisierten Leser schwerer zu vermitteln. Über die technischen Qualitäten hinaus bieten diese Verfahren den größeren Vorzug, Fähigkeitsschätzungen inhaltlich in Begriffen fachlicher Operationen interpretieren zu können.

Um eine gemeinsame methodische Verständnisbasis zu erreichen, enthält der vorliegende Band einen ausführlichen Teil, in dem die Anlage und die technischen Grundlagen von TIMSS beschrieben und – wo es notwendig ist – auch problematisiert werden. Im zweiten Kapitel werden die Populationsdefinitionen für die voruniversitären Bildungsgänge und für die Untersuchung der mathematisch-naturwissenschaftlichen Grundbildung *(Mathematics and Science Literacy)* ausführlich im internationalem Vergleich vorgestellt und die daraus resultierenden Analyse- und Interpretationsprobleme diskutiert. Inhaltlich schließt sich daran die Darstellung der Stichprobenziehung und der Gewichtungsverfahren an. Einen zweiten Schwerpunkt bilden in diesem Methodenkapitel die Entwicklung des Testdesigns und die Skalierung der Leistungstests. In diesem Teil werden das *Multi-Matrix Sampling* von Testaufgaben erläutert und die theoretischen Grundlagen der Testskalierung auf einem relativ anspruchsvollen Niveau beschrieben, um dem sachkundigen Leser den Schritt zum Verständnis der in TIMSS angewendeten *Plausible-Values Technology* zu erleichtern. Kapitel II des ersten Bandes breitet die technischen Grundlagen für beide Berichtsbände aus. In den zweiten Band wird allerdings noch einmal eine Kurzfassung dieses Kapitels aufgenommen, um eine Lektüre ohne Rückgriff auf den ersten Band zu ermöglichen.

Erster analytischer Schwerpunkt des vorliegenden Bandes ist die Untersuchung von Struktur und Niveau mathematisch-naturwissenschaftlicher Kompetenzen, wie sie durch den Grundbildungstest erfasst werden. Der Grundbildungstest stellt einen Kompromiss zwischen einer angelsächsischen funktionalen Bildungsorientierung, die am klarsten in der Konzeption von *Mathematics and Science Literacy* zum Ausdruck kommt, und einem pragmatischen Rückgriff auf Standardstoffe des Mathematik- und Naturwissenschaftsunterrichts der Mittelstufe dar. Für verschiedene, in der internationalen Expertengruppe mitarbeitende Mathematik- und Naturwissenschaftsdidaktiker ging dieser Kompromiss nicht weit genug. Sie wünschten sich, dass die Prozessdimension der mathematischen und naturwissenschaftlichen Tätigkeit sowie die Anwendungsorientierung im Test nicht nur erkennbar, sondern strukturbildend sein sollten. Für die Schulpraktiker stand dagegen die ausreichende Rückbindung an vertraute Unterrichtsstoffe im Mittelpunkt des Interesses. Die in diesem Band vorgelegten Analysen explizieren sowohl die inhaltliche Grundstruktur als auch die latenten Kompetenzdimensionen des Grundbildungstests. Durch die Definition von Fähigkeitsniveaus *(Proficiency Levels)* und die Identifikation zentraler Merkmale, die für die Schwierigkeit von Testaufgaben verantwortlich sind, erhalten abstrakte Testwerte, die in der Regel nur durch den sozialen Vergleich Aussagekraft erhalten, inhaltliche Bedeutung. So kann man zeigen, dass die zentrale Kompetenzdimension des Grundbildungstests zwischen den Polen von Alltagswissen, das man ohne oder nur mit geringfügigem Schulbesuch erwerben kann, und einem beginnenden fachlich-konzeptuellen Verständnis des Gegenstandsgebiets, das ausschließlich durch Schulunterricht erwerbbar ist, eingespannt ist. Damit wird die Nähe des Grundbildungstests zur *Mathematics and Science Literacy*-Konzeption empirisch auf der Kompetenzebene bestätigt. Vergleicht man den mathematischen Grundbildungstest von TIMSS mit Instrumenten, die von Lehrkräften in Deutschland entwickelt wurden und deren Aufgaben die Unterrichts- und Prüfungspraxis der Schule widerspiegeln – ein gutes Beispiel ist unter anderem dafür der Brandenburgische Mathematiktest, der so genannten *QuaSum*-Untersuchung –, so wird dieser Befund bestätigt. Die der Schulpraxis entnommenen Aufgaben sind in größerem Umfang innermathematisch und algorithmisch orientiert. Weitergehende Analysen, die zusätzlich Itembeurteilungen von Ausbildern und Prüfern der Handwerks- sowie Industrie- und Handelskammern berücksichtigen, belegen die differentielle Validität des Grundbildungstests und seiner Subkomponenten für spezifische Ausbildungsgänge.

In einem zweiten analytischen Schwerpunkt werden die Ergebnisse der Dimensionsanalysen und die Identifikation von Kompetenzniveaus benutzt, um zu substantiellen internationalen Vergleichen zu kommen, die Auskünfte über die qualitative Bedeutung von Leistungsunterschieden geben. Daran schließen vertiefende Analysen zu differentiellen Itemfunktionen an, die es erlauben, auf Aufgabenebene spezifische Stärken und Schwächen deutscher Schulabsolventen und Schulabsolventinnen inhaltlich zu beschreiben. Die internationalen Vergleiche sind in übergreifende institutionelle Fragestellungen nach der Bedeutung der Expansion und Haltekraft der Sekundarstufe II für das mathematisch-naturwissenschaftliche Grundbildungsniveau eingebettet. Die Befunde unterstreichen nicht nur die Bedeutung, und das heißt praktisch die Unersetzbarkeit, der Schule für die Sicherung eines hohen mathematisch-naturwissenschaftlichen Grundbildungsniveaus, sondern weisen indirekt auch auf die unterstützende Funktion des allgemeinen Bildungsklimas für die Sicherung von Ausbildungsqualität hin.

Einen dritten Analyseschwerpunkt bilden nationale Untersuchungen zum Übergang in die berufliche Erstausbildung. Die Analyse geht in drei Schritten vor. Zunächst wird das mathematisch-naturwissenschaftliche Grundbildungsniveau in Abhängigkeit vom formellen Schulabschluss und der Schulform, an der ein Abschluss erworben wurde, betrachtet. Diese Analysen gehen von der Annahme aus, dass die allmähliche und unter dem Gesichtspunkt der Offenheit des Systems wünschenswerte Entkopplung von Schulform und Schulabschluss zu einem differenzierteren und komplexeren Bild der Schulabschlüsse führt. Daran schließt sich die Rekonstruktion der nach Schulabschlüssen und Qualifikationsleistungen stratifizierten Berufseinmündung an. Über die Analyse des selektiven Berufszugangs hinaus wird ferner geprüft, inwieweit es empirische Hinweise auf differentielle Sozialisationseffekte von beruflichen Ausbildungsgängen gibt, die sich in der Struktur der mathematisch-naturwissenschaftlichen Grundbildung nachweisen lassen. In einem dritten Schritt wird schließlich im Anschluss an die Entwicklungstheorie von Deci und Ryan (1985) ein exploratives Erklärungsmodell zur Berufsmotivation entwickelt und – soweit dies bei Querschnittsdaten möglich ist – empirisch überprüft. Die Berufsmotivation wird einerseits in Abhängigkeit von den subjektiven Erfahrungen am Ausbildungs- und Arbeitsplatz in den Dimensionen der Kompetenzerfahrung, Verantwortungsübernahme und sozialen Einbindung und andererseits in Abhängigkeit von der Selbstwahrnehmung der beruflichen Befähigung untersucht, die wiederum je nach Berufsfeld in unterschiedlichem Ausmaß vom Niveau der mathematisch-naturwissenschaftlichen Grundbildung abhängig ist. Diese Analysen konzentrieren sich auf die mathematisch-technischen Berufe, da in diesen Fällen eine besondere Nähe zur mathematisch-naturwissenschaftlichen Grundbildung vorausgesetzt werden kann.

Der vierte Untersuchungsschwerpunkt ist der Rolle der sozialen und ethnischen Herkunft beim Übergang in die Sekundarstufe II gewidmet. Hier wird die Perspektive zunächst über die mathematisch-naturwissenschaftliche Grundbildung hinaus erweitert, um sie abschließend wiederum auf Fragen der Grundbildung zu fokussieren. Die Analysen zur sozialen Herkunft gehen von der theoretischen Annahme aus, dass die soziale Selektivität des Bildungswesens im Wesentlichen über Bildungswegentscheidungen an den Gelenkstellen des Systems konstituiert wird, wobei leistungsbezogen-meritokratische und soziale Gesichtspunkte ineinander greifen. Dabei sollte der Einfluss der sozialen Herkunft in der Folge der Karriereentscheidungen zurückgehen. Die vorgelegten Analysen trennen wir sorgfältig nach sozialer Selektivität innerhalb und zwischen Bildungsgängen und führen dadurch zu einem differenzierten Bild, in dem einerseits die Fachleistung – gemessen am Niveau der mathematisch-naturwissenschaftlichen Grundbildung – eine entscheidende Rolle spielt, andererseits aber auch der Einfluss der sozialen Herkunft bei kritischen Entscheidungen zum Ende der Sekundarstufe I nicht stillgelegt ist. Der Beitrag zur Rolle der ethnischen Herkunft setzt deskriptiver an. Er versucht zunächst Gruppen von Zuwanderern mit unterschiedlicher Nähe zur Majoritätskultur in Deutschland zu identifizieren und diese Gruppen anhand soziodemographischer Merkmale genauer zu beschreiben. Daran anschließend analysiert er die Bildungsbeteiligung und das innerhalb dieser Gruppen erreichte Niveau mathematisch-naturwissenschaftlicher Grundbildung. Von besonderem Interesse ist dabei die differentielle Bildungsbeteiligung junger Frauen.

II. Anlage und Durchführung der Dritten Internationalen Mathematik- und Naturwissenschaftsstudie zur Sekundarstufe II (TIMSS/III) – Technische Grundlagen

Jürgen Baumert, Olaf Köller, Manfred Lehrke und Jens Brockmann

1. Definition der Untersuchungspopulationen

1.1 Untersuchungspopulationen der Dritten Internationalen Mathematik- und Naturwissenschaftsstudie (TIMSS)

Die Dritte Internationale Mathematik- und Naturwissenschaftsstudie untersucht Schülerinnen und Schüler aus drei Altersgruppen, die sich in jeweils unterschiedlichen Phasen ihrer Schul- und Bildungslaufbahn befinden. *Population I* repräsentiert die Grundschule, *Population II* die Sekundarstufe I und *Population III* die Sekundarstufe II.

Der internationalen Definition entsprechend gehören zur Population I Schülerinnen und Schüler der beiden Klassenstufen, die zum Testzeitpunkt den größten Anteil der 9-Jährigen umfaßten. In den meisten Ländern waren dies die 3. und 4. Jahrgangsstufe. Diese Population wurde in Deutschland *nicht* untersucht. Die Bundesrepublik Deutschland beteiligte sich an der Untersuchung der Populationen II und III. Nach internationaler Übereinkunft rechnen zur Population II die Schülerinnen und Schüler der beiden angrenzenden Klassenstufen, die zum Testzeitpunkt den größten Anteil der 13-Jährigen aufwiesen. In der Regel waren dies die 7. und 8. Jahrgangsstufe. Die in Deutschland untersuchte Population II entsprach allerdings nicht exakt den internationalen Vorgaben. In Deutschland sind die Schüler bereits bei Beginn der Sekundarstufe I infolge vergleichsweise später Einschulung und aufgrund der hohen Wiederholerquoten älter als die vergleichbaren Jahrgänge der meisten Teilnehmerstaaten. Bei Beachtung der internationalen Altersvorschriften hätten in Deutschland die Jahrgangsstufen 6 und 7 untersucht werden müssen. Um jedoch den internationalen Vergleich der für die Mittelstufe zentralen Jahrgänge 7 und 8 nicht aufzugeben, wurde auf die Beachtung der Altersvorschrift verzichtet. Über die Ergebnisse der Untersuchung der Population II wurde bereits berichtet (Baumert, 1997a, 1997b, 1998; Baumert, Lehmann u.a., 1997).

Während in der Grund- und Mittelstufe aufgrund des international standardisierten Aufbaus der Schulsysteme nach Jahrgangsstufen genaue Populationsdefinitionen gefunden werden konnten, mussten für die Population III breitere Rahmendefinitionen festgelegt werden, die jeweils national angemessene Präzisierungen erlaubten. Die Schulsysteme der an TIMSS teilnehmenden Staaten sind in der Sekundarstufe II zu unterschiedlich organisiert, als dass sich eine enge Definition hätte finden lassen. Nach internationaler Übereinkunft gehören zur Population III, deren *mathematisch-naturwissenschaftliche Grundbildung* untersucht werden soll, alle Personen, die sich zum Zeitpunkt der Erhebung im letzten Segment der Sekundarstufe in vollzeitlicher Ausbildung befinden *(Last Segment of Fulltime Secondary Education)*. Für Deutschland wurde diese Rahmenfestlegung folgendermaßen interpretiert: Für den Untersuchungsbereich der mathematisch-naturwissenschaftlichen Grundbildung *(Mathematics and Science Literacy)* bilden die Population III alle Personen, die sich zum Zeitpunkt der Erhebung im letzten Jahr der vollzeitlichen Ausbildung in der Sekundarstufe II im allgemeinbildenden oder beruflichen Schulwesen befinden und die Sekundarstufe II zum ersten Mal durchlaufen. Auszubildende im dualen System absolvieren nach dieser Definition eine vollzeitliche Ausbildung, da schulische und betriebliche Ausbildung als Teile einer einheitlichen Konzeption betrachtet werden. Mit der Einbeziehung des beruflichen Schulwesens betritt TIMSS Neuland.

Für den Untersuchungsbereich des *voruniversitären Mathematikunterrichts* gehören zur Zielpopulation alle Personen, die sich im Abschlussjahr der Sekundarstufe I befinden und im Schuljahr der Erhebung einen voruniversitären Mathematikkurs besuchen bzw. im Schuljahr vor der Erhebung besucht haben *(Advanced Mathematics)*. In Deutschland sind dies alle Schüler des Abschlussjahrgangs einer gymnasialen Oberstufe. Das Abschlussjahr kann je nach Landesregelung die 12. oder 13. Jahrgangsstufe sein. Zum Kreis der gymnasialen Oberstufe zählen Oberstufen an Gymnasien, Fachgymnasien und Gesamtschulen unabhängig von ihrer jeweiligen Trägerschaft. Für den Untersuchungsbereich des *voruniversitären Physikunterrichts* wird die Zielpopulation analog definiert. In Deutschland gehören zu ihr alle Schülerinnen und Schüler gymnasialer Oberstufen im zuvor erläuterten Sinne, die zum Untersuchungszeitpunkt einen Grund- oder Leistungskurs im Fach Physik besuchen.

1.2 Präzisierung der Definition der international gewünschten Untersuchungspopulation für die Erfassung der mathematisch-naturwissenschaftlichen Grundbildung

Nach der obigen Definition der international gewünschten Grundgesamtheit für die Untersuchung der mathematisch-naturwissenschaftlichen Grundbildung sind Personen, welche die Sekundarstufe II bereits einmal durchlaufen haben und sich zum Testzeitpunkt in einem zweiten Ausbildungszyklus der Sekundarstufe II befinden, *nicht* Teil der Untersuchungspopulation. In Deutschland sind dies einmal jene Schülerinnen und Schüler an beruflichen Schulen, die bereits einen schulischen Abschluss in der Sekundarstufe II erreicht haben und anschließend in einem zweiten Zyklus eine Ausbildung im dualen System absolvieren. Dazu gehören Personen mit Fachhochschulreife, fachgebundener oder allgemeiner Hochschulreife sowie erfolgreichem Abschluss einer beruflichen Vollzeitschule. Ebenso wenig zählen jene Personen zur Grundgesamtheit, die nach abgeschlossener beruflicher Erstausbildung nicht in das Erwerbsleben wechseln, sondern eine zweite Berufsausbildung anschließen. Dagegen sind Personen, die erst nach Klassenwiederholung, zeitweiliger Unterbrechung des Ausbildungsgangs oder nach dem Durchlaufen unterschiedlicher Warteschleifen in das letzte Ausbildungsjahr gelangen, Teil der Grundgesamtheit. Auch Schülerinnen und Schüler, die ohne Abschluss die gymnasiale Oberstufe oder die Fachoberschule verlassen und eine Berufsausbildung aufgenommen haben, rechnen im letzten Jahr ihrer Berufsausbildung zur international definierten Population III.

Personen allerdings, die vor Erreichen des letzten Jahres eines allgemeinbildenden oder beruflichen Ausbildungsgangs ohne Abschluss auf den Arbeitsmarkt gehen, gehören nicht zur international definierten Untersuchungspopulation. Der Anteil der jungen Menschen, die vor Erreichen des letzten Jahres einer formellen Ausbildung in der Sekundarstufe II ins Erwerbsleben überwechseln, schwankt erheblich zwischen den Staaten, die an TIMSS teilnehmen. Je nach der Schulorganisation eines Landes deckt die TIMSS-Untersuchungspopulation einen unterschiedlichen Anteil einer Alterskohorte ab. In den USA etwa gehören zur international definierten Population 64 Prozent des durchschnittlichen Altersjahrgangs, während in den Niederlanden die Population III über 90 Prozent des Altersjahrgangs abdeckt. Derartig große Unterschiede im Ausmaß, in dem die Untersuchungspopulationen der Teilnehmerländer eine jeweilige Alterskohorte ausschöpfen *(Age Cohort Coverage Efficiency),* verursachten gravierende Probleme für die internationale Vergleichbarkeit von Befunden. In Abschnitt 5 werden wir auf diese Probleme genauer eingehen, deren Lösung für den internationalen Vergleich substantiell ist.

Für die Bundesrepublik wird die international gewünschte Untersuchungspopulation III für den Bereich der *mathematisch-naturwissenschaftlichen Grundbildung* folgendermaßen präzisiert:
Zur international gewünschten Grundgesamtheit gehören in Deutschland alle Schülerinnen und Schüler, die im Abschlussjahr der Sekundarstufe II entweder eine allgemeinbildende oder berufliche Vollzeitschule oder im Rahmen einer Ausbildung im dualen System eine berufliche Teilzeitschule besuchen und die Sekundarstufe II zum ersten Mal durchlaufen.

1.3 Quantitative Bestimmung der international gewünschten Grundgesamtheit für die Erfassung der mathematisch-naturwissenschaftlichen Grundbildung in Deutschland

Die präzisierte Populationsdefinition verdeckt allerdings eine Reihe von Zuordnungsschwierigkeiten, auf die wir zuvor hingewiesen haben; sie verursacht zudem nicht exakt lösbare Probleme bei der quantitativen Bestimmung der Grundgesamtheit und ihrer internen Struktur. Die amtliche Statistik der Bundesrepublik bietet zwar die notwendigen Informationen über die Stärke der Abschlussjahrgänge der Sekundarstufe II für die allgemeinbildenden Schulen, nicht jedoch für den berufsbildenden Teil des Schulsystems. Die naheliegende Schätzung der Besetzung der Abschlussjahrgänge an beruflichen Schulen über die amtlich dokumentierten Zahlen der Schulentlassenen verbietet sich, da in den Angaben über Schulentlassene in erheblichem Maße Doppelzählungen durch die Berücksichtigung jeder Art von Schulentlassungen enthalten sind. Die Angaben für die Schulentlassenen überschreiten die Besetzungszahlen eines durchschnittlichen Altersjahrgangs erheblich. In dieser Situation kann als zuverlässigster Schätzer des Anteils der Schülerinnen und Schüler im letzten Ausbildungsjahr des beruflichen Schulsystems nur die Differenz zwischen der Stärke eines Altersjahrgangs und der bekannten Zahl der Schüler im letzten Jahrgang der allgemeinbildenden Schulen abzüglich der vor dem letzten Ausbildungsjahr aus dem beruflichen Schulsystem ohne Abschluss entlassenen Abgänger betrachtet werden. Für diese Approximation liefert die amtliche Statistik die notwendigen Informationen. Um Schwankungen in den Kohortenstärken zu berücksichtigen, wird wie bei der internationalen Berechnung der Coverage-Effizienz der Untersuchungspopulationen in den einzelnen TIMSS-Teilnehmerstaaten die durchschnittliche Jahrgangsstärke der 15- bis 19-Jährigen im Untersuchungsjahr benutzt.

Ein kritisches Problem ist in Deutschland die Bestimmung der Zahl der Schulabgänger, die das letzte Ausbildungsjahr nicht erreichen und ohne Abschluss in das Erwerbsleben übergehen. Diese Zahl der Frühabgänger lässt sich über zwei Indikatoren annähernd bestimmen. (1) Wenn ein 17-Jähriger trotz bestehender Schulpflicht in der Bundesrepublik nicht mehr in einer schulischen Einrichtung erfasst wird, darf man mit einiger Sicherheit davon ausgehen, dass diese Person das letzte Jahr eines formellen Ausbildungsgangs in der Sekundarstufe II nicht mehr erreichen wird. In Deutschland belief sich 1995 der Anteil der 17-Jährigen, die bereits aus dem Schulsystem herausgefallen waren, auf 6,5 Prozent eines Altersjahrgangs. (2) Die zweite Gruppe der Frühabgänger sind diejenigen Personen, die das berufliche Schulwesen vor Erreichen des letzten Ausbildungsjahres ohne Abschluss verlassen. Unter der Annahme, dass sich die Zahl der ohne Abschluss aus dem beruflichen

Schulsystem Entlassenen annähernd gleich über die Ausbildungsjahrgänge verteilt, beträgt der Anteil derjenigen Schüler, die das letzte Ausbildungsjahr nicht erreichen, 9,9 Prozent eines durchschnittlichen Altersjahrgangs. Unter Berücksichtigung beider Frühabgängergruppen umfasst die international gewünschte Grundgesamtheit für die Untersuchung der mathematisch-naturwissenschaftlichen Grundbildung in Deutschland 83,6 Prozent des durchschnittlichen Altersjahrgangs.

Im Schuljahr 1995/96 befanden sich – wie wir aus der amtlichen Statistik wissen – 25,6 Prozent des durchschnittlichen Jahrgangs der 15- bis 19-Jährigen im letzten Jahrgang einer allgemeinbildenden Schule der Sekundarstufe II. Etwa 16,4 Prozent des durchschnittlichen Altersjahrgangs sind, wie dargestellt, Frühabgänger. Wenn diese beiden Größen bekannt sind, lässt sich die Betreuungsleistung des beruflichen Schulwesens leicht errechnen: Im Schuljahr 1995/96 wurden 58 Prozent des durchschnittlichen Bezugsjahrgangs in einer beruflichen Schule im letzten Ausbildungsjahr unterrichtet.

Um die Verteilung des Abschlussjahrgangs auf die einzelnen beruflichen Schularten zu schätzen, bietet es sich an, als Approximation die aus der amtlichen Statistik bekannte Verteilung der 17- bis 19-Jährigen auf die beruflichen Schulen zu verwenden. In dieser Altersgruppe befinden sich kaum noch Personen, die nach abgeschlossener Ausbildung in der Sekundarstufe II einen zweiten Ausbildungszyklus durchlaufen. Geht man in dieser Weise vor, lässt sich die international gewünschte Grundgesamtheit in der Bundesrepublik Deutschland quantitativ, wie in Tabelle II.1 dargestellt, spezifizieren. Im Untersuchungszeitraum besuchten 28,4 Prozent der relevanten Alterskohorte den Abschlussjahrgang einer zur allgemeinen Hochschulreife führenden schulischen Einrichtung; etwa 55 Prozent der Altersgruppe befanden sich im letzten Jahr der beruflichen Erstausbildung – 13 Prozent in vollzeitschulischer Betreuung und 42 Prozent im dualen System. 16,4 Prozent der Alterskohorte hatten die berufliche Erstausbildung entweder erst gar nicht begonnen oder ohne Abschluss vor Erreichen des letzten Ausbildungsjahres verlassen. Da für die Untersuchung der mathematisch-naturwissenschaftlichen Grundbildung zur TIMSS-Grundgesamtheit nur die vom Schulsystem noch erfassten Personen in ihrem letzten Ausbildungsjahr gehören, beträgt der Ausschöpfungsgrad der international gewünschten Untersuchungspopulation in Deutschland also 83,6 Prozent des einschlägigen Altersjahrgangs *(Target Population Coverage Efficiency)*.

Tabelle II.1: Schüler der Sekundarstufe II im letzten Ausbildungsjahr nach Schulart 1995/96

	International gewünschte Population								Internationale Ausschlüsse	Abgangsjahrgang
	National definierte Population					Nationale Ausschlüsse				
	Gymnasien	Gesamtschulen	Fachgymnasien	Fachoberschulen	Berufsfachschulen	Berufsschulen	Freie Waldorfschulen	Kollegschulen	Fach- und Berufsakademien	Schulen des Gesundheitswesens	Frühabgänger	Durchschnittlicher Jahrgang der 15- bis 19-Jährigen
Absolut	210.109	12.409	24.631	19.037	61.508	360.618	2.153	15.447	2.434	25.446	144.243	878.035
In % des durchschnittl. Jahrgangs	23,9	1,4	2,8	2,2	7,0	41,1	0,3	1,8	0,3	2,9	16,4	100,0

Quelle: Statistisches Bundesamt. Unveröffentlichtes Material und eigene Berechnungen.
IEA. Third International Mathematics and Science Study.

© TIMSS/III-Germany

1.4 National definierte Grundgesamtheit für die Erfassung der mathematisch-naturwissenschaftlichen Grundbildung

Die international gewünschte Zielpopulation konnte nicht in allen Teilnehmerstaaten vollständig erreicht werden. Aus unterschiedlichen Gründen mussten jeweils Teile der gewünschten Population aus der Untersuchung ausgeschlossen werden. Dies war auch für Deutschland der Fall. Wir haben aus Gründen der Erreichbarkeit oder regionalen Besonderheit folgende Schulformen aus der Untersuchung ausgeschlossen und damit die tatsächliche nationale Population gegenüber der international gewünschten Grundgesamtheit reduziert. Nicht berücksichtigt wurden: Freie Waldorfschulen, Kollegschulen in Nordrhein-Westfalen, Berufs- und Fachakademien in Baden-Württemberg und Schleswig-Holstein sowie die Schulen des Gesundheitswesens. Insgesamt wurden damit 5,2 Prozent des einschlägigen Altersjahrgangs über die vorzeitigen Abgänger hinaus von der Untersuchung ausgenommen.

Die Einschränkung der Population reduziert auch die Verallgemeinerbarkeit aller Befunde. TIMSS erlaubt für Deutschland keine Aussagen über den mathematisch-naturwissenschaftlichen Bildungsstand der gesamten Alterskohorte zum Ende der Sekundarstufe II, sondern ausschließlich Aussagen über die national definierte Grundgesamtheit. Gegenüber der Alterskohorte ist die Untersuchungspopulation um Frühabgänger – also Personen mit Misserfolgskarrieren – und um Schüler und Schülerinnen der nichtberücksichtigten Schulformen – einer im beruflichen Schulsystem leistungsmäßig vermutlich eher positiv ausgelesenen Gruppe – verringert. Der Ausschöpfungsgrad der national definierten Grundgesamtheit für die Untersuchung der mathematisch-naturwissenschaftlichen Grundbildung beträgt damit 78,4 Prozent des einschlägigen Altersjahrgangs.

1.5 Vergleich der national definierten Grundgesamtheiten für die Erfassung der mathematisch-naturwissenschaftlichen Grundbildung

Mit einem Ausschöpfungsgrad der national definierten Grundgesamtheit für den Untersuchungsbereich der mathematisch-naturwissenschaftlichen Grundbildung von 78,4 Prozent des einschlägigen Altersjahrgangs liegt die Bundesrepublik Deutschland im Rahmen der von einer Reihe anderer Teilnehmerländer getroffenen Definition ihrer jeweiligen nationalen Untersuchungspopulation. Tabelle II.2 gibt differenziert nach Teilnehmerstaaten einen Überblick, welchen Anteil am Altersjahrgang die international gewünschte und national definierte Grundgesamt-

Tabelle II.2: Ausschöpfungsgrad der international gewünschten Zielpopulation und national definierten Untersuchungspopulation nach Ländern in Prozent des einschlägigen Altersjahrgangs[1] *(Age Cohort Coverage Efficiency)*

Land	Ausschöpfungsgrad *(Coverage Efficiency)*		Nationale Ausschlüsse
	International gewünschte Population *(Target Population Coverage Index)*	National definierte Population *(TIMSS Coverage Index)*	
Australien	72,1	68,1	Schüler in vollzeitlichen Berufsvorbereitungsklassen
Dänemark	59,0	57,7	
Deutschland[2]	83,6	78,4	Schüler an Waldorfschulen, Kollegschulen, Berufs- und Fachakademien sowie an Schulen des Gesundheitswesens
Frankreich	84,7	83,9	
Griechenland	66,8	10,0	Schüler ohne voruniversitären Mathematik- und Physikunterricht
Island	54,6	54,6	
Israel[3]	•	•	
Italien[4]	74,0	74,0	
Kanada	89,8	70,3	Schüler in Ontario mit Abschlussexamen im Dezember 1995
Litauen	42,5	42,5	Nicht litauisch sprechende Schüler und Schüler an Privatschulen
Neuseeland	70,5	70,5	
Niederlande[2]	92,0	78,0	Schüler in beruflichen Kurzausbildungsgängen und in betrieblicher Ausbildung
Norwegen	85,2	84,0	
Österreich	92,7	75,9	Schüler in Bildungsgängen mit weniger als 3 Jahren Dauer
Russland	84,3	48,1	Schüler an beruflichen Schulen und nicht russisch sprechende Schüler
Schweden	70,6	70,6	
Schweiz	84,0	81,9	Ausbildungsrichtungen, die mit weniger als fünf Schülern an einer Schule vertreten waren
Slowenien	87,8	87,8	
Südafrika	48,9	48,9	
Tschechien	77,6	77,6	
USA	65,6	63,1	Klassenwiederholer und nicht englischsprachige Schüler
Ungarn	65,4	65,3	
Zypern	61,4	47,9	Schüler an privaten und beruflichen Schulen

[1] Durchschnittlicher Jahrgang der 15- bis 19-Jährigen 1995.
[2] Abweichungen vom internationalen Report (Mullis u.a., 1998) aufgrund korrigierter Populationsdaten in diesem Bericht.
[3] Wegen unbefriedigender Populations-/Stichprobenstatistiken wurde für Israel kein Ausschöpfungsgrad berechnet.
[4] In Italien haben sich vier Regionen nicht an TIMSS beteiligt, sodass in Italien die Grundgesamtheit (TPCI) eingeschränkt ist.

IEA. Third International Mathematics and Science Study. © TIMSS/III-Germany

heit eines jeweiligen Landes abdeckt. Die Kennziffer, die den Anteil der international gewünschten Zielpopulation am relevanten Altersjahrgang angibt, bezeichnen wir als *Target Population Coverage Index* (TPCI). Die Kennziffer, die den entsprechenden Anteil der national definierten Grundgesamtheit anzeigt, wird *TIMSS Coverage Index* (TCI) genannt. Dieser Index ist die zentrale Referenzgröße der internationalen Publikationen (vgl. Mullis u.a., 1998). Bei deutlich abweichenden *TIMSS Coverage Indices* (TCIs) ist ein Vergleich der Befunde zwischen Staaten entweder überhaupt nicht, nur unter Vorbehalten und nach differenzierten Analysen der jeweils ausgeschlossenen Jahrgangsanteile oder nach Normierung der Jahrgangsanteile möglich. Dieser Vorbehalt ist für den gesamten internationalen Vergleich essentiell. *Im Unterschied zu den TIMSS-Untersuchungen in der Sekundarstufe I sind für die Population III keine direkten Ländervergleiche zulässig.* Man kann diesen Sachverhalt nicht nachdrücklich genug betonen, um Missinterpretationen vorzubeugen.

Tabelle II.2 zeigt, dass die für Deutschland *national definierte Untersuchungspopulation* im Rahmen der Populationsdefinitionen einer Reihe anderer Teilnehmerstaaten liegt. Folgende Länder erreichen TCIs um 80 Prozent: Deutschland, Frankreich, Niederlande, Norwegen, Österreich, Schweiz, Tschechien und Slowenien. Von besonderer Bedeutung für den internationalen Vergleich ist der Prozentsatz der jeweils von der Untersuchung ausgeschlossenen Frühabgänger, da es sich bei dieser Gruppe fast immer um einen leistungsmäßig negativ ausgelesenen Teil der Jahrgangskohorte handeln dürfte (TPCI). Bei zunehmenden Ausschlussraten steigt notwendigerweise die mittlere Leistungsfähigkeit der Untersuchungspopulation. Die Ausschlussrate in der Bundesrepublik liegt bei 16,4 Prozent. In ähnlicher Größenordnung liegt offensichtlich auch der Anteil der Frühabgänger in Frankreich, Norwegen, Russland, der Schweiz und Slowenien. Geringere Ausschlussquoten um 10 Prozent weisen Kanada, die Niederlande und Österreich auf. Auffällig geringe Übergangsquoten in die Sekundarstufe II bzw. hohe Frühabgängerraten haben Dänemark, Griechenland, Island, Italien, Südafrika, die USA, Ungarn und Zypern.

Wenn die national definierte Population von der internationalen Zielpopulation deutlich abweicht, ist im Einzelnen genau zu prüfen, ob der Ausschluss bedeutsame Konsequenzen für die leistungsmäßige Zusammensetzung der Untersuchungspopulation hat. Im Falle von Griechenland und Russlands ist dies offensichtlich. Aber auch in Österreich und den Niederlanden dürfte die national definierte Population eine gegenüber der international festgelegten Grundgesamtheit positiv ausgelesene Gruppe sein, während dies in Deutschland wahrscheinlich nicht der Fall ist.

1.6 Definition der Untersuchungspopulation mit gymnasialem Mathematik- und Physikunterricht

Besondere Bedeutung mißt TIMSS der Untersuchung jener Teilpopulation von Schülerinnen und Schülern bei, die im TIMSS-Sprachgebrauch als „Mathematik- bzw. Physikspezialisten" bezeichnet werden. Als Spezialisten gelten nach internationaler Übereinkunft jene Personen, die im Schuljahr der Erhebung einen *voruniversitären Mathematik- bzw. Physikkurs* besuchen bzw. im Schuljahr vor der Erhebung besucht haben *(Advanced Mathematics, Advanced Physics)*. In Deutschland rechnen wir zu den Mathematikspezialisten alle Schüler einer gymnasialen Oberstufe, da der durchgehende Besuch des Mathematikunterrichts – zumindest bis zum Ende der 12. Jahrgangsstufe – zur Erlangung der allgemeinen Hochschulreife obligatorisch ist. Zur Gruppe der Personen mit voruniversitärem Mathematikunterricht zählen also auch jene Schülerinnen und Schüler, die – sofern die bundesländerspezifischen Oberstufenregelungen dies zulassen – Mathematik im 13. Schuljahr abgeben. Zu den Physikspezialisten zählen wir in Deutschland alle Schülerinnen und Schüler einer gymnasialen Oberstufe, die zum Erhebungszeitpunkt einen Grund- und/oder Leistungskurs im Fach Physik belegt hatten.

Im Schuljahr 1995/96 betrug der Anteil der Mathematikspezialisten, die eine Abschlussklasse an der Oberstufe eines Gymnasiums oder einer Gesamtschule besuchten, 25,3 Prozent der einschlägigen Alterskohorte, die wiederum nach internationaler Absprache durch die durchschnittliche Jahrgangsstärke der 15- bis 19-Jährigen definiert ist. Dies entspricht dem Anteil der Oberstufenschüler an Gymnasien und Gesamtschulen am Altersjahrgang. Der Anteil der Physikspezialisten am Altersjahrgang fällt infolge der Wahlmöglichkeit mit 9,3 Prozent erheblich niedriger aus. Nur 33 Prozent der Gymnasiasten bzw. Oberstufenschüler an Gesamtschulen erfüllen ihre naturwissenschaftlichen Belegverpflichtungen mit einem durchgehaltenen Physikkurs. (Diese Quote unterscheidet sich deutlich von der im Fach Biologie, die 78 % beträgt.)

Hinsichtlich des internationalen Leistungsvergleichs für Spezialisten gelten die für die Gesamtpopulation beschriebenen Vorbehalte analog. Die Vergleichbarkeit der Befunde hängt maßgeblich davon ab, dass der voruniversitäre Mathematikunterricht ähnliche Anteile am Altersjahrgang erfasst, der Ausschöpfungsgrad *(Coverage Efficiency)* also ähnlich ist. Je geringer der Anteil des einschlägigen Altersjahrgangs ist, der einen voruniversitären Mathematik- oder Physikunterricht besucht, desto positiver dürfte die jeweilige Teilpopulation ausgelesen sein. Der *Mathematics TIMSS Coverage Index* (MTCI) bzw. der *Physics TIMSS Coverage Index* (PTCI) gibt den jeweiligen nationalen Anteil derjenigen Schüler und Schülerinnen mit

Tabelle II.3: Ausschöpfungsgrad der Teilpopulationen mit voruniversitärem Mathematik- bzw. Physikunterricht nach Ländern in Prozent des einschlägigen Altersjahrgangs[1] *(Mathematics and Physics TIMSS Coverage Indices* [MTCI, PTCI])

Land	Ausschöpfungsgrad *(Coverage Efficiency)*	
	Personen in voruniversitären Mathematikprogrammen (MTCI)	Personen in voruniversitären Physikprogrammen (PTCI)
Australien	15,7	12,6
Dänemark	20,6	3,2
Deutschland[2]	25,3	9,3
Frankreich	19,9	19,9
Griechenland	10,0	10,0
Italien	14,1	–
Kanada	15,6	13,7
Lettland	–	3,0
Litauen	2,6	–
Norwegen	–	8,4
Österreich	33,3	33,1
Russland	2,1	1,8
Schweden	16,2	16,3
Schweiz	14,3	14,2
Slowenien	75,4	38,6
Tschechien	11,0	11,0
USA	13,7	14,5
Zypern	8,8	8,8

[1] Durchschnittlicher Jahrgang der 15- bis 19-Jährigen 1995.
[2] Abweichungen vom internationalen Report (Mullis u.a., 1998) aufgrund der Verwendung von Populations- anstelle von Stichprobendaten in diesem Bericht.

IEA. Third International Mathematics and Science Study. © TIMSS/III-Germany

voruniversitärem Mathematik- bzw. Physikunterricht am durchschnittlichen Altersjahrgang der 15- bis 19-Jährigen an. Tabelle II.3 veranschaulicht die von Land zu Land sehr unterschiedliche Reichweite des erweiterten Mathematik- und Physikunterrichts.

Der Tabelle II.3 ist zu entnehmen, dass der gymnasiale Mathematikunterricht in Deutschland im internationalen Vergleich einen relativ breiten Jahrgangsanteil erreicht, während der Physikunterricht nur von einem auch international relativ schmalen Prozentsatz des Altersjahrgangs besucht wird. Für die Beurteilung der Vergleichbarkeit von Leistungsergebnissen aus dem voruniversitären Mathematik- und

Tabelle II.4: Ausschöpfungsgrad der Teilpopulationen mit differenziertem voruniversitärem Mathematik- bzw. Physikunterricht nach Ländern in Prozent des einschlägigen Altersjahrgangs[1] *(Mathematics and Physics TIMSS Coverage Indices* [MTCI, PTCI])

Land	Ausschöpfungsgrad *(Coverage Efficiency)*					
	Mathematik			Physik		
	Grundkurs oder Äquivalent	Leistungskurs oder Äquivalent	Insgesamt (MTCI)	Grundkurs oder Äquivalent	Leistungskurs oder Äquivalent	Insgesamt (PTCI)
Deutschland	17	8	25	7	3	9
Frankreich	18	2	20	18	2	20
Russland	1	1	2	1	1	2
Schweiz	10	4	14	10	4	14
Tschechien	7	4	11	10	1	11
USA	9	5	14	13	1	15

[1] Durchschnittlicher Jahrgang der 15- bis 19-Jährigen 1995.
IEA. Third International Mathematics and Science Study. © TIMSS/III-Germany

Physikunterricht ist zu beachten, dass auf diesem Leistungsniveau schon relativ kleine Veränderungen der *Coverage Indices* substantielle Auswirkungen auf durchschnittliche Leistungsergebnisse haben.

Im Rahmen von TIMSS/III findet ferner ein besonderer Sechs-Länder-Vergleich statt, in dem die Mathematik- und Physikleistungen einer nochmals reduzierten Spezialistengruppe betrachtet werden. In Deutschland, Frankreich, Russland, der Schweiz, Tschechien und den USA werden im voruniversitären Ausbildungsbereich Mathematik und Physik in der einen oder anderen Weise leistungsdifferenziert unterrichtet. Zur Teilpopulation der Schülerinnen und Schüler mit erweitertem voruniversitären Mathematik- oder Physikunterricht – im TIMSS-Jargon die „Superspezialisten" – gehören in Deutschland die Teilnehmer an Fachleistungskursen in Mathematik oder Physik. Tabelle II.4 zeigt für die sechs ausgewählten Länder die jeweils spezifischen *Coverage Indices*.

2. Test- und Fragebogenentwicklung

2.1 Entwicklung der Leistungstests zur Erfassung der mathematisch-naturwissenschaftlichen Grundbildung und der Fachleistungen im voruniversitären Mathematik- und Physikunterricht

TIMSS folgt generell einer Rahmenkonzeption, nach der Schülerleistungen im jeweils spezifischen curricularen Kontext interpretiert werden. Das Curriculum eines Landes wird vierstufig als *intendiertes Curriculum, potentielles Curriculum, implementiertes Curriculum* und *erreichtes Curriculum* dargestellt (Abb. II.1). In Deutschland ist das intendierte Curriculum aus den Lehrplänen und Prüfungsvorschriften der Länder zu rekonstruieren. Die zugelassenen Lehrbücher dokumentieren das potentielle Curriculum. Als implementiertes Curriculum gilt der in einer Schule tatsächlich behandelte Stoff, der über Fachlehrer- oder Fachleiterbefragungen erfasst wird. Das erreichte Curriculum schließlich wird durch die Schülerleistungen selbst angezeigt. Damit verbindet TIMSS Datenquellen unterschiedlicher Ebenen:

Abbildung II.1: Datenquellen von TIMSS/III

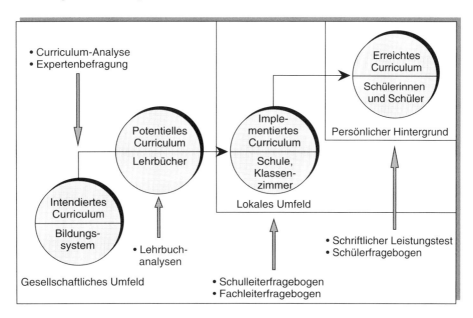

IEA. Third International Mathematics and Science Study.   © TIMSS/III-Germany

- Analysen von Lehrplänen und Prüfungsvorschriften sowie Befragung von Lehrplanexperten,
- Analysen von Lehrbüchern,
- Befragung von Fachlehrern und Fachleitern und
- Testung und Befragung von Schülern.

Die Leistungstests von TIMSS streben in der Mittelstufe und im voruniversitären Mathematik- und Physikunterricht transnationale curriculare Validität an. Im Test für die mathematisch-naturwissenschaftliche Grundbildung wird die curriculare Bindung gelockert, insofern nicht die spezifischen Mathematik- und Naturwissenschaftscurricula des letzten Pflichtschuljahres ein Validitätskriterium der Testaufgaben darstellen. Leitend ist vielmehr eine funktionale Sicht auf die Bewährung des in der Schule erworbenen Wissens in vielfältigen Anwendungssituationen. Dennoch bleibt die curriculare Bindung des Grundbildungstests in der Orientierung an den zentralen mathematisch-naturwissenschaftlichen Stoffen der Sekundarstufe I erhalten (Robitaille & Garden, 1996; Orpwood & Garden, 1998).

Die theoretische Grundkonzeption der Testentwicklung von TIMSS lehnt sich an Vorarbeiten der *International Association for the Evaluation of Educational Achievement* (IEA) an, die im Rahmen der Zweiten Internationalen Mathematikstudie (*Second International Mathematics Study* [SIMS]) geleistet worden waren, entwickelt diese jedoch weiter. Heuristisches Werkzeug der Testentwicklung für SIMS war eine Ordnungsmatrix, bei der die Zeilen durch die zentralen mathematischen Stoffgebiete und die Kolumnen durch hierarchisch angeordnete Stufen kognitiver Operationen bestimmt wurden (Inhalt × kognitiver Anspruch-Matrix). Die kognitiven Operationen wurden im Anschluss an die Taxonomien Blooms (1956) und Wilsons (1971) konzeptualisiert (Robitaille & Garden, 1989; Travers & Westbury, 1989). Diese Matrix wurde für TIMSS um eine Dimension „Perspektiven" erweitert, unter denen allgemeine Bildungsziele der mathematisch-naturwissenschaftlichen Fächer zusammengefasst wurden – zum Beispiel Wertschätzung von Mathematik und Naturwissenschaften oder eine rationale Einstellung zur Technik. Gleichzeitig wurde die Vorstellung hierarchisch geordneter kognitiver Operationen zu Gunsten eines kategorialen Rasters typischer Verhaltenserwartungen bei der Lösungs von Testaufgaben aufgegeben *(Performance Expectations)* (Robitaille u.a., 1993). Die kategoriale Klassifikation der Testaufgaben nach Verhaltenserwartungen hat theoretische Vorteile, die im internationalen Bericht bislang nicht genutzt wurden (Mullis u.a., 1998). Die empirische Schwierigkeit der Testaufgaben kann nämlich innerhalb der einzelnen Anforderungsklassen variieren, sodass für die einzelnen Verhaltenserwartungen im Prinzip eigene Leistungsskalen konstruiert werden können. Gleichzeitig können Aufgaben mehrfach klassifiziert werden. Dieses orthogonale Ordnungsschema wird in der Rezeption von TIMSS gelegentlich mit der Bloom'schen Taxonomie gleichgesetzt. So verwechselt etwa Hagemeister (1999) Aufgabenschwierigkeiten und Verhaltenserwartungen (vgl. die Kritik von Baumert u.a., 2000). Aus länderspezifischen Profilen dieser Dimensionen lassen sich unter Umständen die jeweils besonderen didaktischen Färbungen der Curricula und des Unterrichts erschließen. Wir werden von dieser Möglichkeit systematisch Gebrauch machen, wenn wir die spezifischen Stärken und Schwächen deutscher Schüler und Schülerinnen analysieren (vgl. Kap. IV). Abbildung II.2 gibt einen Überblick über die Struktur der theoretischen Grundkonzeption der Test- und Fragebogenentwicklung (Robitaille u.a., 1993; Martin & Kelly, 1996; Garden & Orpwood, 1996; Orpwood & Garden, 1998).

Als erster Schritt zur Konstruktion der Leistungstests für Mathematik und die naturwissenschaftlichen Fächer wurde an der *University of British Columbia* in Vancouver, Kanada, eine internationale Datenbank angelegt, in der potentiell geeignete Testaufgaben gesammelt wurden. In die Datenbank wurden sowohl Aufgaben, die sich in anderen Untersuchungen bewährt hatten, als auch neu entwickelte Aufgaben der teilnehmenden Forschergruppen aufgenommen. Parallel dazu entwickelte eine international besetzte Arbeitsgruppe eine Rahmenkonzeption für den Grundbildungstest, die ein Raster für die Auswahl der endgültigen Testaufgaben bieten sollte. Im Januar 1993 wurde der Aufgabenbestand durch Fachwissenschaftler und Fachdidaktiker aus zehn Ländern des *Subject Matter Advisory Committee* (SMAC) überprüft. Um festgestellte Lücken zu schließen, wurde ein Kooperationsvertrag mit dem *Australian Council for Educational Research* (ACER) über die Entwicklung zusätzlicher Testaufgaben geschlossen. Nach nochmaliger Überprüfung der Aufgabensammlung durch die nationalen Arbeitsgruppen und durch das SMAC wurde Ende 1993 eine Vorversion der Leistungstests für die Erprobungsphase zusammengestellt (Garden & Orpwood, 1996). Die Testaufgaben wurden in der Regel doppelt durch zwei unabhängige Übersetzer in die jeweiligen Landessprachen übertragen und anschließend in das Englische rückübersetzt (Maxwell, 1996). Nach sorgfältiger Überprüfung und Korrektur der Übersetzungen wurden die Pilotversionen der Leistungstests im Frühjahr 1994 in 16 Staaten erprobt. Die internationale Terminierung der Feldphase führte in Deutschland – wie auch in einigen anderen Ländern – zur Kollision mit den Abiturprüfungen. Deutschland nahm deshalb an dieser Pilotuntersuchung nicht teil.

Im Rahmen der Felderprobung wurde noch einmal die curriculare Validität der ausgewählten Testaufgaben durch nationale Experten überprüft. Jede Aufgabe wurde nach vier Kriterien auf einer vierstufigen Skala beurteilt:
– Lehrplanvalidität des in einer Aufgabe repräsentierten Stoffes,
– Vertrautheit mit der spezifischen Einbettung und Präsentation des Stoffes,

Abbildung II.2: Überblick über die Grundkonzeption der Test- und Fragebogenentwicklung

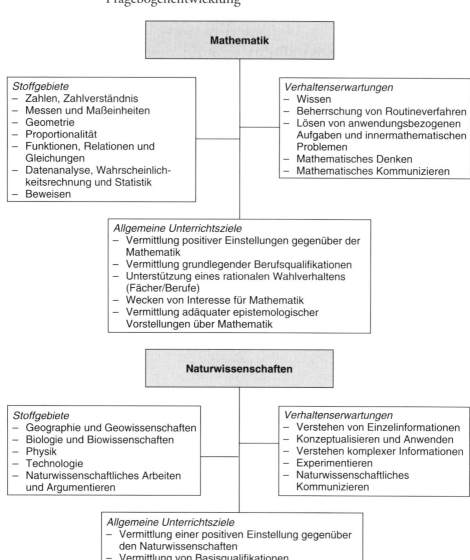

IEA. Third International Mathematics and Science Study. © TIMSS/III-Germany

– fachliche Qualität der Aufgabe unabhängig von ihrer curricularen Gültigkeit,
– vermutete Lösungswahrscheinlichkeit der Aufgabe.

Grundlage der Auswahl der Testaufgaben für die Hauptuntersuchung waren die zweidimensionalen Klassifikationsmatrizen der Testaufgaben, die Kennwerte der Validitätsprüfung sowie klassische und IRT-basierte Aufgabenstatistiken. Auf der Basis der Pilotdaten wurden zunächst klassische Itemanalysen durchgeführt. Für die Hauptuntersuchung wurden Aufgaben ausgewählt, deren Schwierigkeitsindex zwischen $p = .20$ und $p = .90$ lag, und deren Trennschärfe über $r_{bis} = .30$ lag. Alle Distraktoren bei Aufgaben mit Mehrfachwahlantworten sollten negative Trennschärfen aufweisen. Ferner wurde der Modellfit der Aufgaben im Rasch-Modell als weiteres Selektionskriterium herangezogen. Aufgaben mit schlechter internationaler oder nationaler Modellanpassung blieben unberücksichtigt.

Die transkulturelle Äquivalenz der Aufgaben wurde durch Testung der *Item-by-Country Interaction* im Rahmen des IRT-Modells überprüft (Adams, Wilson & Wu, 1997; Adams, Wu & Macaskill, 1997). Eine derartige Wechselwirkung, die als differentielle Itemfunktion (DIF) bezeichnet wird, liegt vor, wenn Testaufgaben für Personengruppen gleicher Fähigkeit, aber unterschiedlicher Länderherkunft unterschiedliche Lösungswahrscheinlichkeiten besitzen (vgl. Kap. IV und Camilli & Shepard, 1994). Derartige differentielle Itemfunktionen können eine mangelnde transkulturelle Äquivalenz der jeweiligen Aufgabe anzeigen. Meistens sind diese Mängel jedoch auf Übersetzungsfehler/-probleme oder curriculare Besonderheiten eines Landes zurückzuführen (van de Vijver & Hambleton, 1996; Allalouf & Sireci, 1998; Hong & Roznowski, 1998; Price & Oshima, 1998). Aufgaben mit erheblichen DIF-Werten wurden nicht in die Tests der Hauptuntersuchung aufgenommen. Ausreichende curriculare Validität erreichten Aufgaben, deren mittlerer Beurteilungswert in jeder der vier angeführten Gültigkeitsdimensionen über 2,5 lag.

2.2 Tests der Hauptuntersuchung zur Erfassung der mathematisch-naturwissenschaftlichen Grundbildung und zur Erfassung der Fachleistungen im voruniversitären Mathematik- und Physikunterricht

Für die Hauptuntersuchung der Population III wurden drei unterschiedliche Tests konstruiert:
– Der erste Test misst mit 76 Aufgaben, von denen 75 in die Auswertung eingingen, das am Ende der Sekundarstufe II erreichte Niveau der *mathematisch-naturwissenschaftlichen Grundbildung*.

- Der zweite Test prüft mit 65 Aufgaben die im letzten Schuljahr erreichten *Fachleistungen im voruniversitären Mathematikunterricht*.
- Der dritte Test erfasst mit ebenfalls 65 Aufgaben die im letzten Schuljahr erreichten *Fachleistungen im voruniversitären Physikunterricht*.

Die in TIMSS/III eingesetzten Tests für die mathematisch-naturwissenschaftliche Grundbildung und den voruniversitären Bereich unterscheiden sich konzeptionell. Der *Grundbildungstest* stellt einen Kompromiss zwischen Lehrplanbindung und Orientierung am praktischen Alltagshandeln dar. Die Aufgaben greifen auf typische Stoffe und Konzepte der Mittelstufe zurück, betten diese jedoch in der Regel in kurze Alltagsgeschichten ein.

Der *Fachleistungstest für den voruniversitären Mathematikunterricht* strebt in den Hauptstoffgebieten transnationale curriculare Validität an. Die Aufgaben des Mathematiktests greifen teilweise auch auf Stoffe der Mittelstufe zurück, die in schwierigere Problemstellungen eingebettet werden. Die Mathematikaufgaben sind weniger komplex als typische Abituraufgaben in Deutschland; sie prüfen bei knapper Bearbeitungszeit immer nur Teilaspekte. Ein Teil der Aufgaben bezieht sich auf Standardstoffe der gymnasialen Oberstufe, die jedoch in ungewohnten Kontexten präsentiert werden, sodass das Verständnis und die Flexibilität des Gelernten geprüft werden können. Der *Fachleistungstest für den voruniversitären Physikunterricht* folgt ähnlichen Überlegungen wie der Mathematiktest. Bei der Konstruktion der Aufgaben wurde darauf Wert gelegt, primär physikalisches Verständnis zu erfassen und erst in zweiter Linie die Fähigkeit, physikalische Sachverhalte mathematisch auszudrücken.

Die Aufgaben des *Grundbildungstests* decken im mathematischen Untertest Hauptgebiete des Mathematikunterrichts der Mittelstufe ab. Insbesondere werden die Gebiete (1) Zahlen und Zahlverständnis – darunter insbesondere rationale Zahlen und ihre Eigenschaften – sowie Proportionalität, (2) algebraische Terme, lineare Gleichungen und Graphen sowie (3) Messen und Schätzen berücksichtigt. Im naturwissenschaftlichen Untertest werden neben einigen geowissenschaftlichen Themen vor allem (1) Sachgebiete der Biologie, insbesondere der Humanbiologie, und (2) Physik berücksichtigt. Die Aufgaben haben unterschiedliche Formate: Es gibt sowohl Aufgaben mit Mehrfachwahlantworten als auch offene Fragen, die unterschiedlich ausführliche Antworten und Begründungen verlangen und Schulaufgaben ähnlich sind. Zum Zwecke des Leistungsvergleichs zwischen Population II und Population III wurde der Grundbildungstest über 21 gemeinsame Testaufgaben mit dem Mathematik- und Naturwissenschaftstest der Mittelstufe verbunden. Die Tabellen II.5 und II.6 weisen getrennt nach Fachgebiet die Verteilung der Aufgaben

Tabelle II.5: Mathematische Testaufgaben im Grundbildungstest nach Sachgebiet und Verhaltenserwartung

Sachgebiet	Verhaltenserwartung				
	Wissen	Beherrschung von Routineverfahren	Beherrschung von komplexen Verfahren	Anwendungsbezogene Aufgaben und innermathematische Probleme	Insgesamt
Zahlen, Zahlverständnis	1	10	2	7	20
Algebraische Terme, Gleichungen, Graphen	3	1	–	6	10
Messen, Schätzen	1	1	1	11	14
Insgesamt	5	12	3	24	44

IEA. Third International Mathematics and Science Study. © TIMSS/III-Germany

Tabelle II.6: Naturwissenschaftliche Testaufgaben im Grundbildungstest nach Sachgebiet und Verhaltenserwartung

Sachgebiet	Verhaltenserwartung				
	Verstehen von Einzelinformationen	Verstehen komplexer Informationen	Konzeptionalisieren, Anwenden	Experimentieren, Beherrschung von Verfahren	Insgesamt
Geowissenschaftliche Themen	–	1	3	–	4
Biologie	5	3	1	2	11
Physik/Chemie	5	2	7	3	17
Insgesamt	10	6	11	5	32

IEA. Third International Mathematics and Science Study. © TIMSS/III-Germany

auf die unterschiedlichen Verhaltenserwartungen aus. Tabelle II.7 gibt über die Verteilung der unterschiedlichen Aufgabenformate Auskunft.

Die Fachleistungstests für die Oberstufe erfassen die Hauptstoffgebiete des Mathematik- und Physikunterrichts der gymnasialen Oberstufe. Der *Mathematiktest* deckt etwa zu gleichen Teilen die Gebiete (1) Zahlen, Gleichungen und Funktionen, (2) Analysis und (3) Geometrie/analytische Geometrie ab. Einen geringeren Umfang beanspruchen (4) Wahrscheinlichkeitsrechnung und Statistik sowie (5) Aussagenlogik und Beweise. Die Aufgaben des Physiktests verteilen sich auf die Gebiete (1) Mecha-

Tabelle II.7: Testaufgaben des Grundbildungstests nach Fachgebiet und Aufgabenformat

Fachgebiet	Aufgabenformat			Insgesamt
	Mehrfachwahlantworten	Kurze Antworten	Ausführliche Antworten	
Mathematik	34	8	2	44
Naturwissenschaften	18	9	5	32
Insgesamt	52	17	7	76

IEA. Third International Mathematics and Science Study. © TIMSS/III-Germany

Tabelle II.8: Testaufgaben für den voruniversitären Mathematikunterricht nach Sachgebiet und Verhaltenserwartung

Sachgebiet	Verhaltenserwartung				Insgesamt
	Wissen	Beherrschung von Routineverfahren	Beherrschung von komplexen Verfahren	Anwendungsbezogene Aufgaben und innermathematische Probleme	
Zahlen, Gleichungen und Funktionen	1	7	2	7	17
Analysis	2	8	–	5	15
Geometrie, analytische Geometrie	5	6	3	9	23
Wahrscheinlichkeit, Statistik	1	2	1	3	7
Aussagenlogik, Beweise	–	1	–	2	3
Insgesamt	9	24	6	26	65

IEA. Third International Mathematics and Science Study. © TIMSS/III-Germany

nik, (2) Elektrizitätslehre und Magnetismus, (3) Wärmelehre, (4) Wellen und Schwingungen, (5) Teilchen-, Quanten- und Astrophysik sowie Relativitätstheorie. In beiden Fächern ist jeweils etwa ein Drittel der Testzeit für die Beantwortung von offenen Fragen vorgesehen. Für die offenen Aufgaben wurden je nach Komplexität der Fragestellung und der möglichen Antworten ein bis drei Punkte vergeben.

Die Tabellen II.8 und II.9 geben einen Überblick über die Verteilung der Mathematikaufgaben nach Stoffgebieten und Verhaltenserwartungen bzw. Aufgabenformaten. Tabellen II.10 und II.11 enthalten die analogen Informationen für das Fach Physik.

Tabelle II.9: Testaufgaben für den voruniversitären Mathematikunterricht nach Sachgebiet und Aufgabenformat

Sachgebiet	Aufgabenformat			
	Mehrfachwahl-antworten	Kurze Antworten	Ausführliche Antworten	Insgesamt
Zahlen, Gleichungen und Funktionen	13	2	2	17
Analysis	12	2	1	15
Geometrie, analytische Geometrie	15	4	4	23
Wahrscheinlichkeit, Statistik	5	2	–	7
Aussagenlogik, Beweise	2	–	1	3
Insgesamt	47	10	8	65

IEA. Third International Mathematics and Science Study. © TIMSS/III-Germany

Tabelle II.10: Testaufgaben für den voruniversitären Physikunterricht nach Sachgebiet und Verhaltenserwartung

Sachgebiet	Verhaltenserwartung				
	Verstehen einfacher Informationen	Verstehen komplexer Informationen	Konzeptionalisieren, Anwenden	Experimentieren, Beherrschung von Verfahren	Insgesamt
Mechanik	–	1	10	5	16
Elektrizitätslehre, Magnetismus	1	3	11	1	16
Wärmelehre	1	3	4	1	9
Wellen, Schwingungen	1	3	5	1	10
Moderne Physik	1	3	7	3	14
Insgesamt	4	13	37	11	65

IEA. Third International Mathematics and Science Study. © TIMSS/III-Germany

Die Tests wurden unter Nutzung des so genannten *Multi-Matrix Sampling* konstruiert, bei dem Schüler immer nur Teilmengen der Testaufgaben erhalten, die sie in begrenzter Zeit bearbeiten können. Die Schüler, die einen Grundbildungstest erhielten, hatten von den 76 Aufgaben je nach Testheft 55 oder 59 Aufgaben zu bearbeiten. Den Schülern, die am Mathematik- oder Physiktest der gymnasialen Oberstufe teilnahmen, wurden von den jeweils 65 Testaufgaben je nach Testheft zwischen 27 und 32 Aufgaben vorgelegt. Im Unterschied zur Mittelstufenunter-

Tabelle II.11: Testaufgaben für den Physikunterricht nach Sachgebiet und Aufgabenformat

Sachgebiet	Aufgabenformat			Insgesamt
	Mehrfachwahlantworten	Kurze Antworten	Ausführliche Antworten	
Mechanik	11	4	1	16
Elektrizitätslehre, Magnetismus	10	3	3	16
Wärmelehre	6	3	–	9
Wellen, Schwingungen	6	3	1	10
Physik	9	2	3	14
Insgesamt	42	15	8	65

IEA. Third International Mathematics and Science Study. © TIMSS/III-Germany

suchung war in TIMSS/III die Benutzung von nichtgraphikfähigen Taschenrechnern erlaubt, da dies in den meisten Teilnehmerländern der gängigen Unterrichtspraxis entsprach.

2.3 Entwicklung der Schüler-, Fachleiter- und Schulleiterfragebogen

Entwicklung des Schülerfragebogens

Für TIMSS/III-Germany wurden der differenzierten Organisation der Sekundarstufe II entsprechend vier Versionen eines Schülerfragebogens entwickelt, die jeweils einen internationalen Standardteil und nationale Erweiterungen enthielten.
(1) Fragebogen für Schüler an gymnasialen Oberstufen an Gymnasien und Gesamtschulen (G)
(2) Fragebogen für Schüler an Fachgymnasien (FG)
(3) Fragebogen für Schüler an Berufsfachschulen und Fachoberschulen (BFF)
(4) Fragebogen für Schüler an Berufsschulen (BS)

Alle Fragebogenversionen enthielten einen gemeinsamen internationalen Standardteil, mit dem soziodemographische Basismerkmale der Untersuchungsteilnehmer erhoben wurden. Die Fragen bezogen sich etwa zu gleichen Teilen auf persönliche und familiäre Merkmale.

Der *internationale Standardteil für Oberstufenschüler* war erheblich erweitert. Folgende Komplexe wurden in der Regel mit Einzelitems – in Ausnahmefällen auch mit Skalen – zusätzlich erfasst:
- Zeitbudget von Schülern,
- schulische und außerschulische Interessengebiete,
- fachspezifisches Selbstkonzept,
- Wertorientierungen in der Altersgruppe und Familie sowie
- Berufswahlpläne,
- Merkmale der Unterrichtsführung aus Schülersicht für die Fächer Mathematik und Physik.

Der internationale Teil des Schülerfragebogens musste aufgrund der von einigen Teilnehmerstaaten gewünschten engen Zeitlimitierung knapp bleiben. Eine Konsequenz dieser Beschränkung war die Nutzung von Einzelitems an Stelle von Skalen – ein unter methodischen Gesichtspunkten suboptimales Vorgehen. Allerdings konnte der Schülerfragebogen durch nationale Optionen erweitert werden. Von dieser Möglichkeit hat die deutsche Projektgruppe systematisch Gebrauch gemacht. Alle Fragebogenversionen wurden um folgende thematische Bereiche erweitert:
- schulische und außerschulische Interessen,
- motivationale Orientierungen und selbstbezogene Kognitionen,
- Geschlechtsrollendefinition,
- Bewältigung von Entwicklungsaufgaben sowie
- Berufserwartungen.

Die deutschen *Fragebögen für Berufsschüler* erlauben darüber hinaus eine differenzierte Rekonstruktion der individuellen Bildungskarrieren. Ferner wurde die Wahrnehmung der betrieblichen Ausbildungssituation mehrdimensional erfasst und Berufspläne erhoben.

Die *übrigen Fragebogenversionen* enthielten darüber hinaus Skalen zur Erfassung der mathematischen und physikalischen epistemologischen Überzeugungen sowie fachspezifischer Lernstrategien. Die für Gymnasiasten bestimmten Fragebögen schlossen ferner zwei Fragebatterien zum Kurswahlverhalten und zu Kurswahlmotiven sowie zu Studien- und Berufsplänen ein.

Soweit nicht spezifische Einzelinformationen erfragt wurden, wurden die interessierenden Merkmale jeweils durch Skalen gemessen, deren psychometrische Eigenschaften befriedigend bis sehr gut waren. Die einzelnen Instrumente und ihre theoretische Einbettung werden im Rahmen der einschlägigen Kapitel dieses Buches mit Beispielitems vorgestellt. Dort werden auch die relevante Forschungsliteratur diskutiert und die Auswahl der Messinstrumente theoretisch und methodisch begründet. Einen Gesamtüberblick vermittelt das separat vorliegende Skalenhandbuch von TIMSS/III (Baumert, Bos & Watermann, 1998).

Entwicklung des Fachleiter- und Schulleiterfragebogens

Im Unterschied zur Mittelstufenuntersuchung sah die internationale Konzeption von TIMSS für die Sekundarstufe II keinen Lehrer-, sondern ausschließlich einen Schulleiterfragebogen vor. In Deutschland wurde das internationale Programm für die Untersuchung an gymnasialen Oberstufen durch eine Befragung der Fachleiter in den Fächern Mathematik und Physik ergänzt. Diese Fachleiterbefragung hat das Ziel, Informationen über die schulspezifische Unterrichtsvalidität der Tests für den voruniversitären Mathematik- und Physikunterricht zu gewinnen. In den beiden Fragebögen werden nach Sachgebieten aufgeschlüsselt Beispielaufgaben des Tests mit der Bitte vorgelegt, getrennt für Grund- und Leistungskurse anzugeben, ob und in welchem Jahrgang die durch die Beispiele repräsentierten Stoffgebiete im Unterricht behandelt wurden. In dem für die Fachleitung Mathematik vorgesehenen Fragebogen werden 26 Sachgebiete unterschieden, die durch insgesamt 34 Testaufgaben repräsentiert werden. Die Testaufgaben wurden so ausgewählt, dass sie das jeweilige Sachgebiet möglichst exemplarisch vertreten. Die Antworten lassen eine Differenzierung von Mittel- und Oberstufenstoffen sowie untypischen Testaufgaben zu. Innerhalb der Oberstufenstoffe kann getrennt für Kursniveaus nach Jahrgangsstufe der Durchnahme unterschieden werden.

Der Fragebogen für die Fachleitung Physik ist analog aufgebaut. Es werden 14 Sachgebiete der Physik unterschieden, die insgesamt durch 35 Aufgaben repräsentiert werden. Der Fragebogen vermittelt analog zum Mathematikfragebogen die Basisinformationen über die Stoffverteilung in der gymnasialen Oberstufe sowie zur Passung von Test- und tatsächlichem Unterrichtspensum.

Zusätzlich zur Prüfung der schulspezifischen Unterrichtsvalidität durch Fachleiterbefragung wurden zusätzliche Validierungsmaßnahmen getroffen, durch Vergleich der Testaufgaben mit zugelassenen Oberstufenlehrbüchern, mit den einheitlichen Prüfungsanforderungen für das Abitur (EPA) und mit Abituraufgaben, die in Bundesländern mit zentraler Abiturprüfung gestellt wurden (vgl. Kap. II im zweiten Band).

Der Schulleiterfragebogen ist ein relativ kurzes Instrument, das Grundinformationen zu folgenden Bereichen erfasst:

- Einzugsgebiet der Schule,
- Schulstruktur/Schulorganisation/Kursangebote,
- Personalstruktur,
- Kompetenzverteilung innerhalb der Schule und zwischen Schule, Schulaufsicht und Schulträger,
- Zeitbudget des Schulleiters,
- Ausstattungsmängel sowie
- Verhaltensprobleme von Schülern.

3. Testdesign

3.1 Grundzüge des TIMSS-Testdesigns

Zentrales Anliegen von TIMSS ist es, mit hinreichender Genauigkeit Leistungsmerkmale definierter Schülerpopulationen zu schätzen, die jeweils Schlüsseljahrgänge formaler Bildungskarrieren darstellen. Dabei sollen die Sachgebiete der Mathematik und Naturwissenschaften – gemessen an den Lehrplänen und Curricula – in genügender Breite abgebildet werden. Gleichzeitig gilt die Rahmenbedingung, dass Schüler und Schulen durch die Testadministration nicht über Gebühr belastet werden dürfen.

Aus diesen Vorentscheidungen ergibt sich eine grundsätzliche Spannung zwischen wünschenswerter Breite der Repräsentation von Stoffen und Sachgebieten auf der einen und der bei limitierter Testzeit erreichbaren Schätzgenauigkeit auf der anderen Seite. Dies ist ein Dilemma, mit dem man im Rahmen der klassischen Testtheorie schlecht umgehen kann, auch wenn man der Präzision von Populationsparametern Vorrang vor der Schätzgenauigkeit von Personenparametern einräumt. Eine effiziente, aber statistisch anspruchsvolle Lösung stellt ein Testdesign mit *Multi-Matrix Sampling* dar. Bei diesem Untersuchungsplan werden nicht allen Schülern alle Testaufgaben vorgelegt, sondern zufällig gezogene Substichproben erhalten jeweils distinkte Aufgabenmengen. Da jeder Proband nur einen Teil der verfügbaren Testaufgaben bearbeitet, wird die individuelle Testzeit in einem vertretbaren Rahmen gehalten. Durch die im Gesamttest repräsentierten Sachgebiete kann jedoch zumindest auf Populationsebene ein breiteres Leistungsspektrum beschrieben werden.

Durch das *Multi-Matrix Sampling* wird eine Datenmatrix erzeugt, die in geplanter Weise zufällig verteilte fehlende Werte aufweist *(Missing Completely at Random* [MCAR]). Datensätze dieses Typs kann man grundsätzlich im Rahmen der *Item-Response-Theorie* effizient handhaben (Lord, 1980; Hambleton, Swaminathan &

Rogers, 1991). Das in TIMSS verwendete multidimensionale *Random-Coefficients-Logit-Modell* wird in diesem Kapitel weiter unten beschrieben (Adams, Wilson & Wang, 1997; Wu, Adams & Wilson, 1998). Adams, Wilson und Wu (1997) haben dieses Modell durch Einschluss eines multiplen Regressionsterms zur Schätzung der Verteilung der latenten Fähigkeit erweitert – sie nennen es Populationsmodell –, in den im Prinzip alle verfügbaren leistungsrelevanten Informationen einer Person eingehen können (Adams, Wu & Macaskill, 1997). Dadurch ist es möglich, die Präzision von Populationsschätzungen in den Fällen zu erhöhen, in denen pro Person Leistungsinformationen aus nur wenigen Testaufgaben zur Verfügung stehen (Beaton, 1987). Darüber hinaus kann aber auch die Messgenauigkeit von Personenparametern durch die Schätzung fehlender Werte verbessert werden. Es ginge an dieser Stelle zu weit, das auf dem Bayes'schen Theorem basierende iterative Verfahren näher zu beschreiben. Dieses Verfahren der multiplen Imputation oder *Plausible Value Technology* beruht auf den grundlegenden Arbeiten von Rubin (1987), Mislevy und Sheehan (1987), Mislevy (1991) und Mislevy, Johnson und Muraki (1992). Auf diesem Gebiet sind in den letzten Jahren große Fortschritte erzielt worden (Schafer, 1997; Arbuckle, 2000; Little, Schnabel & Baumert, 2000; Neale, 2000).

3.2 Testdesign für TIMSS/III

Im Vergleich zur Mittelstufenuntersuchung von TIMSS sind die Ansprüche an das Testdesign der Oberstufenuntersuchung höher, da gleichzeitig die mathematische und naturwissenschaftliche Grundbildung einer gesamten Abschlusskohorte *und* die Fachleistungen von Schülern in voruniversitären Ausbildungsprogrammen in Mathematik und Physik erfasst werden sollten. Im Testdesign mussten also *drei separate Teiluntersuchungen* koordiniert werden. In einer vorgegebenen Testzeit von 90 Minuten sollten die im Kapitel II, Abschnitt 2 zur Testentwicklung beschriebenen Sachgebiete entweder auf Grundbildungsniveau oder auf dem Niveau voruniversitärer Programme durch geeignete Testaufgaben abgedeckt werden.

Der Grundgedanke des Testdesigns mit *Multiple Matrix Sampling* besteht in der systematischen und selektiven Zuweisung von Itembündeln zu Testheften unterschiedlichen Typs, die auf die verschiedenen Zielgruppen zugeschnitten sind. Die Testhefte eines Typs werden innerhalb der jeweiligen Zielgruppe nach Zufall oder einem festgelegten Rotationsschema Schülern zur Bearbeitung zugewiesen.

In einem ersten Schritt wurden die Untersuchungsteilnehmer nach dem Kriterium ihrer Teilnahme bzw. Nichtteilnahme an voruniversitären Programmen (in

Deutschland nach dem Besuch/Nichtbesuch von mathematischen und physikalischen Grund- oder Leistungskursen) auf folgende vier Gruppen verteilt (Adams & Gonzalez, 1996).
(1) Untersuchungsteilnehmer, die weder einen voruniversitären Mathematik- noch einen voruniversitären Physikkurs besuchen (00). In Deutschland sind dies alle Schüler oder Auszubildende, die keine gymnasiale Oberstufe besuchen.
(2) Untersuchungsteilnehmer, die einen voruniversitären Mathematik-, aber keinen voruniversitären Physikkurs besuchen (M0). In Deutschland gehören zu dieser Gruppe alle Schüler einer gymnasialen Oberstufe (vgl. Kap. II, Abschnitt 1).
(3) Untersuchungsteilnehmer, die einen voruniversitären Physik-, aber keinen voruniversitären Mathematikkurs besuchen (0P). In Deutschland sind dies Schüler einer gymnasialen Oberstufe, die zum Testzeitpunkt einen Grund- oder Leistungskurs in Physik belegt haben.
(4) Untersuchungsteilnehmer, die sowohl einen voruniversitären Mathematik- als auch einen voruniversitären Physikkurs besuchen (MP). In Deutschland sind dies Gymnasiasten, die eine beliebige Kombination von Mathematik- und Physikkursen belegt haben.

Für diese Zielgruppen wurden dann vier Typen von Testheften entwickelt:
(1) Zwei Grundbildungstesthefte (1A und 1B) mit Aufgaben zur mathematischen und naturwissenschaftlichen Grundbildung, eingeschlossen ein Block von typischen Anwendungsaufgaben (*Reasoning and Social Utility* [RSU]).
(2) Drei Physiktesthefte (2A, 2B und 2C) mit physikalischen Testaufgaben auf dem Niveau eines voruniversitären Programms.
(3) Drei Mathematiktesthefte (3A, 3B und 3C) mit Mathematikaufgaben auf dem Niveau voruniversitärer Programme.
(4) Ein gemischtes Testheft (4) mit voruniversitären Mathematik- und Physikaufgaben sowie dem Bündel anwendungsbezogener Aufgaben des Grundbildungstests (RSU).

Bausteine der Testhefte schließlich sind zwölf distinkte Aufgabenbündel (Cluster), die systematisch auf die Testhefte verteilt werden. Jedes Aufgabenbündel erscheint in mehr als einem Testheft. Die Aufgabenbündel lassen sich folgenden Sachgruppen zuordnen:
(1) Das Itembündel A mit einer Bearbeitungszeit von 30 Minuten enthält die mathematisch-naturwissenschaftlichen Anwendungsaufgaben des Grundbildungstests *(Cluster A)*. Das *Cluster A* erscheint in den Testheften 1A, 1B und 4.
(2) Die Aufgabenbündel B, C und D mit ebenfalls jeweils 30-minütiger Bearbeitungszeit enthalten in Mischung mathematische und naturwissenschaftliche

Grundbildungsaufgaben *(Cluster B, C und D)*. Das Itembündel B erscheint in den Testheften 1A und 1B, die anderen beiden Bündel werden rotiert. Die drei Itembündel A, B und C sollen gleiche durchschnittliche Aufgabenschwierigkeit aufweisen.

(3) Auf die Aufgabenbündel E, F, G und H sind die Aufgaben des voruniversitären Physikunterrichts verteilt. Die Itembündel sollen gleiche durchschnittliche Schwierigkeit besitzen. Das *Cluster E,* das eine Bearbeitungszeit von 30 Minuten verlangt, erscheint in den Testheften 2A, 2B, 2C und 4. Die übrigen Itembündel mit einer Bearbeitungszeit von jeweils 60 Minuten werden zwischen den Testheften des Typs 2 rotiert.

(4) Analog zu den Physikaufgaben werden auf die Itembündel E, J, K und L die Aufgaben des voruniversitären Mathematiktests verteilt. Die Aufteilung auf die Testhefte entspricht dem unter Punkt 3 beschriebenen Vorgehen.

Die Tabellen II.12 und II.13 geben einen Überblick über die Zuordnung der zwölf Aufgabenbündel zu Sachgebieten und zu Testheften. Tabelle II.14 schließlich informiert über die Zuweisung der Testhefte zu den vier eingangs definierten Probandengruppen. Eine Beschreibung der Verteilung der Testhefte auf Personen innerhalb der einzelnen Subgruppen findet sich im Kapitel II, Abschnitt 6 zur Durchführung der Untersuchung.

Tabelle II.12: Aufgabenbündel nach Sachgebiet und Bearbeitungszeit

Aufgaben-cluster	Sachgebiet	Zugestandene Bearbeitungszeit
A	Mathematische und naturwissenschaftliche Anwendungsaufgaben des Grundbildungstests (RSU)	30 Min.
B	Grundbildung (Core Cluster)	30 Min.
C	Grundbildung (Rotiertes Cluster)	30 Min.
D	Grundbildung (Rotiertes Cluster)	30 Min.
E	Voruniversitäre Physik (Core Cluster)	30 Min.
F	Voruniversitäre Physik (Rotiertes Cluster)	60 Min.
G	Voruniversitäre Physik (Rotiertes Cluster)	60 Min.
H	Voruniversitäre Physik (Rotiertes Cluster)	60 Min.
I	Voruniversitäre Mathematik (Core Cluster)	30 Min.
J	Voruniversitäre Mathematik (Rotiertes Cluster)	60 Min.
K	Voruniversitäre Mathematik (Rotiertes Cluster)	60 Min.
L	Voruniversitäre Mathematik (Rotiertes Cluster)	60 Min.

Quelle: Adams und Gonzalez (1996).

IEA. Third International Mathematics and Science Study. © TIMSS/III-Germany

Tabelle II.13: Verteilung der Aufgabenbündel auf Testhefte

Position im Testheft	Testheft								
	1		2			3			4
	A	B	A	B	C	A	B	C	
1	A	B	E	E	E	I	I	I	A
2	B	A	F	G	H	J	K	L	E
3	C	D	–	–	–	–	–	–	I

Quelle: Adams und Gonzalez (1996).
IEA. Third International Mathematics and Science Study. © TIMSS/III-Germany

Tabelle II.14: Zuweisung der Testhefte auf Subgruppen der Untersuchungsteilnehmer

Testheft	Subgruppe[1]			
	OO	OP	MO	MP
1A	X	X	X	X
1B	X	X	X	X
2A		X		X
2B		X		X
2C		X		X
3A			X	X
3B			X	X
3C			X	X
4				X

[1] Der Schlüssel der Abkürzungen der Subgruppen befindet sich oben auf Seite 57.
Quelle: Adams und Gonzalez (1996).
IEA. Third International Mathematics and Science Study. © TIMSS/III-Germany

3.3 Prüfung der Implementation des Rotationsplans

Im Rahmen des TIMSS/III-Testdesigns wurden die Testaufgaben auf neun Testhefte verteilt, die vier unterschiedlichen, auf verschiedene Zielgruppen zugeschnittenen Hefttypen zugeordnet waren. Die Testhefte eines Typs wurden den Schülern der entsprechenden Zielgruppe per Zufall oder nach einem bestimmten Rotationsschema zugeteilt. Voraussetzung einer fairen Leistungsmessung ist, dass kein Schüler durch die Bearbeitung eines spezifischen Testheftes bevorzugt oder benachteiligt wird. Als ein Weg, die erfolgreiche Implementation des Rotationsschemas zu überprüfen, bietet sich an, zunächst die mittlere Leistungsfähigkeit von Schülern einer Gruppe, die unterschiedliche Testhefte bearbeitet haben, zu schätzen und dann zu prüfen, ob unter Konstanthaltung der Leistungsfähigkeit die Schwierigkeit von Testaufgaben zwischen den Testheften variiert. Technisch wird beim zweiten Schritt nach der Interaktion zwischen Testaufgabe und Testheft gefragt, die einen Sonderfall der differentiellen Itemfunktion (DIF) darstellt. Eine ausführliche Darstellung des Konzepts der differentiellen Itemfunktion und die Möglichkeiten ihrer Schätzung findet sich im Kapitel III dieses Bandes. An dieser Stelle sollen nur die Ergebnisse der mit *Conquest* (Wu, Adams & Wilson, 1998) durchgeführten Analysen berichtet werden.

Die Schülerinnen und Schüler, die das Testheft 1A bzw. 1B bearbeitet haben, unterscheiden sich hinsichtlich des mittleren Niveaus der mathematischen und naturwissenschaftlichen Grundbildung nicht. Bei der Prüfung der Interaktion zwischen Testaufgaben und Testheft lässt sich anhand des Overall-χ^2-Tests ein statistisch signifikanter, praktisch aber unbedeutender Effekt nachweisen. Die Inspektion der Interaktionsparameter der einzelnen Items zeigt einen Positionseffekt der in beiden Testheften vertretenen Aufgabenbündel. Erscheinen Aufgaben im hinteren Teil eines Testheftes, nimmt deren Schwierigkeit leicht zu. Dies ist darauf zurückzuführen, dass in der verfügbaren Zeit nicht alle Schüler alle Aufgaben bearbeiten konnten. Die Zahl der Fälle, in denen eine Aufgabe mit „not reached" codiert wurde, steigt bei Aufgaben, die am Ende eines Testheftes stehen. Der Effekt ist jedoch praktisch unbedeutend, zumal die Testhefte innerhalb einer Lerngruppe rotiert wurden.

Für die Testhefte 2A, 2B, 2C, in denen sich die Physikaufgaben befinden, die für die Teilnehmer an voruniversitären Physikkursen bestimmt sind, wiederholen sich die Ergebnisse des Grundbildungstests. Die Testhefte sind gleich schwer, wobei die Schwierigkeit der rotierten Aufgabenbündel durch einen leichten Positionseffekt beeinflusst wird. Die Analysen mit den Mathematiktestheften 3A, 3B und 3C führen zu denselben Resultaten.

4. Skalierung der Leistungstests in TIMSS

Die in TIMSS verwendeten Modelle zur Bestimmung individueller Leistungsscores basieren auf der *Item Response Theory* (IRT) (vgl. Fischer & Molenaar, 1995; Hambleton & Swaminathan, 1989; Kubinger, 1989; Rost, 1996). Im Deutschen spricht man üblicherweise von der *Probabilistischen Testtheorie,* deren bekanntester Vertreter das Rasch-Modell (Rasch, 1960) ist. Ein Vorzug der IRT-Modelle gegenüber der *Klassischen Testtheorie* (Lord & Novick, 1968) liegt darin, dass sich Personen, auch wenn sie unterschiedliche Aufgaben bearbeitet haben, in ihren Leistungen auf einer gemeinsamen Skala abbilden lassen. Diese Eigenschaft ist für TIMSS von entscheidender Bedeutung, da das Testkonzept des *Multi-Matrix Sampling* vorsieht, einzelnen Schülern nur relativ wenige Testaufgaben vorzugeben, gleichzeitig jedoch durch mehrere Testversionen Stoffgebiete breit abzudecken. Im Folgenden soll das in TIMSS verwendete Skalierungsverfahren dargestellt werden. Die Basis bildet das Rasch-Modell. Der methodisch versierte und interessierte Leser sei an dieser Stelle allerdings auf detailliertere Ausführungen bei Adams, Wu und Macaskill (1997) hingewiesen.

4.1 Das eindimensionale Rasch-Modell

Zentral in der Klassischen wie auch Probabilistischen Testtheorie ist die Trennung zwischen beobachtbaren *manifesten* und nichtbeobachtbaren, so genannten *latenten* Variablen. Die Reaktion von Personen auf Testaufgaben ist beobachtbar, sie lösen ein oder mehrere Items richtig oder falsch. Die mit einem Test gemessene Leistung (z.B. Anzahl der gelösten Aufgaben) stellt ebenfalls eine beobachtbare Variable dar. Die Fähigkeit einer Person, die hinter diesem Testergebnis steckt, ist dagegen nicht direkt beobachtbar, sondern muss über die Testleistung erschlossen werden. Deswegen stellt also die Fähigkeit eine latente Variable dar.

Die latenten Variablen in probabilistischen Modellen können danach differenziert werden, ob sie als quantitativ oder qualitativ skaliert betrachtet werden. Wenn die latenten Variablen quantitativ skaliert sind, wird von einem *Latent-Trait*-Modell gesprochen, und die latenten Variablen werden als Traits oder Dimensionen bezeichnet (vgl. für einen Überblick Kubinger, 1989; für Rasch-Modelle Fischer & Molenaar, 1995). Qualitativ skalierte latente Variablen werden in so genannten *Latent-Class*-Modellen (vgl. für einen Überblick z.B. Formann, 1984; Rost, 1988) betrachtet. Anhand dieser latenten Variablen werden Gruppen von Personen bzw. Objekten unterschieden (vgl. zu dieser Unterscheidung ausführlich Rost, 1988; Rost & Strauß, 1992).

Das eindimensionale Rasch-Modell ist ein *Latent-Trait*-Modell mit einer latenten Variable. Die Itemparameter wie auch Personenparameter unterscheiden sich nur hinsichtlich ihrer quantitativen Ausprägung voneinander. Im einfachsten Fall, dem *dichotomen Rasch-Modell,* wird versucht, die manifeste Reaktion auf jedes Item (gelöst vs. nicht gelöst) auf eine kontinuierliche latente Personfähigkeit und Itemschwierigkeit zurückzuführen. Da diese Variablen kategorial sind, das heißt nur die Werte 0 oder 1 annehmen können, und auch die Lösungswahrscheinlichkeiten $p(x = 1)$ auf das 0-1-Intervall beschränkt sind (und daher auch nicht adäquat additiv zerlegt werden können), wird die Zerlegung auf Logits bezogen, die *logarithmierte Wettquotienten*[1] darstellen:

$$\ln\left(\frac{p(x_{vi})}{1 - p(x_{vi})}\right) = \theta_v + \xi_i. \tag{1}$$

Die Wahrscheinlichkeit $p(x_{vi})$, dass eine Person v das Item i löst, bzw. der Logit dieser Wahrscheinlichkeit lässt sich additiv zerlegen in einen Personenparameter (Fähigkeit) θ_v und einen Itemparameter (Schwierigkeit) ξ_i. Durch die Logarithmierung des Wettquotienten erreicht man, dass die ehemals auf den 0-1-Bereich beschränkte Anwortwahrscheinlichkeit jetzt zwischen $-\infty$ und $+\infty$ variiert. Die obige Modellgleichung lässt sich durch Umformung in die geläufigere Form

$$p(x_{vi} = 1) = \frac{e^{(\theta_v + \xi_i)}}{1 + e^{(\theta_v + \xi_i)}} \tag{2}$$

bringen, wobei $e = 2.718$ ist.

Die genauen Rechenschritte zur Umformung der Formel (1) in die Formel (2) findet man bei Rost (1996, S. 120 ff.). Dort werden auch ausführlich die Vorteile der Logit-Transformation von Antwortwahrscheinlichkeiten beschrieben.

Die Beziehung zwischen dem latenten Fähigkeitsmerkmal θ und der Antwortwahrscheinlichkeit kann für jede Testaufgabe mithilfe der *Item Characteristic Curve* (ICC) graphisch dargestellt werden. Dabei ergibt sich in weiten Bereichen ein beinahe linearer Zusammenhang zwischen latenter und manifester Variable (vgl. Abb. II.3).

Die Schwierigkeit eines Items ist üblicherweise durch den Wendepunkt der ICC definiert, bei dem die Lösungswahrscheinlichkeit $p(x_{vi} = 1)$ genau 0.5 wird. Durch diese Definition liegen Item- und Personenparameter auf demselben latenten Kontinuum. Abweichend vom üblichen Vorgehen wurden in TIMSS die Itemschwierigkeiten (nach entsprechender Transformation) durch den Wert auf der latenten Fähigkeitsdimension definiert, bei dem die Lösungswahrscheinlichkeit $p(x_{vi} = 1)$ einer Testaufgabe genau 0.65 ist. Mit dieser pragmatischen Entscheidung wurde beabsichtigt, dass Personen, deren Fähigkeit θ_v der Itemsschwierigkeit ξ_i entspricht, dieses Item mit *hinreichender* Sicherheit (eben $p(x_{vi}) = .65$ statt nur $p(x_{vi} = .50)$) lösen.

---

[1] Üblicher ist in der Fachliteratur die englische Bezeichnung *odds-ratios*.

Abbildung II.3: Item-Charakteristik-Kurven für zwei Items im Rasch-Modell

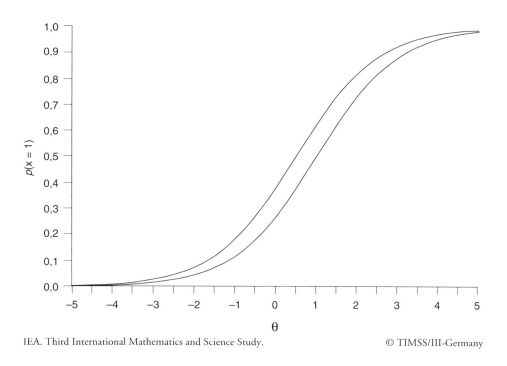

IEA. Third International Mathematics and Science Study. © TIMSS/III-Germany

Fundamentale Annahmen im Rasch-Modell sind die lokale *stochastische Unabhängigkeit* der Items, die *Personenhomogenität,* nach der die Bestimmung der Itemparameter unabhängig von der gewählten Personenstichprobe sein soll, und die *spezifische Objektivität,* die eine Bestimmung der Personenparameter unabhängig von der Itemstichprobe erlaubt. Personenhomogenität und spezifische Objektivität ermöglichen also (sofern das Rasch-Modell für einen empirischen Datensatz gilt) die Bestimmung von Personenparametern bei Auswahl beliebiger Testaufgaben und die Bestimmung von Itemparametern bei Bearbeitung dieser Aufgaben durch beliebige Substichproben von Personen. Durch diese Eigenschaften können Personen, die unterschiedliche Aufgaben bearbeitet haben, auf einer gemeinsamen Fähigkeitsdimension Werte erhalten und miteinander verglichen werden. Die technischen Details für die Bestimmung dieser Werte in TIMSS findet man bei Adams, Wu und Macaskill (1997).

4.2 Das *Partial-Credit*-Modell

Das Rasch-Modell ist als *Partial-Credit*-Modell auch auf manifeste Variablen mit mehr als zwei Lösungskategorien anwendbar. Eine Reihe von offenen Aufgaben in TIMSS sind zum Beispiel mit 0 für *falsche,* 3 für *vollständig richtige* und 1 bzw. 2 für *teilrichtige* Antworten codiert. Die entscheidenden Beiträge zu der Erweiterung des Rasch-Modells auf mehr als zwei Lösungskategorien stammen von Andrich (1978, 1982) und Masters (1982). Die Logik der ordinalen Rasch-Modelle lässt sich sehr anschaulich anhand der verallgemeinerten ICCs zeigen. Im Falle von mehreren geordneten Antwortkategorien eines Items benötigt man für jede Kategorie eine Kurve, die *Category Characteristic Curves* (CCC). Ein Beispiel für ein Item mit vier Kategorien zeigt die Abbildung II.4.

Wandert man auf dem latenten Kontinuum von links nach rechts, so ist zunächst die Wahrscheinlichkeit der Kategorie 0 am höchsten. Diese sinkt dann zusehends ab, und die Wahrscheinlichkeit der Kategorie 1 steigt zeitgleich an. Schreitet man weiter auf dem latenten Kontinuum fort, so sinkt auch diese Wahrscheinlichkeit wieder bei gleichzeitigem Anstieg der Wahrscheinlichkeit für Kategorie 2 usw. Die

Abbildung II.4: Kategorien-Charakteristik-Kurven für ein Item mit vier Lösungskategorien

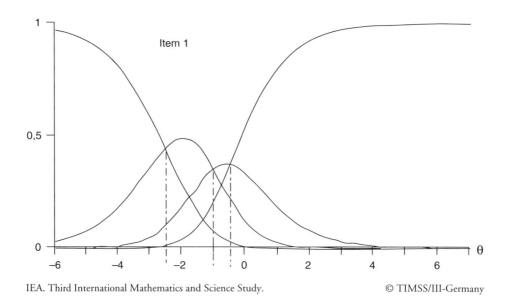

IEA. Third International Mathematics and Science Study. © TIMSS/III-Germany

CCCs werden durch die *Schwellen,* das heißt die Schnittpunkte zweier benachbarter CCCs, parametrisiert. In diesem Schnittpunkt sind die Antwortwahrscheinlichkeiten für beide Kategorien gleich groß. Bemerkenswert ist, dass die Schwellen geordnet sind: Die Schwelle zu Kategorie x liegt auf dem latenten Kontinuum rechts von der Schwelle zu Kategorie $x-1$. Die Rangordnung der Kategorien spiegelt sich also in der Ordnung der Schwellen wider. Mithilfe der Schwellenparameter wird auch die Modellgleichung der ordinalen Rasch-Modelle formuliert. Für Items mit m Kategorien wird die Wahrscheinlichkeit, dass Person v bei Item i Kategorie x ankreuzt, geschrieben als

$$p(x_{vi} = x) = \frac{e^{x(\theta_v + \xi_{ix})}}{\sum_{x=0}^{m} e^{x(\theta_v + \xi_{ix})}}, \quad (3)$$

wobei die ξ_{ix} die bis zur Schwelle x kumulierten Schwellenparameter sind:

$$\xi_{ix} = \sum_{s=0}^{x} \beta_{is}. \quad (4)$$

Die β_{is} heißen dekumulierte Schwellenparameter.

4.3 Multinomiale Rasch-Modelle und *Plausible Values*

Adams, Wilson und Wu (1997) erweitern das gewöhnliche Rasch-Modell und das *Partial-Credit*-Modell dahingehend, dass sie den Personparameter θ_v weiter zerlegen, und zwar:

$$\theta_v = \mathbf{y}'_v \mathbf{b} + \varepsilon_v, \quad (5)$$

wobei $\mathbf{y}'_v$ ein Vektor ist, dessen Elemente Ausprägungen einer Person v auf Hintergrundvariablen sein können; der Vektor $\mathbf{b}$ enthält die dazugehörigen Regressionsgewichte. Bei ε_v handelt es sich um den Fehlerterm (mit dem Erwartungswert Null und der Varianz σ^2), also eine zusätzliche individuelle Komponente, die mit in θ_v eingeht. Auf die zweite durch Adams, Wu und Macaskill (1997) vorgenommene Erweiterung zum mehrdimensionalen Fall, bei dem die Wahrscheinlichkeit eines Antwortvektors als Funktion eines Itemparameter- und eines Personparametervektors modelliert wird, soll hier nicht eingegangen werden.

Die Erweiterung in Gleichung (5) ist bedeutungsvoll, da sie bei der Parameterschätzung dazu führt, dass im Unterschied zum gewöhnlichen Rasch-Modell der individuelle Summenscore der gelösten Aufgaben nicht mehr suffizienter Schätzer des Personparameters ist, sondern über die eigentlichen Testaufgaben hinausgehende Variablen zur Bestimmung von θ_v verwendet werden. Die Schätzung der Itemparameter ξ_i, der Regressionsgewichte **b** und der Varianz σ^2 erfolgt simultan über *Maximum-Likelihood-Verfahren* (vgl. Adams, Wu & Macaskill, 1997). Anschließend werden die so gewonnenen Schätzungen zur Personparameterbestimmung verwendet *(Expected Aposteriori Estimates* [EAP]; zu den Details siehe Adam, Wu & Macaskill, 1997). Ein Problem dieser EAP-Schätzer ist, dass sie zwar die besten (erwartungstreuen) Schätzer für die individuellen Fähigkeiten und für Populationsmittelwerte sind, ihre Varianz aber kein erwartungstreuer Schätzer für den entsprechenden Populationsparameter ist, sondern diesen systematisch unterschätzt. Um zu erwartungstreuen Schätzungen sowohl von Populationsmittelwerten als auch Populationsvarianzen zu gelangen, wurde in TIMSS die so genannte *Plausible-Value*-Technik verwendet (Mislevy u.a., 1992; Mislevy, Johnson & Muraki, 1992). Etwas vereinfacht geht man folgendermaßen vor: Gegeben (1) ein individuelles Antwortmuster von Hintergrundmerkmalen mit (2) den früher ermittelten entsprechenden Regressionsgewichten, (3) die Varianz σ^2 (siehe oben) und (4) der individuelle EAP-Score, lässt sich eine individuell bedingte Wahrscheinlichkeitsverteilung $p(\theta_v|\theta_v^{EAP}, y_v, b, \sigma^2)$ des Fähigkeitsparameters bestimmen, aus der man per Zufall unendlich viele Werte (mit Zurücklegen) ziehen kann. In TIMSS wurden für jede Person fünf solcher Werte gezogen, die zwar nicht die besten individuellen Schätzer sind, aber sowohl zu einer erwartungstreuen Schätzung des Populationsmittelwerts als auch der Populationsvarianz von θ_v führen.

Für die Auswertung der Leistungsdaten ist die Verwendung von *Plausible Values* folgenreich. In kleineren Personengruppen können die Mittelwerte der fünf *Plausible Values* nicht unerheblich variieren. Jeder Mittelwert für sich ist zwar ein erwartungstreuer, aber fehlerbehafteter Schätzer des Erwartungswerts in der entsprechenden Subpopulation. Der Standardfehler des Mittelwerts wird umso größer, je kleiner die berücksichtigte Substichprobe ist. Die Testung von Hypothesen – zum Beispiel über Mittelwertsvergleiche – sollte deshalb immer unter Berücksichtigung aller fünf *Plausible Values* durchgeführt werden. Dabei kann es vorkommen, dass etwa bei zwei von fünf Werten ein Gruppenvergleich signifikant wird, bei den anderen aber nicht. Einen Ausweg aus diesem potentiellen Dilemma bietet das von Rubin (1987) beschriebene Vorgehen, bei dem die Ergebnisse der über die fünf *Plausible Values* durchgeführten Analysen zu einem einzigen Ergebnis verbunden und dann auf Signifikanz getestet werden. Sofern Ergebnisse über alle fünf Werte homogen sind, stellt sich dieses Problem nicht. Bei allen Leistungsergebnissen, die im Folgenden in diesem Band berichtet werden, wird grundsätzlich das Ergebnis des ersten *Plausible Values* mitgeteilt. Werden Inhomogenitäten festgestellt, wird das von Rubin (1987) vorgeschlagene Verfahren gewählt.

4.4 Grenzen der IRT-Modellierung

Die IRT-Modellierung unterstellt im streng psychometrischen Sinne die Eindimensionalität des gemessenen Merkmals (vgl. dazu unsere Ausführungen zur Dimensionalität der Tests in Kap. III dieses Bandes und Kap. II des zweiten Bandes). Diese strenge Annahme, dass ein einziges homogenes Personmerkmal die Antworten (Lösungen) in einem Test determiniert, ist in großen Evaluationsprogrammen wie etwa dem *National Assessment of Educational Progress* (NAEP)-Programm in den USA längst zu Gunsten eines *edumetrischen Skalierungspragmatismus* aufgegeben worden. Mislevy, Johnson und Muraki (1992, S. 135) führen hierzu aus: „The assumption that performance in a scaling area is driven by a single unidimensional variable is unarguably incorrect. Our use of the model is not theoretic but data analytic; interpretation of results is not trait referenced but domain referenced: NAEP subscales are collections of items for which overall performance is deemed to be of interest."

Dieser Pragmatismus korrespondiert sehr gut mit der schulischen Beurteilungspraxis. Schüler erhalten am Ende eines Schulhalbjahres eben eine Mathematiknote und nicht eine Teilnote für Sachgebiet A, eine für Sachgebiet B usw. Dennoch wird es bei spezifischen Fragestellungen immer wieder von Interesse sein, Items nach fachlichen/fachdidaktischen oder psychologischen Kriterien neu zu gruppieren, um mit diesen Subdimensionen zu arbeiten. Für stoffdidaktische Kategorien ist dies auch in TIMSS geschehen.

Ein weiteres Problem der TIMSS-Skalierung auf Basis eines erweiterten Rasch-Modells stellt die Modellannahme der spezifischen Objektivität dar, nach der Itemparameter über beliebige Gruppen (Stichproben) hinweg invariant sein sollen. Auch hier ist es nicht schwer, bei Analysen von *Differential Item Functioning* (DIF) (vgl. Kap. III dieses Bandes) Testaufgaben zu finden, die in Subgruppen unterschiedliche Schwierigkeitsparameter aufweisen. Wenn man das Feld der Simulations- und Laborstudien verlässt, bedarf es auch in dieser Hinsicht eines gewissen, jedoch begrenzten Pragmatismus. Spezifische Objektivität im strengen Sinne wird man bei gesättigten Stichproben nie erreichen. McDonald und Marsh (1990) schreiben zum generellen Problem restriktiver Modelle zur Beschreibung der Realität: „(…) in real applications no restrictive model fits the population, and all fitted restrictive models are approximations and not hypotheses that are possibly true" (S. 247). Auch die in TIMSS gewählten Testmodelle sind selbstverständlich nur eine Approximation zur Beschreibung der gewonnenen Leistungsdaten. Bei einem puristischen Verständnis der Rasch-Modellierung wird man das Modell immer als ungeeignet verwerfen müssen.

5. Stichprobenziehung und Stichprobengewichtung

5.1 Stichprobenplan

In der Schul- und Unterrichtsforschung werden bei Leistungsuntersuchungen häufig aus erhebungstechnischen Gründen, aber auch um Schüler und Lehrer einander zuordnen zu können, intakte Schulklassen als Stichprobeneinheiten gezogen, deren Schüler dann insgesamt in die Untersuchung einbezogen werden. So wurde auch bei der Stichprobenziehung für TIMSS-Population II in Deutschland verfahren. Es wurden Zufallsstichproben von Klassen gezogen, die sich im Untersuchungsjahr auf der 7. bzw. 8. Jahrgangsstufe befanden. Ein analoges Vorgehen wählten wir bei der Stichprobenziehung für TIMSS-Population III. Da jedoch in Deutschland – wie auch in anderen Ländern – in der Sekundarstufe II Klassen oder Kurse aufgrund der amtlichen Statistik nicht identifizierbar sind, wurden statt Schulklassen in einem ersten Arbeitsschritt Schulen als Stichprobeneinheit gewählt, in denen dann in einem zweiten Schritt entweder – wie im Falle der gymnasialen Oberstufen – die letzte Jahrgangsstufe insgesamt untersucht oder – wie im Falle der beruflichen Schulen – eine Klasse per Zufall ausgewählt wurde, deren Schülerschaft dann an der Untersuchung teilnahm.

Stichproben von untereinander möglichst ähnlichen sozialen Einheiten, deren Mitglieder jeweils vollständig oder in einer Stichprobe untersucht werden, bezeichnet man als Cluster- oder Klumpenstichproben. Klumpenstichproben führen im Vergleich zu gleich großen Zufallsstichproben einzelner Personen zu präziseren Schätzungen von Populationsmerkmalen, wenn die einzelnen Klumpen die Grundgesamtheit möglichst gleichmäßig repräsentieren (Kish, 1995; Bortz & Döring, 1995). Dies ist jedoch bei Schulklassen oder Schulen typischerweise *nicht* der Fall. Klassen und Schulen unterscheiden sich leistungsmäßig in Deutschland allein aufgrund der Gliederung des Schulwesens erheblich: Schüler und Schülerinnen innerhalb einer Klasse oder Schule sind sich ähnlicher als Schülerinnen und Schüler unterschiedlicher Klassen und Schulen. Ein Maß für die Homogenität sozialer Einheiten ist die so genannte Intraklassen-Korrelation eines Leistungsmaßes. Dieser Koeffizient liegt in Deutschland für die Mathematikleistung in der Mittelstufe bei etwa $r = .49$ und damit höher als in Ländern, die ein geringer stratifiziertes Schulsystem besitzen. In Schweden oder Japan liegen die entsprechenden Kennwerte bei $r = .38$ und $r = .15$. Für die Sekundarstufe II waren uns vor Untersuchungsbeginn keine Referenzmaße zugänglich. Aufgrund der starken Differenzierung von Bildungsgängen war jedoch anzunehmen, dass die Intraklassen-Korrelation keinesfalls niedriger, sondern eher höher lag. (Dies wurde durch unsere Befunde nachträglich bestätigt; die Intraklassen-Korrelation für die Gesamtstichprobe der Population III liegt im Grundbildungstest bei $r = .52$.) Unter der Bedingung der Abhängigkeit der Stichprobenelemente innerhalb von Stichprobenclustern ist die Ziehung von Klumpenstichproben ein im Vergleich zu einer einfachen Zufallsstichprobe weniger effizientes, häufig aber nicht zu vermeidendes Verfahren. Der Effizienzverlust – der so genannte Cluster- oder Designeffekt – hängt von der Homogenität (r) und der Größe (N_c) der einzelnen Cluster ab. Diese Effizienzverluste von Clusterstichproben können bei Schuluntersuchungen erheblich sein.

Man kann die Nachteile einer solchen Klumpenstichprobe jedoch zumindest teilweise durch Stratifizierungsgewinne ausgleichen. Wenn es gelingt, die Grundgesamtheit in einige – gemessen am Untersuchungskriterium – möglichst homogene, größere Teilgruppen zu zerlegen und innerhalb der definierten Gruppen die Untersuchungsklumpen per Zufall auszuwählen, wird die Genauigkeit der Schätzung von Populationsparametern wiederum verbessert (Kish, 1995; Bortz & Döring, 1995). In diesem Fall spricht man von geschichteten oder stratifizierten Clusterstichproben. Strata sind in der erziehungswissenschaftlichen Forschung häufig Gebietseinheiten, Bildungsgänge oder Schulformen und deren Kombinationen. Die Strata können in der Stichprobe entsprechend ihrer Verteilung in der Grundgesamtheit repräsentiert sein. Man redet dann von einer proportional geschichteten Stichprobe, die selbstgewichtend ist. Es können aber auch einzelne Strata, die von besonderem Untersuchungsinteresse sind, in der Stichprobe überrepräsentiert werden – etwa wenn Interesse daran besteht, kleinere Gebietseinheiten zu vergleichen. In diesem Fall wird disproportional geschichtet. Bei Analysen über die gesamte Stichprobe hinweg müssen diese Verzerrungen durch entsprechende Gewichte wieder ausgeglichen werden. Bei der Stichprobenziehung für TIMSS/III haben wir in Deutschland von beiden Möglichkeiten mehrfach Gebrauch gemacht. Dies führt zu einem komplizierten Stichprobenplan, der sich folgendermaßen zusammenfassend beschreiben lässt:

Bei der Stichprobe für Population III handelt es sich in Deutschland um eine mehrfach stratifizierte Wahrscheinlichkeitsstichprobe von Schulen, in denen entweder der Abschlussjahrgang insgesamt oder eine zufällig ausgewählte intakte Abschlussklasse untersucht wurde. In der Evaluationsforschung ist dieser Typ des Stichprobenplans – die multipel stratifizierte zweistufige (Schule und Jahrgangsstufe/Klasse) Clusterstichprobe – häufig anzutreffen.

Im Einzelnen wurde folgendes Vorgehen bei der Stichprobenziehung gewählt:
– Im ersten Schritt wurde die Stichprobe disproportional nach allgemeinbildendem und beruflichem Schulwesen stratifiziert. Bei vorgegebenem Stichprobenumfang von 164 Schulen sollten 74 Schulen aus dem allgemeinbildenden und 90 Schulen aus dem beruflichen Schulwesen gezogen werden. Die gymnasialen

Oberstufen wurden in der Stichprobe überrepräsentiert, um differenzierte Analysen nach Kursbesuch durchführen zu können. Bei Aussagen über die gesamte Untersuchungspopulation muss die Überrepräsentation durch entsprechende Gewichtung wieder ausgeglichen werden.

– In einem zweiten Schritt wurde innerhalb des allgemeinbildenden Schulwesens proportional nach Bundesland und Schulart geschichtet. Anschließend wurde die Stichprobe in den neuen Bundesländern verdoppelt, um genügend Teststärke für Ost-West-Vergleiche zu erhalten. Bei Aussagen über die gymnasiale Oberstufe insgesamt muss diese disproportionale Stratifizierung ebenfalls durch entsprechende Gewichte berücksichtigt werden.

– In einem dritten Schritt wurde die Stichprobe für das berufsbildende Schulsystem nach Region (Ost/West) und Schulart proportional geschichtet.

– In einem vierten Schritt wurden innerhalb der definierten Strata – 18 Strata im allgemeinbildenden und 15 Strata im beruflichen Schulsystem – auf der Basis von kumulierten, nach Schulen geordneten Schülerlisten die Untersuchungsschulen zufällig gezogen (Zufallsstart und gleiche Intervalle). Die Ziehungswahrscheinlichkeit einer Schule ist damit proportional zu ihrer Größe *(Probability Proportional to Size Sampling* [PPS]). Für den Fall der Weigerung einer Schule, an der Untersuchung teilzunehmen, wurde als erste Ersatzschule die vorgängige und als zweite Ersatzschule die jeweils nachfolgende Schule bestimmt.

– In einem fünften Schritt schließlich wurde die Untersuchungseinheit innerhalb der Schule festgelegt. In den gymnasialen Oberstufen war dies jeweils die letzte Jahrgangsstufe – also je nach Bundesland der 12. oder 13. Jahrgang. In Ländern mit 13-jährigem Gymnasium wurde zusätzlich der 12. Jahrgang in die Untersuchung einbezogen, um Leistungsfortschritte schätzen zu können. In den beruflichen Schulen wurde jeweils eine Abschlussklasse zufällig als Untersuchungseinheit ausgewählt. Für die Hälfte der Berufsschulen galt darüber hinaus die Festlegung, dass die ausgewählte Abschlussklasse im Wechsel von Schule zu Schule einen der fünf meistbesetzten Ausbildungsberufe repräsentieren sollte.

Mithilfe dieses komplizierten Stichprobenplans sollte für zentrale Untersuchungsmerkmale eine Genauigkeit von Punktschätzungen auf der Ebene der gesamten Population und wichtiger Teilpopulationen erreicht werden, die der einer einfachen Zufallsstichprobe von $N = 400$ äquivalent ist. Die meisten Teilnehmerstaaten mit differenzierten Schulsystemen – darunter auch die Bundesrepublik Deutschland – haben diese Vorgaben nicht oder nur annäherungsweise erreicht.

5.2 Realisierte Stichprobe

Die Hauptuntersuchung für TIMSS/III war für das Ende des Schuljahres 1994/95 geplant. Als Erhebungsfenster waren die Monate Februar und März 1995 vorgesehen. Die Erteilung der Untersuchungsgenehmigung durch die Kultusministerien der Bundesländer zog sich jedoch in einzelnen Fällen so lange hin, dass die Feldphase erst in den Monaten April bis Juni stattfinden konnte. In den Gymnasien kollidierte damit die Untersuchung mit den mündlichen Abiturprüfungen. Auch in den beruflichen Schulen brachte der späte Untersuchungstermin Abstimmungsschwierigkeiten mit sich. Das Zusammentreffen von Abitur und Hauptuntersuchung führte im Schuljahr 1994/95 zum Scheitern der Untersuchung des gymnasialen Abschlussjahrgangs. Dieser Teil der Studie musste im Schuljahr 1995/96 im ursprünglich vorgesehenen Testfenster Februar/März wiederholt werden. Es wurde eine neue Gymnasialstichprobe gezogen, in die jeweils die einer Ersatzschule des vorliegenden Stichprobenplans benachbarte Schule als Stichprobeneinheit einging. Die Nacherhebung verlief problemlos. Die realisierte Stichprobe beruht für die beruflichen Schulen und die 12. Jahrgangsstufe in Ländern mit 13-jährigem Gymnasium auf der im Frühjahr 1995 durchgeführten Haupterhebung, für die gymnasialen Abschlussklassen auf der im Februar und März 1996 durchgeführten Nacherhebung.

Die Qualität einer Stichprobe und damit auch ihre Aussagekraft für die Grundgesamtheit hängt maßgeblich vom Ausschöpfungsgrad der realisierten Stichprobe ab. Unter Ausschöpfungsgrad einer Stichprobe versteht man das Ausmaß, mit dem Personen der geplanten Stichprobe bei der Untersuchung auch tatsächlich erreicht werden. Der Ausschöpfungsgrad der TIMSS-Stichprobe etwa würde gemindert, wenn sich in das Sample aufgenommene Schulen insgesamt der Teilnahme verweigerten oder sich innerhalb der Schulen substantielle Ausfälle durch Verweigerung von Schülern ergäben *(Non Response)*. Wenn diese Ausfälle systematisch mit dem Untersuchungskriterium zusammenhängen, können sie die Aussagekraft einer Untersuchung erheblich einschränken oder die Studie sogar gänzlich invalidieren. International wurde als kritische Grenze des Ausschöpfungsgrades festgelegt, dass die Teilnahmerate von Schulen und Schülern jeweils mindestens 85 Prozent betragen müsse oder eine kombinierte Rate von 75 Prozent nicht unterschreiten dürfe. Ferner musste in jedem Fall eine 50-prozentige Teilnahme von Schulen ohne Ziehung von Ersatzschulen erreicht werden.

In Deutschland mussten in 25 von 164 Fällen (15 %) Ersatzschulen gezogen werden. Eine Prüfung der Gründe, die zu einer Ablehnung der Teilnahme von Schulen führten, ergab, dass es sich dabei überwiegend um äußere Umstände handelte, bei denen ein Zusammenhang mit dem Untersuchungskriterium nicht anzunehmen war (Umbau, Schulschließung, Abwesenheit der Klasse zum Untersuchungszeitpunkt oder Zusammenfall von geplanter Untersuchung und Abschlussprüfungen). Die Beteiligungsbereitschaft *innerhalb* der ausgewählten Untersuchungseinheiten – Jahrgangsstufen oder Abschlussklassen – lag im gewichteten Mittel bei etwa 80 Prozent. In beruflichen Schulen war die Beteiligungsbereitschaft höher als in gymnasialen Oberstufen. Die Differenz zwischen gewünschten und tatsächlich erreichten Beteiligungszahlen ist zum Teil auf Krankheit von Schülern oder sonstige übliche Gründe für Abwesenheit zurückzuführen. Die schulischen Fehlquoten in einer Klasse betragen in der Regel zwischen 10 und 15 Prozent. In den übrigen Fällen der Nichtteilnahme kann man mangelnde Motivation oder schwache Fachleistungen vermuten. Die erhöhten Abwesenheitsquoten in den gymnasialen Oberstufen (vgl. Tab. II.15) legen die Vermutung nahe, dass die Fachleistungen in den Gymnasien in unserer Stichprobe leicht überschätzt werden. Dafür spricht auch, dass sich für die gymnasialen Oberstufen eine schwache, allerdings nicht signifikante Korrelation zwischen der Höhe der schulspezifischen Ausfallraten und dem mittleren Mathematikleistungsniveau einer Schule zeigen lässt ($r = .20$). Insgesamt wurde in der Bundesrepublik Deutschland ein Ausschöpfungsgrad erreicht, der eine im internationalen Vergleich mittlere Beteiligungsbereitschaft anzeigt.

Die realisierte Stichprobe für die Population III umfasst in der Bundesrepublik Deutschland insgesamt 8.000 Schülerinnen und Schüler. In dieser Gesamtangabe sind die Stichproben der Untersuchungsjahre 1995 und 1996 kombiniert. Tabelle II.16 weist die Verteilung der Stichprobe über die Schulformen und Erhebungszeitpunkte ungewichtet aus. Schüler, die Fachgymnasien oder eine gymnasiale Oberstufe an Gesamtschulen besuchen, werden im Folgenden nicht gesondert ausgewiesen, da die geringen Fallzahlen keine gesonderten Auswertungen zulassen.

Die Stichprobe aus dem berufsbildenden Schulsystem verteilt sich auf 12 von 21 Ausbildungsberufsgruppen, deren Entwicklung im Berufsbildungsbericht regelmäßig berichtet wird. Am stärksten vertreten sind Metall- und Elektroberufe,

Tabelle II.15: Untersuchungsbeteiligung von Schülern nach Schulart in Prozent der Sollzahlen (Ausschöpfungsgrad der Stichprobe in Deutschland)

Gymnasium	Oberstufe an Gesamtschulen	Fachgymnasium	Fachoberschule	Berufsfachschule	Berufsschule
74	86	86	77	86	83

IEA. Third International Mathematics and Science Study. © TIMSS/III-Germany

Tabelle II.16: Realisierte Stichprobe nach Schulart und Erhebungsjahr in Deutschland (ungewichtet)

Erhebungsjahr	Allgemeinbildende Schulen		Berufliche Schulen				Insgesamt
	Gymnasien	Integrierte Gesamtschulen	Fachgymnasien	Fachoberschulen	Berufsfachschulen	Berufsschulen	
1995	2.582*	73*	49	111	375	931	4.121
1996	3.786	93	–	–	–	–	3.879
Summe	6.368	166	49	111	375	931	8.000
Hauptstichprobe	3.786	93	49	111	375	931	5.345

* Nur 12. Jahrgang in Bundesländern mit 13 Schuljahren.
IEA. Third International Mathematics and Science Study. © TIMSS/III-Germany

Waren- und Dienstleistungskaufleute, Verwaltungs- und Büroberufe, Bauberufe sowie Pflege-, Betreuungs- und Reinigungsberufe. Tabelle II.17 weist die Besetzungszahlen der Hauptberufsgruppen in der Population und unserer Stichprobe aus.

Da dem Stichprobenplan entsprechend in den beruflichen Schulen zufällig ausgewählte Abschlussklassen als Untersuchungseinheiten bestimmt wurden, sind in der Stichprobe aus dem beruflichen Schulwesen auch Personen enthalten, die sich nach Abschluss eines Ausbildungsgangs in der Sekundarstufe II bereits in einem zweiten Ausbildungszyklus befinden. Dies können Personen sein, die eine zweite berufliche Ausbildung absolvieren oder nach dem Erwerb der Fachhochschul- oder allgemeinen Hochschulreife eine Ausbildung im beruflichen Schulsystem begonnen haben. In den nichtgewichteten Stichprobenangaben der Tabelle II.16 sind 113 Personen mit allgemeiner Hochschulreife, 40 Personen mit Fachhochschulreife und 31 Personen mit Haupt- oder Realschulabschluss enthalten, die 26 Jahre oder älter sind und aller Wahrscheinlichkeit nach bereits einen ersten Ausbildungszyklus im beruflichen Schulwesen mit oder ohne Erfolg durchlaufen haben. Diese Personen wurden der internationalen Vereinbarung entsprechend aus der gewichteten Stichprobe ausgeschlossen. Sie bilden jedoch eine interessante Sonderpopulation, die für Vergleiche innerhalb der Bundesrepublik aufschlussreich ist.

Eine Inspektion der Verteilung der Stichprobe der Personen im ersten Ausbildungszyklus nach Ausbildungsjahr zeigt ferner, dass sich in der Stichprobe 652 Personen befinden, die im beruflichen Schulsystem erfasst wurden, aber wahrscheinlich noch

Tabelle II.17: Auszubildende nach Ausbildungsberufen (Hauptgruppen) in der Stichprobe der berufsbildenden Schulen und der Grundgesamtheit

	Hauptgruppen von Ausbildungsberufen	Besetzung in der Stichprobe (ungewichtet)		Besetzung in der Grundgesamtheit[1] 1995
		Absolut	%	%
1	Pflanzenbauer, Tierzucht, Fischerei	51	5,2	3,0
9	Metallberufe	240	24,3	18,5
10	Elektriker	46	4,7	7,7
11	Textil-, Bekleidungs-, Lederberufe	13	1,3	0,6
12	Ernährungsberufe	27	2,7	4,2
13	Bau-, Baunebenberufe	98	9,9	17,3
15	Technische Berufe	19	1,9	1,4
16	Waren-, Dienstleistungskaufleute	178	18,0	10,8
18	Organisations-, Verwaltungs-, Büroberufe	126	12,8	18,2
19	Sicherheits-, künstlerische, Gesundheits-, Sozial-, Erziehungsberufe	58	5,9	7,7
20	Körperpflege-, Gästebetreuungs-, hauswirtschaftliche, Reinigungsberufe	87	8,8	7,1
21	Sonstige Berufe	45	4,6	0,6
	Insgesamt	988	100,0	97,1[2]

[1] Schüler mit Ausbildungsvertrag im 2. und 3. Ausbildungsjahrgang.
[2] Die Differenz zu 100 Prozent ist auf die nicht aufgeführten Hauptgruppen zurückzuführen.
IEA. Third International Mathematics and Science Study. © TIMSS/III-Germany

keine Abschlussklasse besuchen. Diese Personen repräsentieren nach internationaler und nationaler Definition nicht die Untersuchungspopulation. Dass diese Personen dennoch in die Stichprobe aufgenommen wurden und an der Untersuchung teilgenommen haben, erklärt sich folgendermaßen: Es ist in mehreren Fällen geschehen, dass zwischen Schulleitung und Testadministration Untersuchungstermine vereinbart wurden, zu denen die Abschlussklassen, wie sich beim Schulbesuch herausstellte, nicht mehr in der Schule anzutreffen waren. Hauptgrund war das infolge verzögerter Genehmigungen spätliegende Untersuchungsfenster. Wenn kein neuer Testtermin verabredet werden konnte, wurde in diesen Fällen eine zufällig ausgewählte Klasse des jeweils anwesenden höchsten Ausbildungsjahrgangs getestet.

Dieses Vorgehen sollte sich im nachhinein als Quelle nützlicher Zusatzinformationen erweisen. Die Verteilung der Stichprobe im beruflichen Schulsystem über unterschiedliche Ausbildungsjahrgänge erlaubt nämlich die Prüfung, ob sich systematische Leistungsunterschiede in Abhängigkeit vom Ausbildungsjahr nachweisen lassen. In Kapitel V dieses Bandes werden wir zeigen, dass dies nicht der Fall ist. Aus diesem Grunde sind diese Probanden auch aus der gewichteten Stichprobe nicht entfernt worden.

Als Teilpopulation der so genannten Mathematik- bzw. Physikspezialisten, die einen voruniversitären Mathematik- bzw. Physikkurs besuchen, gelten in Deutschland die Schülerinnen und Schüler der gymnasialen Oberstufe, die in diesen Fächern einen Grund- oder Leistungskurs zum Testzeitpunkt besuchen oder zumindest in der vorhergehenden Jahrgangsstufe besucht haben. Diese Teilpopulation hat für TIMSS zentrale Bedeutung, da mit ihr die Gruppe erfasst wird, die anschließend zum überwiegenden Teil ein Studium an einer Hochschule aufnehmen wird. Stichprobenplan und Testdesign waren so angelegt worden, dass auch für das schwächer besetzte Fach Physik eine ausreichende Zahl Probanden mit Grund- oder Leistungskurs an der Untersuchung teilnahm. Tabelle II.18 weist die realisierte Stichprobe des Abschlussjahrgangs in der gymnasialen Oberstufe nach Kurswahl in den Fächern Mathematik und Physik ungewichtet aus.

Trotz der schwer kalkulierbaren Widrigkeiten bei genehmigungspflichtigen Untersuchungen ist es insgesamt doch noch gelungen, eine Stichprobe zu gewinnen, die eine ausreichend solide und bislang nicht verfügbare Basis für die Beschreibung und Analyse des Ausbildungsstandes einer ausgewählten Altersgruppe im mathematisch-

Tabelle II.18: Realisierte Stichprobe der Abschlussklassen in der gymnasialen Oberstufe an Gymnasien, integrierten Gesamtschulen und Fachgymnasien nach Kurswahl in Mathematik und Physik in Deutschland (ungewichtet)

Fach	Fach nach Einführungsphase oder früher abgegeben	Grundkurs nicht durchgehend belegt	Grundkurs durchgehend belegt	Leistungskurs	Keine Angaben	Insgesamt
Mathematik	–	324	2.049	1.436	119	3.928
Physik	1.966	338	864	518	242	3.928

IEA. Third International Mathematics and Science Study. © TIMSS/III-Germany

naturwissenschaftlichen Bereich bieten kann. Während sich in der Stichprobe des beruflichen Schulwesens die Folgen der verschobenen Hauptuntersuchung im Jahre 1995 noch ablesen lassen, konnten im allgemeinbildenden Schulwesen diese Mängel durch die vollständige Nacherhebung des Abschlussjahrgangs Anfang 1996 beseitigt werden.

5.3 Gewichtung der Stichprobe

Das Grundmuster des Stichprobenplans für TIMSS/III ist das eines zweistufigen, mehrfach – auch disproportional – stratifizierten Clusterdesigns. Im ersten Schritt wurde eine Schulstichprobe, im zweiten innerhalb der einzelnen Schule eine Klassen- oder Lerngruppenstichprobe gezogen. Den internationalen Vorgaben entsprechend sollte die Schulstichprobe eine Wahrscheinlichkeitsstichprobe proportional zur Schulgröße sein, während die Schulklassen innerhalb einer Schule mit gleicher Wahrscheinlichkeit gezogen wurden. Diese Prozedur wurde in allen Strata wiederholt.

Eine mehrstufige, stratifizierte Klumpenstichprobe erleichtert im Schulbereich die Erhebung beträchtlich, da ganze Klassen untersucht werden können. Unterschiedliche Ziehungswahrscheinlichkeiten von Stichprobenelementen müssen durch komplexe Gewichtungsprozeduren ausgeglichen werden. Die Gewichtung der Stichproben für die Population III erfolgte international grundsätzlich dreistufig und getrennt nach den jeweils national definierten Strata.

(1) Im ersten Schritt wurden – international einheitlich – nach Schulformen getrennte Schulgewichte berechnet, in die die jeweilige Größe der Schule sowie ein Korrekturfaktor für Antwortverweigerung eingingen.

(2) Im zweiten Schritt wurde in den Teilnehmerländern, in denen pro Schule mehr als eine Lerngruppe als Cluster gezogen wurde, ein Klassengewicht berechnet.

(3) Im dritten Schritt wurde ein Schülergewicht berechnet, in das die schulspezifische Beteiligungsrate als Korrekturfaktor einging. Für Deutschland wurde ferner auf der Schülerebene die durch die Rotation der Testhefte unterschiedliche Ziehungswahrscheinlichkeit von Mathematik- und Physiktestheften in der gymnasialen Oberstufe durch entsprechende Gewichte ausgeglichen.
Durch die unterschiedliche Ziehungswahrscheinlichkeit der Testhefte wurde sichergestellt, dass die Substichprobe von Schülern mit Grund- oder Leistungskursen im Fach Physik ausreichend groß war. Die stärkere Berücksichtigung von

Schülern mit Physikkursen führte allerdings dazu, dass diese Schülergruppe, da sie nur am Physiktest teilnahm, im Mathematiktest unterrepräsentiert war. Diese Verzerrung der Substichprobe für den voruniversitären Mathematikunterricht wurde durch entsprechende Gewichte korrigiert (vgl. unten Abschnitt 6).

Die Gewichte wurden aufgrund nationaler Basisdaten zentral von *Statistics Canada* berechnet. Die internationalen Gewichte – getrennt nach den Erhebungsbereichen „Mathematisch-naturwissenschaftliche Grundbildung", „Voruniversitärer Mathematikunterricht" und „Voruniversitärer Physikunterricht" – wurden dann den nationalen Projektgruppen für weitere Analysen zur Verfügung gestellt.

Bei der Überprüfung, inwieweit die internationalen Gewichte die Verhältnisse in der Untersuchungspopulation in Deutschland reproduzieren, ergaben sich je nach Untersuchungsbereich differenzierte Ergebnisse. Für den Bereich der mathematisch-naturwissenschaftlichen Grundbildung bildet die international gewichtete Stichprobe die Populationsverhältnisse sehr gut ab. Für den Bereich des voruniversitären Mathematik- und Physikunterrichts gilt dies nur eingeschränkt. Offenbar wurde entgegen der nationalen Vorgabe die Bundeslandzugehörigkeit nicht als explizites Stratum in der Gewichtungsprozedur berücksichtigt. Dies führte zu einer verzerrten Repräsentation einiger Bundesländer in der international gewichteten Substichprobe. Insbesondere ist Baden-Württemberg zu stark vertreten. Ferner sind in der international gewichteten Stichprobe, wie ein Abgleich nachträglich erhobener Populationsdaten zur Kursbelegung zeigt, Teilnehmer an den Mathematik- und Physikleistungskursen leicht überrepräsentiert. Beide Faktoren zusammen führen zu einer Überschätzung der Mittelwerte für den voruniversitären Mathematikunterricht in Deutschland. Der im internationalen Bericht wiedergegebene nationale Mittelwert für die Fachleistungen im voruniversitären Mathematikunterricht von 465 wird um gut 10 Punkte, also etwa 1/10 Standardabweichung überschätzt. Die Auswirkungen auf die entsprechenden deutschen Physikleistungswerte (520) sind zwar noch nachweisbar, aber von der Größe her eher zu vernachlässigen. Der entsprechende internationale Physikwert von 522 wird durch die Gewichtungskorrektur kaum beeinflusst.

Nach sorgfältiger Prüfung der einzelnen Gewichtskomponenten wurde die deutsche Stichprobe unter Berücksichtigung aller expliziten Stratifizierungsmerkmale neu gewichtet:

(1) Auf die Einführung eines Schulgewichts konnte bei der deutschen Stichprobe verzichtet werden, da bereits bei der Ziehung der Schulen die Schulgröße berücksichtigt worden war (PPS Sampling).

(2) Die Berechnung eines Klassengewichts erübrigte sich, da nur eine Lerngruppe pro Schule gezogen wurde.

(3) Bei der Berechnung der Schülergewichte wurde im Unterschied zum internationalen Vorgehen auf einen Korrekturfaktor für differentielle Beteiligungsraten verzichtet, da ein entsprechendes Gewicht wahrscheinlich zu einer Verstärkung des *Non Response*-Fehlers führt. Wenn man naheliegenderweise davon ausgeht, dass die Beteiligungsbereitschaft von Schülern vom Leistungskriterium nicht unabhängig ist, dann werden in den Schulen mit geringeren Beteiligungsraten die mittleren Leistungswerte tendenziell überschätzt. (Dass sich in der deutschen Stichprobe eine schwache Korrelation zwischen der Höhe der *Non Response*-Rate und dem mittleren Leistungsniveau einer Schule zeigen lässt, weist auf diesen Zusammenhang hin.) Bei einer Korrektur der unterschiedlichen Ausfallraten durch entsprechende Gewichte wird der Effekt potentiell verstärkt.

Es wurden schließlich – getrennt nach Untersuchungsbereichen – Schülergewichte in einem einstufigen oder zweistufigen Verfahren unter Berücksichtigung der jeweils spezifischen expliziten Stratifizierungsmerkmale berechnet. Für den Bereich der mathematisch-naturwissenschaftlichen Grundbildung wurden Gewichte unter Berücksichtigung der Schichtungsmerkmale Region, Schulform und Ausbildungsberuf erstellt. Im Bereich des voruniversitären Mathematik- und Physikunterrichts wurden in einem ersten Schritt fachspezifische Schülergewichte unter Berücksichtigung der Schichtungsmerkmale Bundesland und Kurszugehörigkeit berechnet. In einem zweiten Schritt wurde die durch die im Kapitel II, Abschnitt 6 beschriebene Rotation der Testhefte bedingte Unterrepräsentation von Schülern mit einem Physikgrund- oder -leistungskurs im Mathematiktest durch einen entsprechenden Gewichtungsfaktor ausgeglichen. Nach der Neugewichtung bildet die realisierte Stichprobe die Verhältnisse in den Untersuchungspopulationen korrekt ab.

Tabelle II.19: Realisierte Stichprobe für den Untersuchungsbereich „Mathematisch-naturwissenschaftliche Grundbildung" nach Schulformen (gewichtet)[1]

Gymnasiale Oberstufe[2]	Fachoberschule	Berufsfachschule	Berufsschule	Insgesamt
781 (35,8 %)	60 (2,8 %)	194 (8,9 %)	1.150 (52,6 %)	2.185 (100,0 %)

[1] Ohne Personen im zweiten Zyklus.
[2] Einschließlich integrierter Gesamtschulen mit Fachgymnasien.
IEA. Third International Mathematics and Science Study.   © TIMSS/III-Germany

Tabelle II.20: Realisierte Stichprobe für die Untersuchungsbereiche „Voruniversitärer Mathematik- und Physikunterricht" nach Fächern und Kursniveau (gewichtet)

Fach	Kursniveau				Insgesamt
	Grundkurs		Leistungskurs	Ohne Kursangabe	
	Nicht durchgehend belegt	Durchgehend belegt			
Mathematik	238 (10,3 %)	1.274 (55,1 %)	785 (34,0 %)	13 (0,6 %)	2.310 (100,0 %)
Physik	–	472 (67,5 %)	227 (32,5 %)	–	699 (100,0 %)

IEA. Third International Mathematics and Science Study. © TIMSS/III-Germany

Schlüsselt man die Gesamtstichprobe nach Untersuchungsbereichen auf, so ergeben sich folgende Substichproben, für die jeweils Ergebnisse in den Leistungstests verfügbar sind. Die Tabellen II.19 und II.20 weisen die Stichprobenumfänge differenziert nach Untersuchungsbereich und Schulformen bzw. Kursniveaus *nach Gewichtung* aus.

5.4 Stichprobenfehler, Designeffekte und effektive Stichprobengrößen

Die Schätzung von Populationskennwerten aus Stichproben ist immer fehlerbehaftet. Die Größe des Schätzfehlers – die Variabilität der Parameterschätzung – hängt von der Variabilität des jeweiligen Merkmals in der Population und der Größe der Stichprobe ab. Da man die Variabilität eines Merkmals in der Grundgesamtheit in der Regel nicht kennt, schätzt man diese aufgrund der Variabilität des Merkmals in der Stichprobe. So wird üblicherweise etwa die Varianz der Schätzung eines Populationsmittelwertes als Verhältnis der Varianz des Merkmals in der Stichprobe zur Stichprobengröße bestimmt. Die Quadratwurzel aus diesem Wert wird als Standardfehler der Schätzung des Populationskennwertes bezeichnet (SE). Bei der Darstellung unserer Ergebnisse berichten wir als Maß der Zuverlässigkeit unserer Schätzungen immer auch Standardfehler. Als Grundregel gilt, dass der wahre Populationskennwert mit einer 5-prozentigen Irrtumswahrscheinlichkeit im Intervall von +/– zwei Standardfehlern liegt. Um also in einem ersten Zugriff zu prüfen, ob sich zum Beispiel berichtete Mittelwerte überzufällig unterscheiden, empfiehlt sich die Inspektion der Standardfehler als erster Schritt.

Die übliche Berechnung des Standardfehlers führt jedoch nur unter der Voraussetzung einer einfachen Zufallsstichprobe, bei der die Stichprobenelemente voneinander unabhängig sind, zu vertretbar genauen Schätzungen. Bei mehrstufigen Klumpenstichproben führt diese Berechnung in der Regel zu einer systematischen Unterschätzung des Stichprobenfehlers. Das Ausmaß der Unterschätzung hängt von der Homogenität der Cluster – als Kennziffer hatten wir dafür die interklassliche Korrelation eingeführt – und der Clustergröße ab. Nun gibt es allerdings eine Reihe von Verfahren, Stichprobenfehler zu schätzen, ohne die Annahme einfacher Zufallsstichproben voraussetzen zu müssen. Die bekanntesten Verfahren sind die so genannten *Jackknife*-Methoden. Sie basieren auf dem Grundgedanken, die Variabilität der Schätzung von Populationskennwerten durch das wiederholte Schätzen dieser Kennziffern aus Substichproben zu bestimmen. Dies führt zu konservativen Schätzungen, da so die Anzahl der Freiheitsgrade reduziert wird. In TIMSS werden alle Standardfehler durch *Jackknifing* geschätzt (Wolter, 1985). In der Regel wird die *Jackknife Repeated Replication Technique* (JRR) angewandt (Johnson & Rust, 1992; Gonzalez & Foy, 1998).

Komplexe Stichproben, wie sie in TIMSS/III gezogen wurden, führen in der Regel zu größeren Stichprobenfehlern als einfache Zufallsstichproben derselben Größe. Diese Stichproben sind also weniger effektiv; die verfügbare *Testpower* zur Prüfung von Unterschiedshypothesen ist dementsprechend herabgesetzt. Als Maß der Reduktion der Stichprobeneffizienz gegenüber einer einfachen Zufallsstichprobe wurde der so genannte Designeffekt (DEFF) eingeführt, der als Verhältnis der durch *Jackknifing* bestimmten Varianz der Schätzung von Populationskennwerten zu der unter der Annahme einfacher Zufallsstichproben berechneten Varianz zu bestimmen ist (Kish, 1995). Mithilfe des Designeffekts lässt sich die so genannte *effektive Stichprobengröße* bestimmen, die den Stichprobenumfang bezeichnet, der bei einer einfachen Zufallsstichprobe zu gleich präzisen Schätzungen führt.

Nach den internationalen Vorgaben für die Stichprobenziehung sollte eine Stichprobe gezogen werden, die einer effektiven Stichprobengröße von $n = 400$ entspricht. Damit können bei Leistungsuntersuchungen in der Regel Mittelwertunterschiede von 2/10 Standardabweichungen zufallskritisch auf dem 5-Prozent-Niveau abgesichert werden. Da wir zum Zeitpunkt der Stichprobenziehung keine empirischen Anhaltspunkte für die Größe der Clustereffekte im Bereich des mathematisch-naturwissenschaftlichen Unterrichts hatten, wurden als Anhaltspunkte die für Deutschland gefundenen Designeffekte der *Reading Literacy Study* der IEA (Lehmann u.a., 1995) verwendet. Für TIMSS-Population II erwies sich dieser Kennwert als zu klein, aber dennoch als vertretbare Schätzgröße, sodass eine effektive Stichprobengröße von $n = 400$ erreicht werden konnte. Für Population III liegt der tatsächliche Designeffekt nicht nur höher, sondern es musste auch die Gesamtstichprobe nach Untersuchungsbereichen aufgeteilt werden, sodass für die Schätzung zentraler Populationskennwerte im günstigsten Fall nur eine effektive Stichprobengröße von knapp 300 erreicht werden konnte. Die trotz der großen Bruttostichprobe relativ geringe effektive Stichprobengröße führt dazu, dass bei der Prüfung von Unterschiedshypothesen insbesondere innerhalb Deutschlands bei einer korrekten Berücksichtigung der Abhängigkeit der Stichprobenelemente nur sehr große Unterschiede zufallskritisch auf einem 5-Prozent-Niveau abgesichert werden können.

Erstaunlicherweise wird bei fast allen Untersuchungen der Schulforschung, die mit Klassenstichproben arbeiten, das Problem der effektiven Stichprobengröße nicht thematisiert und bei der statistischen Prüfung von Unterschieden oder Zusammenhängen die Unabhängigkeit der Stichprobenelemente vorausgesetzt (vgl. kritisch dazu Baumert, 1992). In diesem Bericht werden wir – soweit dies statistisch möglich und vom rechnerischen Aufwand her vertretbar ist – bei Signifikanztests grundsätzlich durch *Jackknifing* geschätzte Standardfehler zu Grunde legen. Dieses konservative Verfahren wird bei allen Aussagen, die hohe deskriptive Bedeutung haben und entsprechend belastbar sein müssen, ausschließlich benutzt. Alle Vergleiche von Gebietseinheiten oder organisationsstrukturellen Merkmalen werden inferenzstatistisch auf der Basis von Jackknifing abgesichert. Bei multivariaten Zusammenhangsanalysen, bei denen nicht Mittelwerte, sondern Konfigurationen interessieren, ist dieses Verfahren nicht ohne weiteres anwendbar, mit unvertretbar großem Aufwand verbunden oder durch die Reduktion von Freiheitsgraden extrem konservativ, sodass die Wahrscheinlichkeit der Entdeckung von Zusammenhängen stark verringert wird. Bei multivariaten Analysen berichten wir deshalb die üblichen Prüfstatistiken, die Unabhängigkeit der Stichprobenelemente voraussetzen. In diesen Fällen wird der α-Fehler systematisch unterschätzt. Bei den meisten multivariaten Analysen ist dieses Vorgehen jedoch unproblematisch, da die Befunde auch auf der Basis der effektiven Stichprobengröße zufallskritisch abgesichert werden können.

6. Durchführung der Untersuchung

Nach der Stichprobenziehung und Ermittlung der Schuladressen erhielten die Schulleiter der ausgewählten Schulen ein Schreiben, in dem die Ziele der Untersuchung dargelegt und um Kooperation gebeten wurde. In einem nachfolgenden Telefonkontakt wurde die Teilnahmebereitschaft geklärt. Im Falle der Zusage wurden die Durchführungsmodalitäten und in den beruflichen Schulen die Auswahl der Untersuchungsklassen erläutert. Im Falle der Absage wiederholte sich das Vorgehen mit der ersten vorausbestimmten Ersatzschule. Teilnahmebereite Schulen wurden noch einmal schriftlich über den Ablauf der Untersuchung unterrichtet und erhielten Namen und Anschrift des vorgesehenen Testleiters. Der Testleiter vereinbarte dann im Rahmen eines festgelegten Zeitfensters mit der Schulleitung einen Untersuchungstermin. Die erste Untersuchungswelle fand im Zeitraum April bis Juni 1995 statt. Die aufgrund unbefriedigender Teilnahmeraten notwendig gewordene Nacherhebung in den Abschlussklassen gymnasialer Oberstufen erfolgte im Februar und März 1996. Die Erhebungen dauerten jeweils drei Schulstunden. Sie wurden von trainierten Testleitern ohne Anwesenheit eines Lehrers geleitet. Die Testsitzungen waren in zwei Abschnitte aufgeteilt. Im ersten Teil bearbeitete jeder Schüler in genau 90 Minuten ein Testheft, das die Fachleistungsaufgaben enthielt. Nach einer Pause erhielten die Schüler einen zusätzlichen Fragebogen, für dessen Bearbeitung 45 Minuten zur Verfügung standen. Am Testtag wurde der Schulleitung auch der Schul- und Fachleiterfragebogen ausgehändigt, der postalisch zurückgeschickt werden sollte.

Insgesamt wurden neun verschiedene Testhefte und ein gemeinsamer Schülerfragebogen eingesetzt. Die neun Testhefte deckten folgende Fachgebiete ab:
- zwei Testhefte (1A, 1B) enthielten Aufgaben, mit denen die mathematisch-naturwissenschaftliche Grundbildung erfasst wurde,
- drei Testhefte (2A, 2B, 2C) enthielten die für die gymnasiale Oberstufe bestimmten Physikaufgaben,
- ebenfalls drei Testhefte (3A, 3B, 3C) enthielten die für die gymnasiale Oberstufe bestimmten Mathematikaufgaben,
- ein Testheft (4) enthielt sowohl jeweils einen Teil der gymnasialen Mathematik- und Physikaufgaben als auch eine Auswahl von Aufgaben, die zur Erfassung der mathematisch-naturwissenschaftlichen Grundbildung bestimmt waren.

In den beruflichen Schulen – ausgenommen die Fachgymnasien – wurde nur die mathematisch-naturwissenschaftliche Grundbildung erfasst. Die beiden entsprechenden Testhefte wurden im Wechsel an die Schüler ausgeteilt, sodass auch die Gefahr des Abschreibens reduziert wurde. In der gymnasialen Oberstufe wurde ein kompliziertes Rotationsverfahren bei der Testheftverteilung angewandt, mit dem sichergestellt wurde, dass jeweils eine ausreichende Zahl von Schülern aus den schwächer besetzten Physikgrund- und -leistungskursen sowie eine ausreichende Zahl der jeweiligen Kurskombinationen zwischen den Untersuchungsfächern in der Stichprobe vertreten waren. Ferner wurde mit dem Rotationsverfahren sichergestellt, dass ein kleinerer Teil der Oberstufenschüler die Testhefte zur mathematisch-naturwissenschaftlichen Grundbildung und das kombinierte Testheft, das die unterschiedlichen Bereiche verband, bearbeitete.

Die Testhefte wurden in drei unterschiedlich geordneten Testheftrotationen verteilt.
- Die Rotation 1 war für alle Schüler bestimmt, die zum Erhebungszeitpunkt keinen Physikkurs belegt hatten. In dieser Rotation waren nur Mathematik- und Grundbildungstesthefte enthalten, deren Relation 3:1 betrug.
- Die Rotation 2 war für Schüler, die zum Erhebungszeitpunkt einen Physikgrundkurs belegt hatten, bestimmt. Diese Rotation enthielt Physik-, Mathematik- und Grundbildungstesthefte sowie das Testheft, das unterschiedliche Testteile enthielt. Die Relation der Heftgruppen betrug 3:3:2:1.
- Die Rotation 3 schließlich erhielten Schüler aus den Physikleistungskursen. Diese Rotation enthielt alle Testheftgruppen im Verhältnis 9:3:2:1. Die durch die unterschiedlichen Ziehungswahrscheinlichkeiten der Testhefte bedingte Überrepräsentation von Schülern in Physikgrund- und -leistungskursen wird bei Analysen über die gesamte gymnasiale Oberstufe durch entsprechende Gewichte wieder ausgeglichen.

Der nach einer Pause administrierte Schülerfragebogen, für dessen Bearbeitung 45 Minuten vorgesehen waren, enthielt Fragen zur familiären und schulischen Situation des Schülers. Er erfasste darüber hinaus motivationale Merkmale, Lernstrategien, epistemologische Überzeugungen, Bildungs- und Berufsaspirationen sowie Berufs- und Studienfachwahlen. Dieser Schülerfragebogen lag in vier Versionen vor, abgestimmt auf Gymnasien, Fachgymnasien, Berufsschulen und Berufsfachschulen bzw. Fachoberschulen.

Nach Abschluss der Erhebung erhielt jede teilnehmende Schule eine Rückmeldung zu ihren erreichten Leistungen, aufgeschlüsselt nach Fachgebiet und Kursniveau. Als Referenzinformationen wurden die nationalen Durchschnittswerte der jeweiligen Fach- und Leistungsgruppe hinzugefügt.

7. Teilnehmende Länder

An TIMSS/III haben je nach Untersuchungskomponente zwischen 17 und 22 Staaten teilgenommen. An der Grundbildungsstudie beteiligten sich 22 Staaten, an der Studie zum voruniversitären Mathematikunterricht 17 und an der Studie zum Physikunterricht 18 Länder. Tabelle II.21 gibt einen Überblick über die teilnehmenden Länder.

Diese Länder weisen in der Organisationsstruktur ihrer Bildungssysteme, der Differenzierung von Bildungsgängen und Bildungsprogrammen sowie der Bildungsbeteiligung an voruniversitärem Mathematik- und Physikunterricht eine bemerkenswer-

Tabelle II.21: Teilnehmende Länder nach Untersuchungsbereichen

Mathematisch-naturwissenschaftliche Grundbildung	Voruniversitärer Mathematikunterricht	Voruniversitärer Physikunterricht
Australien	Australien	Australien
Dänemark	Dänemark	Dänemark
Deutschland	Deutschland	Deutschland
Frankreich	Frankreich	Frankreich
Island	Griechenland	Griechenland
Israel	Israel	Israel
Italien	Italien	Italien
Kanada	Kanada	Kanada
Litauen	Litauen	Lettland
Neuseeland	Österreich	Norwegen
Niederlande	Russland	Österreich
Norwegen	Schweden	Russland
Österreich	Schweiz	Schweden
Russland	Slowenien	Schweiz
Schweden	Tschechien	Slowenien
Schweiz	USA	Tschechien
Slowenien	Zypern	USA
Südafrika		Zypern
Tschechien		
Ungarn		
USA		
Zypern		

IEA. Third International Mathematics and Science Study.   © TIMSS/III-Germany

te Variabilität auf, die in deutlichem Kontrast zu der relativen Homogenität der Gestaltung der Mittelstufe steht. Die Differenziertheit der Sekundarstufe II erhöht die Komplexität des Vergleichs erheblich. Dies gilt selbst dann, wenn sich die Untersuchung auf den voruniversitären Mathematik- und Physikunterricht beschränkt. Die für das Verständnis der Analysen notwendigen institutionellen Informationen werden im Rahmen der jeweiligen Teiluntersuchungen zur Verfügung gestellt. Der Leser, der einen vergleichenden Gesamtüberblick über die Bildungssysteme der TIMSS-Länder erhalten möchte, sei auf den Anhang dieses Bandes verwiesen. Dort finden sich kurze Beschreibungen der Grundstrukturen der Bildungssysteme der beteiligten Staaten. Dabei liegt ein besonderes Gewicht bei der Darstellung der Sekundarstufe II.

III. Mathematische und naturwissenschaftliche Grundbildung: Konzeptuelle Grundlagen und die Erfassung und Skalierung von Kompetenzen

Eckhard Klieme, Jürgen Baumert, Olaf Köller und Wilfried Bos

1. Konzeptuelle Grundlagen

1.1 *Mathematics and Science Literacy* und mathematische und naturwissenschaftliche Grundbildung

Die Beherrschung der Muttersprache in Wort und Schrift sowie ein hinreichend sicherer Umgang mit mathematischen Symbolen und Modellen gehören in allen modernen Informations- und Kommunikationsgesellschaften zum Kernbestand kultureller Literalität. In beiden Fällen handelt es sich um sprachliche Kompetenzen, die grundlegende Formen des kommunikativen Umgangs mit der Welt repräsentieren. Die Muttersprache ist das Medium der sprachlichen Aneignung der eigenen Kultur und Mathematik eine formalisierte Sprache, die sich in einem langen historischen Prozess entwickelt hat und die in unterschiedlicher Form zu einem selbstverständlichen Kommunikationsmittel in vielen Berufen und wissenschaftlichen Disziplinen geworden ist. Beide Sprachen sind kulturelle Werkzeuge, die instrumentelle Bedeutung für die Erschließung ganzer Erfahrungsbereiche haben. Schwerwiegende Defizite in der Beherrschung dieser Werkzeuge gefährden in modernen Gesellschaften die Teilnahme an zentralen gesellschaftlichen Lebensbereichen und stellen Risikofaktoren individueller Lebensführung dar. Ohne diese Basiskompetenzen können im Notfall nicht einmal die Einrichtungen des Wohlfahrtsstaates erfolgreich in Anspruch genommen werden. Insofern ist es sinnvoll, metaphorisch auch von mathematischer Literalität – *Mathematics Literacy* – zu sprechen. Die Mathematik ist – jedenfalls auf elementarem Niveau – als Basisqualifikation gewissermaßen Teil der kulturellen Alphabetisierung. Die Universalisierung und damit zugleich die Unverzichtbarkeit dieser Kulturwerkzeuge sind das Ergebnis eines Modernisierungsprozesses des 19. Jahrhunderts: der Durchsetzung der allgemeinen Schulpflicht. Gegenwärtig scheint sich ein weiterer Modernisierungsprozess zu vollziehen, in dem sich Englisch als Lingua franca zum zentralen transnationalen Kommunikationsmittel und maßgeblichen Medium der Begegnung mit anderen Kulturen entwickelt.

Die Metapher von der naturwissenschaftlichen Literalität – *Science Literacy* – impliziert einen analogen Gedankengang. In einer naturwissenschaftlich und technologisch bestimmten Welt mit zunehmenden technischen und biotechnischen Innovationsraten erhält eine naturwissenschaftliche Basisqualifikation den Charakter eines grundlegenden Kulturwerkzeugs, dessen Beherrschung zur Voraussetzung einer verständigen und verantwortungsvollen Teilnahme am gesellschaftlichen Leben werde. Das Wissen, das in der täglichen Begegnung mit der natürlichen und sozialen Umwelt erworben werde, reiche nicht länger aus, die Welt zu verstehen und sich in ihr verständlich zu machen. Notwendig werde systematisch vermitteltes naturwissenschaftliches und technisches Wissen, das dem mündigen Bürger kommunikativen Anschluss an den naturwissenschaftlich-technischen Modernisierungsprozess unserer Gesellschaft erlaube.

Diese funktionale Sicht auf mathematische und naturwissenschaftliche Kompetenzen als basale Kulturwerkzeuge rechtfertigt den Anspruch auf deren Universalisierung. Jedes Mitglied der nachwachsenden Generation müsse diese Kompetenzen, die als normative Erwartungen an die Bürgerrolle geknüpft seien, auf dem Wege in das Erwachsenenleben erwerben. Diese funktionale Perspektive ist kein Spezifikum der angelsächsischen *Literacy*-Diskussion; sie hat auch – zumindest bezogen auf Mathematik, gelegentlich aber auch auf die Naturwissenschaften – Platz im Rahmen der kontinentaleuropäischen Versuche zur Neubestimmung moderner Allgemein- oder Grundbildung. Beschreibt man mit Tenorth (1994) *Kommunikations- und Lernfähigkeit* als zentrale Merkmale universalisierter Grundbildung, wird die instrumentelle Bedeutung kultureller Basisqualifikationen unmittelbar einsichtig. In der angelsächsischen *Literacy*-Diskussion wird dieser Gedanke der Universalisierung von Basisqualifikationen jedoch in charakteristischer Weise mit dem modernisierungstheoretischen Argument neuer und infolge des sich beschleunigenden Wandels von der Industrie- zur Wissensgesellschaft steigender Qualifikationsanforderungen verknüpft. Die Messlatte für mathematische und naturwissenschaftliche Literalität wird sichtbar höher gelegt, ohne Abstriche am Universalisierungsanspruch vorzunehmen. Dies gilt nicht nur für Tiefe und Organisiertheit des erwarteten Wissens – also für fachliche Kompetenzen –, sondern auch für personale und soziale Qualifikationen, die als *habits of mind* bezeichnet werden und Verwandtschaft mit dem deutschen Konzept der Schlüsselqualifikationen aufweisen. Dieser Anspruch kommt programmatisch in den Titeln der Berichte zweier angesehener amerikanischer Wissenschaftsgesellschaften über notwendige Reformen des Mathematik- und Naturwissenschaftsunterrichts zum Ausdruck: *Everybody Counts* (NRC, 1989) und *Science for All Americans* (AAAS, 1989).

Für beide Fächer ist das Argument in den letzten Jahren systematisch entfaltet und in curricularen Perspektiven anschaulich gemacht worden (NCTM, 1989, 1991; AAAS, 1993; NRC, 1995). Der *National Council of Teachers of Mathematics*

(NCTM) legte 1989 mit *Curriculum and Evaluation Standards for School Mathematics* eine in mancher Hinsicht vorbildliche Konkretisierung der Kompetenzvorstellungen für den Mathematikunterricht vor, die kürzlich in weiterentwickelter und überarbeiteter Form publiziert wurde (NCTM, 2000). Es wurden fünf allgemeine Ziele als Dimensionen mathematischer Literalität definiert, die sich in ihrer Akzentuierung von vertrauten Unterrichtskonzeptionen deutlich unterscheiden. Diese Zieldimensionen sind (NTCM, 1989, S. 5):

(1) Wertschätzung von Mathematik *(to value mathematics)*,
(2) Vertrauen in die eigene Fähigkeit, mit Mathematik umgehen zu können *(self-confidence to do mathematics)*,
(3) Anwendung mathematischer Kenntnisse auf innermathematische und außermathematische Aufgabenstellungen *(to solve mathematical problems)*,
(4) Kommunikation mithilfe der Mathematik *(to communicate mathematically)*,
(5) mathematisches Denken *(to reason mathematically)*.

Mathematical Literacy verbindet also mathematische Kompetenzen, Haltungen und soziale Fähigkeiten. Die mathematischen Kompetenzen werden in einem weiteren Schritt konkretisiert, der die Höhe der Standards verdeutlicht, die für *alle* Gültigkeit haben sollen. Der Mathematikunterricht soll danach folgende Qualifikationen vermitteln (NCTM, 1989, S. 4):

– Vorbereitung auf offene Aufgabenstellungen, da realistische Probleme und Aufgaben in der Regel nicht gut definiert sind,
– Fähigkeit, die Anwendbarkeit mathematischer Konzepte und Modelle auf alltägliche und komplexe Problemstellungen zu erkennen,
– Fähigkeit, die einem Problem zu Grunde liegende mathematische Struktur zu sehen,
– Fähigkeit, Aufgabenstellungen in geeignete Operationen zu übersetzen, und
– ausreichende Kenntnis und Beherrschung von Lösungsroutinen.

In dieser Konzeption von *Mathematical Literacy* sind Zieldimensionen und Standards als direkte und indirekte Einflüsse Freudenthals unübersehbar, der in seiner Konzeption der *Realistic Mathematics* eine umfassende Idee moderner mathematischer Allgemeinbildung vorgelegt hatte, die am Freudenthal-Institut in den Niederlanden systematisch ausgearbeitet worden ist (Freudenthal, 1977).

Die für den naturwissenschaftlichen Unterricht formulierten *Benchmarks for Science Literacy* (AAAS, 1993) folgen demselben Grundgedanken, nach dem die Tiefe des Verständnisses Vorrang vor der Breite der vermittelten Stoffe erhält *(less is more)*. Die Grunddimensionen von *Scientific Literacy* sind danach:

- Vertrautheit mit der natürlichen Welt und Kenntnis ihrer Verschiedenheit und Einheit,
- Verständnis zentraler naturwissenschaftlicher Konzepte und Prinzipien,
- Kenntnis der Interdependenz von Naturwissenschaften, Mathematik und Technik,
- epistemologische Vorstellungen von der konstruktiven Natur der Mathematik, den Naturwissenschaften und der Technologie sowie Kenntnis ihrer Stärken und Grenzen,
- Verständnis der Grundzüge naturwissenschaftlichen Denkens,
- Anwendung von naturwissenschaftlichem Wissen auf Sachverhalte des individuellen und sozialen Lebens.

In der konkreten curricularen Ausgestaltung nehmen die *Benchmarks for Science Literacy* viele traditionelle Themen und Gegenstände des naturwissenschaftlichen Unterrichts auf. Ihre Besonderheit liegt in der Herausarbeitung von gemeinsamen, die naturwissenschaftlichen Disziplinen verbindenden Konzepten und Verfahren und in der Akzentuierung ihrer Bedeutung für das Verständnis der natürlichen und technischen Welt (vgl. Laugksch, 2000).

Die eigentliche Herausforderung dieser Reformentwürfe für den mathematischen und naturwissenschaftlichen Unterricht liegt in der Verbindung von Anspruchsniveau und Universalisierungserwartung. An dieser Nahtstelle setzt auch die Kritik der Vorstellung universeller mathematischer und naturwissenschaftlicher Literalität ein, die am provozierendsten von Shamos in seinem Buch *The Myth of Scientific Literacy* vorgetragen wurde (Shamos, 1995). Gestützt auf empirische Befunde von Miller (1983, 1997) über naturwissenschaftliche Kenntnisse der amerikanischen Bevölkerung bezweifelt er, dass naturwissenschaftliche Basisqualifikationen überhaupt eine den grundlegenden Kulturwerkzeugen des Lesens, Schreibens und Rechnens vergleichbare instrumentelle Bedeutung für eine befriedigende Lebensführung haben, und zum anderen macht er geltend, dass die Idee der Universalisierbarkeit naturwissenschaftlicher Literalität auf hohem Niveau wenig realistisch sei. Er schlägt vor, die Vorstellung einer kritischen Schwelle der Literalität, die man, um naturwissenschaftlich literat zu sein, überschreiten müsse, durch ein Konzept der Entwicklungsstufen oder eines Kontinuums naturwissenschaftlicher Bildung zu ersetzen, das wir mit den nötigen Modifikation auch auf den Bereich der Mathematik übertragen wollen. Er unterscheidet *Cultural Scientific Literacy, Functional Scientific Literacy* und *True Scientific Literacy*. In ähnlicher Weise argumentiert Bybee (1997), wenn er *Nominal Scientific Literacy, Functional Scientific Literacy* und *Conceptual and Procedural Scientific Literacy* unterscheidet. *True Literacy,* verstanden als Kommunikations- und Urteilsfähigkeit im mathematischen, naturwissenschaftlichen und technischen Bereich, erreiche nur ein kleiner Teil der nachwachsenden Generation.

Für die Naturwissenschaften schätzt Shamos den Anteil auf maximal 10 Prozent eines Altersjahrgangs (TIMSS-Daten werden zeigen, dass dies keine unrealistische Schätzung ist). *Functional Literacy*, definiert als Verständnis naturwissenschaftlicher und mathematischer Begriffe und Konzepte, die zu einem sinnvollen Gedankenaustausch über mathematische und naturwissenschaftlich-technische Phänomene des Alltags – wie sie etwa in der populären Presse behandelt werden – befähigen, erwartet er bei etwa 30 Prozent der (amerikanischen) Bevölkerung. Die Mehrzahl der Bevölkerung bleibe auf der Ebene von *Cultural Literacy*, die durch ein anschauliches Verständnis von Alltagsphänomenen und deren erfahrungsnaher Deutung bestimmt werde (Miller, 1987; Shamos, 1995; Baumert, 1997).

An der angelsächsischen *Literacy*-Diskussion bestechen das intellektuelle Engagement ganzer Fachgebiete und die Konzentration auf Gegenstände und Prozesse des *Unterrichts*. Sie trifft damit die Kernfunktion von Schule. Es wäre sicherlich falsch zu behaupten, in deutschsprachigen Ländern sei ein vergleichbares Bemühen um die Neubestimmung von Breite und Tiefe der Allgemein- oder Grundbildung nicht zu erkennen. Ganz im Gegenteil: Fragen der Allgemeinbildung werden intensiv in der Allgemeinen Pädagogik und der Allgemeinen Didaktik behandelt – und zwar in der Regel als generelle bildungstheoretische Problemstellungen (Wilhelm, 1985; Fischer, 1986; Tenorth, 1986, 1987, 1994; Hansmann & Marotzki, 1988, 1989; Oelkers, 1988; Klafki, 1991; Benner, 1993; von Hentig, 1993, 1996). Lösungen werden allerdings selten der Bewährungsprobe einer fachlichen – oder allgemeiner: unterrichtsgegenständlichen – Konkretisierung ausgesetzt (Bildungskommission NRW, 1995). Die Fachdidaktiken, die diese Lücke eigentlich schließen sollten, suchen – von Ausnahmen abgesehen – eher selten den Anschluss an die allgemeine bildungstheoretische Diskussion. Eine bemerkenswerte Ausnahme stellt die Arbeit von Heymann (1996a) dar, der eine systematische Analyse der Aufgaben des Mathematikunterrichts im Rahmen eines modernen Konzepts obligatorischer Grund- und vertiefter Allgemeinbildung vorlegte. Alle Themen der angelsächsischen *Literacy*-Diskussion werden auch in dieser Arbeit angeschlagen, aber im Anschluss an deutsche Bildungstraditionen in sehr spezifischer Weise und mit deutlich unterschiedlichen Akzentsetzungen entwickelt. Instrumentelle, lebensvorbereitende Aufgaben des Mathematikunterrichts erhalten ein gegenüber der angelsächsischen *Literacy*-Konzeption reduziertes Gewicht. In gut begründeter Skepsis gegenüber dem modernisierungstheoretischen Argument steigender mathematischer Qualifikationsanforderungen wird die Messlatte für absolut notwendige kulturelle Basisqualifikationen deutlich niedriger gelegt. Ungleich größere Bedeutung erhält dagegen der Mathematikunterricht in seiner Orientierungsfunktion, spezifisch-formalisierte und für moderne Kulturen zentrale Formen des Weltverständnisses und der Weltaneignung zu erschließen. Man mag einwenden, dass in dieser stark funktionalistisch orientier-

ten Sichtweise die Mathemtik als selbstreferenzielles dynamisches System zu kurz komme. Eine in gewisser Weise vorbildlich austarierte Bestimmung des Allgemeinbildungsauftrags des Mathematikunterrichts legte Winter vor, der drei Grunderfahrungen unterscheidet, die der allgemeinbildende Mathematikunterricht ermöglichen solle:
– „Erscheinungen der Welt um uns, die uns alle angehen oder angehen sollten, aus Natur, Gesellschaft und Kultur, in einer spezifischen Art wahrzunehmen und zu verstehen,
– mathematische Gegenstände und Sachverhalte, repräsentiert in Sprache, Symbolen, Bildern und Formeln, als geistige Schöpfungen, als eine deduktiv geordnete Welt eigener Art kennen zu lernen und zu begreifen,
– in der Auseinandersetzung mit Aufgaben Problemlösefähigkeiten, die über die Mathematik hinausgehen, (heuristische Fähigkeiten) zu erwerben." (Winter, 1996)

In ähnlicher Weise argumentieren die BLK-Expertise zur Verbesserung der Effizienz des mathematisch-naturwissenschaftlichen Unterrichts (BLK, 1997) und Borneleit u.a. (2000) in ihrer Expertise zum Mathematikunterricht in der gymnasialen Oberstufe. In der mathematikdidaktischen Konkretisierung der welterschließenden Funktion von Mathematik konvergieren Grundbildung und *Mathematical Literacy* in bemerkenswerter Weise. Auch hinsichtlich der konzeptuellen Integration von fachlichen Kompetenzen, Haltungen und sozialen Fähigkeiten unterscheiden sich Grundbildung und *Literacy* kaum (Bybee & DeBoer, 1994; Heymann, 1996b; BLK, 1997).

Auch in den Naturwissenschaftsdidaktiken, vornehmlich der Physikdidaktik, gibt es eine lebhafter werdende Diskussion, die teils eigene Wege geht (Häußler u.a., 1988), teils die Auseinandersetzung mit bildungstheoretischen Positionen der Allgemeinen Didaktik aufnimmt (Muckenfuß, 1995) und teils den Anschluss an die *Literacy*-Bewegung, vor allem in der Variante der *Science Technology and Society Education*, sucht (Yager, 1993; Yager & Tamir, 1993; Gräber & Bolte, 1997; Köller, 1997; Ramsey, 1997).

In jüngster Zeit hat sich das Programme for International Student Assessment (PISA) der OECD zu einem internationalen Forum mathematik- und naturwissenschaftsdidaktischer Diskussion entwickelt. Für den ersten Zyklus von PISA ist eine theoretische Rahmenkonzeption vorgelegt worden, in der didaktische Überlegungen, die in TIMSS nur als Kompromiss zum Tragen kommen konnten, entschieden fortgeführt werden (OECD, 1999, 2000). Die internationale Rahmenkonzeption für die Mathematikuntersuchung greift dezidiert auf das Freudenthal'sche Konzept der *Realistic Mathematics* zurück; der PISA-Test instrumentiert dieses auch in einiger

Konsequenz. Die in Deutschland für die nationalen Optionen entwickelte mathematikdidaktische Rahmenkonzeption ergänzt und differenziert den internationalen PISA-Ansatz, indem systematische Verbindungen zu einer breiteren Vorstellung mathematischer Grundbildung hergestellt werden (Neubrand u.a., 1999). Die internationale naturwissenschaftliche Rahmenkonzeption von PISA expliziert ein funktionales Verständnis naturwissenschaftlicher Grundbildung im Sinne von *Science Literacy*, wie es von Atkins und Fensham bereits im Rahmen von TIMSS vertreten wurde, sich aber nicht durchsetzen konnte (vgl. Robitaille & Garden, 1996; Orpwood & Garden, 1998).

1.2 Philosophie des Grundbildungstests *(Mathematics and Science Literacy-Test [MSL-Test])*

Die Entwicklung des TIMSS-Tests für die mathematisch-naturwissenschaftliche Grundbildung erfolgte auf zwei zunächst parallel verlaufenden Wegen, die am Ende des Entwicklungsprozesses zusammentreffen sollten. Einerseits sollte in Auseinandersetzung mit der aktuellen angelsächsischen *Literacy*-Diskussion, die Anfang der 1990er Jahre merklich an Intensität gewonnen hatte, ein Konzept mathematischer und naturwissenschaftlicher Grundbildung entwickelt werden, das ein theoretisch fundiertes Selektionsraster für Testaufgaben an die Hand geben sollte. Parallel dazu wurde eine Item-Bank angelegt, in der Testaufgaben abgelegt und geordnet wurden, die für Fachleute Augenschein-Validität bezüglich mathematisch-naturwissenschaftlicher Basisqualifikationen besaßen. Zusammengehalten wurden diese beiden Stränge durch die einvernehmliche Voraussetzung, dass der Grundbildungstest zwar keine curriculare Validität im strengen Sinn beanspruchen, wohl aber an zentralen Stoffen des mathematisch-naturwissenschaftlichen Unterrichts der Mittelstufe orientiert sein sollte, sodass die für Population II entwickelte Ordnungsmatrix („Inhalt" × „Verhaltenserwartungen") auch für die Entwicklung des Grundbildungstests als heuristisches Werkzeug benutzt werden konnte. In dieser Matrix wurden die Zeilen durch zentrale mathematische Stoffgebiete und die Spalten durch ein kategoriales Raster von Merkmalen des erwarteten Lösungsverhaltens bestimmt (vgl. Kapitel II, Abschnitt 2). Auf dieser Grundlage organisierten zwei Leitfragen die Arbeit:
– Über welche mathematischen und naturwissenschaftlichen Kenntnisse und Fertigkeiten verfügen junge Erwachsene am Ende ihrer Schullaufbahn, und welche Standards der Bewertung sollen angelegt werden?
– Welche epistemologischen Vorstellungen über Mathematik, Naturwissenschaft und Technik und welche Einstellungen und Haltungen gegenüber diesen Sachgebieten hat die nachwachsende Generation am Ende der Schulzeit bzw. Erstausbildung erworben?

Diese weitgehend stoffbasierte Konzeption wurde in der Auseinandersetzung mit den *Literacy*-Argumenten auf die Probe gestellt und ernsthaft herausgefordert. Es gewann eine konkurrierende Position Kontur, die den TIMSS-Grundbildungstest explizit an normative Dimensionen der sich entwickelnden *Literacy*-Konzeption orientieren wollte. Der Test sollte weniger den traditionellen Mathematik- und Naturwissenschaftsunterricht der Mittelstufe abbilden, sondern vielmehr die konzeptuellen und prozeduralen Ideen der neuen *Benchmarks* konkretisieren. Damit verband sich die Hoffnung, dass TIMSS selbst Teil der *Literacy*-Bewegung werden könnte. Diese normative Vorstellung international vergleichender Schulleistungsforschung ist insbesondere in angelsächsisch orientierten Teilen der Mathematik- und Naturwissenschaftsdidaktik verbreitet (Atkin & Helms, 1993).

An folgenden Dimensionen des *Literacy*-Konzepts sollte sich der TIMSS-Grundbildungstest orientieren:
— Betonung zentraler theoretischer Konzepte,
— Einschränkung der stofflichen Breite zu Gunsten der Möglichkeit, in einzelnen Gebieten tieferes Verständnis zu erreichen,
— Verstärkung fachübergreifender und fächerverbindender Ansätze,
— Betonung des selbstständigen mathematischen und naturwissenschaftlichen Handelns und Kommunizierens.

Die Konkretisierung dieser Dimensionen in Aufgaben sollte dabei den beiden Grundgedanken folgen, einerseits den konstruktiven Charakter des mathematisch-naturwissenschaftlichen Denkens zu verdeutlichen und andererseits dessen praktische und technische Bedeutung in allen Bereichen des menschlichen Lebens herauszustellen. Die Philosophie des schließlich realisierten TIMSS-Grundbildungstests lässt sich am besten als Kompromiss beschreiben. Die Orientierung an den curricularen Stoffen der Mittelstufe wurde nicht aufgegeben. Die Auswahl konzentrierte sich jedoch auf zentrale Gegenstände und tragende theoretische Konzepte und Prinzipien. Gleichzeitig wurde versucht, mathematisch-naturwissenschaftliche Gegenstände soweit wie möglich in Alltagskontexte einzubinden. Schließlich wurde eine gesonderte Skala entwickelt, die mathematisch-naturwissenschaftliches Denken und die Anwendung mathematisch-naturwissenschaftlichen Wissens auf praktische Problemstellungen erfassen soll *(Reasoning and Social Utility Scale)*.

Die Gesamtzahl der Aufgaben im *Literacy*-Test beträgt 76. Zu einigen Fällen werden Teile einer Aufgabe als getrennte Items behandelt; nach dieser Zählung ergeben sich 83 Items, von denen 2 international von der Auswertung ausgeschlossen wurden. Der Mathematikteil des *Literacy*-Tests erfasst die Gebiete Zahlenverständnis – darunter insbesondere rationale Zahlen und ihre Eigenschaften – sowie Proportiona-

Tabelle III.1: Mathematische Testaufgaben im MSL-Test nach Sachgebiet und Aufgabenformat

Sachgebiet	Aufgabenformat		Insgesamt
	Mehrfachwahlantworten	Offene Antworten	
Zahlen und Zahlenverständnis	8	1	9
Proportionalität	7	–	7
Algebra	5	2	7
Messen	7	1	8
Schätzen	4	3	7
Insgesamt	31	7	38

IEA. Third International Mathematics and Science Study. © TIMSS/III-Germany

Tabelle III.2: Naturwissenschaftliche Testaufgaben im MSL-Test nach Sachgebiet und Aufgabenformat

Sachgebiet	Aufgabenformat		Insgesamt
	Mehrfachwahlantworten	Offene Antworten	
Geowissenschaften	2	2	4
Biologie	4	1	5
Humanbiologie	2	3	5
Physik/Chemie	5	3	8
Energie	3	1	4
Insgesamt	16	10	26

IEA. Third International Mathematics and Science Study. © TIMSS/III-Germany

lität, Algebra – darunter insbesondere algebraische Terme, Gleichungen und Graphen – sowie Messen und Schätzen. Tabelle III.1 gibt die Verteilung der Testaufgaben auf die einzelnen Sachgebiete an. Der Naturwissenschaftsteil des TIMSS-Grundbildungstests deckt neben einzelnen Themen aus den Geowissenschaften (Treibhauseffekt, Solarsystem und Wasserzyklus) Bereiche aus der Biologie und Physik ab. Schwerpunkte sind Konzepte der Humanbiologie sowie das Energiekonzept. Tabelle III.2 gibt einen Überblick über die Verteilung der Aufgaben auf die einzelnen Sachgebiete.

Der TIMSS-Grundbildungstest enthält ferner noch eine Reihe von Aufgaben, in denen primär auf Alltagskontexte angewandte Fragestellungen zu bearbeiten sind.

Tabelle III.3: Angewandte Aufgabenstellungen im MSL-Test *(Reasoning and Social Utility)* nach Fach und Aufgabenformat

Fach	Aufgabenformat		Insgesamt
	Mehrfachwahlantworten	Offene Antworten	
Mathematik	3	3	6
Naturwissenschaften	2	4	6
Insgesamt	5	7	12

IEA. Third International Mathematics and Science Study. © TIMSS/III-Germany

Diese Aufgaben sind der Skala *Reasoning and Social Utility* zugeordnet. Sie lassen sich jedoch auch als Ergänzung des mathematischen und naturwissenschaftlichen Subtests betrachten. Tabelle III.3 gibt einen Überblick über diese Aufgabengruppe.

2. Dimensionen des Grundbildungstests

2.1 Mathematisch-naturwissenschaftliche Grundbildung oder mathematische und naturwissenschaftliche Grundbildung?

Im internationalen Bericht über Population III werden für die mathematisch-naturwissenschaftliche Grundbildung *(Mathematics and Science Literacy)* ein Gesamtwert sowie spezifische Werte für die mathematischen und naturwissenschaftlichen Teilbereiche berichtet (Mullis u.a., 1998). Sowohl aus psychologischer als auch didaktischer Perspektive muss man die Frage nach der Interpretierbarkeit des Gesamtwerts stellen (vgl. Baumert, Lehmann u.a., 1997; Baumert & Köller, 1998; Köller, 1998). So wird nicht selten argumentiert, in einen Gesamtwert gingen grundsätzlich unterschiedliche Fähigkeiten und Fertigkeiten ein, sodass dieser praktisch nicht interpretierbar sei. Auf der anderen Seite haben wir schon im Bericht über Population II deutlich gemacht, dass über verschiedene Domänen aggregierte Werte komplexe Fähigkeitssyndrome von Personen abbilden können (vgl. Baumert, Lehmann u.a., 1997).

Der Entscheidung, Gesamttestwerte oder spezifische Ergebnisse für Teilbereiche zu berichten, liegen unterschiedliche theoretische Modellvorstellungen zu Grunde, die explizierbar sind und deren Angemessenheit empirisch geprüft werden kann. Im Folgenden soll untersucht werden, ob Aufgabenlösungen von Personen im Grundbildungstest auf ein relativ komplexes Syndrom mathematisch-naturwissenschaftlichen Verständnisses zurückzuführen sind oder eher durch spezifische Fähigkeiten – also mathematisches Verständnis auf der einen und naturwissenschaftliches Verständnis auf der anderen Seite – determiniert werden. Es werden drei konkurrierende theoretische Modelle gegeneinander getestet.

Im ersten, in Abbildung III.1 dargestellten Modell wird angenommen, dass die Testleistungen durch ein komplexes Fähigkeitssyndrom – einen so genannten Generalfaktor – erklärt werden können: Ein mathematisch-naturwissenschaftliches Fähigkeitssyndrom – hier als Grundbildung bezeichnet – bestimmt die Performanz in jeweils drei mathematischen und naturwissenschaftlichen Untertests. Die Performanzmaße in den sechs Untertests bilden das Messmodell, auf dessen Grundlage die latente Fähigkeit geschätzt werden kann. Die innerhalb der Fachgebiete äquivalenten Untertests wurden durch jeweils zufällige Drittelung der Testaufgaben zusammengestellt. Aus Gründen der Übersichtlichkeit werden in Abbildung III.1 (wie auch in den beiden folgenden Abbildungen) die Messfehler der einzelnen Untertests nicht dargestellt. Sie werden jedoch in den statistischen Analysen ohne Zulassung von Messfehlerkorrelationen modelliert. Sofern das in Abbildung III.1 dargestellte theoretische Modell die empirischen Daten optimal beschreibt, ist die Verwendung eines Gesamttestwerts unter Verzicht auf spezifische Werte für die mathematischen und naturwissenschaftlichen Teilbereiche angezeigt.

Abbildung III.1: General-Faktor-Modell zur Erklärung von Leistungen im Test zur mathematisch-naturwissenschaftlichen Grundbildung

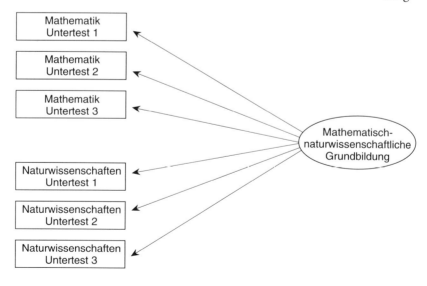

IEA. Third International Mathematics and Science Study. © TIMSS/III-Germany

Abbildung III.2: Zwei-Faktoren-Modell zur Erklärung der Leistungen im Test zur mathematisch-naturwissenschaftlichen Grundbildung

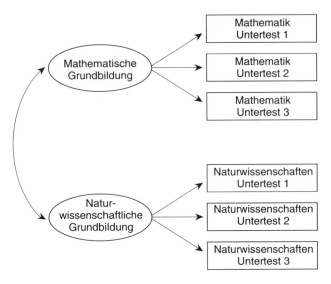

IEA. Third International Mathematics and Science Study. © TIMSS/III-Germany

Das in Abbildung III.2 wiedergegebene zweite Modell postuliert zwei die Testleistungen determinierende Fähigkeitsdimensionen – eine für mathematisches und eine zweite für naturwissenschaftliches Verständnis. Der Doppelpfeil zwischen beiden Fähigkeitskonstrukten symbolisiert die Annahme, dass beide Fähigkeiten miteinander verwandt sind und kovariieren. Schülerinnen und Schüler mit hohen Ausprägungen der einen Fähigkeit sollten demnach auch höhere Werte in der anderen Fähigkeitsdimension erreichen. Sofern dieses Modell mit zwei spezifischen Faktoren die Testdaten am besten erklärt, ist die Verwendung getrennter Leistungswerte zu präferieren. Allerdings kann eine sehr hohe Korrelation zwischen beiden Fähigkeitsdimensionen auch alternativ die Verwendung eines Gesamtwerts nahe legen.

Das in Abbildung III.3 dargestellte Modell kann als Kombination der beiden vorherigen Modelle verstanden werden. Danach werden die Testleistungen zum einen durch eine Dimension generellen Verständnisses mathematisch-naturwissenschaftlicher Vorgänge und zum anderen durch voneinander unabhängige, spezifisch mathematische und naturwissenschaftliche Fähigkeiten bestimmt. Sofern dieses Modell die empirischen Daten am besten beschreibt, ist dies eine Rechtfertigung der im

Abbildung III.3: Modell mit einem Generalfaktor und spezifischen Faktoren zur Erklärung der Leistungen im Test zur mathematisch-naturwissenschaftlichen Grundbildung

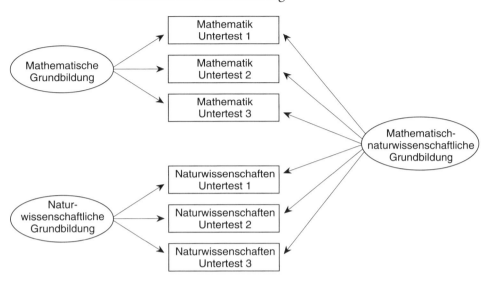

IEA. Third International Mathematics and Science Study. © TIMSS/III-Germany

internationalen TIMSS-Bericht verfolgten Strategie, sowohl einen Gesamtwert als auch spezifische Werte zu berichten.

Die empirische Überprüfung der Modelle erfolgte auf der Grundlage von so genannten Strukturgleichungsmodellen unter Nutzung von LISREL 8 (Jöreskog & Sörbom, 1993a). Da den Probanden im Wechsel zwei unterschiedliche Testhefte mit unterschiedlichen Aufgaben zur Erfassung des mathematisch-naturwissenschaftlichen Verständnisses vorgegeben wurden, wurden die Modelle für zwei Gruppen simultan geschätzt (Gruppe 1 mit Testheft 1A, N = 1.440 und Gruppe 2 mit Testheft 1B, N = 1.394) (vgl. Kap. II, Abschnitt 3). Zur Beurteilung der Anpassungsgüte der konkurrierenden Modelle wurden mehrere Gütestatistiken verwendet. Der *Incremental Fit Index* (IFI; Marsh, Balla & McDonald, 1988) basiert auf der χ^2-Statistik und ist wie diese sensibel gegenüber Veränderungen der Stichprobengröße. Relativ unabhängig von der Stichprobengröße sind der *Root Mean Square Error of Approximation* (RMSEA; Browne & Cudeck, 1993) und der *Tucker-Lewis-Index* (TLI; Tucker & Lewis, 1973). Gute Modellanpassungen liegen vor, wenn *TLI* und IFI größer als .90 sind und der *RMSEA*-Wert bei .05 oder darunter liegt (Bollen,

Abbildung III.4: Modell mit zwei korrelierenden spezifischen Faktoren zur Erklärung der Leistungen im Test zur mathematisch-naturwissenschaftlichen Grundbildung (standardisierte Lösung)

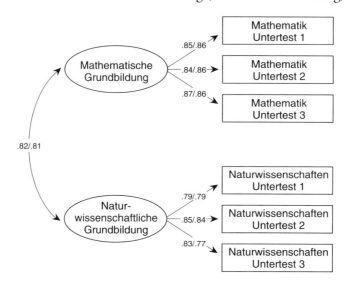

IEA. Third International Mathematics and Science Study. © TIMSS/III-Germany

Tabelle III.4: Kennwerte für die Anpassungsgüte konkurrierender Modelle zur Überprüfung der Dimensionalität des Tests zur mathematisch-naturwissenschaftlichen Grundbildung (zwei Gruppen mit unterschiedlichen Testheften)

Modell	χ^2	df	RMSEA	TLI	IFI
Generalfaktor (1)	889.53	18	.13	.87	.92
Zwei korrelierte spezifische Faktoren (2)	46.17	16	.03	.99	1.00
Generalfaktor und unkorrelierte spezifische Faktoren (3)	18.66	6	.02	1.00	1.00

IEA. Third International Mathematics and Science Study. © TIMSS/III-Germany

Abbildung III.5: Modell mit einem General- und zwei unabhängigen spezifischen Faktoren zur Erklärung der Leistungen im Test zur mathematisch-naturwissenschaftlichen Grundbildung (standardisierte Lösung)

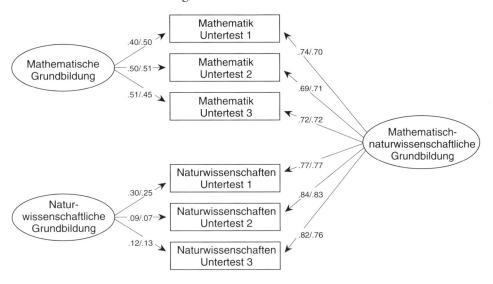

IEA. Third International Mathematics and Science Study.   © TIMSS/III-Germany

1989; Browne & Cudeck, 1993). Tabelle III.4 zeigt die entsprechenden Indizes für die verschiedenen getesteten Modelle.

Modelle 2 und 3 weisen sehr gute Anpassungskennwerte auf. Sowohl ein Modell mit zwei korrelierenden Faktoren als auch eines mit einer generellen Fähigkeitsdimension und zwei spezifischen Faktoren beschreiben die empirischen Daten sehr gut. Beide Modelle sind in den Abbildungen III.4 und III.5 graphisch mit den entsprechenden Koeffizienten dargestellt. Die Koeffizienten für die Probandengruppen mit Testheft 1A und Testheft 1B sind jeweils durch Schrägstriche getrennt angegeben. Die Koeffizientenmuster beider Gruppen haben hohe Ähnlichkeit. Ein direkter Vergleich beider Modelle über einen χ^2-Differenzentest verbietet sich hier, da beide Modelle nicht geschachtelt sind (vgl. Jöreskog & Sörbom, 1993a).

Im Modell mit zwei korrelierenden Faktoren erklären die latenten Grundbildungsvariablen zwischen 59 und 76 Prozent der Varianz der Testleistungen. Allerdings zeigt sich auch, dass beide Faktoren (Mathematik- und Naturwissenschaftsverständnis) zu $r = .81/.82$ korrelieren, sodass es in der Tat fraglich ist, ob man wirklich von unterschiedlichen Fähigkeitsdimensionen sprechen kann. Eine sehr klare Interpretation lässt das Modell mit einem Generalfaktor und zwei unabhängigen spezifischen Faktoren zu. Danach werden die Testleistungen zunächst durch ein globales Merkmal der mathematisch-naturwissenschaftlichen Grundbildung und zusätzlich durch domänenspezifische Verständnisfaktoren erklärt. Dabei sind die Einflüsse des Generalfaktors auf die Testleistungen in Mathematik, vor allem aber in den Naturwissenschaften stärker als die der spezifischen Faktoren. Dieses theoretische Modell, das nach den Kennwerten der Tabelle III.4 die empirischen Daten optimal beschreibt, rechtfertigt es, bei Leistungsvergleichen im Bereich der mathematisch-naturwissenschaftlichen Grundbildung sowohl einen Gesamttestwert als auch domänenspezifische Leistungswerte heranzuziehen. Welche Testwerte im Einzelfall benutzt werden, hängt von der jeweiligen theoretischen Fragestellung ab.

2.2 Anwendung von mathematischen und naturwissenschaftlichen Kenntnissen und Fertigkeiten in Alltagssituationen – Eine eigene Dimension der mathematisch-naturwissenschaftlichen Grundbildung?

In der Planungs- und Konstruktionsphase des Tests zur mathematisch-naturwissenschaftlichen Grundbildung wurde eine weitere Dimension unterschieden, die im Englischen als *Reasoning and Social Utility* (RSU) bezeichnet wird. Bei einer sinngemäßen Übertragung ins Deutsche kann man von der Anwendung mathematischer und naturwissenschaftlicher Kenntnisse und Fertigkeiten in Alltagssituationen sprechen. Überraschenderweise erscheint diese Dimension im internationalen Bericht an keiner Stelle mit eigenen Analysen. Die Vermutung liegt nahe, dass die entsprechenden Aufgaben analytisch von den übrigen Aufgaben zur Grundbildung nicht trennbar waren. Wir sind dieser Vermutung mit eigenen Analysen nachgegangen. Dabei beschränken wir uns auf die Aufgaben zur naturwissenschaftlichen Grundbildung, da nur hier hinreichend viele Aufgaben zu RSU formuliert sind.

Aus den neun Testaufgaben, die der Dimension „Anwendung von naturwissenschaftlichen Kenntnissen und Fertigkeiten in Alltagssituationen" zugeordnet waren, haben wir nach der Zuordnung in den Testheften zwei Subskalen gebildet. Analog wurden aus den Items, die sich in denselben Testheften befanden, zwei Untertests für eine „sonstige" Komponente der naturwissenschaftlichen Grundbildung gebildet. Zwei konkurrierende Modelle wurden gegeneinander getestet:
(1) ein Ein-Faktor-Modell, bei dem alle vier Subtests dasselbe Merkmal abbilden,

(2) ein Modell mit zwei korrelierenden Faktoren, bei dem der eine Faktor die Anwendungskomponente, der andere die „sonstige" Komponente der mathematisch-naturwissenschaftlichen Grundbildung repräsentiert.

Ein drittes Modell mit einem g-Faktor und zwei spezifischen nicht korrelierten Faktoren lässt sich infolge der Rotation der Testhefte nicht testen, da mehr Modellparameter geschätzt werden müssten, als die Kovarianzmatrix der manifesten Variablen Elemente aufweist. In die Analysen konnten die Daten von $N = 2.836$ Personen einbezogen werden.

Die Prüfungen der zwei konkurrierenden Modelle wurden wiederum mit LISREL 8 durchgeführt. Für das Ein-Faktor-Modell ergibt sich ein eher schlechter Fit ($\chi^2_{[2]}$ = 186.8; *RMSEA* = .18; *TLI* = .83; *IFI* = .94), der sich für das Zwei-Faktoren-Modell dramatisch verbessert ($\chi^2_{[1]}$ = 2.2; *RMSEA* = .02; *TLI* = 1.0; *IFI* = 1.0). Die χ^2-Differenz zwischen beiden Modellen ist hoch signifikant ($\chi^2_{\text{Diff}[1]}$ = 164.6; $p <$ .001).

Abbildung III.6: Modell mit zwei korrelierenden spezifischen Faktoren zur Erklärung der Leistungen im Test zur naturwissenschaftlichen Grundbildung (standardisierte Lösung)

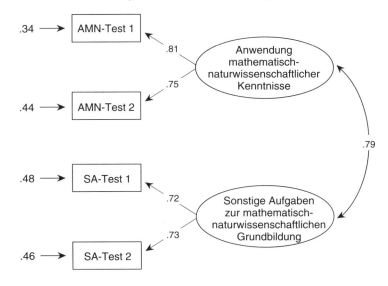

IEA. Third International Mathematics and Science Study.   © TIMSS/III-Germany

Die Abbildung III.6 zeigt dieses Zwei-Faktoren-Modell (standardisierte Lösung) mit allen geschätzten Modellparametern. Der für unsere Fragestellung zentrale Parameter ist die Korrelation zwischen beiden Faktoren, die mit $r = .79$ sehr hoch ausfällt, aber kleiner als 1 ist. Man kann aus diesem Ergebnis wiederum beide Schlüsse ziehen: Es kann sinnvoll sein, anwendungsbezogene Aufgabenstellungen in die Berechnung eines Gesamtwerts für die mathematisch-naturwissenschaftliche Grundbildung einzubeziehen; ebenso kann es aber bei bestimmten Fragestellungen gerechtfertigt sein, die Anwendung von mathematischen und naturwissenschaftlichen Kenntnissen und Fertigkeiten als separate Testkomponente zu behandeln, mit der eine spezifische Akzentsetzung der angelsächsischen *Literacy*-Diskussion zum Ausdruck gebracht wird.

2.3 Die Rolle des Antwortformats von Testaufgaben

In TIMSS können in allen drei Tests drei Aufgabentypen mit jeweils spezifischem Antwortformat unterschieden werden: (1) *Multiple Choice*-Aufgaben mit Mehrfachwahlantworten (MC), (2) offene Aufgaben mit kurzer Antwort (KA) und (3) offene Aufgaben mit ausführlichen Antworten (AA) (vgl. Kap. II, Abschnitt 2). In einer Vielzahl von Studien hat sich gezeigt, dass die zusätzlichen Auswertungs- bzw. Codierkosten offener Testaufgaben oft in keinem Verhältnis zum relativ geringen Informationsgewinn stehen (z.B. Thissen, Wainer & Wang, 1994). Die folgenden Analysen haben das Ziel, am Beispiel des Tests zur mathematisch-naturwissenschaftlichen Grundbildung zu prüfen, welche Rolle unterschiedliche Antwortformate für den gemessenen Leistungswert einer Person spielen.

Potentielle Effekte des Antwortformats bleiben inhaltlich unbestimmt, solange keine Hypothesen über psychologische Prozesse vorliegen, die das Antwortverhalten von Schülern erklären. Für MC-Items lässt sich zum Beispiel die Hypothese formulieren, das Antwortformat werde immer dann bedeutsam, wenn eine Person die Antwort auf eine Testfrage nicht weiß. Strategien, die in diesem Fall verwendet werden können, sind zum einen Raten, das heißt zufälliges Wählen einer Antwortalternative (Köller, 1994), zum anderen intelligentes Ausschließen von Antwortalternativen, indem aus allen Alternativen diejenige mit subjektiv höchster Plausibilität ausgewählt wird (Lord, 1974). Für Aufgaben mit kurzem Antwortformat, die sich von MC-Items im Wesentlichen nur dadurch unterscheiden, dass die Lösung nicht angekreuzt, sondern kurz notiert wird, lassen sich vergleichbare Hypothesen kaum formulieren. Hier wird fehlendes Wissen zu einer falschen Antwort führen, sodass kaum systematische Effekte des Formats zu erwarten sind. Anders liegt der Fall bei AA-Items, bei denen in der Regel neben der Lösung die Dokumentation des Lösungsprozesses oder eine Begründung verlangt werden. Betrachtet man den Lösungsprozess als einen Abruf abgespeicherten Wissens (deklaratives Wissen) in Kombination mit zum Beispiel mathematischen Operationen (prozedurales Wissen), so kommt durch die Begründung eine zusätzliche Anforderungskomponente hinzu, da vorhandene Wissensstrukturen neu geordnet und in Beziehung zueinander und zur Aufgabe gesetzt werden müssen. In einem Strukturmodell des Tests wäre diese zusätzliche Anforderungskomponente als Merkmal beschreibbar, das die Schwierigkeit der Aufgabe im Rahmen der Skala für die mathematisch-naturwissenschaftliche Grundbildung erhöht. Diese Möglichkeit untersuchen wir im Folgenden als Erstes (und greifen sie in Abschnitt 3.2 wieder auf). Eine zweite Art der Modellierung würde darin bestehen, für AA-Items zusätzlich zu einem generellen Fähigkeitsfaktor einen weiteren, spezifischen Faktor einzuführen, in dem sich ein Neuordnen oder Arrangieren von Wissensinhalten abbildet. Dieses Modell wird im Anschluss überprüft.

Itemschwierigkeit und Antwortformat

Während die MC-Items in TIMSS einheitlich mit 0 (falsch) und 1 (richtig) codiert sind, ist ein Teil der KA- und AA-Items mehrkategoriell codiert *(Partial Credit Scoring)* mit maximal 4 Kategorien (0 = völlig falsch bis 3 = ganz richtig, wobei ganzzahlige Werte zwischen 0 und 3 teilrichtige Lösungen repräsentieren). Will man nun mithilfe der klassischen Testtheorie prüfen, welches Itemformat schwerer in dem Sinne ist, dass weniger Personen die entsprechenden Aufgaben lösen, wird deutlich, dass ein Itemmittelwert von zum Beispiel p = 0.5 für ein dichotomes Item etwas ganz anderes als für ein mehrkategorielles bedeutet. Einen Ausweg bietet das Rasch-Modell, das es erlaubt, dichotome Items mit ihren Itemschwierigkeiten und mehrkategorielle Items mit ihren Schwellenparametern auf einer gemeinsamen Dimension abzutragen. Für dichotome Items kann der Schwierigkeitsparameter auch als Schwelle verstanden werden, nämlich als der Punkt, an dem die Wahrscheinlichkeit, eine Aufgabe zu lösen, größer wird als die Wahrscheinlichkeit, sie nicht zu lösen. Die erste Schwelle eines *Partial-Credit*-Items zeigt den Punkt auf dem latenten Fähigkeitskontinuum an, bei dem die Wahrscheinlichkeit, dass das entsprechende Item völlig falsch gelöst wird (x_{vi} = 0), kleiner wird als die Wahrscheinlichkeit, dass es wenigstens teilweise richtig (x_{vi} = 1) gelöst wird.

Im Folgenden wurden die MC-, KA- und AA-Items bezüglich ihrer Schwierigkeiten im Sinne des Rasch-Modells verglichen. Für mehrkategorielle KA- und AA-Items fand der erste Schwellenparameter Verwendung. Die entsprechenden Parameter wurden aus nationalen Analysen mithilfe des Programms *ConQuest* (Adams, Wu &

Macaskill, 1997) gewonnen. Die Metrik dieser Parameter ist definiert mit $M = 0$ und $SD = 1$. Für die Interpretation ergibt sich: Je positiver die Werte, desto höher die Schwierigkeit. Für die MC-Items ergibt sich eine mittlere Schwierigkeit von $M_{MC} = -.31$ ($N = 50$ Items; Min = –2.55; Max = 1.76), für die KA-Items liegt der Mittelwert bei $M_{KA} = .63$ ($N = 20$; Min = –1.67; Max = 2.05), für die AA-Items bei $M_{AA} = .32$ ($N = 10$; Min = –1.1; Max = 1.72). Eine varianzanalytische Überprüfung der Mittelwertsunterschiede ergibt, dass sich die drei Mittelwerte signifikant unterscheiden ($F_{[2, 78]} = 8.32$, $p < .001$). Einzelvergleiche (Duncan-Tests, $p < .05$) zeigen, dass sich die MC-Items signifikant sowohl von den KA- als auch von den AA-Items unterscheiden. Die Differenz zwischen AA- und KA-Items wird nicht signifikant.

TIMSS-Testaufgaben mit offenen Antworten sind also in der Tat schwerer als Aufgaben mit Mehrfachwahlantworten. Dies wird noch deutlicher, wenn man berücksichtigt, dass für die mehrkategoriellen AA- und KA-Items nur der erste Schwellenparameter in die Analysen eingegangen ist, der ja erst den Übergang von einer falschen zu einer teilrichtigen Lösung abbildet.

Die Aufgabenformate unterscheiden sich überdies auch hinsichtlich ihrer Trennschärfen (im Sinne der Klassischen Testtheorie) voneinander. Sie liegen für AA- und KA-Items signifikant höher ($r_{it} = .46$ bzw. $r_{it} = .41$) als für MC-Items ($r_{it} = .34$). AA- und KA-Items unterscheiden sich wiederum nicht.

Überprüfung der differentiellen Leistungsfähigkeit von Testaufgaben mit offenen Antwortformaten

Zur Überprüfung der Frage, ob bei Testaufgaben, die freie Antworten unterschiedlicher Länge verlangen, eine differentielle Fähigkeitskomponente tieferen mathematisch-naturwissenschaftlichen Verständnisses erfasst wird, die Testaufgaben mit Mehrfachwahlantworten nicht zugänglich ist, wurde in ähnlicher Weise wie bei den oben berichteten Dimensionsanalysen verfahren. Es wurde getestet, ob sich ein theoretisches Modell, das neben einem generellen Faktor mathematisch-naturwissenschaftlicher Grundbildung, aufgabenformatspezifische Fähigkeiten postuliert, gegenüber einem General-Faktor-Modell empirisch besser bewährt.

Zunächst wurden aus dem gesamten Grundbildungstest durch Summation der entsprechenden Items je zwei Subskalen zu MC-Aufgaben (mit 19 und 18 Items), zu KA-Aufgaben (mit 8 und 7 Items) und zu AA-Aufgaben (mit 5 und 4 Items) gebildet. Als Substichprobe wurden dafür $N = 1.394$ Probanden, die das Testheft 1B bearbeitet hatten, herangezogen. Personen, denen das Testheft 1A vorgegeben worden war, wurden aus der Analyse ausgeschlossen, da das Heft zu wenige Aufgaben mit offenen Antworten enthielt.

Für die resultierenden sechs Untertests wurden dann zwei konkurrierende Strukturgleichungsmodelle getestet. Das erste Ein-Faktor-Modell nimmt an, dass alle sechs Skalen eine gemeinsame Grundfähigkeit – mathematisch-naturwissenschaftliche Grundbildung – messen, wobei das spezifische Antwortformat keine Rolle spielt. Das zweite Vier-Faktoren-Modell postuliert, dass Varianz in den Antworten nicht nur durch Unterschiede zwischen Personen in der Grundbildung, sondern auch durch die mit den unterschiedlichen Antwortformaten erfassten spezifischen Fähigkeiten erzeugt wird. Neben einem Faktor, der als mathematisch-naturwissenschaftliche Grundbildung interpretiert werden kann, werden in diesem Modell also drei (unkorrelierte) Methodenfaktoren erwartet. Im Einklang mit unseren theoretischen Ausgangsüberlegungen lässt sich die Zusatzannahme treffen, dass sich für die KA-Items – wenn überhaupt – ein Methodenfaktor mit sehr geringen Varianzanteilen identifizieren lassen sollte.

Als drittes Modell könnte man sich noch eines mit drei korrelierenden Methodenfaktoren vorstellen, das jedoch erkenntnislogisch problematisch ist, da in den entsprechenden Faktoren Methoden- und Fähigkeitsunterschiede hinsichtlich der mathematisch-naturwissenschaftlichen Grundbildung konfundiert sind (Marsh, 1989; Kleinmann & Köller, 1997). Dieses Modell bleibt deshalb unberücksichtigt.

Grundlage der Analysen ist wiederum die empirische Kovarianzmatrix. Zum Zwecke der Identifikation des Modells müssen die paarweisen Ladungen der Methodenfaktoren gleichgesetzt werden. Es wird für die Methodenfaktoren also die Angemessenheit eines τ-äquivalenten Messmodells vorausgesetzt (vgl. Jöreskog & Sörbom, 1989). Dies ist auch eine theoretisch sinnvolle Annahme, da differentielle Methodeneinflüsse in verschiedenen Untertests unplausibel sind.

Für das Ein-Faktor-Modell weisen die in LISREL 8 ermittelte χ^2-Statistik ($\chi^2_{[9]}$ = 267.6) und die gemittelten Residualwerte ($RMSEA$ = .14) auf unzureichende Anpassung hin. Durchgängig günstigere Werte zeigt das Modell mit einem Grundbildungsfaktor und drei unkorrelierten Methodenfaktoren ($\chi^2_{[6]}$ = 14.0; $RMSEA$ = .031; TLI = 1.0; IFI = 1.0). Ein χ^2-Differenzentest zwischen beiden Modellen wird hoch signifikant ($\chi^2_{\text{Diff}[3]}$ = 253.6, $p < .001$). Die Abbildung III.7 stellt dieses Modell graphisch dar. Da die standardisierte Lösung wiedergegeben wird, sind die beiden Ladungen der jeweiligen Methodenfaktoren nicht mehr identisch. Fehleranteile der manifesten Variablen sind aus Übersichtsgründen nicht mit eingezeichnet.

Abbildung III.7: Modell mit einem Generalfaktor und drei unabhängigen Methodenfaktoren zur Erklärung der Leistungen im Test zur mathematisch-naturwissenschaftlichen Grundbildung (standardisierte Lösung)

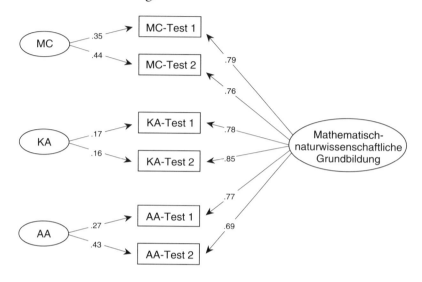

IEA. Third International Mathematics and Science Study.   © TIMSS/III-Germany

In der Tat ergeben sich substantielle Ladungen für die Methodenfaktoren, die in der Spitze bei *l* = .44 für die zweite MC-Skala liegen. Für Testaufgaben mit Mehrfachwahlantworten wurden 12 bzw. 19 Prozent der Varianz durch das Aufgabenformat erklärt: 62 bzw. 58 Prozent der Varianz waren hingegen auf Unterschiede in der durch alle Aufgabenformate gemeinsam erfassten mathematisch-naturwissenschaftlichen Grundbildung zurückzuführen. Für Aufgaben mit kurzen Antworten werden je 3 Prozent der Varianz durch die Methode gegenüber 61 bzw. 72 Prozent durch den g-Faktor aufgeklärt. Bei Aufgaben mit ausführlichen Antworten liegen die Varianzanteile bei 7 bzw. 18 Prozent auf der Methodenseite und bei 59 bzw. 48 Prozent auf der g-Faktorseite. Substantielle Methodeneffekte sind also bei MC- und AA-Aufgaben nachzuweisen, nicht aber bei KA-Items.

Insgesamt dominieren jedoch Effekte des sich in allen Testaufgaben abbildenden generellen Fähigkeitsfaktors der mathematisch-naturwissenschaftlichen Grundbildung. Dies rechtfertigt die Verwendung eines Gesamttestwerts unter Vernachlässigung des Antwortformats. Ein Außerachtlassen der Einflüsse der Aufgabenformate führt nicht zu Fehlinterpretationen, da sich die durch die Antwortformate erzeugte Varianz allein in einer gewissen Unreliabilität der Testwerte widerspiegelt. Die Methodenvarianz wandert – bildlich gesprochen – in die Fehlervarianz des Testwerts.

Dennoch kann es aus psychologischer Perspektive sehr interessant sein, mit den Testaufgaben, die ausführliche Antworten verlangen, spezifische Analysen unter Auspartialisierung des Generalfaktors durchzuführen. Bei Gruppenvergleichen kann dieses Vorgehen zu Ergebnissen führen, die Analysen, die unter Nichtberücksichtigung vom Antwortformat durchgeführt wurden, ergänzen und modifizieren können.

2.4 Zusammenfassung

Die berichteten Analysen hatten das Ziel zu prüfen, inwieweit die Antworten im Test zur mathematisch-naturwissenschaftlichen Grundbildung erschöpfend auf eine oder mehrere Fähigkeitsdimensionen zurückzuführen sind. Fasst man alle Befunde zusammen, so rechtfertigt sich durchgängig ein Vorgehen, bei dem der Gesamtwert als Leistungsindikator verwendet wird. Allerdings zeigten sich einheitlich in allen Analysen auch Varianzanteile, die auf spezifische Fähigkeitskomponenten zurückführbar waren. Diese spezifischen Dimensionen waren im Vergleich zum g-Faktor durchgängig erklärungsschwächer, dennoch war ihr Einfluss substantiell. Bezogen auf eine sinnvolle Analysestrategie entscheiden die wissenschaftlichen Annahmen bzw. Hypothesen im Einzelfall, ob Analysen mit dem Gesamtwert oder spezifischen Komponenten durchgeführt werden. Beide Vorgehensweisen lassen sich aufgrund der hier berichteten Befunde analytisch rechtfertigen.

3. Mathematisch-naturwissenschaftliche Grundbildung: Erfassung und Skalierung von Kompetenzen

3.1 Was bedeuten TIMSS-Testwerte?

Die Aufgaben des gesamten Tests zur Erfassung der mathematisch-naturwissenschaftlichen Grundbildung bilden ebenso wie die des mathematischen und des naturwissenschaftlichen Untertests jeweils eine Rasch-Skala, die aus den internationalen Datensätzen konstruiert wurde. Diese Skalen ermöglichen zunächst eine normorientierte Interpretation der Testresultate. Erreicht beispielsweise eine Person, aber auch eine Klasse oder eine nationale Stichprobe einen mittleren Score von 500, so wissen wir, dass diese Person bzw. diese Gruppe ein – bezogen auf die internationale Normpopulation – genau durchschnittliches Leistungsniveau besitzt. Ein Schüler mit dem Testwert 600 läge genau eine Standardabweichung über dem internationalen Durchschnitt; wir wissen dann, dass nur etwa ein Sechstel der internationalen Population bessere Leistungen zeigt als dieser Schüler. Abbildung III.8 illustriert als Interpretationshilfe den Zusammenhang von Testwerten und Prozenträngen unter der realistischen Annahme einer Normalverteilung der Testwerte.

Solche normorientierten Interpretationen reichen aus, wenn man inter- und intranational globale Leistungsunterschiede feststellen will. Sollen Befunde jedoch im Hinblick auf curriculare, didaktische oder psychologische Fragestellungen interpretiert werden, so ist es notwendig zu verstehen, was ein niedrigerer oder höherer Testwert inhaltlich bedeutet. Welches Wissen und welche kognitiven Operationen unterscheiden erfolgreichere von weniger erfolgreichen Bearbeitern des TIMSS-Tests? Diese Fragestellung ist in der Tradition des *Educational Measurement* mit zwei methodologischen Konzeptionen verbunden:
- mit der Untersuchung der Konstruktvalidität der Testskalen und
- mit der kriteriumsorientierten Interpretation von Testwerten.

Beide Ansätze sollen im Folgenden erläutert und auf die TIMSS-Grundbildungsskalen angewandt werden.

Konstruktvalidierung durch die Identifikation schwierigkeitsbestimmender Aufgabenmerkmale

Mit dem Einsatz psychologischer oder pädagogischer Testverfahren verbindet sich – anders als beispielsweise bei informellen Tests im Schulunterricht – der Anspruch, eine Aussage über latente Fähigkeitsdimensionen zu ermöglichen. Solche Fähigkeitsdimensionen werden als personale Merkmale (Kompetenzen) verstanden, deren Ausprägung sich in unterschiedlichen Situationen bei unterschiedlichen Anforderungen zeigt. Bei der Diagnose einer Fähigkeit geht es also nicht bloß – wie bei Klassenarbeiten – darum, wie gut oder schlecht jemand eine konkrete Aufgabe oder einen Typ von Aufgaben lösen kann. Die vorgelegten Testaufgaben dienen vielmehr als Indikatoren eines universell definierten Merkmals, hier etwa der *Mathematics and Science Literacy*. Von jeder Person wird nur eine „Verhaltensstichprobe" gezogen, bezogen auf eine ausgewählte Menge von Aufgaben. Da diese Verhaltensstichprobe Aussagen über die Ausprägung des latenten Merkmals (der Fähigkeit oder Kompetenz) erlaubt, kann durchaus eine Aussage darüber gemacht werden, wie dieselbe Person andere Aufgaben, die dieselbe Fähigkeit indizieren, bearbeiten würde. Wenn beispielsweise nachgewiesen ist, dass der Bearbeitung von mathematischen MC-Aufgaben und Aufgaben mit offenem Antwortformat eine gemeinsame Fähigkeits-

Abbildung III.8: Zusammenhang von Testwerten und Prozenträngen unter der Voraussetzung von Normalverteilung

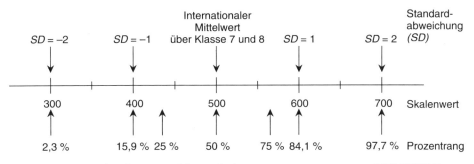

IEA. Third International Mathematics and Science Study.   © TIMSS/III-Germany

dimension zu Grunde liegt, so genügt es, einer Testperson *Multiple Choice*-Aufgaben (MC) vorzulegen, um ihre mathematische Fähigkeit zu diagnostizieren.

Die Anwendung von Indikatoren für eine latente Fähigkeitsdimension beruht jedoch auf bestimmten Voraussetzungen:
— Bei der Entwicklung von Skalen, die als Indikatoren gelten sollen, muss eine ausreichende Breite von Anforderungen, Inhalten und Aufgabenformaten berücksichtigt sein. Dies war bei der Entwicklung der TIMSS-Tests der Fall.
— Durch testtheoretische Analysen muss nachgewiesen werden, dass tatsächlich homogene Skalen gebildet werden können. Dies leistet im Fall von TIMSS die Rasch-Skalierung.
— Die postulierte Fähigkeitsdimension muss als wissenschaftliches Konstrukt innerhalb eines Gefüges theoretischer Begriffe definiert und beschrieben, also in pädagogische und psychologische Modellvorstellungen eingebettet sein. Aus konstruktbezogenen theoretischen Überlegungen lassen sich dann Hypothesen entwickeln, deren empirische Prüfung die Interpretation der Fähigkeitsdimension und ihrer Indikatoren stützt. Hierzu gehören die folgenden Überlegungen.

Das Konstrukt der mathematisch-naturwissenschaftlichen Grundbildung, wie es im Rahmen von TIMSS verstanden wird, wurde im ersten Abschnitt dieses Kapitels als Kompromiss zwischen dem Konzept einer universellen, funktional definierten Literalität einerseits und einer an zentralen Gegenständen der Fächer orientierten Grundbildung andererseits beschrieben. Aus dieser Festlegung ergeben sich folgende empirisch überprüfbare Hypothesen:

(1) Mit Rückgriff auf Shamos (1995) und Bybee (1997) wurde die Erwartung formuliert, dass sich – zumindest für die naturwissenschaftliche, möglicherweise aber auch für die mathematische Grundbildung – drei qualitativ voneinander unterscheidbare Kompetenzstufen identifizieren lassen, die als *True Literacy* (selbstständige Kommunikations- und Urteilsfähigkeit), *Functional Literacy* (Verständnis naturwissenschaftlicher und mathematischer Konzepte auf einem popularisierten Niveau) und *Cultural Literacy* (anschauliches Verständnis von Alltagsphänomenen) beschrieben werden können.

(2) Wenn sich die Messung von *Mathematics and Science Literacy* im Rahmen von TIMSS an fachdidaktischen Standards orientiert, wie sie etwa in den Vereinigten Staaten vom *National Council of Teachers of Mathematics* (NCTM), der *American Association for the Advancement of Science* (AAAS) oder dem *National Research Council* (NRC) festgelegt worden sind (NCTM, 1989; AAAS, 1993; NRC, 1995), sollten sich Schüler mit besseren TIMSS-Ergebnissen von weniger erfolgreichen insbesondere durch die Fähigkeit unterscheiden, offene Aufgabenstellungen und komplexere Anwendungsaufgaben erfolgreich zu bearbeiten.

(3) Im Rahmen der in Kapitel II, Abschnitt 2 beschriebenen Testspezifikation wurden für den mathematischen und naturwissenschaftlichen Grundbildungstest jeweils vier Verhaltenserwartungen *(Performance Expectations)* unterschieden, die theoretisch als kategoriales Raster und nicht notwendigerweise als ordinale Abfolge kognitiver Operationen verstanden wurden. Dennoch lässt sich empirisch prüfen, ob die Verhaltenserwartungen mit den Lösungswahrscheinlichkeiten der Aufgaben kovariieren.

(4) Die Tatsache, dass curriculare Zielvorstellungen in die Definition der mathematisch-naturwissenschaftlichen Grundbildung eingegangen sind, jedoch gleichzeitig durch ein funktionales, alltagsbezogenes *Literacy*-Konzept ergänzt wurden, lässt erwarten, dass sich Zusammenhänge zwischen den Ergebnissen des mathematischen und naturwissenschaftlichen Grundbildungstests einerseits und Schulnoten in Mathematik bzw. den Naturwissenschaften andererseits zeigen, die jedoch niedriger als bei ausschließlich curricular verankerten Leistungstests sind.

(5) Da *Mathematics and Science Literacy* nach den Zielvorstellungen von NTCM und AAAS, die von europäischen Fachdidaktikern weitgehend geteilt werden, mit spezifischen personalen Qualifikationen – zum Beispiel angemessenen epistemologischen Überzeugungen, positiven Einstellungen gegenüber Mathematik und den Naturwissenschaften oder einem ausreichenden Selbstvertrauen in die

eigenen fachlichen Fähigkeiten – verknüpft sind, sollten sich substantielle Zusammenhänge zwischen den zur mathematisch-naturwissenschaftlichen Grundbildung gehörenden fachlichen Leistungen einerseits und metatheoretischen Überzeugungen, Einstellungen und selbstbezogenen Kognitionen andererseits empirisch nachweisen lassen.

Als Konstruktvalidierung bezeichnet man in der Diagnostik unterschiedlichste Forschungsbemühungen, die darauf abzielen, solche aus der theoretischen Eingrenzung des Testinhalts abgeleiteten Hypothesen empirisch zu überprüfen. Mithilfe von Skalierungsverfahren, multivariaten Analysen, aber auch von Prozessuntersuchungen zum Lösungsverhalten der Schüler wird die Interpretation der Messwerte gerechtfertigt (Cronbach & Meehl, 1955; APA, 1985; Klieme, 1989; Messick, 1998). Die Konstruktvalidierung der TIMSS-Tests ist ein Forschungsanliegen, das in dem hier vorgelegten Band nur ansatzweise realisiert werden kann. Beispielsweise stehen noch stoffdidaktische Aufgabenanalysen, Prozessuntersuchungen zum Lösungsverhalten oder genaue Analysen von Falschantworten, insbesondere bei offenen Aufgaben, aus. Entsprechende Untersuchungen gehören zum Kern fachdidaktischer Aufgaben. Aus der Mathematikdidaktik liegen erste Ergebnisse vor (Blum & Wiegand, 1998; Neubrand, Neubrand & Sibberns, 1998; Wiegand, 1998; Neubrand & Neubrand, 1999).

Der Umstand, dass das Rasch-Modell unter Anlegung pragmatischer Maßstäbe als hinreichende Approximation der empirisch für TIMSS-Aufgaben ermittelten Datenstrukturen betrachtet werden kann, sagt bereits einiges zur Konstruktgeltung aus[1]. Die Rasch-Skalierbarkeit impliziert nämlich, dass weder Rate-Tendenzen noch Lerneffekte innerhalb des Tests noch besondere Vertrautheit mit einzelnen, spezifischen Stoffgebieten den Antwortprozess *wesentlich* beeinflussen. Rasch-Homogenität bedeutet allerdings nicht, dass alle Aufgaben eines Tests nach ein und demselben Grundmuster lösbar sein müssen. Es muss jedoch eine eindeutige und in allen Teilpopulationen gültige Rangfolge der Aufgaben hinsichtlich ihrer Schwierigkeit bestehen. Verantwortlich für diese Schwierigkeitsrangordnung der Aufgaben können im Prinzip sehr unterschiedliche Anforderungsmerkmale sein: Unterschiede hinsichtlich des vorausgesetzten mathematischen bzw. naturwissenschaftlichen Fachwissens, Unterschiede hinsichtlich der erforderlichen Bearbeitungsstrategien, unterschiedliche Anforderungen an sprachliches Verständnis, bildliches Denken, Formalisierungsfähigkeit oder Verständnis für Anwendungssituationen, Variationen in der Be-

---

[1] Rasch-Homogenität der Items im strengen Sinne ist bei komplexen Tests praktisch nicht erreichbar. Begrenzte Verletzungen der Homogenitätsannahme sind jedoch tolerabel, sie werden unter dem Gesichtspunkt differentieller Itemfunktionen (DIF) in diesem Kapitel untersucht.

lastung des Arbeitsgedächtnisses und anderes mehr. (Zur Systematik von Anforderungsmerkmalen bei mathematischen Anwendungsaufgaben vgl. Klieme, 1989, S. 141 ff.) Einige der oben formulierten Konstrukthypothesen beinhalten Aussagen darüber, welche Anforderungsmerkmale bedeutsam sind und welche eher marginalen Charakter haben.

Die Untersuchung des Einflusses derartiger Anforderungsmerkmale auf den Schwierigkeitsgrad von Testaufgaben ist ein wichtiger Schritt zur Konstruktvalidierung – jedenfalls bei Tests mit monotonen Item-Charakteristik-Funktionen. Dies sind Tests, bei denen mit der latenten Fähigkeit (Kompetenz) eines Bearbeiters auch für jede beliebige Aufgabe die Wahrscheinlichkeit, das betreffende Item richtig zu lösen, ansteigt. Rasch-skalierbare Tests erfüllen diese Bedingung. Insgesamt erfolgreichere Testbearbeiter unterscheiden sich dann nämlich von weniger erfolgreichen genau dadurch, dass sie auch die Aufgaben mit anspruchsvolleren Merkmalen zu bewältigen vermögen. Methodisch wird folgendermaßen vorgegangen: Zu jeder Aufgabe werden der Schwierigkeitsparameter und die Ausprägung verschiedener Anforderungsmerkmale ermittelt. Über Regressions- bzw. Varianzanalysen wird dann die Variation der Schwierigkeiten auf Anforderungsmerkmale zurückgeführt.

Im vorliegenden Kapitel wird über den Versuch berichtet, den Schwierigkeitsgrad der Aufgaben der Untertests zur mathematischen und naturwissenschaftlichen Grundbildung durch inhaltlich definierte Anforderungsmerkmale zu erklären. Damit können wir die drei ersten der oben formulierten Konstrukthypothesen prüfen; Untersuchungen zur vierten und fünften Hypothese werden im zweiten Band im Zusammenhang mit analogen Untersuchungen zu den Tests für den voruniversitären Mathematik- und Physikunterricht vorgelegt. Derartige Untersuchungen bedürfen prinzipiell einer – auf die Zielpopulation des Tests zugeschnittenen – Theorie des Bearbeitungsprozesses, aus der Hypothesen über potentielle schwierigkeitserzeugende Merkmale von Aufgaben abgeleitet werden können. Im Idealfall geht eine solche Theorie schon in die Testentwicklung ein, indem Aufgabenmerkmale systematisch variiert werden. Im Rahmen von internationalen Vergleichsstudien – zu schweigen von Testentwicklungen, die im Rahmen der deutschsprachigen Fachdidaktik oder Pädagogik begonnen wurden – ist dies bislang kaum realisiert worden; vielmehr wurden schwierigkeitsrelevante Aufgabenmerkmale zumeist erst post hoc durch Einschätzung von Experten definiert, die im Extremfall lediglich in einer globalen Klassifikation der Aufgaben nach vermuteter Schwierigkeit besteht.

Immerhin liegen für die TIMSS-Aufgaben drei Merkmale vor, die von den international verantwortlichen Testautoren definiert wurden:

- Die insgesamt 218 Aufgaben aller TIMSS-Tests für die Sekundarstufe II wurden in 26 Anforderungskategorien aufgeteilt; 15 Kategorien erfassen mathematische, 11 Kategorien erfassen naturwissenschaftliche Anforderungen, wobei sich Grundbildungs- und voruniversitäre Tests jeweils partiell derselben Kategorien bedienen. Vier Oberklassen bilden die *Performance Expectations* (Gonzalez, Smith & Sibberns, 1998; Orpwood & Garden, 1998).
- Ebenfalls von den Testautoren wurden Inhaltsbereiche *(Content Categories)* definiert, die wiederum zu einigen Subskalen zusammengefasst werden, mit denen jeweils ein übliches Stoffgebiet des Curriculums abgedeckt ist.
- Ein wichtiges Aufgabenmerkmal ist schließlich das Format der verlangten Antwort. Hierbei wird unterschieden zwischen MC-Aufgaben, bei denen der Kandidat nur jeweils die Wahl unter vier oder fünf vorgegebenen Alternativen hat, Kurzantwort-Aufgaben, die beispielsweise mit einer Zahl oder einem Stichwort beantwortet werden, sowie Aufgaben, die eine erweiterte Antwort verlangen, beispielsweise einen gegliederten Beweis, eine Konstruktionsskizze oder die Darstellung einer Versuchsanordnung.

Diese international definierten Aufgabenmerkmale haben wir für den Bereich der mathematisch-naturwissenschaftlichen Grundbildung um drei neu definierte Anforderungskategorien ergänzt, denen die Testaufgaben jeweils nach Expertenurteil zugeordnet wurden. Diese Dimensionen sind:
- Offenheit der Aufgabenstellung im Sinne des Vergleichs unterschiedlicher Lösungsmöglichkeiten oder des selbstständigen Findens von Lösungswegen,
- Komplexität des Lösungsprozesses (bei mathematischen Aufgaben) und
- qualitatives Niveau der Grundbildung entsprechend dem dreistufigen *Literacy*-Konzept von Shamos (1995) und Bybee (1997).

In welcher Größenordnung die Aufklärung von Schwierigkeitsunterschieden gelingen könnte, zeigen die Erfahrungen, über die Mosenthal (1996) bzw. Kirsch, Jungeblut und Mosenthal (1998) aus nordamerikanischen und internationalen Erhebungen zur Lesekompetenz und zur *Adult Literacy* (IALS) berichten. Mosenthal (1996) beschreibt Aufgaben zum Verständnis von Diagrammen und Tabellen *(Document Literacy)* durch vier Merkmale: Komplexität des Dokuments (im Wesentlichen bestimmt durch den Aufbau des Diagramms oder der Graphik, die Zahl der Dimensionen und die Zahl der Einträge), Abstraktheit der gesuchten Information, Art der Beziehung zwischen gegebener und gesuchter Information (Umfang von Such- und Schlussfolgerungsprozessen, die zur Beantwortung der Testfrage benötigt werden) sowie Plausibilität von Distraktor-Informationen. Mit diesen vier Anforderungsmerkmalen konnten insgesamt 80 Prozent der Varianz der Schwierigkeitskennwerte der 217 verschiedenen Aufgaben erklärt werden. Kirsch, Jungeblut und Mosenthal (1998, S. 125) berichten aus einer nordamerikanischen Studie zur quantitativen *Literacy* von Erwachsenen eine Aufklärungsquote von 83 Prozent der Schwierigkeitsvarianz durch fünf Aufgabenmerkmale: Verständlichkeit, Art der Beziehung zwischen gegebener und gesuchter Information, Plausibilität von Distraktor-Informationen sowie Art der benötigten Rechenoperationen und Spezifität dieser Operationen. Den entscheidenden Beitrag zur Aufklärung der Schwierigkeit lieferten die Plausibilität der Distraktoren und die Art der Rechenoperationen.

Kriteriumsorientierte Testinterpretation durch inhaltliche Verankerung der Skalen: Definition von Fähigkeitsniveaus (Proficiency Levels)

Einen Testwert von zum Beispiel 600 normorientiert zu interpretieren, verlangt – wie oben erläutert – lediglich anzugeben, welcher Teil der internationalen Vergleichspopulation einen solchen oder höheren Testwert erreicht hat. Eine kriteriumsorientierte Interpretation dieses Resultats würde hingegen möglichst verhaltensnah und inhaltsbezogen diejenigen Operationen bezeichnen, die eine Person mit dem Testwert 600 mit „ausreichender Sicherheit" beherrscht. Die Kompetenz der Person wird somit an dem Kriterium wohldefinierter Operationen gemessen, die ihrerseits bestimmte Lernziele repräsentieren können. Ein solches verhaltensnahes Kriterium lässt sich am besten spezifizieren, indem man eine oder mehrere Klassen von Aufgaben beschreibt, die von Personen der betreffenden Kompetenzstufe erfolgreich bearbeitet werden, und sie von jenen Aufgabenklassen abgrenzt, die auf der betreffenden Stufe noch nicht hinreichend sicher gelöst werden können.

Lange Zeit wurden in der pädagogisch-psychologischen Forschung normorientierte und kriteriumsorientierte Leistungsmessung als rivalisierende, methodisch unterschiedlich fundierte Verfahren diskutiert (vgl. zusammenfassend Klauer, 1987). Neuere Arbeiten zur pädagogischen Diagnostik betonen jedoch, dass ein und derselbe Test prinzipiell – je nach Fragestellung – sowohl normorientiert als auch kriteriumsorientiert interpretierbar sein kann (Messick, 1992; Glaser, 1994; Hambleton, 1994; Linn, 1994). Technisch erlaubt die Rasch-Skala eine solche doppelte Interpretation aufgrund ihrer „spezifischen Objektivität". Diese bedeutet, dass auf der latenten Fähigkeitsskala sowohl die Personen als auch die Aufgaben lokalisiert werden können, und zwar – sofern das testtheoretische Modell mit dem empirischen Datensatz verträglich ist – unabhängig voneinander (vgl. dazu Kap. II, Abschnitt 4).

Jeder Aufgabe wird eine Item-Charakteristik-Kurve zugeordnet, die angibt, mit welcher Wahrscheinlichkeit ($P(x = 1)$) die Aufgabe in Abhängigkeit vom Fähigkeitsparameter (ϑ) richtig gelöst wird. Abbildung III.9 illustriert solche Item-Charakte-

Abbildung III.9: Item-Charakteristik-Kurven (ICCs) für Beispielaufgaben aus dem TIMSS-Test zur naturwissenschaftlichen Grundbildung

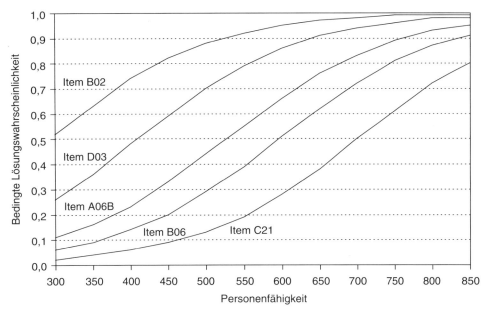

IEA. Third International Mathematics and Science Study. © TIMSS/III-Germany

ristik-Kurven, wobei jedoch die Abszisse transformiert wurde: Dargestellt ist hier die Lösungswahrscheinlichkeit nicht in Bezug auf den ursprünglichen Rasch-Parameter, der in Logit-Einheiten angegeben wird, sondern in Abhängigkeit von dem TIMSS-Fähigkeitsscore, der durch eine Lineartransformation aus den ϑ-Werten berechnet werden kann und die Eigenschaft besitzt, dass innerhalb der internationalen Population sein Mittelwert auf 500 und seine Standardabweichung auf 100 normiert worden sind[2]. Die Item-Charakteristik-Kurven (ICCs) sind monoton steigende Funktionen

---

[2] Die Transformation musste für jede der vier hier betrachteten Skalen (die beiden Grundbildungsskalen sowie die voruniversitären Tests) getrennt durchgeführt werden. Wir verwendeten dabei eine Gleichung, die bei Martin und Kelly (1997, S. 147 ff.) sowie Gonzalez, Smith und Sibberns (1998, S. 57 f.) angegeben ist. In diese Gleichung gehen als Parameter die Streuung und der Mittelwert (in Logit-Einheiten) der Fähigkeiten aller international getesteten Schüler ein. Betrug bei einem bestimmten Fähigkeitsparameter ϑ die Lösungswahrscheinlichkeit p, so wird ϑ transformiert auf den Testscore $500 + 100 \times (\vartheta + \ln(p/(1-p)) - m)/s$. Die entsprechenden Parameter waren dem technischen Bericht zur TIMSS-Oberstufenstudie nicht zu entnehmen. Da wir jedoch die Logit-Parameter sowie den zur Lösungswahrscheinlichkeit 65 Prozent gehörigen Testscore bei allen Aufgaben kennen, konnten wir für jede Skala die beiden Parameter mittels Auflösung eines einfachen Gleichungssystems berechnen.

und überschneiden sich, sofern die Aufgaben eine Rasch-Skala bilden, nicht. Das einzelne Item ist vollständig durch seinen Schwierigkeitsparameter charakterisierbar.

Üblicherweise wird als Schwierigkeits- oder Lageparameter eines Items der Wendepunkt der Item-Charakteristik-Kurve gewählt, bei der die Lösungswahrscheinlichkeit 50 Prozent beträgt. Bei *Large Scale Assessments* wird hingegen häufig – so auch bei der TIMS-Studie – aufgrund inhaltlicher Überlegungen eine höhere Lösungswahrscheinlichkeit von 65 Prozent zur Parametrisierung der Testaufgaben verwendet. Personen, deren Fähigkeitsparameter (Testwert) den jeweiligen Itemparameter übersteigt, können die Testaufgabe mit „hinreichender" Sicherheit (hier also mit mindestens 65-prozentiger Lösungswahrscheinlichkeit) korrekt lösen, Personen mit niedrigen Testwerten hingegen nicht. Ein bestimmtes Fähigkeitsniveau lässt sich dann kriteriumsorientiert durch die Menge derjenigen Aufgaben beschreiben, deren bedingte Lösungswahrscheinlichkeit p bei diesem Fähigkeitsniveau höher als 65 Prozent ist.

Diese rein extensionale kriteriumsorientierte Interpretation ist jedoch nicht sehr hilfreich. Die bloße Aufzählung der betreffenden Aufgaben reicht noch nicht aus. Sie muss ergänzt werden durch eine intensionale Beschreibung der Anforderungen, die mit diesen Aufgaben verbunden sind. Erst wenn die betreffende Klasse von Aufgaben inhaltlich charakterisiert werden kann, ist ein Bezug auf curricular, didaktisch oder psychologisch definierte Kompetenzen möglich.

Die intensionale Beschreibung von Kompetenzstufen wird erleichtert, wenn man nicht jeweils die Gesamtheit aller Aufgaben, die auf der betreffenden Stufe mit hinreichender Sicherheit gelöst werden, einbezieht, sondern nur jene Aufgaben, die auf dem nächstniedrigen Kompetenzniveau noch nicht erfolgreich bearbeitet werden können. Eine Kompetenzstufe würde also inhaltlich definiert durch das Wissen bzw. die kognitiven Operationen, die von Schülern auf der betreffenden Fähigkeitsstufe erwartet werden können, nicht jedoch von Schülern niedrigerer Fähigkeitsstufen. Ausgehend von dieser Grundidee haben Beaton und Allen (1992) eine Methodologie zur kriteriumsorientierten Interpretation von Testskalen vorgeschlagen, die sie *Scale Anchoring* nennen und anhand von Daten des *National Assessment of Education Progress* (NAEP) aus den USA erproben. Mit dieser Methode haben auch wir bei jedem der vier Messbereiche – der mathematischen und naturwissenschaftlichen Grundbildung sowie der voruniversitären Mathematik- und Physikleistung – gearbeitet; sie soll daher im Folgenden am Beispiel der naturwissenschaftlichen Grundbildung erläutert werden.

In TIMSS/III wurde die naturwissenschaftliche Grundbildung durch 36 Aufgaben erfasst. Die Schwierigkeitskennwerte dieser 36 Aufgaben streuen von 281 bis 768; der Median liegt bei 528. Nach einer ersten Inspektion der Aufgaben haben wir uns entschlossen, vier Kompetenzstufen *(Proficiency Levels)* zu spezifizieren, die durch den internationalen Mittelwert (500) sowie drei weitere in Abständen von je einer Standardabweichung liegende Fähigkeitsparameter (400 bzw. 600 und 700) gekennzeichnet sind. Gemäß der von Beaton und Allen (1992, S. 201 ff.) beschriebenen Methodologie sind wir folgendermaßen vorgegangen:

— Auf allen vier Kompetenzstufen bilden wir zunächst die Menge jener Aufgaben, die auf der betreffenden Stufe mit hinreichender Sicherheit (Lösungswahrscheinlichkeit über 65 %) korrekt bearbeitet werden können. Das unterste Kompetenzniveau, das dem Fähigkeitsparameter 400 zugeordnet ist, wird hierdurch bereits vollständig beschrieben: Die entsprechenden vier Aufgaben (vgl. in Abschnitt 3.2 die Tab. III.6 sowie in Abb. III.11 die Beispielaufgabe B2) bilden die – wie wir es nennen wollen – charakteristische Aufgabenmenge für die erste Kompetenzstufe, die später inhaltlich charakterisiert werden soll.

— Auf der zweiten Kompetenzstufe, die beim Wert 500 liegt, sollen zu der charakteristischen Aufgabenmenge nur jene Items gehören, die an dieser Stelle mit mindestens 65-prozentiger Wahrscheinlichkeit korrekt bearbeitet, gleichzeitig aber auf der nächstniedrigeren Stufe deutlich seltener gelöst werden. Nach Beaton und Allen (1992) verlangen wir hier eine Lösungswahrscheinlichkeit unter 50 Prozent. Damit besteht die charakteristische Aufgabenmenge aus fünf Aufgaben (vgl. Tab. III.6). Beaton und Allen schlagen zusätzlich vor, dass die Lösungswahrscheinlichkeit charakteristischer Aufgaben um mindestens 30 Prozentpunkte über dem Vergleichswert der nächstniedrigeren Stufe liegen sollte. Diese Bedingung können wir hier nicht erfüllen: Angesichts der relativ flach verlaufenden Item-Charakteristik-Kurven (siehe Abb. III.9) wäre das strengere Abgrenzungskriterium nur einzuhalten, wenn man weniger und weiter auseinanderliegende Kompetenzstufen definierte. Für den Test zur naturwissenschaftlichen Grundbildung betrachten wir einen Abstand von mindestens 20 Prozentpunkten als ausreichend.

— Analog verfahren wir für die Stufen 600 und 700. Auf der höchsten Kompetenzstufe (Personenfähigkeit 700) ist jedoch eine weitere geringfügige Abschwächung des Abgrenzungskriteriums notwendig, weil sich die Item-Charakteristik-Kurven in diesem oberen Leistungsbereich weiter abflachen. Wir akzeptieren Aufgaben als charakteristisch, die auf dem nächstniedrigeren Kompetenzniveau noch mit 51- oder 52-prozentiger Lösungswahrscheinlichkeit bearbeitet werden. Nach diesem Kriterium sind dies vier Aufgaben (vgl. Tab. III.6).

— Entscheidend ist nun der interpretative Schritt. Hierzu schlagen Beaton und Allen (1992) vor, in Zusammenarbeit mit Sachgebietsexperten Beschreibungen der gemeinsamen Anforderungen von charakteristischen Aufgaben einer jeden Stufe anzufertigen. Diese Beschreibungen dienen dann als inhaltliche Spezifikationen der Kompetenzstufen.

Mithilfe dieses Verfahrens lassen sich Fähigkeits- oder Kompetenzstufen durch charakteristische Aufgaben inhaltlich verankern. Damit wird ein doppelter Zweck erfüllt: Das theoretische Konstrukt – hier etwa die *Science Literacy* – und seine Operationalisierung werden gegenüber Fachleuten und Öffentlichkeit leichter und eindeutiger kommunizierbar. Ferner können die getesteten Personen danach eingeteilt werden, welche Kompetenzstufe sie erreicht haben. So bilden beispielsweise alle Probanden mit einem *Science Literacy Score* unter 400 die Gruppe jener Personen, deren naturwissenschaftliche Grundbildung nicht über die erste Kompetenzstufe hinausführt. Personen mit Testwerten zwischen 400 und 500 bilden die zweite, zwischen 500 und 600 die dritte und oberhalb von 700 die vierte Niveaugruppe. Teilpopulationen von Schülern können so besonders anschaulich verglichen werden, indem man ihre Verteilung auf die verschiedenen Niveaugruppen betrachtet.

Betont werden sollte, dass die primäre Festlegung der Zahl von Kompetenzstufen und deren Abständen in gewissem Maße arbiträr ist und auf der Basis einer informierten Inspektion aller verfügbaren Testaufgaben erfolgt. Die Brauchbarkeit der Abstufung wird ex post gerechtfertigt, wenn es empirisch gelingt, für jede Kompetenzstufe eine ausreichende Zahl charakteristischer Aufgaben zu bestimmen und wenn diese Items von Experten des jeweiligen Sachgebiets im Hinblick auf gemeinsame stoffdidaktische oder kognitive Anforderungen konsistent interpretiert werden können. Auch alternative Abstufungen sind denkbar, deren Vorzüge und Nachteile – gemessen an dem Kriterium einer klaren, eindeutigen und konsistenten Interpretierbarkeit – abzuwägen sind. So hatten wir für die Definition von Fähigkeitsniveaus im Bereich mathematischer Grundbildung im ersten Zugriff die kritischen Grenzen der Kompetenzniveaus mit Fähigkeitswerten von 450, 550, 650 und 750 strenger definiert; die entsprechenden Resultate wurden in der Zusammenfassung der deskriptiven Befunde von TIMSS/III berichtet (Baumert, Bos & Watermann, 1998). Nach einer Reanalyse der Testaufgaben anhand der von Beaton und Allen (1992) vorgeschlagenen Methodologie haben wir die ursprüngliche Festlegung von *Proficiency Levels* revidiert und der für die naturwissenschaftlichen Grundbildungstests gewählten Abstufung angeglichen, da sich diese Lösung als trennschärfer und letztlich insgesamt konsistenter interpretierbar erwies.

3.2 Mathematische Grundbildung: Anforderungsmerkmale und Schwierigkeit von Aufgaben und Fähigkeitsniveaus

Schwierigkeitsbestimmende Anforderungsmerkmale bei Aufgaben zur mathematischen Grundbildung

Der Test zur mathematischen Grundbildung besteht aus 45 Aufgaben, deren Schwierigkeitskennwerte von 380 bis 698 reichen mit einem Median bei 510 und einem Mittelwert von 528. Die von den Testautoren vorgenommene Klassifikation nach Verhaltenserwartungen *(Performance Expectations)* vermag die Varianz der Aufgabenschwierigkeit praktisch nicht zu erklären. Die vier Verhaltensklassen (Wissen, Beherrschung von Routineverfahren, Lösen von anwendungsbezogenen Aufgaben und innermathematischen Problemen sowie Beherrschen von komplexen Verfahren) unterscheiden sich hinsichtlich der Schwierigkeitskennwerte der zugeordneten Items nicht signifikant. Dieser Befund ist nicht überraschend, da die *Performance Expectations* von TIMSS im Unterschied zu der an die Bloomsche Taxonomie angelehnten Aufgabenklassifikation in SIMS (Travers & Westbury, 1989) theoretisch als kategoriales Raster konzipiert wurden. Es handelt sich also um eine tendenziell schwierigkeitsunabhängige Aufgabenklassifikation. Erst wenn man diese Klassen weiter in *Performance Categories* untergliedert, zeigen sich einige Schwierigkeitsunterschiede. Erwartungsgemäß sind Aufgaben aus den Bereichen „Schlussfolgern", „Entwickeln einer Strategie", „Formulierung und Klärung von Problemen und Situationen" sowie „Problemlösung" überdurchschnittlich schwierig, Aufgaben zur „Ausführung von Routineprozeduren" hingegen unterdurchschnittlich schwierig. Die Unterscheidung nach Inhaltskategorien trägt wiederum erwartungsgemäß zur Aufklärung der Aufgabenschwierigkeit nichts bei.

Unter den a priori definierten Aufgabenmerkmalen hat lediglich das Antwortformat einen signifikanten und auch praktisch bedeutsamen Effekt: Die 33 MC-Aufgaben sind mit einem durchschnittlichen Schwierigkeitsparameter von 500 wesentlich leichter als die 10 Aufgaben mit Kurzantworten (mittlere Schwierigkeit = 602) und die beiden Aufgaben mit erweiterter Antwortmöglichkeit (Mittelwert = 619). Diese Unterscheidung ist signifikant ($F_{[2, 42]} = 10.54$; $p < .001$) und erklärt ein Drittel der Varianz der Schwierigkeitskennwerte. Für die Interpretation dieses Zusammenhangs ist allerdings zu berücksichtigen, dass die Wahl des Antwortformats von den im Folgenden definierten Anforderungsmerkmalen der Testaufgaben nicht unabhängig ist. Bei der Testentwicklung wurde im Interesse einer möglichst effizienten Nutzung der Bearbeitungszeit darauf geachtet, weniger komplexe, konvergente Aufgaben möglichst im MC-Format zu formulieren, während das besonders aufwendige erweiterte Antwortformat Aufgaben mit divergenten, oftmals konstruktiven oder argumentativen Anforderungen vorbehalten blieb. Kontrolliert man die Anforderungscharakteristika „Offenheit" und „Grundbildungsniveau", wie sie im Folgenden beschrieben werden, erklärt das Antwortformat einer Testaufgabe keine weitere Varianz der Schwierigkeitskennwerte.

Die internationalen Klassifikationen eignen sich demnach nicht zur Konstruktvalidierung des mathematischen Grundbildungstests. Wir haben deshalb eine eigene multiple Klassifikation der Testaufgaben in den Dimensionen Offenheit, Komplexität und Literalitätsniveau vorgenommen. Die Zuordnung der Testaufgaben ist – exemplarisch für die „charakteristischen Items" – der Tabelle III.5 zu entnehmen. Anhand der publizierten Testaufgaben kann sie überprüft werden (Baumert u.a., 1999; sowie die Veröffentlichungen im Internet[3]).

(1) Unter dem Aspekt der *Offenheit* wurden die mathematischen Testaufgaben danach bewertet, ob sie divergente Denkprozesse im Sinne des Vergleichens unterschiedlicher Lösungsalternativen oder des selbstständigen Generierens von Lösungspfaden verlangten. Nur fünf der zwölf in formaler Hinsicht als Aufgaben mit offenem Antwortformat klassifizierten Items erfüllen diese strengere Bedingung; die übrigen verlangten nur das konvergente Finden einer bestimmten Zahl oder eines bestimmten Begriffs. Nach dieser inhaltlichen Spezifikation zeigt sich eine straffe Korrelation zwischen Offenheit und Schwierigkeitsgrad einer Testaufgabe in Höhe von .66 ($p < .01$). Dies kann als Hinweis darauf gesehen werden, dass fachdidaktische Reformvorstellungen, nach denen sich mathematische Grundbildung *(Literacy)* insbesondere in der Bearbeitung offener Aufgabenstellungen manifestieren sollte, im TIMSS-Test reflektiert werden.

(2) Unter dem Gesichtspunkt der *Differenzierung qualitativer Grundbildungsniveaus* wurde das Anforderungsniveau mathematischer Testaufgaben in Anlehnung an das von Shamos (1995) und Bybee (1997) skizzierte *Science Literacy*-Konzept neu eingeschätzt. Diese Einschätzung erfolgte a posteriori, allerdings ohne die empirischen Schwierigkeitsparameter zur Kenntnis zu nehmen. Auf der untersten Stufe ordneten wir jene Aufgaben ein, die unseres Erachtens ein alltagsbezogenes, anschauliches Verständnis von Phänomenen erfordern *(Cultural Literacy* im Sinne von Shamos), während auf der obersten, der vierten Niveaustufe Aufgaben eingeordnet wurden, die selbstständiges, auf der Anwendung fachlicher Konzepte beruhendes Argumentieren verlangen *(True Literacy* im Sinne von Shamos). Dazwischen unterschieden wir zwei Stufen der *Func-*

---

[3] http://www.mpib-berlin.mpg.de/TIMSS_II.

tional Literacy, wobei auf der unteren Stufe nur das Ausführen von Routineprozeduren, auf der nächsthöheren hingegen einfaches mathematisches Modellieren oder die Verknüpfung verschiedener Operationen oder unterschiedlicher mathematischer Ebenen verlangt waren. Das auf diese Weise bestimmte Anforderungsniveau steht – wie der ermittelte Korrelationskoeffizient von .61 ($p < .01$) ausweist – in bedeutsamem Zusammenhang mit der Aufgabenschwierigkeit. Dies kann auch als Beleg dafür gesehen werden, dass die Mathematikaufgaben des TIMSS-Grundbildungstests *Mathematics Literacy* analog zur *Science Literacy* im Sinne von Shamos (1995) erfassen.

(3) In Analogie zu den Maßen für *Aufgabenkomplexität,* die Mosenthal (1996) für Diagramme und Tabellen und Klieme (1989) für Textaufgaben formuliert haben, wurde auch hier ein globales Komplexitätsmaß bestimmt, indem wir die Anzahl der quantitativen Größen ermittelten, die für die rechnerische Lösung der Aufgabe mindestens berücksichtigt werden müssen. Wir betrachten diese Zahl nicht einfach als Indikator für rechnerische Anforderungen; sie ist vielmehr ein Hinweis auf die Komplexität des Situationsmodells, das der Bearbeiter bilden muss, um die Problemstellung zu verstehen und in Richtung auf das geforderte Ziel zu verändern. Auch diese Variable korreliert mit $r = .51$ ($p < .01$) bedeutsam mit dem Schwierigkeitskennwert der Aufgaben zur mathematischen Grundbildung.

Gibt man alle drei Variablen in eine lineare Regressionsgleichung zur Erklärung der Schwierigkeitskennwerte, so ergibt sich ein multiples R von .82. Dies entspricht einer Aufklärung von gut zwei Drittel der Schwierigkeitsvarianz der Aufgaben. Berücksichtigt man die im Vergleich zu der Arbeit von Mosenthal (1996) sicherlich größere Heterogenität der TIMSS-Aufgaben, so ist diese Aufklärungsquote beachtlich.

Im Hinblick auf die Konstruktvalidität lässt sich folgern: Die TIMSS-Aufgaben zur mathematischen Grundbildung sind mit Vorstellungen von *Mathematics Literacy* verträglich, wie sie in mathematikdidaktischen Reformansätzen des NCTM formuliert sind. Je höher die gemessene Fähigkeit, desto sicherer können offene, mathematisches Modellieren oder die Verknüpfung unterschiedlicher Ebenen erfordernde und komplex strukturierte Aufgaben in variierenden Kontexten gelöst werden.

Fähigkeitsniveaus in der mathematischen Grundbildung

Wir haben für die Stufen 400, 500, 600 und 700 der Fähigkeitsskala zur mathematischen Grundbildung das oben erläuterte Verfahren von Beaton und Allen (1992) angewendet. Tabelle III.5 gibt eine vollständige Übersicht über die charakteris-

Tabelle III.5: Charakteristische Aufgaben auf den Kompetenzstufen der mathematischen Grundbildung

Kompetenzstufe	Aufgabe	Schwierigkeitskennwert	*Performance Category* (international)	Aufgabeninhalt (international)	Anforderungsmerkmale (Einschätzung der Autoren)		
					Literalitätsniveau	Offenheit	Komplexität
1	C06	380,30	Aufgabenstellungen klären	Maßeinheiten	1	0	4
2	C02	459,63	Routineprozeduren ausführen	Proportionalität	3	0	4
	C09	460,70	Routineprozeduren ausführen	Rundung	1	0	2
	C01	466,74	Routineprozeduren ausführen	Negative Zahlen und ganze Zahlen	1	0	3
	C11	469,21	Schlussfolgern/Anwendungsaufgaben lösen	Maßeinheiten	3	0	7
	C04	473,62	Repräsentieren von Informationen in graphischer oder algebraischer Form	Gleichungen	3	0	4
	C08	477,74	Repräsentieren von Informationen in graphischer oder algebraischer Form	Gleichungen	3	0	3
	D14	477,95	Vorhersagen	Proportionalität	2	0	4
	D06	487,10	Komplexere Prozeduren anwenden	Maßeinheiten	2	0	5
	D13	488,20	Routineprozeduren ausführen	Prozentrechnung	2	0	5
	A03	488,24	Komplexere Prozeduren anwenden	Prozentrechnung	3	0	3
	C03	499,26	Komplexere Prozeduren anwenden	Maßeinheiten	3	0	6
3	B17	558,86	Schlussfolgern/Anwendungsaufgaben lösen	Proportionalität	3	0	12
	A08	573,37	Schlussfolgern/Anwendungsaufgaben lösen	Beschreibende Statistik	3	0	4
	D11	574,63	Komplexere Prozeduren anwenden	Umfang, Fläche und Volumen	2	0	11
	B26	588,60	Schlussfolgern/Anwendungsaufgaben lösen	Rundung	3	0	8
	B24	589,77	Schlussfolgern/Anwendungsaufgaben lösen	Prozentrechnung	3	0	6
	D16A	600,38	Entwickeln einer Bearbeitungsstrategie	Schätzen	3	0	7
4	D17	681,20	Repräsentieren von Informationen in graphischer oder algebraischer Form	Beschreibende Statistik	4	1	3
	C12	682,82	Routineprozeduren ausführen	Prozentrechnung	3	1	12
	A10	684,82	Vermutungen aufstellen	Zweidimensionale Geometrie	4	1	9
	C13	698,07	Repräsentieren von Informationen in graphischer oder algebraischer Form	Gleichungen	4	1	4

IEA. Third International Mathematics and Science Study.   © TIMSS/III-Germany

tischen Aufgabenmengen dieser vier definierten Fähigkeitsstufen. Da die Aufgaben im Bereich mathematischer Grundbildung besser zwischen den TIMSS-Teilnehmern differenzieren als die naturwissenschaftlichen Testaufgaben, konnten wir bei der Abgrenzung der charakteristischen Aufgabenmengen sogar relativ strenge, den ursprünglich von Beaton und Allen vorgeschlagenen Kriterien nahe kommende Maßstäbe zu Grunde legen: Die Lösungswahrscheinlichkeit an der entsprechenden Niveaustufe musste über .65 liegen, an der nächstniedrigeren Stufe unter .50, und die Differenz der beiden Wahrscheinlichkeiten musste höher als .25 sein.

Da ein Großteil der Testaufgaben im Internet verfügbar und in deutscher Adaptation publiziert ist (Baumert u.a., 1999), kann der Leser die folgende Beschreibung der Kompetenzstufen nachvollziehen und überprüfen. Außerdem enthält Abbildung III.10 zu jeder der vier Fähigkeitsstufen eine Beispielaufgabe.

Für die *erste Kompetenzstufe (Score 400)* gibt es nur eine charakteristische Aufgabe (C6). Diese Aufgabe verlangt eigentlich keinerlei explizit mathematisches Operieren; weder Rechnungen noch Formalisierungen sind erforderlich. Es geht eher um eine intuitive, alltagsnahe Überlegung: Je mehr Schritte jemand braucht, um eine bestimmte Entfernung zu überwinden, desto kleiner ist seine Schrittlänge. Natürlich steht hinter dieser Überlegung eine umgekehrte Proportionalität; es ist aber nicht nötig, diese Relation explizit zu betrachten. Wir bezeichnen die für Kompetenzstufe 1 der mathematischen Grundbildung typischen Anforderungen daher als *alltagsbezogene Schlussfolgerungen*. Diese Abstufung ist enger als die in Baumert, Bos und Watermann (1998) vorgenommene Einteilung.

Die *zweite Kompetenzstufe (Score 500)* wird durch insgesamt elf Aufgaben charakterisiert. Allein acht dieser Aufgaben beinhalten einfache Proportionalitätsüberlegungen, Prozentrechnungen (dazu das Beispiel in Abb. III.10) oder Flächenberechnungen. Wir beschreiben die entsprechende Stufe daher als *Anwendung von einfachen Routinen*.

Die *dritte Kompetenzstufe (Score 600)* wird durch sechs Aufgaben charakterisiert, von denen je drei offene bzw. MC-Aufgaben sind. Typisch ist hier, dass unterschiedliche Operationen verknüpft werden müssen. In der Aufgabe B17 aus Abbildung III.10 beispielsweise müssen die Volumina beider Packungen berechnet werden, und anschließend ist eine Verhältnisrechnung erforderlich: Volumen 1:Volumen 2 = 80 g:x. (Es ist natürlich nicht nötig, die Verhältnisüberlegungen in dieser formalisierten Form durchzuführen. Man könnte auch abschätzen, wie oft Packung 1 in Packung 2 passt.) Typisch ist weiterhin, dass der mathematische Ansatz (hier: Volumenbestimmung und Verhältnisrechnung) nicht im Aufgabentext selbst nahe gelegt wird, son-

Abbildung III.10: Testaufgaben aus dem Bereich mathematischer Grundbildung – Beispiele nach Schwierigkeit

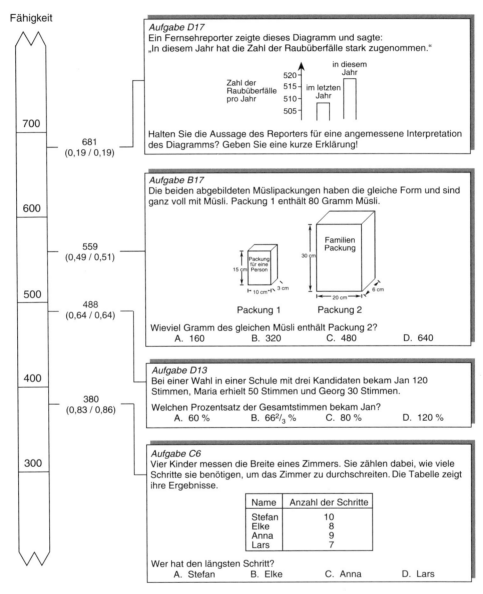

Die Werte an den Verbindungslinien zwischen den Beispielen und der Fähigkeitssäule geben das für eine 65-prozentige Lösungswahrscheinlichkeit erforderliche Fähigkeitsniveau und die Werte in Klammern die relativen internationalen und deutschen Lösungshäufigkeiten an.

IEA. Third International Mathematics and Science Study. © TIMSS/III-Germany

dern erschlossen werden muss. Erforderlich ist also *mathematisches Modellieren auf einfachem Niveau*. – Bei einer anderen charakteristischen Aufgabe müssen zwei verschiedene Graphen interpretiert und verknüpft werden, während bei weiteren Aufgaben dieser Kompetenzstufe die mathematische Modellierung im Vordergrund steht (etwa bei einer Parkettierungsaufgabe sowie bei einer rechnerischen und einer anschaulich-geometrischen Schätzaufgabe).

Auf der *obersten Kompetenzstufe (Score 700)* finden wir vier charakteristische Aufgaben, von denen drei das Erstellen oder Interpretieren eines relativ komplexen Diagramms beinhalten. Wir bezeichnen diese Stufe daher als *mathematisches Argumentieren, insbesondere anhand graphischer Darstellungen*. In der entsprechenden Beispielaufgabe in Abbildung III.10 etwa muss der Bearbeiter erkennen, dass die dargestellte Zunahme der Zahl der Raubüberfälle mit zehn Fällen nur etwa 1/50 der Ausgangsbasis ausmacht und daher keinesfalls als starke Zunahme interpretiert werden darf.

Als Fazit lässt sich festhalten, dass im Bereich der mathematischen Grundbildung vier Kompetenzstufen klar definierbar und empirisch voneinander abgrenzbar sind. Die von uns unabhängig von den empirischen Schwierigkeitsparametern vorgenommene Einstufung des Literalitätsniveaus (vgl. Tab. III.5) stimmt mit der empirisch fundierten Zuordnung zu den Kompetenzstufen sensu Beaton und Allen gut überein, wobei die charakteristische Aufgabenmenge zur Stufe 2 einige Aufgaben enthält, deren Anforderungen wir bei der Zuordnung zu Grundbildungsniveaus im Sinne von Shamos etwas niedriger oder höher eingeschätzt hatten. Insgesamt jedoch bestätigen die empirischen Analysen den gewählten Ansatz einer theoretischen Definition von Grundbildungsniveaus.

3.3 Naturwissenschaftliche Grundbildung: Anforderungsmerkmale und Schwierigkeit von Aufgaben und Fähigkeitsniveaus

Schwierigkeitsbestimmende Anforderungsmerkmale bei Aufgaben zur naturwissenschaftlichen Grundbildung

Wie schon im Bereich der mathematischen Grundbildung vermögen die a priori auf internationaler Ebene von den Testkonstrukteuren bereitgestellten Aufgabenmerkmale mit Ausnahme des Antwortformats keinen nennenswerten Beitrag zur Erklärung der Schwierigkeitsvarianz von naturwissenschaftlichen Testaufgaben zu leisten. Weder die *Performance Expectations* noch die Inhaltskategorien führen zu Aufgabengruppen, die sich im Schwierigkeitsniveau signifikant unterscheiden. MC-Aufgaben sind mit einem mittleren Schwierigkeitswert von 497 wiederum deutlich leichter als Kurzantwort-Aufgaben ($n = 10$, Mittelwert = 576) oder Aufgaben, die erweiterte Antworten verlangen ($n = 8$, Mittelwert = 584). Der entsprechende statistische Test ist signifikant und geht in die erwartete Richtung ($F_{[2, 33]} = 3.442$; $p < .05$). Aber auch in diesem Fall erklärt das Aufgabenformat nach Kontrolle der im Folgenden beschriebenen zusätzlich erfassten inhaltlichen Aufgabenmerkmale keine spezifische zusätzliche Varianz der Aufgabenschwierigkeit.

Analog zur Beurteilung von Anforderungsmerkmalen von Aufgaben des Tests zur mathematischen Grundbildung haben wir die Aufgaben des naturwissenschaftlichen Untertests in zwei Dimensionen klassifiziert:

(1) Das Merkmal *Offenheit der Aufgabenstellung* wurde ohne Kenntnisnahme der spezifischen Schwierigkeit einer einzelnen Testaufgabe dreistufig codiert. Der obersten Kategorie wurden fünf Aufgaben zugeordnet, die das selbstständige Erstellen einer Zeichnung (z.B. Skizze des Wasserkreislaufs oder Einzeichnen einer hypothetischen Messlinie in ein Diagramm) oder die freie Formulierung von Begründungen und Erklärungen verlangten. In die mittlere Kategorie wurden alle 13 übrigen Aufgaben mit „offenem" Format eingeordnet, die jedoch nur einzelne Stichworte als Antwort benötigten. Die 18 MC-Items wurden der untersten Kategorie zugeordnet. Diese Einstufung korreliert mit den Schwierigkeitskennwerten der Aufgaben zu $r = .52$ ($p < .01$). Auch für die naturwissenschaftliche Grundbildung lässt sich demnach die Konstrukthypothese bestätigen, dass hohe Testleistungen die Fähigkeit indizieren, offene Aufgaben zu bearbeiten und dabei selbstständige Argumentationsgänge zu entwickeln.

(2) Unter dem Gesichtspunkt der *Unterscheidung qualitativ distinkter Niveaustufen naturwissenschaftlicher Grundbildung* wurden die Testaufgaben der Leitidee von *Science Literacy* folgend klassifiziert. Auf der obersten Niveaustufe wurden Aufgaben eingeordnet, von denen wir vermuteten, dass sie der Stufe *True Literacy* bei Shamos (1995) entsprechen. Auf der untersten Ebene, die *Cultural Literacy* widerspiegelt, wird nur naturwissenschaftliches Alltagswissen gefordert. Dazwischen liegen – wie im Bereich der mathematischen Grundbildung – zwei Stufen der *Functional Literacy:* Stufe 2 verlangt zusätzlich zur Aktivierung alltagsbezogenen Wissens die *Erklärung* einfacher Phänomene, Stufe 3 die Anwendung naturwissenschaftlicher Modellvorstellungen (z.B. Vorstellungen über Energie oder Druck). Unsere Niveau-Einstufung korreliert mit dem Schwierigkeitsparameter zu $r = .65$. Dies interpretieren wir als Unterstützung unserer Konstrukthypothese zur *Science Literacy*.

Kombiniert man beide Prädiktoren als unabhängige Variablen in einer linearen Regressionsgleichung, bei der die Schwierigkeit der Aufgaben als abhängige Variable vorhergesagt wird, so ergibt sich ein multipler Regressionskoeffizient von $R = .74$. Allein durch diese zwei Aufgabenmerkmale können somit 52 Prozent der Schwierigkeitsvarianz erklärt werden.

Fähigkeitsniveaus der naturwissenschaftlichen Grundbildung

Die Methode der Bildung von Kompetenzstufen zur naturwissenschaftlichen Grundbildung wurde bereits einleitend im Abschnitt 3.1 erläutert. Die charakteristischen Aufgabenmengen der vier Stufen sind in Tabelle III.6 aufgeführt. Zur inhaltlichen Interpretation der Kompetenzstufen beziehen wir uns auf die Beispielaufgaben für die Bereiche Biologie und Physik, die in den Abbildungen III.11 und III.12 dokumentiert sind.

Alle vier charakteristischen Aufgaben der *ersten Kompetenzstufe (Score 400)* stammen aus dem Gebiet der Biologie. Beispielaufgabe B2 aus Abbildung III.11 ist schon dann lösbar, wenn man weiß, dass gesunde Ernährung etwas mit Vitaminen zu tun hat. Die gleiche, schon aus der Alltagserfahrung vertraute Assoziation reicht auch aus, um Aufgabe D3 zu lösen. Die beiden übrigen Aufgaben sind lösbar, wenn man weiß, dass der menschliche Organismus an heißen Tagen Wasser verliert und dass Erbanlagen über Samenzelle und Eizelle weitergegeben werden. Diese Art von Anforderungen charakterisieren wir mit dem Stichwort *naturwissenschaftliches Alltagswissen*, dessen Erwerb nicht von systematischem Schulunterricht abhängt.

Die charakteristischen Aufgaben der *zweiten Kompetenzstufe (Score 500)* verlangen nicht nur Alltagswissen, sondern auch die *Fähigkeit, alltagsnahe Phänomene in einfacher Weise zu erklären:* Wie bekommt man eine Grippe (vgl. Beispielaufgabe D3 in Abb. III.11)? Was bedeuten die Ringe im Querschnitt eines Baumstumpfes? Wie funktioniert eine Balkenwaage? Anspruchsvoller scheint folgende Frage zu sein: Kann man das Funktionieren eines Autoantriebs als Umwandlung von chemischer Energie in Wärmeenergie und schließlich in mechanische Energie beschreiben (Beispielaufgabe B1 in Abb. III.12)? Diese Aufgabe scheint über die Erklärung alltagsnaher Phänomene hinaus bereits naturwissenschaftliche Modellvorstellungen, nämlich den Energiebegriff, vorauszusetzen. Betrachtet man jedoch die vier zur Verfügung stehenden Antwortalternativen, so ist unmittelbar einleuchtend, dass nur C und D in Frage kommen, denn nur diese beiden Alternativen beschreiben zweistufige Umwandlungsprozesse. Die Entscheidung zwischen diesen beiden Alternativen beruht dann lediglich darauf, „Elektrizität" von „chemischer Energie" zu unterschei-

Abbildung III.11: Testaufgaben aus dem Bereich naturwissenschaftlicher Grundbildung – Beispiele für Biologie nach Schwierigkeit

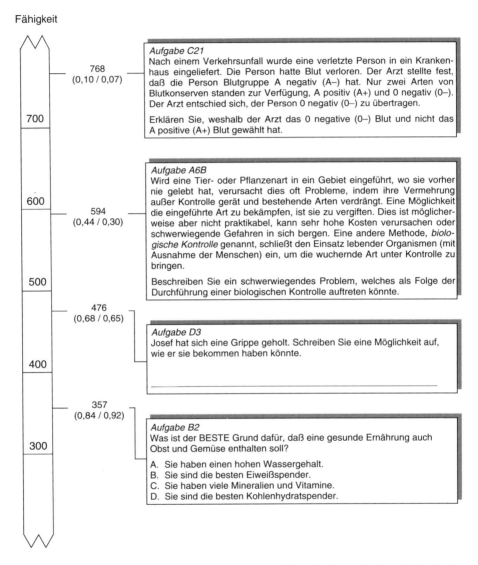

Die Werte an den Verbindungslinien zwischen den Beispielen und der Fähigkeitssäule geben das für eine 65-prozentige Lösungswahrscheinlichkeit erforderliche Fähigkeitsniveau und die Werte in Klammern die relativen internationalen und deutschen Lösungshäufigkeiten an.

IEA. Third International Mathematics and Science Study. © TIMSS/III-Germany

Tabelle III.6: Charakteristische Aufgaben auf den Kompetenzstufen der naturwissenschaftlichen Grundbildung

Kompetenzstufe	Aufgabe	Schwierigkeitskennwert	Performance Category (international)	Aufgabeninhalt (international)	Anforderungsmerkmale (Einschätzung der Autoren)	
					Literalitätsniveau	Offenheit
1	B07	281,01	Einzelinformationen	Vererbung	1	0
	D01	336,78	Untersuchungen planen	Ernährung	2	0
	B02	357,02	Einzelinformationen	Ernährung	1	0
	B13	375,87	Anwendung naturwissenschaftlicher Prinzipien zur Entwicklung von Erklärungen	Biologie des Menschen/ Gesundheit	1	1
2	B01	475,25	Komplexe Informationen	Energie	3	0
	D03	475,49	Komplexe Informationen	Biologie des Menschen/ Gesundheit	2	1
	C14	481,53	Einzelinformationen	Organe, Gewebe	1	0
	A11B	496,12	Entscheidungen fällen	Chemische Eigenschaften	2	1
	B05	496,60	Komplexe Informationen	Physikalische Eigenschaften	1	0
3	A11C	587,34	Entscheidungen fällen	Chemische Eigenschaften	–	–
	A06B	593,76	Komplexe Informationen	Ökosysteme	3	1
	A07	595,71	Anwendung naturwissenschaftlicher Prinzipien zur Entwicklung von Erklärungen	Kräfte	2	1
4	C18	659,04	Daten organisieren und darstellen	Energie	4	2
	A09B	660,39	Daten interpretieren	Gesellschaftliche Auswirkungen von Naturwissenschaften und Technologie	3	1
	B06	663,12	Komplexe Informationen	Energie	4	0
	B09	663,72	Modelle entwickeln, interpretieren und anwenden	Elektrizität	3	0

IEA. Third International Mathematics and Science Study. © TIMSS/III-Germany

den und einen Zusammenhang zwischen „mechanischer Energie" und „Autoantrieb" herzustellen.

Auf der *dritten Kompetenzstufe (Score 600)* finden sich charakteristische Aufgaben, bei denen *elementare naturwissenschaftliche Modellvorstellungen* angewandt werden müssen. Die Biologieaufgabe A6B in Abbildung III.11 setzt ein Verständnis für Vorgänge in einem Ökosystem voraus: Die Einführung eines neuen Organismus in ein solches Ökosystem kann unerwünschte Nebenfolgen haben, wie zum Beispiel die übermäßige Vermehrung des neuen Organismus, wenn dieser keine natürlichen Feinde besitzt. Die Physikaufgabe A7 (Abb. III.12) wurde nur dann als richtig gelöst bewertet, wenn die vom Schüler angegebenen Stichworte zu erkennen gaben, dass das Konzept des Drucks als Verteilung einer Kraft auf eine bestimmte Grundfläche angewandt wurde[4].

Auf der *obersten Stufe (Score 700)* mussten schließlich grundlegende *naturwissenschaftliche Fachkenntnisse angewandt und in eine Argumentation eingebracht* werden. Hierzu gehören eine Anwendung der Begriffe „potentielle Energie" und „kinetische Energie", die Auswertung eines Experiments zur Photosynthese und die Erklärung der Funktionsweise eines einfachen elektrischen Stromkreises (vgl. Aufgabe B9 in Abb. III.12). Ein fachlich richtiges Konzept des elektrischen Stroms und eine angemessene Vorstellung vom Stromfluss werden sicherlich nur im Schulunterricht erworben. Aus der Physikdidaktik sind gerade zu diesem Wissensbereich eine Reihe von typischen Alltagsvorstellungen bekannt, die in der Aufgabe als Distraktoren eingeführt werden (so genannte „clashing current"-Vorstellung in B, „Verbrauchsvorstellung" in C, Fehlvorstellung über zweiadrige Kabel und Verbrauchsvorstellung in D). Um Aufgabe B9 korrekt beantworten zu können, muss man solche Alltagsvorstellungen in Richtung auf ein fachlich angemessenes Verständnis vom einfachen elektrischen Stromkreis überwunden haben. Weitergehendes Wissen über elektrische Felder entlang eines Leiters, Energieübertragung und Elektronenbewegung, wie es auf dem Niveau der voruniversitären Physik verlangt würde, soll hier – im Test zur naturwissenschaftlichen Grundbildung – bewusst nicht abgefragt werden. Schon die Überwindung der entsprechenden Alltagsvorstellungen stellt eine der schwierigsten Hürden des Physikunterrichts der Mittelstufe dar. Der hohe Schwierigkeitsgrad von Aufgabe B9 bestätigt dieses Forschungsresultat.

Einen Sonderfall stellt schließlich Aufgabe C21 dar, die in Abbildung III.11 präsentiert wird. Sie ist mit einem Kennwert von 767 mit Abstand die schwierigste Aufgabe aus dem Bereich des naturwissenschaftlichen Grundverständnisses. Auch hier geht es um naturwissenschaftliche Fachkenntnisse, nämlich die Bedeutung der Blutgruppen und des Rhesusfaktors. Zur geforderten Erklärung gehört überdies kombinatorisches Denken: Verschiedene mögliche Kombinationen von Blutgruppen müssen miteinander verglichen werden. Mit dieser Aufgabe könnte man im Prinzip eine weitere, fünfte Kompetenzstufe (Score 800) inhaltlich verankern.

---

[4] Das formal als „charakteristische Aufgabe" aufgeführte Item A11C kann inhaltlich nicht analog interpretiert werden: Der zweite Teil von Aufgabe A11 verlangte die Nennung zweier Ideen. A11B und A11C codieren einfach die erste und zweite Nennung. A11C ist allein schon deshalb schwieriger, weil vielen Schülern nur eine Idee einfiel.

Abbildung III.12: Testaufgaben aus dem Bereich naturwissenschaftlicher Grundbildung – Beispiele für Physik nach Schwierigkeit

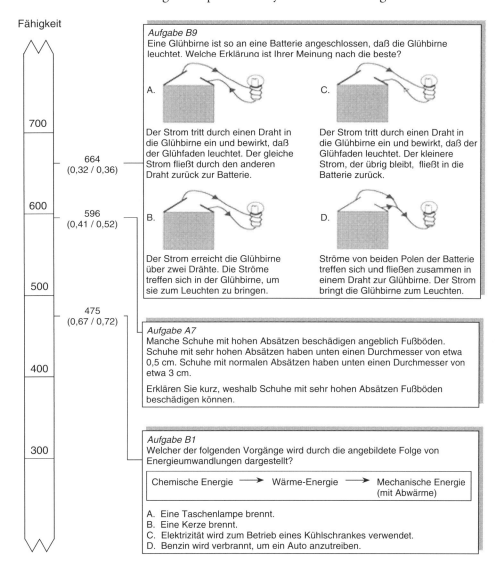

Die Werte an den Verbindungslinien zwischen den Beispielen und der Fähigkeitssäule geben das für eine 65-prozentige Lösungswahrscheinlichkeit erforderliche Fähigkeitsniveau und die Werte in Klammern die relativen internationalen und deutschen Lösungshäufigkeiten an.

IEA. Third International Mathematics and Science Study. © TIMSS/III-Germany

Die inhaltliche Beschreibung der Kompetenzstufen naturwissenschaftlicher Grundbildung anhand charakteristischer Aufgabenmengen bestätigt somit die Unterscheidung von *Literacy*-Stufen in der Theorie von Shamos (1995). Unsere Klassifikation von Testaufgaben nach qualitativen Stufen naturwissenschaftlicher Grundbildung, die ohne Kenntnisnahme der empirischen Itemschwierigkeiten vorgenommen wurde, folgte ebenfalls der *Literacy*-Konzeption von Shamos. Es ist daher nicht überraschend, dass – wie in Tabelle III.6 ausgewiesen – zwischen unserer Niveau-Einstufung und der Zugehörigkeit zu den empirisch definierten Fähigkeitsstufen eine enge, wenn auch nicht perfekte Beziehung besteht.

3.4 Zusammenfassung

Mittels zweier unterschiedlicher, einander ergänzender methodischer Ansätze haben wir im vorliegenden Abschnitt die inhaltliche Bedeutung von TIMSS-Testwerten in den Bereichen der mathematischen und naturwissenschaftlichen Grundbildung untersucht:

– Zum einen war es unser Ziel, die Variation der Schwierigkeitskennwerte von TIMSS-Aufgaben durch spezifische Anforderungsmerkmale zu erklären. Es zeigte sich erwartungsgemäß, dass die international durch die Testautoren definierten Aufgabenmerkmale, die als kategoriales Raster konzipiert waren, keine befriedigende Erklärung ermöglichen. Schon mit zwei a posteriori, aber unabhängig von den empirischen Aufgabenschwierigkeiten definierten Aufgabenmerkmalen können wir jedoch jeweils mehr als 50 Prozent der Schwierigkeitsvarianz der Aufgaben beider Grundbildungstests erklären: zum einen mit einem inhaltlich, nicht nur formal definierten Rating der Offenheit von Aufgaben, zum anderen mit einem vierstufigen, auf dem *Literacy*-Konzept von Shamos (1995) basierenden Niveau-Rating. Nimmt man als dritte erklärende Merkmalsvariable im Bereich der mathematischen Grundbildung noch ein allgemeines Komplexitätsmaß (Anzahl zu berücksichtigender Größen) hinzu, so steigt der Anteil erklärter Schwierigkeitsvarianz auf nahezu 70 Prozent.

– Zusätzlich haben wir jeweils vier Stellen auf dem Fähigkeitskontinuum (bestimmt durch die Scores 400, 500, 600 und 700) nach einer von Beaton und Allen (1992) für *Large Scale Assessments* empfohlenen Methode durch Markieritems charakterisiert. Für jede dieser Stufen wurden Aufgaben ausgewählt, die auf der betreffenden Stufe mit hinreichender Sicherheit gelöst werden können, nicht jedoch auf der nächstniedrigeren Stufe, und dementsprechend eine trennscharfe Charakterisierung angrenzender Kompetenzstufen ermöglichen. Eine Sichtung und Beschreibung der Anforderungsmerkmale dieser charakteristischen Aufgaben ergab eine Niveau-Einstufung, die weitestgehend mit dem Stufenkonzept von Shamos (1995) übereinstimmte.

Beide Methoden bestätigen die vermutete Bedeutung der mathematischen bzw. naturwissenschaftlichen Grundbildungsskalen. Sie belegen, dass hohe Fähigkeiten in diesen Bereichen mit der korrekten Lösung offener, komplexer, Modellbildung erfordernder und fachlich-argumentativer Aufgaben zusammenhängen. Niedrige Kompetenzstufen entsprechen dem Niveau der *Cultural Literacy,* während hohe Kompetenzstufen dem Konzept der *True Literacy* nahe kommen. Diese Untersuchungen erlauben es, in den folgenden Kapiteln die getesteten Schüler nach dem qualitativen Niveau der erreichten mathematischen bzw. naturwissenschaftlichen Grundbildung einzustufen. Es werden jeweils vier Gruppen gebildet. Tabelle III.7 gibt einen Überblick über die Gruppen, ihre Abgrenzung und ihre inhaltliche, kriteriumsorientierte Beschreibung.

Tabelle III.7: Fähigkeitsniveaus und Gruppenbildung für die beiden TIMSS-Grundbildungstests

Gruppe (Score-Bereich)	Fähigkeitsniveau	Inhaltliche Charakterisierung der jeweils erfolgreich lösbaren Aufgaben	
		Mathematik	Naturwissenschaften
≤ 400	Maximal Stufe 1	Alltagsbezogene Schlussfolgerungen	Naturwissenschaftliches Alltagswissen
401–500	Maximal Stufe 2	Anwendung von einfachen Routinen	Erklärung einfacher alltagsnaher Phänomene
501–600	Maximal Stufe 3	Bildung von Modellen und Verknüpfungen von Operationen	Anwendung elementarer naturwissenschaftlicher Modellvorstellungen
> 600	bis zu Stufe 4 oder höher	Mathematisches Argumentieren (insbesondere anhand graphischer Darstellungen)	Verfügung über grundlegende naturwissenschaftliche Fachkenntnisse

IEA. Third International Mathematics and Science Study. © TIMSS/III-Germany

IV. Mathematisch-naturwissenschaftliche Grundbildung im internationalen Vergleich

Jürgen Baumert, Wilfried Bos und Rainer Watermann

1. Variabilität der Bildungsbeteiligung in der Sekundarstufe II und mathematisch-naturwissenschaftliche Grundbildung

1.1 Haltekraft der Sekundarstufe II und Strukturmerkmale der Bildungssysteme

Im Unterschied zur relativen Standardisierung der Schulorganisation in der Mittelstufe, in der international gesamtschulähnliche Systeme mit relativ kanonisierten Bildungsprogrammen überwiegen, ist die Sekundarstufe II international hoch differenziert. Ein Überblick über die Schulorganisation der an TIMSS/III teilnehmenden Länder findet sich im Anhang. In den TIMSS-Ländern überwiegen in der Sekundarstufe II gegliederte Organisationsformen, bei denen zumindest allgemeinbildende und berufliche Schulen getrennt sind. Fast immer sind unterhalb dieser Grobgliederung weitere Schulformen, Züge oder zumindest Programmtypen ausdifferenziert. Auch in den wenigen Ländern, die eine gesamtschulähnliche Organisationsform bis zum Ende der Sekundarstufe II durchhalten, werden in dieser Schulstufe mehrere Programme angeboten. In jedem Fall sind akademisch und beruflich ausgelegte Angebote zu unterscheiden. Die Dauer der faktischen Schulzeit variiert je nach Ausbildungsgang. In einigen wenigen Ländern können berufliche Kurzzeitausbildungen bereits nach der 10. Jahrgangsstufe auslaufen. Das modale Abschlussjahr in der Sekundarstufe II ist jedoch die 12. Jahrgangsstufe. Bei aller organisatorischen Vielfalt ist die Differenzierung von Bildungswegen in der Sekundarstufe II ein gemeinsames Kennzeichen der untersuchten Systeme.

Die an TIMSS/III teilnehmenden Länder sind im Wesentlichen Industriestaaten. Umso überraschender ist die hohe Variabilität der Bildungsbeteiligung in der Sekundarstufe II. Zielpopulation von TIMSS/III sind alle Personen, die sich im letzten Segment einer vollzeitlichen Ausbildung in der Sekundarstufe II befinden und diesen Ausbildungsabschnitt zum ersten Mal durchlaufen (vgl. Kap. II, Abschnitt 1). Bezieht man die Zahl der Personen im Abschlussjahr auf einen durchschnittlichen Altersjahrgang etwa der 15- bis 19-Jährigen, so erhält man einen Indikator für die Haltekraft oder Retentivität des Systems. Es ist ein bemerkenswerter Befund, dass sich der Anteil derjenigen einer Alterskohorte, die das letzte Ausbildungsjahr erreichen, selbst unter den Industrienationen erheblich unterscheidet. Auf der einen Seite stehen etwa Dänemark und Island mit einer Retentivitätsrate von unter 60 Prozent des durchschnittlichen Altersjahrgangs, auf der anderen Seite befinden sich die Niederlande oder Österreich mit einer Bildungsbeteiligung im Abschlussjahrgang von über 90 Prozent (Tab. IV.1). In der Bundesrepublik beträgt – wie auch in der Schweiz – die Retentivitätsrate 84 Prozent eines durchschnittlichen Altersjahrgangs; 16 Prozent gehen, ohne das letzte Ausbildungsjahr erreicht zu haben, in das Erwerbsleben (der Anteil derjenigen, die ohne abgeschlossene Ausbildung in das Erwerbsleben wechseln, erhöht sich um den Anteil derjenigen, die das letzte Ausbil-

Tabelle IV.1: Ausgewählte Kennziffern der Bildungssysteme der TIMSS/III-Länder

Land	Bruttosozialprodukt pro Kopf (in 1.000 US-Dollar)[1]	Anteil der öffentlichen Ausgaben für das Schulsystem in Prozent des Bruttosozialprodukts[2]	Retentivität im Abschlussjahr der Sekundarstufe II (in % der Alterskohorte)[3]	*TIMSS Coverage Index* (TCI)[3]	Relativer Besuch voruniversitärer Bildungswege (in % der Alterskohorte)[3]	Mittleres Alter im Abschlussjahr[3]	Mathematisch-naturwissenschaftliches Grundbildungsniveau (Mittelwert)[3]
Australien	18,0	3,7	72	68	37	17,7	525
Dänemark	28,1	4,8	59	58	33	19,1	528
Deutschland	25,6	2,4	84	78	25	19,5	496
Frankreich	23,5	3,6	85	84	75	18,8	505
Island	24,6	4,8	55	55	45	21,2	541
Italien	19,3	2,9	74[a]	74[a]	55	18,7	475
Kanada	19,6	4,6	78	70	54	18,6	526
Neuseeland	13,2	3,2	71	70	70	17,6	525
Niederlande	22,0	3,3	92	78	34	18,5	559
Norwegen	26,5	5,3	85	84	48	19,5	536
Österreich	25,0	4,2	93	76	33	19,1	519
Schweden	23,6	4,9	71	71	47	18,9	555
Schweiz	37,2	3,7	84	82	19	19,8	531
Slowenien	7,1	4,2	93	88	80	18,8	514
Südafrika	3,0	5,1	49	49	49	20,1	352
Tschechien	3,2	3,8	83	78	36	17,8	476
Ungarn	3,8	4,3	65	65	18	17,5	477
USA	25,9	4,0	65	63	35	18,1	471
Zypern	10,4	3,6	61	48	44	17,7	447

[1] Weltbank 1996 (in Mullis u.a., 1998, Tab. 5, S. 23).
[2] Unesco Statistisches Jahrbuch 1995 (in Mullis u.a., 1998, Tab. 5, S. 23).
[3] TIMSS/III.
[a] Vier Regionen sind ausgeschlossen.
IEA. Third International Mathematics and Science Study.   © TIMSS/III-Germany

dungsjahr nicht erfolgreich abschließen). In Dänemark, Ungarn und den USA liegt die Retentivitätskennziffer mit 60 bis 65 Prozent überraschend niedrig. In der offiziellen Bildungsberichterstattung der USA wird als Kennziffer der Bildungsbeteiligung in der Sekundarstufe II der relative Schulbesuch in den Jahrgangsstufen 10 bis 12 verwendet, der seit Jahren über 90 Prozent liegt (NCES, 1995). Die TIMSS-Daten zeigen, dass dieser Indikator eine schlechte Approximation des Schulerfolgs darstellt, da die Zahl der Schulabgänger ohne Abschluss in diesen Jahrgängen offensichtlich hoch ist.

Die Variabilität der Bildungsbeteiligung lässt sich nicht auf übliche strukturelle Systemmerkmale zurückführen. Die Retentivität variiert *unabhängig* von der Organisationsstruktur der Oberstufe, der Länge der gesetzlich vorgeschriebenen Schulpflicht, dem Ausbau der zur Hochschule führenden Bildungsgänge, aber auch von Wohlstandsindikatoren wie dem Bruttosozialprodukt (GNP per capita) oder monetären Bildungsindikatoren wie dem relativen Anteil der Bildungsausgaben am Bruttosozialprodukt. In der Retentivitätsrate scheint unabhängig von wirtschaftlichen und organisatorischen Merkmalen so etwas wie die gesellschaftlich und politisch geteilte Wertschätzung formalisierter Bildung auch unterhalb des akademischen Niveaus und die damit korrespondierende Investitionsbereitschaft von Zeit und Anstrengung zum Ausdruck zu kommen.

1.2 Bildungsbeteiligung und mathematisch-naturwissenschaftliches Grundbildungsniveau

In der unterschiedlichen Retentivität der Systeme liegt ein zentrales Untersuchungsproblem von TIMSS/III: Die Zielpopulationen können sich von Land zu Land unterscheiden. Denn das Ausschlusskriterium für Teile der Alterskohorte ist das Nichterreichen des Abschlussjahrgangs der Sekundarstufe II. Frühabgänger werden also aus pragmatischen Gründen – sie sind in der Regel nicht mehr auffindbar – aus der Untersuchung ausgeschlossen. Dieses Ausschlusskriterium ist vom Leistungskriterium nicht unabhängig. Es sind im Allgemeinen die leistungsschwächsten Schüler, die vor Erreichen des Abschlussjahrs die Schule verlassen. Man darf davon ausgehen, dass mit abnehmender Retentivitätsrate die Selektivität der Untersuchungspopulation und damit auch der Stichprobe zunimmt. Darüber hinaus haben die TIMSS-Teilnehmerstaaten bei der nationalen Definition der Untersuchungspopulation nicht selten aus erhebungstechnischen Gründen weitere Ausschlüsse vorgenommen. In der Regel handelt es sich hierbei ebenfalls um leistungsschwächere Teilpopulationen. Der tatsächlich getestete Anteil des einschlägigen Altersjahrgangs wird durch den *TIMSS Coverage Index* (TCI) angegeben, der den Ausschöpfungsgrad der national definierten Untersuchungspopulation in Prozent des durchschnittlichen Altersjahrgangs der 15- bis 19-Jährigen bezeichnet (Tab. IV.1). Der TCI ist insgesamt eine gute Approximation der Retentivitätsrate; die Korrelation zwischen beiden Kennziffern beträgt $r = .87$.

Da mit sinkender Ausschöpfungsquote die Selektivität von Population und Stichprobe steigt, ist eine negative Korrelation zwischen Retentivitätsrate bzw. TCI und Leistung im Grundbildungstest zu erwarten. Analoge Zusammenhänge sind auch in den früheren internationalen Vergleichsuntersuchungen gefunden worden, die sich auf den *voruniversitären* Mathematik- und Naturwissenschaftsunterricht beschränkten (Miller & Linn, 1985; Garden, 1989; Postlethwaite & Wiley, 1992). Der bekannte negative Zusammenhang zwischen Retentivität und Leistung ist auch die Grundlage der Kritik an direkten Ländervergleichen ohne Berücksichtigung differentieller Ausschöpfungsquoten. Umso überraschender ist der empirische Befund der TIMSS/III-Grundbildungsuntersuchung, dass sich ein straffer positiver Zusammenhang zwischen Retentivitätsrate bzw. TCI einerseits und Grundbildungsniveau andererseits nachweisen lässt. Die Korrelation zwischen TCI und mittlerem nationalen Grundbildungsniveau liegt bei $r = .56$. Betrachtet man nur die 25 Prozent der testleistungsstärksten Untersuchungsteilnehmer – eine Teilpopulation, für die das Argument differentieller Selektivität der Länderstichproben praktisch nicht mehr zutrifft –, so steigt die Korrelation auf $r = .72$. Selbst für die Spitzengruppe der 5-Prozent-Testleistungsbesten beträgt die Korrelation $r = .64$. (Schließt man Südafrika als potentiellen Ausreißer aus den Berechnungen aus, ändern sich die Korrelationen praktisch nicht.) Je höher die Haltekraft eines Schulsystems in der Sekundarstufe II ist, desto besser fallen die mathematisch-naturwissenschaftlichen Grundbildungsleistungen aus – trotz geringerer Selektivität der Stichprobe. In Abbildung IV.1 ist der Zusammenhang zwischen TCI und mittlerem Grundbildungsniveau graphisch dargestellt.

Wir haben die Retentivität eines Schulsystems in der Sekundarstufe II, die offensichtlich unabhängig von der Wirtschaftskraft eines Landes, von der Organisationsform der Schulstufe und vom Ausbau der zur Hochschule führenden Bildungsprogramme ist, als Indikator für die gesellschaftliche und politische Wertschätzung schulischer Bildung auch unterhalb des akademischen Niveaus und für die Bereitschaft, Zeit und Anstrengung in diese Bildungswege zu investieren, interpretiert. Nach den Befunden von TIMSS steigt mit zunehmender Haltekraft eines Systems und – wenn unsere Interpretation zutrifft – entsprechend wachsender Bildungsbereitschaft und -wertschätzung das erreichte Grundbildungsniveau. Dieser Effekt scheint so stark zu sein, dass er sogar gegenläufige Einflüsse der Stichprobenselektivität überlagert. Berücksichtigt man nur Populationsanteile, für die das Argument differentieller Selektivität der Län-

Abbildung IV.1: Länder mit mittlerer Leistung in mathematisch-naturwissenschaftlicher Grundbildung und nach dem Ausschöpfungsgrad der Altersgruppe (TCI)[1]

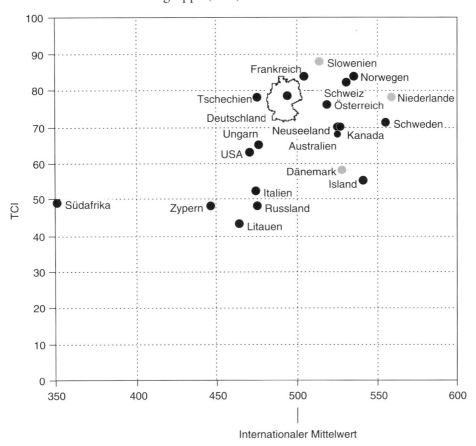

[1] In Ländern mit schattiertem Symbol liegt der Ausschöpfungsgrad der realisierten Stichprobe unter 65 Prozent.
IEA. Third International Mathematics and Science Study.   © TIMSS/III-Germany

derstichproben zu vernachlässigen ist, so steigt der Zusammenhang zwischen Retentivität und Grundbildungsniveau dementsprechend substantiell an. Vergleicht man die mittleren Länderleistungen ohne Berücksichtigung des TCI, *unter*schätzt man also wider Erwarten die Länderunterschiede. Damit ist konsistent, dass die Standardabweichung der Länderleistungen wächst, wenn man nur das Grundbildungsniveau der jeweils 25 Prozent Testleistungsbesten vergleicht.

Größere Klarheit über die Bedeutung der Haltekraft eines Systems in der Sekundarstufe II als Ausdruck positiver Bildungseinstellung lässt sich mithilfe eines einfachen explorativen Regressionsmodells gewinnen, in das folgende Annahmen eingehen:

(1) Es ist zu erwarten, dass das Grundbildungsniveau der nachwachsenden Generation mit dem Ausbau von Bildungsgängen, die zu Hochschulen führen und in der Regel intensiveren mathematisch-naturwissenschaftlichen Unterricht anbieten, ansteigt.

(2) Ebenso sollte sich ein Besuch längerer Ausbildungsgänge, der sich – wenn man einmal vom Sonderfall Südafrika absieht – im höheren Alter der Absolventen spiegelt, positiv auf das erreichbare Grundbildungsniveau auswirken. Die mittlere Verweildauer im Schulsystem nimmt mit wachsendem Wohlstand eines Landes zu. Dies kommt in einer straffen Korrelation von $r = .66$ zwischen mittlerem Alter der Untersuchungsteilnehmer und Bruttosozialprodukt pro Kopf zum Ausdruck.

(3) Schließlich erwarten wir, dass eine positive Bildungseinstellung, soweit sie durch die Retentivität eines Systems angezeigt wird, einen spezifischen, von den beiden zuvor genannten Faktoren unabhängigen unterstützenden Einfluss auf das erreichbare Bildungsniveau ausübt.

In drei Regressionsmodellen haben wir jeweils das mittlere Alter der Untersuchungsteilnehmer eines Landes, den relativen Anteil von Schülern in voruniversitären Bildungsprogrammen und die Retentivität des Systems, indikatorisiert durch den TCI, als Prädiktoren des mittleren Leistungsniveaus im Grundbildungstest verwendet. Im ersten Modell werden die mittleren Testleistungen der gesamten Stichprobe, im zweiten Modell die der 25-Prozent-Testleistungsbesten und im dritten Modell die Testergebnisse der 5-prozentigen Leistungsspitze als abhängige Variable benutzt. Bei der geringen Fallzahl von 18 Ländern (ohne Südafrika) muss man an die mögliche Instabilität der geschätzten Regressionskoeffizienten erinnern. Ferner ist die Teststärke so gering, dass es schwierig ist, auftretende Effekte zufallskritisch abzusichern. Dennoch haben die drei Regressionsmodelle im Zusammenspiel durchaus explorative Funktion. In Tabelle IV.2 sind die Ergebnisse der Regressionsanalysen zusammengefasst.

In der ersten Analyse zeigt sich unter Nutzung der Information aus der gesamten Stichprobe, dass die mittlere Verweildauer im System und damit der Besuch längerer Ausbildungsprogramme – indiziert durch das Alter – den stärksten Einfluss auf das erreichte Grundbildungsniveau hat ($\beta = .45$). Unabhängig davon scheint sich auch der zunehmende Besuch von Bildungsgängen, die zur Hochschule führen, positiv

Tabelle IV.2: Ergebnisse der Regression vom Grundbildungsniveau auf ausgewählte Systemmerkmale (standardisierte Regressionskoeffizienten [β]; in Klammern Irrtumswahrscheinlichkeit)[1]

Systemmerkmale	Kriterium		
	Modell 1: Grundbildungsniveau der gesamten Stichprobe	Modell 2: Grundbildungsniveau der 25 %-testleistungsstärksten Schüler[2]	Modell 3: Grundbildungsniveau der 5 %-testleistungsstärksten Schüler
Ausbau akademischer Bildungsgänge (relativer Besuch voruniversitärer Programme in % der Alterskohorte)	.32 (.12)	.22 (.25)	.23 (.31)
Dauer der Bildungsgänge (mittleres Alter)	.45 (.04)	.31 (.12)	.30 (.20)
Retentivität (TCI)	.32 (.12)	.58 (.01)	.39 (.10)
R^2	.46	.53	.33

[1] Ohne Südafrika.
[2] Überwiegend Personen in voruniversitären Programmen.
IEA. Third International Mathematics and Science Study. © TIMSS/III-Germany

auf das durchschnittliche Grundbildungsniveau der Alterskohorte auszuwirken (β = .32). Einen vergleichbaren spezifischen Einfluss scheint tendenziell auch die in der Retentivitätsrate zum Ausdruck kommende positive Bildungseinstellung zu haben (Modell 1).

Bei Betrachtung der durchschnittlichen Leistungen der 25-Prozent-Testleistungsbesten, zu denen überwiegend Personen in längeren, voruniversitären Programmen zählen, sinken erwartungsgemäß die Koeffizienten für das durchschnittliche Alter und den relativen Besuch akademischer Bildungsgänge. Umso deutlicher wird allerdings die Bedeutung des TCI als Indikator genereller Bildungswertschätzung (Modell 2).

Bei Wiederholung der Analyse für die Gruppe der Leistungselite ergibt sich für die beiden ersten Indikatoren ein vergleichbarer Befund. Aber auch das Gewicht des Retentivitätsindikators sinkt: Offensichtlich ist für die Leistungsspitze – jedenfalls was die mathematisch-naturwissenschaftliche Grundbildung anbetrifft – das allgemeine Bildungsklima weniger wichtig. Bemerkenswerterweise wechselt der Koeffizient für den relativen Besuch der voruniversitären Programme jedoch nicht das Vorzeichen, was man unter der skeptischen Annahme, dass ein Ausbau der zur Hochschule führenden Bildungswege die Leistungsspitze beeinträchtige, erwarten müsste (Modell 3). Der über die beiden letzten Analysen im Vorzeichen und in der Größenordnung stabile Indikator spricht klar gegen diese verbreitete Erwartung. Dieses Ergebnis stimmt mit den Resultaten früherer internationaler Leistungsstudien zum akademischen Bereich der Sekundarstufe II überein (Husén, 1967; Miller & Linn, 1985; Postlethwaite & Wiley, 1992).

Fasst man die Befunde der Analysen zusammen, so ergibt sich folgendes Bild:
– Wider Erwarten lässt sich ein straffer Zusammenhang zwischen der Haltekraft eines Bildungssystems und dem erreichten Grundbildungsniveau nachweisen. Dieser Befund ist erwartungswidrig, da mit abnehmender Retentivität des Systems die Untersuchungspopulationen zunehmend positiv selegiert sind. Dieser gegenläufige Effekt lässt sich bei Betrachtung von Populationsanteilen, die durch die unterschiedliche Haltekraft der Systeme nicht tangiert werden – etwa die 25 Prozent testleistungsstärksten Untersuchungsteilnehmer –, deutlich zeigen. Die Korrelation zwischen Haltekraft und Grundbildungsniveau steigt.
– Mit zunehmender Retentivität eines Bildungssystems steigt gleichzeitig die durchschnittliche Verweildauer der Schüler und Auszubildenden und der Anteil von Personen, die voruniversitäre Programme in den mathematisch-naturwissenschaftlichen Fächern besuchen. Beide Faktoren beeinflussen in spezifischer Weise das erreichbare Grundbildungsniveau positiv.
– Auch nach Kontrolle dieser Einflüsse deutet sich ein substantieller spezifischer Effekt der Retentivität eines Bildungssystems an. Die Retentivität in der Sekundarstufe II scheint ein Indikator für eine allgemeine positive Bildungseinstellung zu sein, die unterstützenden Einfluss auf das erreichbare Bildungsniveau ausübt.

2. Mathematisch-naturwissenschaftliche Grundbildung: Der internationale Leistungsvergleich

2.1 Vergleichbarkeit von Leistungsergebnissen

Aufgrund der unterschiedlichen Retentivität der Schulsysteme und in Folge zusätzlicher, in der Regel erhebungstechnisch bedingter nationaler Ausschlüsse von Teilen der internationalen Zielpopulation können sich die an TIMSS/III teilnehmenden Länder hinsichtlich der tatsächlich mit dem Grundbildungstest untersuchten Anteile des einschlägigen Altersjahrgangs erheblich unterscheiden. Das Ausschlusskriterium für Teile der Alterskohorte ist in der Regel nicht vom Leistungskriterium unabhängig. Es werden eher leistungsschwächere Schülergruppen von der Untersuchung ausgeschlossen – in Deutschland zum Beispiel die Frühabgänger, die ohne Abschluss die Sekundarstufe II verlassen. Je höher die Ausschlussraten sind, desto stärker ist wahrscheinlich die Untersuchungspopulation eines Landes im Vergleich zur Alterskohorte positiv ausgelesen. Wir berichten deshalb bei Leistungsvergleichen immer auch den *TIMSS Coverage Index* (TCI), der den Ausschöpfungsgrad der national definierten Untersuchungspopulation in Prozent des einschlägigen Altersjahrgangs angibt. Als Faustregel gilt: Je niedriger der *TIMSS Coverage Index* (TCI) eines Landes ausfällt, desto selektiver sind Zielpopulation und Stichprobe. Tabelle IV.3 gibt einen Überblick über die länderspezifischen Ausschöpfungsquoten.

Die Differenziertheit der Organisationsformen und die Unterschiedlichkeit der Ausschöpfungsquoten machen direkte Leistungsvergleiche, wie sie in der Mittelstufenuntersuchung vorgenommen wurden, unmöglich. Verglichen werden können nur Leistungen von Schülern aus Ländern mit ähnlichen Retentivitätsraten und Ausschöpfungsquoten oder Leistungen äquivalenter Teilpopulationen. Im internationalen Bericht (Mullis u.a., 1998) ist dies nicht immer mit hinreichender Deutlichkeit klargestellt worden. Dies rechtfertigt jedoch keineswegs pauschale Kritik.

Der *TIMSS Coverage Index* kann als grober Indikator für die Vergleichbarkeit von Länderergebnissen betrachtet werden. In fünf teilnehmenden Ländern gilt die für die Berechnung des *TIMSS Coverage Index* getroffene Annahme, dass bei nationalen Ausschlüssen Personen aus dem unteren Bereich der Leistungsverteilung ausgeschlossen werden, nicht oder nur eingeschränkt. In diesen Fällen ist der TCI als Indikator für Vergleichbarkeit nicht oder nur begrenzt gültig.

— Russland hat das gesamte berufliche Schulwesen ausgeschlossen, in dem im Unterschied zu anderen Ländern in höherem Maße auch voruniversitäre Bildungsgänge angeboten werden. Die russischen Daten sind daher für den allgemeinen internationalen Vergleich nicht brauchbar. Wir verzichten deshalb hier auf einen Bericht der russischen Ergebnisse.

— In Zypern wurden Berufs- und Privatschulen und in Litauen Privatschulen aus der Untersuchung ausgeschlossen. In beiden Fällen ist der Anteil der Privatschulen, für die möglicherweise die in den *TIMSS Coverage Index* eingehende Verteilungsannahme nicht zutrifft, nicht bekannt. Normiert man die Leistungen anderer Länder am berichteten TCI, werden beide Länder tendenziell benachteiligt.

— Für die in Deutschland und Kanada vorgenommenen *nationalen* Ausschlüsse gilt die Annahme, dass mit ihnen die Leistungsverteilung am unteren Ende abgeschnitten werde, nicht. Der international berichtete TCI benachteiligt also beide Länder in gewissem Umfang. In den Fällen, in denen diese Benachteiligung für die Interpretation bedeutsam sein könnte, berichten wir zur Ergänzung Ver-

Tabelle IV.3: Ausschöpfungsgrad der international gewünschten Zielpopulation und national definierten Untersuchungspopulation nach Ländern in Prozent des einschlägigen Altersjahrgangs[1] *(Age Cohort Coverage Efficiency)*

Land	Ausschöpfungsgrad (Coverage Efficiency)		Stichproben-ausschöpfungs-quote	Nationale Ausschlüsse
	International gewünschte Population *(Target Population Coverage Index)*	National definierte Population *(TIMSS Coverage Index)*		
Australien	72,1	68,1	51,8	Schüler in vollzeitlichen Berufsvorbereitungsklassen
Dänemark	59,0	57,7	48,8	
Deutschland[2]	83,6	78,4	80,1	Schüler an Waldorfschulen, Kollegschulen, Berufs- und Fachakademien sowie an Schulen des Gesundheitswesens
Frankreich	84,7	83,9	68,7	
Griechenland	66,8	10,0	–	Schüler ohne voruniversitären Mathematik- und Physikunterricht
Island	54,6	54,6	73,6	
Italien[3]	74,0	74,0	61,6	
Kanada	89,8	70,3	68,3	Schüler in Ontario mit Abschlussexamen im Dezember 1995
Litauen	42,5	42,5	85,4	Nicht litauisch sprechende Schüler und Schüler an Privatschulen
Neuseeland	70,5	70,5	80,6	
Niederlande[2]	92,0	78,0	49,3	Schüler in beruflichen Kurzausbildungsgängen und in betrieblicher Ausbildung
Norwegen	85,2	84,0	71,1	
Österreich	92,7	75,9	72,5	Schüler in Bildungsgängen mit weniger als 3 Jahren Dauer
Russland	84,3	48,1	90,3	Schüler an beruflichen Schulen und nicht russisch sprechende Schüler
Schweden	70,6	70,6	82,4	
Schweiz	84,0	81,9	84,6	Ausbildungsrichtungen, die mit weniger als fünf Schülern an einer Schule vertreten waren
Slowenien	87,8	87,8	42,3	
Südafrika	48,9	48,9	64,6	
Tschechien	77,6	77,6	92,2	
USA	65,6	63,1	63,5	Klassenwiederholer und nicht englischsprachige Schüler
Ungarn	65,4	65,3	97,7	
Zypern	61,4	47,9	98,2	Schüler an privaten und beruflichen Schulen

[1] Durchschnittlicher Jahrgang der 15- bis 19-Jährigen 1995.
[2] Abweichungen vom internationalen Report (Mullis u.a., 1998) aufgrund korrigierter Populationsdaten in diesem Bericht.
[3] In Italien nahmen vier Regionen nicht an TIMSS teil; die Grundgesamtheit (TPCI) ist also reduziert.

IEA. Third International Mathematics and Science Study.   © TIMSS/III-Germany

gleichswerte, die mit einem korrigierten, vom internationalen Wert abweichenden TCI berechnet wurden.

Bei Leistungsvergleichen unter Nutzung des *TIMSS Coverage Index* muss also in Ausnahmefällen auf die eingeschränkte Gültigkeit des Kennwerts geachtet werden. Im Falle von Deutschland und Kanada muss in Einzelfällen zur Prüfung von Befunden ein korrigierter *Coverage Index* berechnet werden.

Weiterhin muss beim internationalen Vergleich beachtet werden, dass der Ausschöpfungsgrad der realisierten Stichproben von Land zu Land schwankt. Die entsprechenden Angaben sind der Tabelle IV.3 zu entnehmen. Die Spannweite der Ausschöpfungsquoten liegt zwischen 42 und 98 Prozent der geplanten Stichprobe. Bei freiwilligen Schuluntersuchungen – insbesondere bei Leistungsstudien – ist ein befriedigender Ausschöpfungsgrad der Stichprobe regelmäßig ein größeres Problem. Vor diesem Hintergrund kann man die internationalen Vorgaben als streng bezeichnen. Sie verlangten nämlich Partizipationsraten von jeweils 85 Prozent der Schulen und Schüler innerhalb einer Schule oder eine kombinierte Quote von 75 Prozent, die als Produkt der Schul- und Schülerpartizipationsquoten bestimmt wird (Foy, Rust & Schleicher, 1996; Mullis u.a., 1998). Anhand des in Tabelle IV.3 wiedergegebenen kombinierten Index ist zu ersehen, dass die Mehrzahl der Teilnehmerstaaten die international gesetzte Norm nicht erreicht hat. Der mittlere Ausschöpfungsgrad liegt bei 72,7 Prozent. Unbefriedigend ist der Ausschöpfungsgrad der Stichproben insbesondere in Australien, Dänemark, den Niederlanden und Slowenien. In diesen Ländern sind die Verweigerungsraten der in den Stichprobenplan aufgenommenen *Schulen* sehr hoch (40–50 %). Generell gilt, dass – von Island und den USA abgesehen – die Beteiligungsraten von Schülern innerhalb einer in die Stichprobe aufgenommenen Schule bei 80 Prozent oder höher liegen. Danach sind die Ausfallquoten der Schüler weitgehend unauffällig. Die eigentliche Hürde für die Realisierung eines Stichprobenplans stellt die Beteiligungsbereitschaft der Schulen dar. Die unzureichende Beteiligungsbereitschaft von Schulen kann die realisierte Stichprobe erheblich verzerren. Im Falle der vier Länder mit besonders geringer Beteiligung der in die Stichprobe aufgenommenen Schulen sind wir den Verweigerungsmotiven nachgegangen.

Beispiel 1: In Slowenien fiel die Testphase in die unmittelbare Vorbereitungszeit auf das Abitur, in Australien in die Vorbereitungszeit auf die universitären Matrikulationsprüfungen, sodass in beiden Ländern ungefähr die Hälfte der Schulen die Teilnahme an der Untersuchung verweigerte. Die trotz Belastung teilnehmenden Schulen stellen – wie wir aus der deutschen Untersuchung wissen (wir haben aus diesem Grunde die Oberstufenuntersuchung in Deutschland wiederholt) – vermutlich eine Auswahl von eher leistungsstarken Schulen dar. Eine solche Stichprobenverzerrung kann zur Überschätzung von Populationsmittelwerten führen. Vergleicht man allerdings besonders leistungsstarke Populationsanteile – etwa die 25 Prozent oder 10 Prozent testleistungsstärksten Schüler –, wird diese Verzerrung praktisch bedeutungslos.

Beispiel 2: In Dänemark war offensichtlich die ablehnende Haltung der Gewerkschaft der Mathematiklehrer gegenüber TIMSS/III für viele Lehrer ein Grund, sich einer Beteiligung zu verweigern. Obwohl die Verweigerungsrate ähnlich hoch ist wie in Slowenien, muss sie in diesem Fall nicht zu einer Verzerrung der Stichprobe führen. Soweit es in Dänemark zu Überschneidungen mit Prüfungsterminen kam, gilt die Argumentation des Beispiels 1.

Beispiel 3: In den Niederlanden verteilen sich die Schulen, die eine Teilnahme an TIMSS/III abgelehnt haben, auf alle getesteten Strata gleichmäßig. Hauptgründe für die hohe Ablehnungsquote waren die Implementationen der 1992 beschlossenen Oberstufenreformen und die zeitnahe Durchführung anderer Assessmentstudien (Peters, 1994). Dies muss nicht zu einer Verzerrung der Stichprobe führen. Die Argumentation des Beispiels 1 kann vernachlässigt werden, da in den Niederlanden Anfang Februar getestet wurde.

Die drei Beispiele machen deutlich, dass bei Leistungsvergleichen unter Ländern mit auffällig niedrigem Ausschöpfungsgrad der Stichprobe die jeweilige Ursache bei der Interpretation der Daten sorgfältig zu berücksichtigen ist.

In der öffentlichen Rezeption internationaler Schulleistungsvergleiche stehen in der Regel die Ranglisten im Vordergrund der Präsentation und Diskussion. Die Aufstellung von Rangreihen ist bei internationalen Schulleistungsvergleichen generell problematisch:
– Die Unterschiede zwischen Fachleistungen benachbarter Rangplätze – häufig auch weiter entfernter Rangplätze – lassen sich aufgrund der beträchtlichen Stichprobenfehler in der Regel nicht zufallskritisch absichern.
– Die Leistungsunterschiede zwischen benachbarten Rangplätzen sind nicht gleich groß. Im mittleren Bereich liegen benachbarte Rangplätze dicht beieinander, während die Abstände in den Randbereichen wachsen.

Deshalb ist bei internationalen Schulleistungsuntersuchungen in der Regel nur der Vergleich großer Leistungsgruppen sinnvoll – so wie es in unseren deskriptiven Berichten geschehen ist (Baumert, Lehmann u.a., 1997; Baumert, Bos & Watermann, 1998). Darüber hinaus verbietet sich in TIMSS/III die Aufstellung einer Länderrangreihe grundsätzlich, da die Untersuchungspopulationen der Teilnahmeländer nicht einheitlich definiert sind. Dies ist nur zum geringen Teil ein Problem der Durchführung dieser internationalen Studie, sondern primär Folge einer differenzierten Realität. Ländervergleiche sind nur im Rahmen von Ländergruppen mit vergleichbaren Untersuchungspopulationen oder für äquivalente Teilpopulationen zulässig und in der Regel nur als Gruppenvergleich sinnvoll.

Inwieweit Ländergruppen hinsichtlich der mit dem Grundbildungstest untersuchten Populationen vergleichbar sind, darüber gibt der TCI unter Beachtung der oben angeführten Einschränkungen Auskunft. Methodisch problematischer kann die Definition äquivalenter Teilpopulationen sein. Ein Verfahren, in etwa vergleichbare Teilpopulationen zu bestimmen, ist die Normierung der zu vergleichenden Populationsanteile am *TIMSS Coverage Index* durch Abschneiden unterer Bereiche der Leistungsverteilung. Dieses Verfahren geht von der Annahme aus, dass die Leistungen der nicht in die Untersuchung einbezogenen Personen bei Testteilnahme unterhalb des als Trennpunkt definierten Perzentils gelegen hätten. Diese Voraussetzung ist für die oberen Leistungsbereiche – etwa bei Betrachtung des oberen Leistungsviertels oder der Extremgruppe der 10 Prozent Testbesten – weitgehend unproblematisch, da der *TIMSS Coverage Index* praktisch nicht unter 50 Prozent sinkt. Schneidet man jedoch die Leistungsverteilungen im unteren Bereich ab – etwa am 30. Perzentil, um einen größeren Anteil der Länder vergleichbar zu machen –, kann man nicht ausschließen, dass sich die untersuchten und nicht untersuchten Populationsanteile in ihren Leistungen überlappen würden. In diesem Fall werden bei einer Normierung der Populationsanteile am TCI Länder mit einem höheren *Coverage Index* tendenziell bevorzugt, da ihre Leistungsvarianz durch Abschneiden der unteren Bereiche der Leistungsverteilung unverhältnismäßig stark reduziert wird. Länder mit niedrigem und nahe am Normierungspunkt liegendem TCI werden bei höherer Leistungsvariation entsprechend benachteiligt. Aus deutscher Vergleichsperspektive ist die Normierung äquivalenter Populationsanteile immer dann ein konservatives Vorgehen, wenn die Leistungen deutscher Schüler im Vergleich zu den Leistungen von Schülern aus Ländern mit niedrigerem *Coverage Index* nach Normierung ungünstiger ausfallen. In diesen Fällen wird der Leistungsrückstand deutscher Schüler unterschätzt.

Das Problem der Normierung zu vergleichender Populationsanteile am TCI kann am Beispiel der deutschen Stichprobe veranschaulicht werden. Die deutschen Teilnehmer am Test zur mathematisch-naturwissenschaftlichen Grundbildung erreichten einen mittleren Leistungswert von 497 bei einer Standardabweichung von 88 Punkten. Schließt man Personen mit einfachem Hauptschulabschluss ohne Qualifikationsvermerk – zu dieser Gruppe gehören 16 Prozent der national definierten Untersuchungspopulation – aus der Stichprobe aus, steigt der mittlere Leistungswert auf 512, während die Standardabweichung um 4 Punkte auf 84 sinkt. Schneidet man jedoch die Leistungsverteilung am 16. Perzentil ab, sodass der zu berücksichtigende Populationsanteil bei einem TCI von 62 Prozent normiert wird, erhöht sich der mittlere Leistungswert auf 520 Punkte bei einer Reduktion der Standardabweichung auf 71 Punkte. Durch die Normierung wird also der zu betrachtende Populationsanteil stärker homogenisiert.

Tabelle IV.4 illustriert am Beispiel vier ausgewählter Länder mit unterschiedlichem *Coverage Index* die Vergleichsprobleme, die vor allem dann auftreten, wenn normierte mit nichtnormierten Kennwerten verglichen werden. Vermeidet man diese Vergleichssituation, dürfte die Abgrenzung vergleichbarer Populationsanteile durch Normierung am TCI ein vertretbares Verfahren sein. Um die Konsistenz von Befunden zu beurteilen, sollten in jedem Fall multiple Ländervergleiche vorgenommen werden, bei denen jeweils unterschiedliche, aber äquivalente Teilpopulationen verglichen werden. Dies macht die Darstellung der Ergebnisse im Vergleich zur Mittelstufenuntersuchung etwas komplizierter. Simplifizierende und schiefe Erläuterungen, wie sie Demmer (1998) dem politisch interessierten Leser an die Hand geben will, sind der Sachlage unangemessen und stiften nur Verwirrung.

Tabelle IV.4: Testleistungen im Bereich mathematisch-naturwissenschaftlicher Grundbildung bei unterschiedlichen am TCI normierten Teilpopulationen nach ausgewählten Ländern (Mittelwerte und Standardabweichungen[1])

	Deutschland (TCI = 78)		Schweiz (TCI = 82)		Schweden (TCI = 71)		USA (TCI = 63)	
	M	SD	M	SD	M	SD	M	SD
80 Prozent	497	92	532	89				
70 Prozent	515	77	556	73	555	91		
60 Prozent	533	68	572	65	579	77	471	89
25 Prozent	600	50	636	47	655	54	558	57
10 Prozent	649	40	683	39	710	38	614	47
5 Prozent	681	35	712	35	740	31	648	43

[1] Grau hinterlegte Zellen enthalten nicht normierte Kennwerte.
IEA. Third International Mathematics and Science Study. © TIMSS/III-Germany

2.2 Mathematisch-naturwissenschaftliche Grundbildung deutscher Schüler und Schülerinnen im internationalen Vergleich

Leistungsvergleich zwischen Ländern mit vergleichbaren Untersuchungspopulationen

In einem ersten Schritt des internationalen Vergleichs sollen Testwerte für die mathematisch-naturwissenschaftliche Grundbildung insgesamt betrachtet werden. Die theoretische und empirische Rechtfertigung für die Bildung eines derartigen Gesamtwertes als eines integrierten Indikators für das im Mittel erreichte Niveau mathematisch-naturwissenschaftlicher Grundbildung haben wir in Kapitel III dargestellt. In dem vom Grundbildungstest erfassten basalen Kenntnisbereich kovariieren mathematische und naturwissenschaftliche Fähigkeiten hinreichend, sodass es gerechtfertigt ist, einen Gesamtindex für ein komplexes Fähigkeitssyndrom zu bilden, das man als mathematisch-naturwissenschaftliche Grundbildung bezeichnen kann. Die Reliabilität des gesamten Grundbildungstests liegt mit 64 Aufgaben bei $r = .91$. Dieser integrierte Kennwert ist – analog zu ökonomischen Indizes, die uns mittlerweile vertrauter sind – ein Systemindikator. Gleichzeitig sind aber die spezifischen mathematischen und naturwissenschaftlichen Fähigkeiten auch hinreichend distinkt, um sie jeweils gesondert zu betrachten. Der Bericht des Gesamtwertes ersetzt also differentielle Vergleiche und insbesondere fachdidaktische Analysen nicht. Für den Bereich der mathematischen und naturwissenschaftlichen Grundbildung jeweils getrennte Vergleiche werden in den nachfolgenden Abschnitten vorgenommen. Der Abschnitt 3 dieses Kapitels eröffnet jenseits von Gesamttest- und Untertestwerten eine differentielle Perspektive auf spezifische Stärken und Schwächen deutscher Schülerinnen und Schüler sowohl im Bereich der mathematischen als auch der naturwissenschaftlichen Grundbildung.

Im ersten Gesamtvergleich wollen wir zunächst nur Länder berücksichtigen, deren national definierte Untersuchungspopulation den in Deutschland erreichten Ausschöpfungsgrad von 78 Prozent der Alterskohorte nicht unterschreitet. Sieben Teilnehmerstaaten erreichen *TIMSS Coverage Indices,* die zwischen 78 und 88 Prozent liegen. Abbildung IV.2 gibt Auskunft über die Ergebnisse des Leistungsvergleichs. Die Testleistungen deutscher Schüler liegen im Bereich der mathematisch-naturwissenschaftlichen Grundbildung im Vergleich zu Schülern jener europäischer Nachbarländer, die in TIMSS/III vergleichbare Schülerpopulationen untersucht haben, im unteren Bereich. Die Schüler aus den Niederlanden, Norwegen und der Schweiz liegen in ihren Testleistungen signifikant über dem internationalen Mittelwert von 500 und vor den deutschen Schülern. Die Leistungsdifferenzen zu dieser Gruppe betragen zwischen einem Drittel und knapp zwei Dritteln einer Standardabwei-

Abbildung IV.2: Testleistungen im Bereich mathematisch-naturwissenschaftlicher Grundbildung nach ausgewählten Ländern (TCI zwischen 78 % und 88 %)

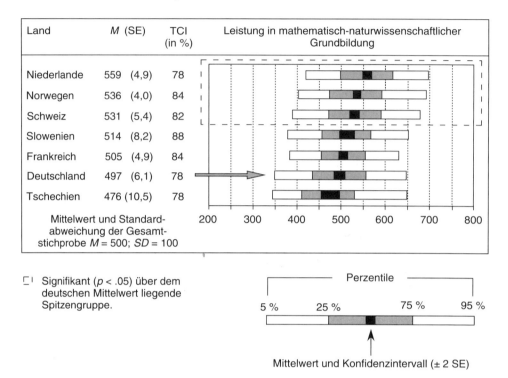

IEA. Third International Mathematics and Science Study. © TIMSS/III-Germany

chung. Unterschiede dieser Größenordnung sind – gemessen etwa an Leistungsfortschritten während eines Schuljahres – auch praktisch bedeutsam.

Es sei daran erinnert, dass der *TIMSS Coverage Index,* wie wir in Abschnitt 2.1 dargestellt haben, Deutschland im internationalen Vergleich in gewissem Umfang benachteiligt. Dies könnte zu dem Einwand führen, dass die Fairness des Vergleichs mit den Niederlanden beeinträchtigt sei. In den Niederlanden umfasst die international gewünschte Untersuchungspopulation – also nach Ausschluss der Frühabgänger – 92 Prozent des einschlägigen Altersjahrgangs. Darüber hinaus wurden Personen in betrieblicher Ausbildung (Personen im „leerlingswezen") – eine Gruppe, die knapp 15 Prozent der Alterskohorte ausmacht – nicht getestet. Die gesamte Ausschlussrate beträgt damit 22 Prozent. In Deutschland liegt der Anteil der Frühabgänger und Nicht-Beschulten bei etwa 16 Prozent des Altersjahrgangs. Die Ausschlussrate der deutschen Zielpopulation ist danach um 6 Prozentpunkte niedriger als in den Niederlanden. Um den möglichen Einwand eingeschränkter Vergleichbarkeit zu überprüfen, haben wir deshalb den deutschen TCI auf 72 Prozent korrigiert und den Mittelwert neu berechnet. Der neu berechnete und nach dem in Abschnitt 2.1 dargelegten Gedankengang nunmehr tendenziell überschätzte Wert von 506 verringert die Distanz zu den Niederlanden nur marginal.

Medianvergleiche

Um mehr Länder in den internationalen Vergleich einbeziehen zu können, bietet sich ein Medianvergleich an. Unter der Annahme, dass diejenigen Schüler einer Alterskohorte, die das letzte Ausbildungsjahr nicht erreichen und damit nicht zur Untersuchungspopulation gehören, sowie jene Schüler, die durch die nationale Populationsdefinition nicht erfasst werden, bei Testteilnahme in der unteren Leistungshälfte geblieben wären, lassen sich für eine Reihe von Ländern Mediane berechnen. Diese Kennwerte sind allerdings mit den in Abschnitt 2.1 dargestellten Problemen der Normierung des TCI behaftet. Um diese Probleme zu minimieren, werden alle Länder, bei denen die Ausgangsannahme offensichtlich unzutreffend ist, sowie alle Länder mit einem *TIMSS Coverage Index*, der nahe bei 50 Prozent liegt, vom Vergleich ausgeschlossen. 14 Teilnehmerstaaten können dann in den Medianvergleich einbezogen werden. Abbildung IV.3 zeigt die Ergebnisse dieses Vergleichs. Die Testleistungen deutscher Schüler im Bereich der mathematisch-naturwissenschaftlichen Grundbildung liegen in der Gruppe vergleichbarer europäischer Nachbarländer oder westlicher Industriestaaten im mittleren Bereich. Die Leistungsabstände zu den Teilnehmerstaaten der Spitzengruppe sind beträchtlich und in der Effektstärke praktisch bedeutsam.

Vergleich des oberen Leistungsviertels

Eine weitere Möglichkeit, Leistungsergebnisse von Ländern zu vergleichen, die unterschiedliche Anteile eines einschlägigen Altersjahrgangs untersucht haben, ist die Einschränkung des Vergleichs auf das jeweils obere Leistungsviertel eines Altersjahrgangs. Für diesen Vergleich wird die Leistungsverteilung jeweils am 75. Perzentil abgeschnitten, sodass nur das obere Leistungsviertel Gegenstand der Betrachtung bleibt. Für die Normierung dieser Extremgruppe gelten die in Abschnitt 2.1 beschriebenen Probleme praktisch nicht. In den Vergleich der Testleistungen des oberen Leistungsviertels eines Altersjahrgangs können alle Länder einbezogen werden,

Abbildung IV.3: Testleistungen im Bereich mathematisch-naturwissenschaftlicher Grundbildung nach Ländern (Mediane[1] der einschlägigen Alterskohorte und Vertrauensintervalle)

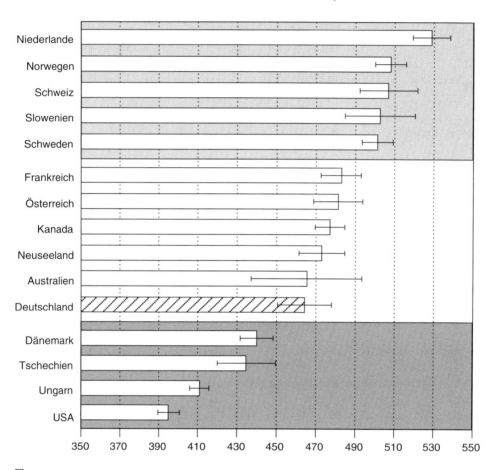

☐ Signifikant ($p < .05$) über dem deutschen Median liegende Länder.
☐ Nicht signifikant vom deutschen Median abweichende Länder.
▨ Signifikant ($p < .05$) unter dem deutschen Median liegende Länder.

[1] Zu den Annahmen, die der Medianberechnung zu Grunde liegen, vgl. Text.
IEA. Third International Mathematics and Science Study. © TIMSS/III-Germany

Abbildung IV.4: Testleistungen der testleistungsstärksten 25 Prozent einer Alterskohorte im Bereich mathematisch-naturwissenschaftlicher Grundbildung nach Ländern (Mittelwerte und Vertrauensintervalle)

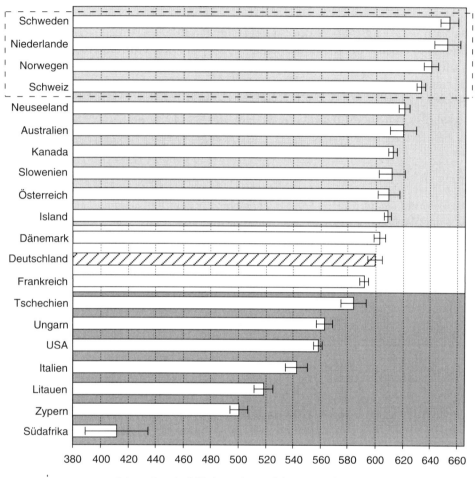

Internationaler Mittelwert der testleistungsstärksten 25 Prozent = 585

☐ Signifikant ($p < .05$) über dem deutschen Mittelwert liegende Länder.
☐ Nicht signifikant vom deutschen Mittelwert abweichende Länder.
■ Signifikant ($p < .05$) unter dem deutschen Mittelwert liegende Länder.
⌐¹ Signifikant ($p < .05$) über dem Mittelwert anderer Länder liegende Spitzengruppe.

IEA. Third International Mathematics and Science Study.   © TIMSS/III-Germany

die sich an der Untersuchung der mathematisch-naturwissenschaftlichen Grundbildung beteiligt haben. In Deutschland sind zwei Drittel dieser Teilpopulationen Schüler eines zur Hochschul- oder Fachhochschulreife führenden Bildungsganges. Zu einem weiteren Drittel rekrutiert sich diese Spitzengruppe aus Schülern Berufsbildender Schulen mit Realschulabschluss.

Auch bei dem Vergleich des oberen Leistungsviertels eines Abschlussjahrgangs liegt Deutschland zusammen mit Dänemark und Frankreich in einer eher schmalen mittleren Leistungsgruppe. Schüler aus wichtigen europäischen Nachbarländern, aber auch aus wirtschaftlich bedeutenden nichteuropäischen Ländern wie Australien, Kanada oder Neuseeland erreichen ein höheres mathematisch-naturwissenschaftliches Grundbildungsniveau als deutsche Schüler (Abb. IV.4).

Zusammenfassung

Die Befunde der multiplen Ländervergleiche auf der allgemeinen Ebene mathematisch-naturwissenschaftlicher Grundbildung sind konsistent. Das am Ende der schulischen und beruflichen Erstausbildung erreichte Niveau mathematisch-naturwissenschaftlicher Grundbildung liegt im internationalen Vergleich in einem mittleren Bereich. Schulabsolventen wichtiger europäischer Nachbarstaaten erreichen tendenziell oder deutlich bessere Leistungsergebnisse. Das Gesamtbild ist über alle verglichenen Teilpopulationen hinweg stabil. Auch bei der Betrachtung des oberen Leistungsviertels der Alterskohorte ergeben sich keine abweichenden Resultate. Der Leistungsrückstand der deutschen Schüler des Abschlussjahrgangs der Sekundarstufe II ist gegenüber der durch Schweden, die Niederlande, Norwegen und die Schweiz gebildeten Spitzengruppe substantiell. Das Durchschnittsalter des Absolventenjahrgangs ist in Deutschland mit 19,5 Jahren relativ hoch. In den meisten TIMSS-Teilnehmerstaaten erreichen die Schul- und Ausbildungsabsolventen ein vergleichbares oder höheres mathematisch-naturwissenschaftliches Grundbildungsniveau in jüngerem Alter.

2.3 Mathematische und naturwissenschaftliche Grundbildung im internationalen Vergleich

Medianvergleich und Vergleich des oberen Leistungsviertels

In einem zweiten Schritt sollen die mathematischen und naturwissenschaftlichen Aspekte der Grundbildung separat untersucht werden. Der TIMSS-Grundbildungstest erlaubt die Konstruktion zweier Untertests zur getrennten Erfassung der mathematischen und naturwissenschaftlichen Grundbildung. Der mathematische Subtest hat mit 38 Aufgaben eine Reliabilität von $r = .86$, der naturwissenschaftliche Untertest erreicht mit 26 Aufgaben eine Reliabilität von $r = .81$. Die Interkorrelation der Untertests ist in Deutschland mit $r = .81$ hoch. Wir haben in Kapitel II, Abschnitt 2 anhand eines hierarchischen Strukturgleichungsmodells gezeigt, dass es zulässig ist und sinnvoll sein kann, mathematisch-naturwissenschaftliche Grundbildung sowohl summativ zu erfassen als auch nach Fachgebieten getrennt zu analysieren. Getrennte Analysen empfehlen sich insbesondere für den internationalen Vergleich, da die relative Bedeutung des Mathematik- und Naturwissenschaftsunterrichts von Land zu Land erheblich variieren kann. Je nach der Bedeutung des Fachs innerhalb der nationalen Bildungskonzeption darf man mit unterschiedlichen Leistungsergebnissen rechnen.

Im Folgenden sollen jeweils getrennt für beide Untertests Medianvergleiche und Vergleiche für das obere Leistungsviertel vorgenommen werden. Für die Auswahl der Länder beim Medianvergleich gelten die im vorangegangenen Abschnitt dargelegten Überlegungen. In den Vergleich der testleistungsstärksten 25 Prozent der Alterskohorte können alle teilnehmenden Länder einbezogen werden. Abbildung IV.5 zeigt die Ergebnisse des Medianvergleichs. Die Testleistungen deutscher Schüler im Bereich der mathematischen Grundbildung liegen in der Gruppe vergleichbarer europäischer Nachbarländer oder westlicher Industriestaaten im unteren Bereich. Dieses Bild wiederholt sich, wenn man die äquivalenten Teilgruppen der 25 Prozent testleistungsstärksten Schüler vergleicht, wie aus Abbildung IV.6 hervorgeht.

Für den Bereich der naturwissenschaftlichen Grundbildung fällt der internationale Vergleich etwas günstiger aus. Abbildung IV.7 zeigt die Ergebnisse des Medianvergleichs für den naturwissenschaftlichen Bereich. Die Testleistungen deutscher Schüler liegen in der Gruppe vergleichbarer europäischer Nachbarländer oder westlicher Industriestaaten im mittleren Bereich. Dieses Bild wiederholt sich in größerer Klarheit, wenn man die äquivalenten Teilpopulationen der 25 Prozent testleistungsstärksten Schüler zum Vergleich heranzieht. Abbildung IV.8 gibt die entsprechende Information.

Sowohl im Bereich der mathematischen als auch naturwissenschaftlichen Grundbildung betragen die Leistungsabstände zwischen deutschen Absolventen und denen der leistungsstärksten Länder der internationalen Spitzengruppe zwischen 30 und 60 Punkten. In Einheiten der Standardabweichungen liegen diese Differenzen zwischen einem Drittel und knapp zwei Dritteln einer Standardabweichung. Im Unterschied zur experimentellen psychologischen Forschung müssen solche Unterschiede in der Schul- und Unterrichtsforschung hinsichtlich ihrer praktischen Bedeutung

Abbildung IV.5: Testleistungen im Bereich mathematischer Grundbildung nach Ländern (Mediane[1] der einschlägigen Alterskohorte und Vertrauensintervalle)

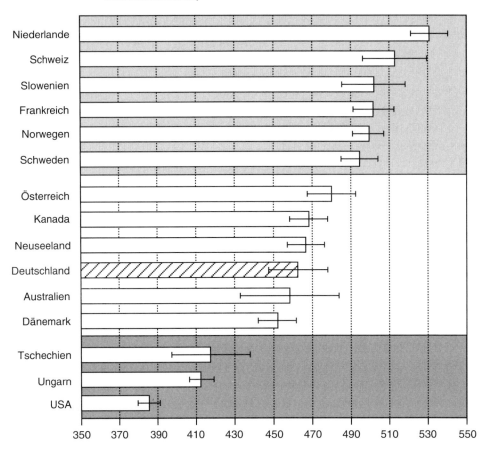

☐ Signifikant (*p* < .05) über dem deutschen Median liegende Länder.
☐ Nicht signifikant vom deutschen Median abweichende Länder.
☐ Signifikant (*p* < .05) unter dem deutschen Median liegende Länder.

[1] Zu den Annahmen, die der Medianberechnung zu Grunde liegen, vgl. Text.

IEA. Third International Mathematics and Science Study. © TIMSS/III-Germany

Abbildung IV.6: Testleistungen der testleistungsstärksten 25 Prozent einer Alterskohorte im Bereich mathematischer Grundbildung nach Ländern (Mittelwerte)

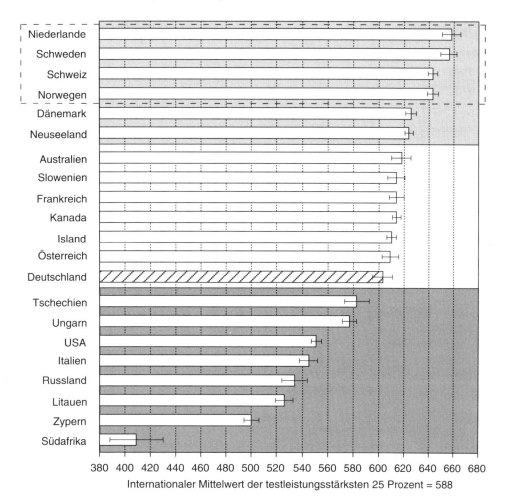

Internationaler Mittelwert der testleistungsstärksten 25 Prozent = 588

⌐⌐ Signifikant ($p < .05$) über dem Mittelwert anderer Länder liegende Spitzengruppe.
▨ Signifikant ($p < .05$) über dem deutschen Mittelwert liegende Länder.
☐ Nicht signifikant vom deutschen Mittelwert abweichende Länder.
▨ Signifikant ($p < .05$) unter dem deutschen Mittelwert liegende Länder.

IEA. Third International Mathematics and Science Study. © TIMSS/III-Germany

Abbildung IV.7: Testleistungen im Bereich naturwissenschaftlicher Grundbildung nach Ländern (Mediane[1] der einschlägigen Alterskohorte und Vertrauensintervalle)

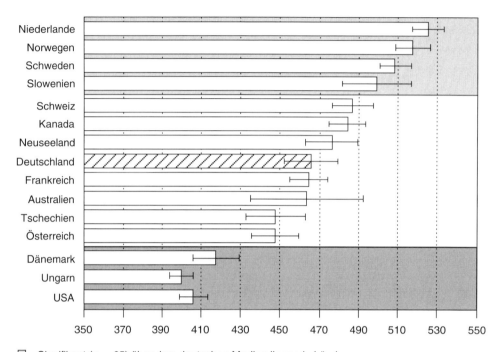

☐ Signifikant ($p < .05$) über dem deutschen Median liegende Länder.
☐ Nicht signifikant vom deutschen Median abweichende Länder.
▓ Signifikant ($p < .05$) unter dem deutschen Median liegende Länder.

[1] Zu den Annahmen, die der Medianberechnung zu Grunde liegen, vgl. Text.

IEA. Third International Mathematics and Science Study. © TIMSS/III-Germany

Abbildung IV.8: Testleistungen der testleistungsstärksten 25 Prozent einer Alterskohorte im Bereich naturwissenschaftlicher Grundbildung nach Ländern (Mittelwerte und Vertrauensintervalle)

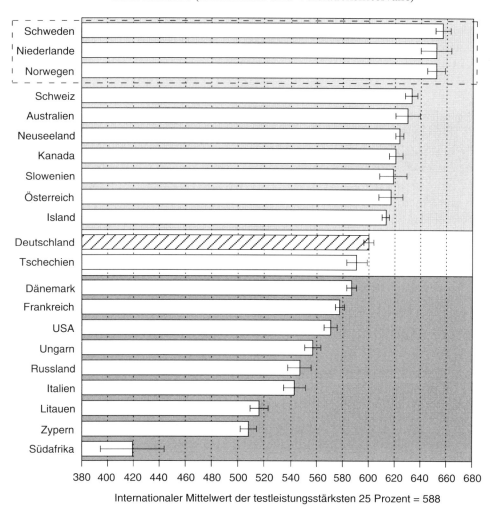

IEA. Third International Mathematics and Science Study. © TIMSS/III-Germany

als groß bis sehr groß gelten. Um die Kennwerte anschaulicher werden zu lassen, haben wir im Bericht über die Ergebnisse von TIMSS/II die Effektstärken als Leistungszuwachs pro Schuljahr ausgedrückt (Baumert, Lehmann u.a., 1997). In der Mittelstufe liegen die mittleren Lernzuwächse pro Schuljahr je nach Unterrichtsfach zwischen einer drittel und einer halben Standardabweichung. Dieses Maß für praktische Signifikanz hat die OECD in ihre jüngste Berichterstattung übernommen (OECD, 2000, S. 301 ff.).

Vergleich der Verteilung auf Kompetenzniveaus

Für TIMSS/III wollen wir die Verteilung der Schüler auf Kompetenzniveaus als ergänzenden Weg zur Veranschaulichung benutzen. Im Kapitel III, Abschnitt 3 haben wir für den mathematischen und naturwissenschaftlichen Untertest Fähigkeitsniveaus *(Proficiency Levels)* definiert, die als kritische Schwellen konzeptualisiert sind, oberhalb derer mathematische und naturwissenschaftliche Aufgabenstellungen, die ein bestimmtes Wissen oder die Beherrschung bestimmter Operationen voraussetzen, mit hinreichender Wahrscheinlichkeit erfolgreich bearbeitet werden können. Der internationalen TIMSS-Konvention entsprechend soll unter hinreichender Sicherheit eine 65-prozentige Lösungswahrscheinlichkeit verstanden werden.

Für den Bereich der mathematischen Grundbildung haben wir das erste Niveau als alltagsbezogenes Schlussfolgern bezeichnet. Darunter werden elementare mathematische Vorgänge verstanden, die häufig nicht als solche wahrgenommen werden. Beispiele sind etwa das Ablesen eines Skalenwertes, einer Graphik oder die Abschätzung von Größenunterschieden. Wer diese *erste* Schwelle überschritten hat, beherrscht immerhin einfache mathematische Routinen mit einiger Sicherheit. In den Industriestaaten sind dies in der Regel Standardverfahren der Schulmathematik aus der Mittelstufe. Diesem *zweiten* Fähigkeitsniveau ordnen wir also Aufgaben zu, die bereits spezifisches prozedurales Wissen verlangen, das nicht in jedermanns Alltagspraxis erworben wird. Im Unterschied zum Umgang mit mathematischen Allerweltsproblemen wird zur Lösung von – immer noch elementaren – Problemstellungen der zweiten Fähigkeitsstufe eine zusätzliche Qualifikation erforderlich. Nach dem Überschreiten der *nächsten* Schwelle können Aufgaben gelöst werden, die ein mathematisches Modellieren – häufig sind dies Übersetzungsleistungen aus der Alltagssprache in einen mathematischen Ausdruck – oder die Verknüpfung elementarer mathematischer Operationen verlangen *(Niveau 3)*. Zur Lösung von Aufgabenstellungen dieses Typs sind nicht nur prozedurales Wissen, sondern auch das Verständnis mathematischer Konzepte und die flexible Verfügbarkeit unterschiedlicher Algorithmen erforderlich. In der Regel handelt es sich bei diesen Aufgaben um Anwendungsprobleme in inner- oder außermathematischen Kontexten. Aufgaben, die dem *vierten* und höchsten Fähigkeitsniveau zugeordnet werden, enthalten meistens eine zusätzliche reflexive und argumentative Komponente. Die vier Fähigkeitsgruppen sind folgendermaßen bestimmt: (1) unter 400, (2) 400–500, (3) 500–600, (4) über 600.

Vergleicht man nun die Verteilungen von Schülern auf die definierten mathematischen Kompetenzniveaus in Ländern mit äquivalenten getesteten Populationsanteilen, aber deutlich unterschiedlichen Leistungsergebnissen, wird offensichtlich, dass Leistungsunterschiede von einer halben Standardabweichung qualitative Niveauunterschiede in der mathematischen Grundbildung anzeigen.

Im Vergleich zu Frankreich, den Niederlanden, Norwegen und der Schweiz – Länder, die vergleichbare Anteile der Alterskohorte untersucht haben – zeigen sich, wie der Tabelle IV.5 zu entnehmen ist, die Besonderheiten der Leistungsverteilung der deutschen Schüler. Im Bereich der mathematischen Grundbildung sind das unterste Fähigkeitsniveau über- und die beiden obersten Fähigkeitsniveaus deutlich unterbesetzt. Sobald die Verknüpfung von elementaren mathematischen Operationen oder mathematisches Argumentieren verlangt wird, fallen die deutschen Schüler zurück.

Tabelle IV.5: Schüler nach Fähigkeitsniveau im Bereich mathematischer Grundbildung und ausgewählten Ländern bei normiertem und nicht normiertem *TIMSS Coverage Index* (Spaltenprozent)[1]

	Deutschland	Frankreich		Niederlande	Norwegen		Schweiz	
	TCI = 78	TCI = 78	TCI = 84	TCI = 78	TCI = 78	TCI = 84	TCI = 78	TCI = 82
Alltagsbezogene Schlussfolgerungen	15,4	0,0	5,5	3,7	0,6	7,6	0,8	5,7
Anwendung von einfachen Routinen	36,6	34,3	33,4	21,5	35,0	32,5	29,3	27,8
Bildung von Modellen und Verknüpfung von Operationen	34,1	47,6	44,3	41,3	40,2	37,4	43,0	40,9
Mathematisches Argumentieren	13,9	18,1	16,8	33,4	24,2	22,5	26,9	25,6
Insgesamt	100,0	100,0	100,0	100,0	100,0	100,0	100,0	100,0

[1] Im Unterschied zu Baumert, Bos und Watermann (1998) haben wir hier eine optimierte Niveaustufendefinition (400/500/600/700 statt 450/550/650/750) zu Grunde gelegt, die nach Kriterien von Beaton und Allen (1992) zu einer besseren Trennung der Gruppen führt.

IEA. Third International Mathematics and Science Study. © TIMSS/III-Germany

Für die naturwissenschaftliche Grundbildung wurden ebenfalls vier Niveaugruppen definiert, deren kritische Schwellen bei den entsprechenden Werten der Fähigkeitsskala liegen. Das erste Niveau haben wir als Verfügen über naturwissenschaftliches Alltagswissen benannt. Wissensbestände dieses Typs werden in der alltäglichen Lebenspraxis erworben. Ihr Erwerb ist nicht auf Schulunterricht angewiesen. Nach dem Erreichen der ersten Schwelle können alltagsnahe Phänomene der belebten und unbelebten Natur in einfacher und dem Alltagsverständnis naher Weise erklärt werden. Nach dem Überschreiten der nächsten Schwelle (d.h. auf Niveau 3) können Aufgaben gelöst werden, die eine Anwendung elementarer naturwissenschaftlicher Modellvorstellungen verlangen. Erst auf dem vierten Niveau werden grundlegende naturwissenschaftliche Fachkenntnisse erwartet.

Die Befunde für die naturwissenschaftliche Grundbildung, die in Tabelle IV.6 zusammengefasst sind, zeigen wiederum die Überrepräsentation des untersten Fähigkeitsniveaus bei deutschen Schülern. Der qualitative Niveauunterschied im Vergleich zu den in den Niederlanden, Norwegen und der Schweiz erreichten naturwissenschaftlichen Leistungen wird auf der Ebene der Anwendung grundlegender naturwissenschaftlicher Fachkenntnisse ebenfalls sichtbar. Der Anteil der Alters-

Tabelle IV.6: Schüler nach Fähigkeitsniveau im Bereich naturwissenschaftlicher Grundbildung und ausgewählten Ländern bei normiertem und nicht normiertem *TIMSS Coverage Index* (Spaltenprozent)[1]

	Deutschland	Frankreich		Niederlande	Norwegen		Schweiz	
	TCI = 78	TCI = 78	TCI = 84	TCI = 78	TCI = 78	TCI = 84	TCI = 78	TCI = 82
Praktisches Alltagswissen	13,6	6,6	13,2	2,7	0,0	4,4	4,5	9,0
Erklärung einfacher Phänomene	36,6	48,2	44,8	23,2	27,6	28,3	33,3	31,8
Anwendung elementarer Modellvorstellungen	36,5	37,0	34,4	43,9	45,5	42,3	40,4	38,5
Naturwissenschaftliche Fachkenntnisse	13,3	8,2	7,6	30,3	26,9	25,0	21,8	20,7
Insgesamt	100,0	100,0	100,0	100,0	100,0	100,0	100,0	100,0

[1] Im Unterschied zu Baumert, Bos und Watermann (1998) haben wir hier eine optimierte Niveaustufendefinition (400/500/600 statt 450/550/650) zu Grunde gelegt, die nach Kriterien von Beaton und Allen (1992) zu einer besseren Trennung der Gruppen führt (vgl. Kap. III, Abschnitt 3).

IEA. Third International Mathematics and Science Study. © TIMSS/III-Germany

kohorte, der dieses von den deutschen Lehrplänen vorgeschriebene Niveau erreicht, ist in diesen Ländern deutlich höher als in Deutschland.

Zusammenfassung

Die Ergebnisse des nach Mathematik und den Naturwissenschaften differenzierten Vergleichs lassen sich folgendermaßen zusammenfassen: Im internationalen Vergleich erreichen junge Erwachsene am Ende des ersten schulischen oder beruflichen Ausbildungszyklus sowohl im mathematischen als auch im naturwissenschaftlichen Bereich ein bestenfalls mittleres Grundbildungsniveau. In beiden Bereichen ist der Abstand zu dem in den leistungsstärksten Ländern erreichten Grundbildungsniveau beträchtlich. Dieses Bild ist über alle Teilpopulationen unterschiedlicher Befähigung hinweg konsistent.

Die im Vergleich mit den besonders leistungsstarken europäischen Nachbarstaaten sichtbar werdenden qualitativen Niveauunterschiede signalisieren eine Diskrepanz zwischen Lehrplanvorschriften und Bildungszielen der mathematisch-naturwissenschaftlichen Fächer einerseits und dem erreichten Ausbildungsniveau andererseits. Nach den Befunden zur mathematisch-naturwissenschaftlichen Grundbildung scheint der Unterricht in diesen Fächern gerade seinen allgemeinbildenden Aufgaben, die sich als Vermittlung von Orientierungswissen und Einführung in spezifische, grundlegende Denk- und Argumentationsweisen bezeichnen lassen, nur begrenzt gerecht zu werden (Heymann, 1996a, 1996b; Muckenfuß, 1995).

2.4 Angewandte Aufgaben des Grundbildungstests im internationalen Vergleich

Ein gesonderter Blick soll auf die angewandten Aufgaben des Grundbildungstests gerichtet werden, die in der internationalen Matrix der Testaufgaben der Skala *Reasoning and Social Utility* zugeordnet werden (Orpwood & Garden, 1998). In diese Skala gingen sechs mathematische und sechs naturwissenschaftliche Aufgaben ein, von denen zwei naturwissenschaftliche Testaufgaben mit gemeinsamem Itemstamm wegen schlechter Modellpassung ausgesondert wurden. Die Reliabilität der schließlich zehn Aufgaben umfassenden Skala beträgt $r = .76$. Die Mehrzahl der Mathematikaufgaben verlangt mathematisches Modellieren oder die komplexe Verknüpfung von Operationen. Die naturwissenschaftlichen Aufgaben liegen überwiegend auf der Ebene der Anwendung elementarer Modellvorstellungen. Bezogen auf die in Kapitel III, Abschnitt 3 definierten Fähigkeitsniveaus *(Proficiency Levels)* sind die

Abbildung IV.9: Beispiele für Mathematikaufgaben der Skala *Reasoning and Social Utility*

A12. Diese beiden Anzeigen sind in einer Zeitung in einem Land erschienen, in dem die Währungseinheit *zeds* ist.

> **GEBÄUDE A**
>
> Büroräume zu vermieten
>
> 85–95 Quadratmeter
> 475 *zeds* pro Monat
>
> 100–120 Quadratmeter
> 800 *zeds* pro Monat

> **GEBÄUDE B**
>
> Büroräume zu vermieten
>
> 35–260 Quadratmeter
> 90 *zeds* pro Quadratmeter pro Jahr

Eine Firma ist daran interessiert, ein 110 Quadratmeter großes Büro in diesem Land für ein Jahr zu mieten. In welchem Bürogebäude, A oder B, sollte sie das Büro mieten, um den niedrigeren Preis zu bekommen? Wie rechnen Sie?

A10. Zeichnen Sie in das vorgegebene Koordinatensystem einen Graphen ein, der die Beziehung zwischen der Körpergröße einer Person und ihrem Alter von der Geburt bis 30 Jahren zeigt. Vergessen Sie nicht, den Graphen zu beschriften und an jede Achse einen realistischen Maßstab einzutragen.

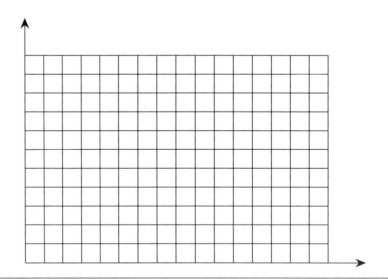

IEA. Third International Mathematics and Science Study. © TIMSS/III-Germany

meisten Aufgaben der dritten Niveaustufe zuzuordnen. Die in Abbildung IV.9 wiedergegebenen Mathematikaufgaben können als charakteristische Beispiele dieser Anwendungsdimension gelten. Im ersten Beispiel – im Übrigen eine Aufgabe, die bereits im Test für Population II eingesetzt wurde und zu den schwierigsten des Mathematiktests gehörte – wird ein praktisches numerisches Problem vorgelegt, dessen Lösung ein genaues Verständnis des umgangssprachlich ausgedrückten Sachverhalts, die Übersetzung in ein einfaches mathematisches Modell und die Verknüpfung mehrerer Rechenschritte verlangt. Die Aufgabe hat noch am Ende der Sekundarstufe II einen Schwierigkeitsindex von 554 (in Population II betrug der Schwierigkeitsindex 637). Die Lösung der zweiten Aufgabe verlangt die graphische Repräsentation eines nicht linearen Zusammenhangs, der systematisch auf der Grundlage von Alltagswissen konstruiert werden muss. Diese Aufgabe stellt mit einem Schwierigkeitsindex von 685 ein typisches Beispiel für die Niveaustufe 4 dar. Die in Abbildung IV.10 wiedergegebenen naturwissenschaftlichen Aufgaben aus der Biologie verlangen die Anwendung elementarer biologischer Modellvorstellungen. Die erste Teilaufgabe mit einem Schwierigkeitsindex von 631 verlangt mit der Frage nach einem Beispiel die verständnisvolle Übertragung des beschriebenen Sachverhalts auf einen zweiten Fall, während die zweite Teilfrage, die eine Schwierigkeit von 594 aufweist, ein vertieftes Verständnis des Zusammenhangs prüft. Beide Fragen sind der Niveaustufe 3 der naturwissenschaftlichen Fähigkeitsskala zuzuordnen.

Die Testaufgaben der RSU-Skala behandeln zwar durchgängig Stoffgebiete der Sekundarstufe I, betten diese jedoch in Alltagskontexte oder technische Problemstellungen ein. Dieser Kontextwechsel, der in der Regel auch mit einer Steigerung

Abbildung IV.10: Beispiel einer Biologieaufgabe der Skala *Reasoning and Social Utility*

A6. Wird eine Tier- oder Pflanzenart in ein Gebiet eingeführt, wo sie vorher nie gelebt hat, verursacht dies oft Probleme, indem ihre Vermehrung außer Kontrolle gerät und bestehende Arten verdrängt. Eine Möglichkeit die eingeführte Art zu bekämpfen, ist sie zu vergiften. Dies ist möglicherweise aber nicht praktikabel, kann sehr hohe Kosten verursachen oder schwerwiegende Gefahren in sich bergen. Eine andere Methode, *biologische Kontrolle* genannt, schließt den Einsatz lebender Organismen (mit Ausnahme der Menschen) ein, um die wuchernde Art unter Kontrolle zu bringen.

a) Nennen Sie ein aktuelles Beispiel einer biologischen Kontrolle.

b) Beschreiben Sie ein schwerwiegendes Problem, welches als Folge der Durchführung einer biologischen Kontrolle auftreten könnte.

IEA. Third International Mathematics and Science Study. © TIMSS/III-Germany

der Komplexität der Aufgabe verbunden ist, macht Aufgabenstellungen dieses Typs für Schüler und Schülerinnen aller Länder relativ schwierig. Die Abbildungen IV.11 und IV.12 zeigen wiederum die Ergebnisse des internationalen Medianvergleichs, für den die Gültigkeit der in Abschnitt 2.1 dargestellten Annahmen vorausgesetzt wird, und den weniger problematischen und schärferen Vergleich der testleistungsstärksten 25 Prozent einer Alterskohorte. Die Ergebnisse bestä-

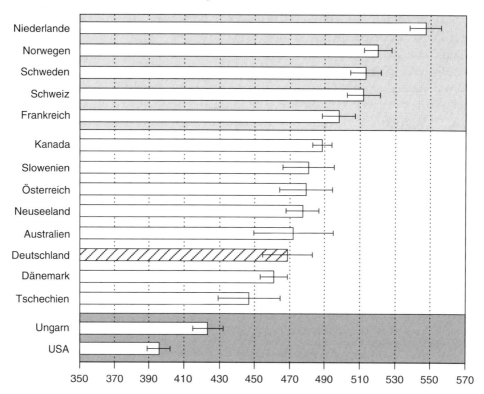

Abbildung VI.11: Testleistungen im Bereich *Reasoning and Social Utility* nach Ländern (Mediane[1] der einschlägigen Alterskohorte und Vertrauensintervalle)

☐ Signifikant (*p* < .05) über dem deutschen Median liegende Länder.
☐ Nicht signifikant vom deutschen Median abweichende Länder.
■ Signifikant (*p* < .05) unter dem deutschen Median liegende Länder.

[1] Zu den Annahmen, die der Medianberechnung zu Grunde liegen, vgl. Text.

IEA. Third International Mathematics and Science Study. © TIMSS/III-Germany

Abbildung IV.12: Testleistungen der testleistungsstärksten 25 Prozent einer Alterskohorte im Bereich *Reasoning and Social Utility* nach Ländern (Mittelwerte und Vertrauensintervalle)

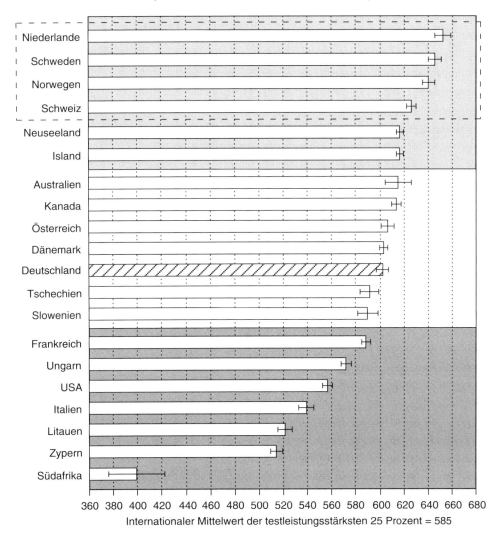

Internationaler Mittelwert der testleistungsstärksten 25 Prozent = 585

⌐¹ Signifikant ($p < .05$) über dem Mittelwert anderer Länder liegende Spitzengruppe.
☐ Signifikant ($p < .05$) über dem deutschen Mittelwert liegende Länder.
☐ Nicht signifikant vom deutschen Mittelwert abweichende Länder.
▓ Signifikant ($p < .05$) unter dem deutschen Mittelwert liegende Länder.

IEA. Third International Mathematics and Science Study. © TIMSS/III-Germany

tigen auch für den Bereich angewandter Mathematik- und Naturwissenschaftsaufgaben das in den vorangegangenen Abschnitten entwickelte Bild. Die mathematisch-naturwissenschaftlichen Leistungen des deutschen Absolventenjahrgangs der Sekundarstufe II liegen auch bei angewandten Aufgaben im Vergleich zu den Ländern mit Retentivitätsraten von 60 Prozent und höher im unteren Bereich. Daran ändert sich auch wenig, wenn man nur die testleistungsstärksten 25 Prozent der Alterskohorte betrachtet. Die Abbildung IV.12 gibt jedoch ein vollständigeres Bild, da in den Vergleich des oberen Leistungsviertels mit Ausnahme Russlands alle TIMSS-Länder in den Vergleich einbezogen werden können. Die Leistungen der deutschen Schulabsolventen liegen im Gesamtvergleich in einem mittleren Bereich.

2.5 Zusammenfassung: *Mathematics and Science Literacy*

Um die in Abschnitt 2 dargestellten Befunde des internationalen Vergleichs zur mathematisch-naturwissenschaftlichen Grundbildung in einen breiteren bildungstheoretischen Zusammenhang einordnen zu können, sei noch einmal an die konzeptuellen Grundlagen erinnert, die in Kapitel III, Abschnitt 1 in Auseinandersetzung mit der angelsächsischen *Literacy*-Bewegung und der deutschen bildungstheoretischen Diskussion über Allgemein- und Grundbildung entwickelt wurden. Die folgenden Schriften: *Curriculum Evaluation Standards for School Mathematics* des *National Council of Teachers of Mathematics* (NCTM, 1989) und *Benchmarks for Science Literacy* der *American Association for the Advancement of Science* (AAAS, 1993) stellen in Verbindung mit den *National Science Education Standards* des *National Research Council* der *National Academy of Sciences* (NRC, 1995) immer noch Meilensteine im Prozess der diskursiven Verständigung über eine wünschenswerte mathematisch-naturwissenschaftliche Allgemein- und Grundbildung der nachwachsenden Generation dar. Danach lassen sich die Grunddimensionen mathematischer und naturwissenschaftlicher Literalität mit einer begrenzten Zahl von Kompetenzen beschreiben. Zur mathematischen Grundbildung gehören (vgl. Kap. III, Abschnitt 1):
– die Fähigkeit, mit offenen Aufgabenstellungen umzugehen, da realistische Probleme in der Regel nicht gut definiert sind,
– die Fähigkeit, die Anwendbarkeit mathematischer Konzepte und Modelle auf alltägliche und komplexe und Problemstellungen zu erkennen,
– die Fähigkeit, die einem Problem zu Grunde liegende mathematische Struktur zu sehen,
– die Fähigkeit, Aufgabenstellungen in geeignete Operationen zu übersetzen, und
– ausreichende Kenntnis und Beherrschung von Lösungsroutinen.

Die Grunddimensionen von *Scientific Literacy* sind danach:
- Vertrautheit mit der natürlichen Welt und Kenntnis ihrer Verschiedenheit und Einheit,
- Verständnis zentraler naturwissenschaftlicher Konzepte und Prinzipien,
- Kenntnis der Interdependenz von Naturwissenschaften und Technik,
- epistemologische Vorstellungen von der konstruktiven Natur der Naturwissenschaften sowie Kenntnis ihrer Stärken und Grenzen,
- Verständnis der Grundzüge naturwissenschaftlichen Denkens,
- Anwendung von naturwissenschaftlichem Wissen auf Sachverhalte des persönlichen und sozialen Lebens.

Diese Grundvorstellungen sind vor allem von der *American Association for the Advancement of Science* in den letzten Jahren weiter ausgearbeitet worden (AAAS, 1997, 1998). Sofern die einschlägigen Fachdidaktiken in Deutschland sich des bildungstheoretischen Themas angenommen haben, lässt sich bei allen unterschiedlichen Akzentsetzungen insbesondere hinsichtlich der Funktionalität der Mathematik und Naturwissenschaften eine nicht unbeträchtliche konzeptuelle Übereinstimmung feststellen. Die stark funktionalistisch orientierte Grundidee von *Mathematics and Science Literacy* hat in jüngster Zeit auch die Entwicklung der theoretischen Rahmenkonzeption eines Untersuchungsprogramms der OECD, mit dem periodisch international vergleichende Leistungsindikatoren erhoben werden sollen, maßgeblich bestimmt (OECD, 2000). Die Regierungen der 30 an PISA beteiligten Länder haben diesem normativen Grundbildungskonzept als Leitlinie der Testentwicklung bemerkenswerterweise ohne Ausnahme zugestimmt, auch wenn im Einzelfall die nationalen Lehrpläne oder curricularen Vorgaben eher einer fachimmanenten Systematik folgen.

Wir haben im Kapitel III, Abschnitt 1 dargestellt, dass insbesondere von Seiten der naturwissenschaftlichen Fachvertreter Zweifel am Universalisierungsanspruch dieser Grundbildungskonzeption geäußert wurden. Die Argumente, die von Shamos (1995) und Bybee (1997) vorgetragen wurden, stützen sich im Wesentlichen auf Ergebnisse amerikanischer Survey-Untersuchungen (Miller, 1983, 1995). Shamos und Bybee schlagen ein abgestuftes Konzept naturwissenschaftlicher Grundbildung vor, das sich leicht auf die Mathematik übertragen lässt. Sie unterscheiden *Cultural (nominal), Functional* und *Conceptual/Procedural (True) Scientific Literacy*. Sie gehen davon aus, dass das Niveau des konzeptuellen und prozeduralen Verständnisses – aufgefasst als Kommunikations- und Urteilsfähigkeit im mathematisch-naturwissenschaftlichen und technischen Bereich – nur von einem kleinen Teil der nachwachsenden Generation erreicht werde. Eine funktionale Grundbildung – definiert als Verständnis zentraler Begriffe und Konzepte, die zu einem sinnvollen Gedankenaustausch über mathematische und naturwissenschaftlich-technische Phänomene des Alltags befähigen – erwarteten sie etwa bei einem Drittel der (amerikanischen) Bevölkerung. Die Mehrzahl der Bevölkerung bleibe auf der Ebene von kultureller Literalität, die durch ein anschauliches Verständnis von Alltagsphänomenen und deren erfahrungsnaher Deutung bestimmt werde.

Diese Stufen mathematisch-naturwissenschaftlicher Grundbildung lassen sich relativ zwanglos zu den von uns anhand von Markieritems des Grundbildungstests inhaltlich definierten Fähigkeitsniveaus in Beziehung setzen. Auch wenn man berücksichtigt, dass der TIMSS-Grundbildungstest nur eine gemäßigte Variante des funktionalen *Literacy*-Konzepts wiedergibt und insgesamt schulnäher konzipiert ist, lassen sich doch folgende Zuordnungen vornehmen. Die beiden unteren Fähigkeitsniveaus, die wir für die Mathematik als alltagsbezogenes Schlussfolgern und Anwendung von einfachen Routinen und für die Naturwissenschaften als praktisches Alltagswissen und Erklärung alltagsnaher Phänomene bezeichnet haben, entsprechen weitgehend der Konzeption von *Cultural Literacy*. Mit *Functional* bzw. *Conceptual/ Procedural Literacy* korrespondieren die dritte und vierte Fähigkeitsstufe. Für die mathematische Grundbildung haben wir diese „Bildung von Modellen und Verknüpfung von Operationen" bzw. „mathematisches Argumentieren" genannt, für die naturwissenschaftliche Grundbildung haben wir die Bezeichnung „Anwendung elementarer Modellvorstellungen" bzw. „Anwendung naturwissenschaftlicher Fachkenntnisse" gewählt. Für die Bundesrepublik Deutschland sind die Niveaustufen 3 und 4 die eigentliche Messlatte des Fachunterrichts der Sekundarstufe I. In diesen Bildungszielen kommt der gemeinsame Anspruch der Lehrpläne der Länder zum Ausdruck, der für das Fach Mathematik mit den von den Kultusministern der Länder formulierten Standards des mittleren Abschlusses explizit wurde (KMK, 1995).

Wählt man die internationalen fachdidaktischen *Benchmarks* und die deutschen Lehrplanvorgaben bzw. die einheitlichen Standards des mittleren Abschlusses als Bezugspunkte für die Interpretation der Befunde des internationalen Leistungsvergleichs, zeigt sich, dass TIMSS/III wichtige und differenzierende Antworten auf offene Fragen der Grundbildungsdiskussion gibt. Zunächst wird deutlich, dass sowohl die internationalen als auch die deutschen Standards die Messlatte für eine wünschenswerte mathematisch-naturwissenschaftliche Grundbildung sehr hoch legen. In vielen Industriestaaten erreicht die Mehrzahl der jungen Erwachsenen im Abschlussjahrgang der Sekundarstufe II die vorgegebene Zielmarke nicht. Auch in Deutschland gibt es eine erhebliche Diskrepanz zwischen den an den Fachunterricht gerichteten normativen Erwartungen und den tatsächlich erreichten Resultaten. Die TIMSS-Befunde bestätigen in gewisser Weise jene Skeptiker, die generelle Zweifel an der Universalisierbarkeit einer mathematisch-naturwissenschaftlichen Grundbildung auf dem hohen angestrebten Niveau äußern. Gleichzeitig wird diese Skepsis aber auch relativiert. Denn die Resultate zeigen ebenfalls, dass es in einer ganzen Reihe europäischer Industriestaaten gelingt, für nahezu drei Viertel der nachwachsenden Generation mindestens das Niveau funktionaler Literalität und für etwa ein Drittel das Niveau konzeptuellen und prozeduralen Verständnisses zu erreichen und gleichzeitig den Anteil wirklich schwacher Lerner auf ein Minimum zu beschränken. Diese beiden oberen Fähigkeitsstufen der mathematisch-naturwissenschaftlichen Grundbildung sind nicht durch Alltagserfahrungen, sondern ausschließlich durch systematischen Unterricht erreichbar.

Die Ergebnisse des internationalen Leistungsvergleichs haben selbstverständlich keine inhärente normative Funktion, auch wenn dies die Verfasser von Ranglisten immer wieder unterstellen möchten. Was in einem Bildungssystem mathematisch-naturwissenschaftliche Grundbildung ausmachen soll, ist eine bildungstheoretische und letztlich politische Frage, die durch empirische Forschung nicht beantwortet werden kann. Empirische Ergebnisse können aber sehr wohl ein Element der Realitätskontrolle im normativen Diskurs sein, indem sie auf Diskrepanzen zwischen Erwartungen und Ergebnissen aufmerksam machen und auf prinzipiell Erreichtes hinweisen.

3. Relative Stärken und Schwächen der deutschen Abschlussjahrgänge der Sekundarstufe II im Bereich der mathematisch-naturwissenschaftlichen Grundbildung: Analysen differentieller Itemfunktionen

3.1 Mathematisch-naturwissenschaftliche Grundbildung als komplexes Fähigkeitssyndrom

Im bisherigen Bericht über Ergebnisse der Untersuchung zur mathematisch-naturwissenschaftlichen Grundbildung haben wir sowohl von einem numerischen Gesamtwert zur Kennzeichnung des erreichten Niveaus mathematisch-naturwissenschaftlicher Grundbildung als auch von spezifischen, für den mathematischen und naturwissenschaftlichen Bereich getrennten Kennwerten Gebrauch gemacht. In dem vom Grundbildungstest erfassten basalen Kenntnisbereich kovariieren mathematische und naturwissenschaftliche Fähigkeiten hinreichend, sodass es gerechtfertigt ist, einen Gesamtindex für ein komplexes Fähigkeitssyndrom zu bilden, das man als mathematisch-naturwissenschaftliche Grundbildung bezeichnen kann. Gleichzeitig sind aber die spezifischen mathematischen und naturwissenschaftlichen Fähigkeiten auch hinreichend distinkt, um sie jeweils gesondert zu betrachten. Die methodischen Grundlagen dieser doppelten Perspektive haben wir im Kapitel III,

Abschnitt 2 mithilfe hierarchischer Strukturgleichungsmodelle dargestellt. Bei der Analyse von Schulleistungen auf der aggregierten Ebene von Fächern hat man es *immer* mit Fähigkeitssyndromen zu tun, in denen eine Vielzahl psychologischer Einzelfähigkeiten zusammenspielen. Die in Schulleistungen zum Ausdruck kommenden Kompetenzen sind mehrdimensionale theoretische Konstrukte, die mit unterschiedlichem Auflösungsgrad analysiert werden können. Dies gilt auch für die mathematischen und naturwissenschaftlichen Untertests, die ihrerseits Subdimensionen des Grundbildungstests darstellen.

Im Folgenden nutzen wir die Komplexität dieser Konstrukte aus, indem wir unterhalb der Ebene der latenten Skalen länderspezifische Stärken und Schwächen identifizieren. Wir nutzen dazu das Instrumentarium der so genannten differentiellen Itemanalyse in Verbindung mit einer Einschätzung inhaltlicher Anforderungen einzelner Aufgaben.

Für diese inhaltliche Einschätzung orientieren wir uns an den von Shamos (1995) beschriebenen Stufen der Liberalität. Alle 32 bzw. 45 Aufgaben zur mathematischen und naturwissenschaftlichen Grundbildung wurden von zwei unabhängigen Beurteilern nach vier Stufen klassifiziert (vgl. Kap. III, Abschnitte 3.2 und 3.3). Die Experten urteilten a posteriori, aber ohne vorherige Kenntnisnahme der empirischen Itemschwierigkeiten. Im Falle der Nichtübereinstimmung der Beurteiler wurde über die Zuordnung einer Aufgabe diskursiv entschieden. Tabelle IV.7 zeigt die Verteilung der Aufgaben auf die definierten Anforderungsniveaus differenziert nach Mathematik und den Naturwissenschaften.

Die Zuordnung von Aufgaben zu Anforderungsniveaus erklärt erwartungsgemäß einen substantiellen Teil der Varianz der Aufgabenschwierigkeit. Sowohl im mathematischen als auch im naturwissenschaftlichen Untertest unterscheiden sich die mittleren Aufgabenschwierigkeiten der einzelnen Anforderungsstufen signifikant (vgl. Tab. IV.8) (Mathematik: $F_{[3, 41]} = 12.3$; $p < .001$; Naturwissenschaften: $F_{[3, 28]}$

Tabelle IV.7: Testaufgaben nach Anforderungsniveau und Sachgebiet

Sachgebiet	Anforderungsniveau				Insgesamt
	I	II	III	IV	
Mathematik	7	9	24	5	45
Naturwissenschaften	7	9	8	8	32

IEA. Third International Mathematics and Science Study.   © TIMSS/III-Germany

Tabelle IV.8: Aufgabenschwierigkeiten im Grundbildungstest nach Sachgebiet und Anforderungsniveau (Mittelwerte/Prozent erklärte Varianz)

Sachgebiet	Anforderungsniveau/Effektstärke				
	I	II	III	IV	ω^2
Mathematik	471	487	534	657	.47
Naturwissenschaften	409	497	574	620	.45

IEA. Third International Mathematics and Science Study.   © TIMSS/III-Germany

= 7.6; $p < .001$). Der durch die Fähigkeitsstufe erklärte Varianzanteil liegt bei R^2 = .47 für Mathematik bzw. R^2 = .45 für die Naturwissenschaften. Die mit dem mathematischen bzw. naturwissenschaftlichen Anforderungsniveau verknüpften Fähigkeiten sind also bedeutsamer Teil der durch die beiden Untertests erfassten latenten theoretischen Dimensionen mathematischer und naturwissenschaftlicher Grundbildung – aber eben nur ein Teil. Für die Schwierigkeit einer Aufgabe sind über die von uns definierten fachlichen Anforderungen weitere Facetten verantwortlich, die streng genommen in einem Mehr-Komponenten-Modell der Aufgabenschwierigkeit zu explizieren wären – eine genuine Aufgabe der Fachdidaktiken. Das in Kapitel III, Abschnitt 3 vorgestellte Modell zur Erklärung der Aufgabenschwierigkeiten der mathematischen und naturwissenschaftlichen Subtests zur Grundbildung enthält zwei solcher ergänzenden Facetten.

3.2 Differentielle Itemfunktion und Testbias

Ein perfekter unidimensionaler Test – dies ist die dem Rasch-Modell zu Grunde liegende theoretische Vorstellung – erfasst definitionsgemäß eine einzige Fähigkeitsdimension, deren Ausprägung die Lösungswahrscheinlichkeit einer Testaufgabe ausschließlich bestimmt. Dementsprechend können auch alle Gruppenunterschiede in den Lösungswahrscheinlichkeiten von Testaufgaben – von einem zufällig verteilten Schätzfehler abgesehen – vollständig auf unterschiedliche Fähigkeitsverteilungen zwischen den Gruppen zurückgeführt werden. In dieser Logik haben wir Testleistungsunterschiede zwischen den TIMSS-Ländern als Ausdruck unterschiedlicher mathematisch-naturwissenschaftlicher Grundbildung interpretiert. Wenn die Lösungswahrscheinlichkeit von Aufgaben aber nicht nur von einer einzigen homogenen Fähigkeit, sondern – wie dies in Schulleistungstests typischerweise der Fall ist – von unterschiedlich komplexen Fähigkeitssyndromen abhängt, ist es nicht überraschend, wenn sich Gruppen – in unserem Falle Länder – aufgrund spezifischer curricularer oder unterrichtlicher Schwerpunktsetzungen in Teilfähigkeiten unterscheiden. So können etwa die Fähigkeiten des mathematischen Modellierens oder naturwissenschaftlichen Experimentierens von Land zu Land unterschiedlich ausgeprägt sein. Zwingt man komplexen Testaufgaben ein unidimensionales Testmodell und entsprechende Itemcharakteristiken auf, wie wir es mit dem Rasch-Modell getan haben, so schlagen sich Gruppenunterschiede in Teilfähigkeiten auch in der Schätzung der Kennwerte des Fähigkeitssyndroms nieder. Ist dies der Fall, unterscheiden sich Personen mit unterschiedlicher Gruppenzugehörigkeit, aber identischer Gesamtfähigkeit systematisch hinsichtlich der Lösungswahrscheinlichkeit jener Testaufgaben, deren erfolgreiche Bearbeitung gerade diese Teilfähigkeiten verlangt. Man spricht in diesem Fall von *differentiellen Itemfunktionen* (DIF). Technisch gesprochen liegt DIF immer dann vor, wenn sich die bedingte Wahrscheinlichkeit ($P[x = 1|\vartheta]$), eine Testaufgabe richtig zu lösen, zwischen Gruppen überzufällig unterscheidet. In diesem Fall sind gruppenspezifische Item-Charakteristik-Kurven nachweisbar.

Substantielle differentielle Itemfunktionen stellen zunächst Verletzungen der spezifischen Objektivität eines Rasch-Tests dar. Die Schätzung von Itemschwierigkeiten und Personfähigkeiten ist nicht invariant gegenüber unterschiedlichen Item- und Personenstichproben. In der Regel sind differentielle Itemfunktionen aber auch Ausdruck nichtmodellierter Multidimensionalität eines Tests, wobei sich Gruppen hinsichtlich der Verteilung der sekundären latenten Fähigkeit systematisch unterscheiden (Camilli & Shepard, 1994; Douglas, Roussos & Stout, 1996). Hierbei handelt es sich im Grunde um ein typisches multidimensionales Mischverteilungsproblem (Rost, 1996). Dies ist so lange unproblematisch, wie die zusätzliche Fähigkeitsfacette theoretisch als Teil des allgemeineren Fähigkeitssyndroms interpretiert werden kann. Verlangt jedoch die Lösung einer Aufgabe sekundäre Fähigkeiten, die man nicht mehr als Teilaspekte des interessierenden Fähigkeitssyndroms zu akzeptieren bereit ist, dann spricht man von einem *Testbias* gegenüber einer bestimmten Gruppe. Ein Physiktest etwa, der eine größere Anzahl ausgesprochen technischer Anwendungsaufgaben enthält, die besonderes technisches Verständnis erfordern, könnte gegenüber Mädchen als unfair betrachtet werden. Oder: Bei internationalen Vergleichen gelten nichtäquivalente Übersetzungen, die je nach Land zur Erleichterung oder Erschwernis einer Testaufgabe führen, mit Recht als Testverzerrung. Besonders bei nationalen Testprogrammen, wie etwa dem *National Assessment of Educational Progress* (NAEP) oder dem *Scholastic Aptitude Test* (SAT) in den USA, hat die Untersuchung von Testbias insbesondere gegenüber Minoritäten eine lange und wichtige Tradition (Shepard, Camilli & Williams, 1984; ETS, 1987; Schmitt & Dorans, 1990; Lawrence, Curley & McHale, 1988). Dennoch muss man betonen, dass nicht jede differentielle Itemfunktion Ausdruck von Testbias ist. Unter pädagogischen Gesichtspunkten kann gerade der im Prinzip unproblematische Fall einer differentiellen Itemfunktion von besonderem theoretischen Interesse sein, wenn in der unterschiedlichen Lösungswahrscheinlichkeit bestimmter Aufgabentypen spezifische curriculare oder unterrichtliche Bedingungen zum Ausdruck kommen (Miller & Linn, 1988; Tatsuoka u.a., 1988).

3.3 Untersuchungshypothesen

Ein auffälliges Ergebnis der TIMSS-Mittelstufenuntersuchung war der Befund, dass Lernprozesse im Mathematik- und Naturwissenschaftsunterricht in Deutschland im internationalen Vergleich wenig kumulativ zu verlaufen scheinen. Besonders im Vergleich zu Frankreich, Schweden oder der Schweiz waren die Lernzuwächse in Mathematik – geschätzt auf der Basis von zwei Querschnittuntersuchungen – vom Ende der 7. bis zum Ende der 8. Jahrgangsstufe in Deutschland gering (Baumert, Lehmann u.a., 1997). Anhand von Analysen der Videoaufnahmen des intensivierten Drei-Länder-Vergleichs konnte für den Mathematikunterricht die Hypothese entwickelt werden, dass der für Deutschland charakteristische fragend entwickelnde Unterricht, der konvergent auf die Erarbeitung einer mathematischen Lösung oder die Vermittlung einer Routine hinausläuft, strukturell wenig Platz für intelligentes Üben und Wiederholen lässt, das systematisch in die Erarbeitung neuer Stoffe eingebettet ist. Dadurch steht vermutlich für die Konsolidierung und Durcharbeitung des Gelernten in variierenden Kontexten und dessen Verknüpfung mit neuen Konzepten wenig Raum zur Verfügung (Voigt, 1984; Renkl & Stern, 1994; BLK, 1997; Klieme & Bos, 2000). Infolgedessen sollten deutsche Schüler besondere Schwierigkeiten mit Aufgabenstellungen haben, die das mathematische Modellieren umgangssprachlich ausgedrückter Sachverhalte oder die flexible Anwendung des Gelernten in neuen Zusammenhängen verlangen. Dagegen sollte die Bearbeitung von schulischen Routineaufgaben, solange diese jeweils eine einzige spezifische Operation erfordern, vergleichsweise unauffällig sein.

Für die naturwissenschaftlichen Fächer verfügen wir über keine vergleichbare qualitative Datenbasis, aufgrund derer sich Hypothesen zu den spezifischen Stärken und Schwächen des Unterrichts entwickeln ließen. Allerdings ist die Annahme naheliegend, dass die relativ geringe Kumulativität der Leistungsentwicklung in den naturwissenschaftlichen Fächern in Deutschland weniger bei der Bearbeitung von Aufgaben zum Ausdruck kommen sollte, die im Wesentlichen im Rückgriff auf Alltagswissen gelöst werden können, sondern vielmehr bei Aufgaben, deren Lösungen spezifisches unterrichtsabhängiges Wissen und konzeptuelles Verständnis naturwissenschaftlicher Sachverhalte erfordern.

Für die Schweiz entwickelte Ramseier (1997), von charakteristischen Merkmalen der Reform des naturwissenschaftlichen Unterrichts ausgehend, eine Alternativhypothese, nach der die Stärken der Schweizer Schüler gerade bei naturwissenschaftlichen Aufgaben deutlich werden sollten, die ein tieferes Verständnis der naturwissenschaftlichen Sachverhalte prüften, ohne spezifische Fachterminologie abzurufen. Anhand der Analyse der Schweizer Mittelstufendaten konnte er erwartungsgemäß differentielle Aufgabenschwierigkeiten je nach Aufgabentyp nachweisen.

In Deutschland liegen verschiedene Versuche vor, die spezifischen Stärken und Schwächen der verfügbaren mathematischen Wissensbasis deutscher Schüler im internationalen Vergleich herauszuarbeiten. Kaiser (1997), Kaiser, Blum und Wiegand (1997), Kaiser-Messmer und Blum (1993) und Kaiser-Messmer und Blum (1994) verglichen den Mathematikunterricht der Mittelstufe in Deutschland und England auf der Basis von Konvenienzstichproben. Kaiser (1997) rekonstruiert anhand unstandardisierter Unterrichtsbeobachtungen in typisierender Form den Mathematikunterricht beider Länder in den Dimensionen: (1) Bedeutung mathematischer Theorien und Regeln, (2) Realitätsbezug und (3) dominante Lehr-Lern-Formen. Anhand von Unterrichtsbeispielen skizziert sie idealtypisch Unterrichtsskripte, die durch fachsystematisches bzw. pragmatisches Theorieverständnis, innermathematische Sichtweise bzw. Anwendungsbezogenheit sowie geleitetes Unterrichtsgespräch bzw. Individualarbeit gekennzeichnet sind. Wieweit die unterschiedlichen englischen und deutschen Unterrichtsmodelle zu spezifischen Profilen mathematischer Leistungen führen, wird allerdings weder theoretisch expliziert noch empirisch überprüft. Der Bericht über die quantitativen Ergebnisse der Leistungsuntersuchung referiert Mittelwertunterschiede in drei Subtests, die ausgewählte Bereiche der Arithmetik, Algebra und Geometrie abdecken. Eine explizite Beziehung zu den qualitativen Befunden wird nicht hergestellt, insbesondere unterbleibt die naheliegende Analyse differentieller Itemfunktionen innerhalb der durch die Subtests beschriebenen Bereiche.

Diesen Schritt vollziehen Neubrand, Neubrand und Sibberns (1998), Blum und Wiegand (1998) und Wiegand (1998) unter Nutzung der TIMSS/II-Datenbasis. Unter einer stoffdidaktischen Perspektive analysieren die Autoren die relativen Lösungshäufigkeiten, die bei ausgewählten TIMSS-Aufgaben in Deutschland im Vergleich zu den mittleren internationalen Schwierigkeiten erzielt werden. Beide Arbeiten berücksichtigen auch die wichtigsten methodischen Probleme eines Vergleichs relativer Lösungshäufigkeiten. Neubrand, Neubrand und Sibberns (1998) belegen anhand ihrer Analysen der TIMSS-Aufgaben, dass deutsche Schülerinnen und Schüler im Vergleich zum internationalen Durchschnitt zunehmende Schwierigkeiten haben, eine Mathematikaufgaben zu lösen, wenn

– Verbindungen über mehrere Sachgebiete erforderlich werden, zum Beispiel der Wechsel von der Begriffs- auf die Tätigkeitsebene,
– mehrere einfache Operationen zu kombinieren sind,
– unterschiedliche Aspekte eines Gegenstands gleichzeitig thematisiert werden,
– die Verfügbarkeit einer „geometrischen Grammatik" (Bauersfeld, 1993) geprüft wird und
– mathematische Modellierungen vor allem aus komplexeren Sachkontexten heraus erwartet werden.

Die Analysen von Blum und Wiegand (1998), die ebenfalls auf dem Vergleich relativer Lösungshäufigkeiten beruhen, ergänzen und stützen die Befunde von Neubrand u.a. Ihre Ergebnisse zeigen, dass relative Schwächen deutscher Schüler und Schülerinnen bei Aufgaben sichtbar werden, deren Lösung die Verfügbarkeit anspruchsvollerer und weniger geläufiger „Grundvorstellungen" im Sinne von vom Hofe (1995) voraussetzt oder die Verbindung mehrerer Grundvorstellungen verlangt. Die relativen Stärken der deutschen Schülerinnen und Schüler liegen nach den Ergebnissen beider Arbeiten dagegen bei einfachen algorithmischen Verfahrensweisen, bei der Reproduktion von Faktenwissen und bei einschrittigen elementaren Operationen.

Wenn man die Befunde und Überlegungen zur Mittelstufe auf den Abschlussjahrgang der Sekundarstufe II überträgt, lässt sich die Hypothese formulieren, dass junge Erwachsene am Ende der Schullaufbahn in Deutschland im Vergleich mit Absolventen aus Ländern, in denen ein höheres mathematisch-naturwissenschaftliches Grundbildungsniveau erreicht wird und Lernprozesse in der Mittelstufe kumulativer verlaufen, mit besonderen Schwierigkeiten bei Aufgabenstellungen konfrontiert sind, die komplexe Operationen, die Anwendung mathematischer oder naturwissenschaftlicher Modellvorstellungen in neuen Kontexten und selbstständiges fachliches Argumentieren verlangen. Wir erwarten also in systematischer Weise differentielle Itemfunktionen bei Testaufgaben, die wir den Anforderungsniveaus III und IV zugeordnet haben. In diesen Fällen sollten die bedingten Lösungswahrscheinlichkeiten für deutsche Schulabsolventen niedriger liegen. Als Referenzländer zur Überprüfung der Hypothese bieten sich einerseits Frankreich, Schweden und die Schweiz an – also Länder, die sich durch hohe Leistungsfortschritte in der Mittelstufe auszeichnen – und andererseits Österreich und die USA, die im internationalen Vergleich ein mittleres bzw. schwaches Leistungsniveau erreichen und in der Mittelstufe eher geringe Leistungszuwächse zu verzeichnen haben (Baumert, Lehmann u.a., 1997). Ein weiterer interessanter Vergleichsfall sind die Niederlande. Die niederländischen TIMSS-Teilnehmer erreichten sowohl in der Mittel- als auch in der Oberstufe in beiden Fachgebieten sehr gute Leistungsergebnisse bei eher unauffälligen Leistungszuwachsraten in der Mittelstufe. Diese Situation macht es schwierig, eine gerichtete Vergleichshypothese zu formulieren.

3.4 Statistische Indizes für differentielle Itemfunktion und Maße der Effektstärke

Ein intuitiv einleuchtendes und in den Fachdidaktiken bei Aufgabenanalysen vielfach verwendetes Maß für differentielle Itemfunktionen ist die Differenz gruppenspezifischer Aufgabenschwierigkeiten, wobei die Aufgabenschwierigkeit durch den Prozentsatz jener Probanden ausgedrückt wird, die zu einer richtigen Lösung gelangen („Prozentsatz korrekt"). Aus einem Vergleich der Differenzen für Aufgaben mit unterschiedlichem Anforderungscharakter wird auf spezifische Stärken oder Schwächen der verglichenen Gruppen geschlossen. Die Schwächen dieser Kennziffer sind bei aller Anschaulichkeit offensichtlich: Es sind dies die Abhängigkeit vom mittleren Fähigkeitsniveau der Vergleichsgruppen und die Nicht-Linearität des Maßstabes. Um diese Schwächen zu vermeiden, sind unterschiedliche Transformationen und Standardisierungen vorgeschlagen worden. Einer der bekanntesten transformierten Indizes ist die so genannte *Delta-Skala* von Angoff und Ford (1973), die lange Zeit auch vom *Educational Testing Service* (ETS) zur Analyse von Testbias in Instrumenten der nationalen Testprogramme der USA verwendet wurde (Angoff, 1982). Ein alternatives Verfahren, das ebenfalls auf dem Vergleich traditionell konzipierter Itemschwierigkeiten beruht, ist die varianzanalytische Prüfung differentieller Itemfunktionen. In einer Zwei-Wege-Varianzanalyse mit Messwiederholung wird die Gruppenzugehörigkeit als erster und die Testaufgabe als zweiter *within-subjects*-Faktor behandelt. Im Haupteffekt der Gruppenzugehörigkeit werden die mittleren Fähigkeitsdifferenzen der Vergleichsgruppen abgebildet, während differentielle Aufgabenschwierigkeiten im Interaktionsterm zum Ausdruck kommen. Das varianzanalytische Vorgehen war lange Zeit die Methode der Wahl, um die Testfairness von Intelligenz- und Eignungstests zu überprüfen (Jensen, 1984; Gordon, 1987).

Anhand von Reanalysen unter anderem der *High-School and Beyond*-Daten und Simulationsstudien konnten Camilli und Shepard (1987, 1994) zeigen, dass in allen DIF-Kennwerten, die auf dem Vergleich traditionell definierter Aufgabenschwierigkeiten beruhen, differentielle Itemfunktion und Itemtrennschärfe konfundiert sind. Aufgaben mit höherer Trennschärfe erzeugen zwangsläufig höhere DIF-Maße, sobald sich die Vergleichsgruppen im mittleren Fähigkeitsniveau unterscheiden. Und selbst bei Gültigkeit des einparametrischen Rasch-Modells können traditionelle

Trennschärfen von Aufgaben differieren. Beim Vergleich klassischer Itemschwierigkeiten treten sowohl Alpha- als auch Beta-Fehler in erheblichem Maße auf. Nur bei Übereinstimmung der gesamten latenten Fähigkeitsverteilung der Vergleichsgruppen – Gleichheit von Mittelwerten reicht nicht aus – sind Schwierigkeitsdifferenzen von Testaufgaben verzerrungsfreie Schätzer differentieller Itemfunktionen. Camilli und Shepard (1994) empfehlen deshalb zu Recht, diese Indizes trotz ihrer intuitiven Plausibilität nicht zu verwenden.

Als Alternativen kommen verteilungsfreie Verfahren, die auf der Analyse von Kontingenztabellen beruhen – insbesondere die Mantel-Haenszel-Statistik (1989) –, vor allem aber der Vergleich gruppenspezifischer Item-Charakteristik-Kurven im Rahmen der *Item-Response*-Theorie in Frage (Holland & Wainer, 1993; Camilli & Shepard, 1994). Vorausgesetzt, dass ein probabilistisches Testmodell mit den empirischen Daten kompatibel ist, bietet die *Item-Response*-Theorie den optimalen Weg, differentielle Itemfunktionen zu entdecken und in ihrer Effektstärke zu bestimmen. Diesen Weg werden wir im Folgenden einschlagen. Im Rahmen der IRT liegt eine differentielle Itemfunktion dann vor, wenn die bedingte Lösungswahrscheinlichkeit einer Testaufgabe zwischen Gruppen differiert. In diesem Fall unterscheiden sich die gruppenspezifischen Item-Charakteristik-Kurven systematisch – im Fall der Gültigkeit des Rasch-Modells in ihrem Lageparameter. Die Differenzen der Logit-Werte der Rasch-Aufgabenschwierigkeiten können zugleich als direktes Maß der Effektstärke verwendet werden. Gute Überblicke finden sich bei Millsap und Everson (1993), Holland und Wainer (1993) und Camilli und Shepard (1994). Abbildung IV.13 illustriert jeweils einen Fall uniformer und nichtuniformer differentieller Itemfunktion für zwei Gruppen. Im ersten Fall unterscheiden sich die Item-Charakteristik-Kurven der beiden Gruppen nur in ihrem Schwierigkeitsparameter b (Rasch-Modell); im zweiten Fall haben die Itemcharakteristiken unterschiedliche Schwierigkeits-, Trennschärfe- und Rateparameter b, a, c (dreiparametrisches IRT-Modell).

Multidimensionale Skalierungsprogramme für IRT-Modelle wie *ConQuest* (Wu, Adams & Wilson, 1998) erlauben die effiziente statistische Prüfung von Interaktionseffekten zwischen Aufgaben und Gruppenzugehörigkeit bei gleichzeitiger Kontrolle der mittleren Fähigkeitsdifferenzen zwischen Gruppen sowie die Schätzung der gruppenspezifischen Itemparameter einschließlich ihrer Standardfehler. Weitere Verfahren und Maße, die auch die Prüfung der differentiellen Funktion von Aufgabenbündeln erlauben, stehen mit SIBTEST (Shealy & Stout, 1993), Douglas, Roussos und Stout (1996), MULTISIB (Stout, Nandakumar & Bolt, 1997) sowie DFIT (Raju, van der Linden & Fleer, 1995) zur Verfügung. Einen Überblick über Effektstärkenmaße geben Camilli und Shepard (1994).

Abbildung IV.13: Differentielle Itemfunktionen (DIF)

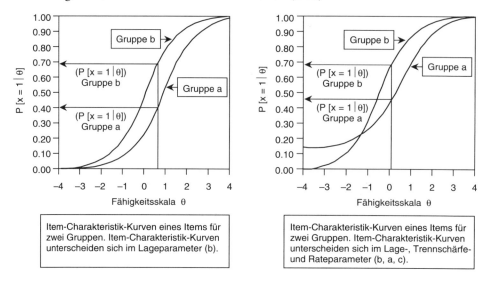

IEA. Third International Mathematics and Science Study. © TIMSS/III-Germany

3.5 Relative Stärken und Schwächen von deutschen Absolventen des Abschlussjahrgangs in der Sekundarstufe II: Ergebnisse der Analysen

Methodisches Vorgehen

Zur Überprüfung der eingangs formulierten Hypothesen über die spezifischen Stärken und Schwächen deutscher Abschlussjahrgänge bedienen wir uns des Vergleichs von Aufgaben-Charakteristik-Kurven im Rahmen der *Item-Response*-Theorie. Als Referenzländer werden die *Schweiz, Frankreich, Schweden, Niederlande* einerseits, *Österreich und die USA* andererseits ausgewählt. Jeweils getrennt für den mathematischen und naturwissenschaftlichen Untertest werden Aufgaben- × Länderinteraktionen überprüft. Alle Länder werden gleichzeitig als Kategorien einer polytomen Gruppierungsvariable in die Analyse einbezogen. Die Parameterschätzung erfolgt mit dem Programm *ConQuest* (Adams, Wilson & Wu, 1997). Die Differenzen zwischen den gruppenspezifischen Aufgabenschwierigkeiten werden als Maß der differentiellen Itemfunktionen verwendet. Dabei setzen wir Deutschland jeweils zu den einzelnen Referenzländern in Beziehung. Aufgrund der großen Stichproben werden schon relativ kleine Abweichungen der gruppenspezifischen Aufgabenschwierigkeiten von etwa .05 Standardabweichungen signifikant. In ihren Simulationsstudien konnten Camilli und Shepard (1987) zeigen, dass auch unter Nutzung der *Item-Response*-Theorie bei der Analyse differentieller Itemfunktionen die Fehlerraten bei etwa 15 bis 20 Prozent liegen. Deshalb empfiehlt es sich, bei der Analyse differentieller Itemfunktionen grundsätzlich Bündel von Aufgaben desselben Typs zu betrachten. Dabei sollte die Klassifikation der Aufgaben a priori aufgrund theoretischer Überlegungen erfolgen, wie dies bei der Definition der Anforderungsniveaus geschehen ist. Um die Stabilität der Schätzungen zu überprüfen, wurden die Aufgaben der Anforderungsstufen III und IV in einem paarweisen Ländervergleich mithilfe von SIBTEST (Douglas, Rousos & Stout, 1996) auf differentielle Itemfunktion überprüft. Die Schätzungen stützen sich wechselseitig.

Benachteiligung deutscher Absolventen durch Testaufgaben mit Mehrfachwahlantworten?

Von pädagogischen Kritikern standardisierter Testverfahren, in denen vorwiegend Aufgaben mit Mehrfachwahlantworten zur Anwendung kommen, wird neben den in Kapitel III, Abschnitt 2 geprüften Einwänden ein Argument differentieller Itemfunktion – auch wenn dies nicht so benannt wird – vorgetragen. *Multiple Choice*-Aufgaben seien für deutsche Schüler ein ungewohntes Prüfungsformat und benachteiligten diese deshalb im Vergleich zu Schülern aus Ländern mit standardisierten Test- und Prüfungsprogrammen (vgl. z.B. Hagemeister, 1999; Baumert u.a., 2000). Im Kapitel III, Abschnitt 2 hatten wir bereits gezeigt, dass TIMSS-Aufgaben mit offenen Antwortmöglichkeiten im Vergleich zu Testaufgaben mit Mehrfachwahlantworten im Mittel höhere Schwierigkeit aufweisen. Die durchschnittliche internationale Schwierigkeit von *Multiple Choice*-Aufgaben beträgt 500 für Mathematik bzw. 487 für die Naturwissenschaften im Vergleich zu 605 bzw. 580 bei offenen Antwortformaten. Die Differenzen betragen also rund eine Standardabweichung. Erwartungsgemäß verteilen sich die Testaufgaben unterschiedlicher Formate auch nicht gleichmäßig auf die Anforderungsniveaus. Offene Antwortformate wurden naheliegenderweise überdurchschnittlich häufig bei anspruchsvolleren Aufgaben eingesetzt. Tabelle IV.9 zeigt die Verteilung der Aufgabenformate auf die einzelnen Anforderungsniveaus getrennt für den mathematischen und naturwissenschaftlichen Grundbildungstest.

Um die Konfundierung von Effekten des Antwortformats und der Anforderung zu vermeiden, wurde zunächst getrennt für den mathematischen und naturwissenschaftlichen Untertest geprüft, ob sich *Multiple Choice*-Aufgaben von offenen Ant-

Tabelle IV.9: Testaufgaben nach Anforderungsniveau, Aufgabenformat und Sachgebiet

Anforderungsniveau	Sachgebiet/Antwortformat			
	Mathematik		Naturwissenschaften	
	Multiple Choice- Aufgaben	Offene Antwortformate	*Multiple Choice-* Aufgaben	Offene Antwortformate
I	5	2	5	2
II	9	–	5	4
III	18	6	4	4
IV	1	4	4	4
Insgesamt	33	12	18	14

IEA. Third International Mathematics and Science Study. © TIMSS/III-Germany

wortformaten systematisch hinsichtlich differentieller Itemfunktion auch unter Kontrolle des Anforderungsniveaus der Aufgaben unterscheiden. Dabei wurden alle Referenzländer simultan in die Analyse einbezogen. Die Anforderungsniveaus wurden auf zwei Stufen recodiert (I/II vs. III/IV). Die Prüfung wurde jeweils auf Itemebene mit einer multivariaten Varianzanalyse mit dem Antwortformat und Anforderungsniveau als Faktoren vorgenommen. Als abhängige Variablen fungieren die Differenzen der Item- × Länderinteraktionsparameter zwischen Deutschland und dem jeweiligen Referenzland. In beiden Varianzanalysen gibt es keine signifikanten Interaktionseffekte. Für die Mathematikaufgaben wird der multivariate *F*-Test für den Haupteffekt des Aufgabenformats nicht signifikant ($F_{[6, 36]} = 1.74$; $p = .14$). Für die Naturwissenschaftsaufgaben lässt sich der entsprechende Haupteffekt auf dem 5-Prozent-Niveau gerade zufallskritisch absichern ($F_{[6, 21]} = 3.84$; $p = .01$). Bei den naturwissenschaftlichen Aufgaben zeigen Einzelvergleiche, dass Absolventen aus der Schweiz und den Niederlanden im Vergleich zu deutschen Schülern eher *größere* Schwierigkeiten bei *Mehrfachwahlaufgaben* haben, während sie mit den anspruchsvolleren offenen Formaten besser zurechtkommen. Es gibt jedoch keine Hinweise auf Benachteiligung deutscher Schüler durch *Multiple Choice*-Aufgaben – auch nicht im Vergleich zu den USA. Insgesamt zeigen diese Analysen, dass Einflüsse der Aufgabenformate bei der Untersuchung differentieller Itemfunktionen vernachlässigt werden können. Dieses Resultat bestätigt die Befunde Ramseiers (1997) zur Mittelstufe.

Prüfung der Ausgangshypothesen

In der im vorangegangenen Abschnitt beschriebenen multivariaten zweifaktoriellen Varianzanalyse wird der Haupteffekt des Anforderungsniveaus bei den Aufgaben des mathematischen Untertests signifikant ($F_{[6, 36]} = 9.94$; $p < .001$). Die differentiellen Itemfunktionen von Aufgaben der Anforderungsniveaus III und IV des mathematischen Grundbildungstests sind mit den Ausgangshypothesen in der Richtung konsistent. Frankreich, die Schweiz und Schweden erreichen nicht nur im Mittel höhere Leistungsergebnisse, sondern deren spezifische Leistungsstärken liegen tendenziell – auch nach Konstanthaltung des generellen Niveaus – bei Aufgaben, die mathematisches Modellieren, die Verknüpfung von Operationen sowie mathematisches Argumentieren verlangen. Tabelle IV.10 gibt die über die Aufgaben der Anforderungsniveaus III und IV gemittelten Abweichungen zwischen den DIF-Parametern Deutschlands und des jeweiligen Referenzlandes wieder. Die Befunde sind für die Schweiz, die Niederlande, Österreich und die USA systematischer Art, in der Effektstärke allerdings gering. Wenn der mathematische Untertest ausschließlich aus Aufgaben der beiden oberen Anforderungsniveaus bestünde, würde sich der Leistungsrückstand des deutschen Abschlussjahrgangs gegenüber der entsprechenden Gruppe in Frankreich, Schweden und der Schweiz um knapp eine zehntel Standardabweichung vergrößern. Im Vergleich zu Österreich, den Niederlanden und den USA lassen sich im Mittel kleine differentielle Itemfunktionen für die Aufgaben der beiden oberen Anforderungsniveaus zu Gunsten deutscher Schüler nachweisen. Die in Tabelle IV.10 wiedergegebenen mittleren Abweichungen der DIF-Parameter bilden die zentrale Tendenz der Befunde ab. Die Stärke der Abweichungen – und in wenigen Einzelfällen sogar die Richtung – variiert allerdings von Aufgabe zu Aufgabe, und zwar von Referenzland zu Referenzland in unterschiedlicher Weise. Dies spricht dafür,

Tabelle IV.10: Differentielle Aufgabenschwierigkeiten (DIF) im mathematischen Grundbildungstest im Vergleich mit ausgewählten Referenzländern nach Anforderungsniveau (mittlere Abweichungen zwischen den DIF-Parametern Deutschlands und des jeweiligen Referenzlandes in Logit-Werten × 100)[1]

Anforderungs-niveau	Schweiz	Frankreich	Schweden	Niederlande	Österreich	USA
III und IV	9	(8)	(7)	–5	–5	–4

[1] Höhere Werte zeigen größere differentielle Aufgabenschwierigkeiten in Deutschland an. In Klammern nicht-signifikante Differenzen.

IEA. Third International Mathematics and Science Study. © TIMSS/III-Germany

dass länderspezifische curriculare und unterrichtliche Bedingungen auch in der relativen Lösungswahrscheinlichkeit einzelner Aufgaben zum Ausdruck kommen. Vergleichende mathematikdidaktische Analysen könnten weiteren Aufschluss liefern.

Abbildung IV.14 zeigt mit den Aufgaben A12 und B25 je eine Beispielaufgabe für die Niveaustufe III (mathematisches Modellieren und Verknüpfen elementarer Operationen) und IV (selbstständiges mathematisches Operieren). Die Testaufgabe A12 weist eine internationale Lösungshäufigkeit von 49 Prozent auf; in Deutschland liegt der entsprechende Wert mit 45 Prozent etwas niedriger. Für diese komplexe Anwendungsaufgabe lässt sich eine erhebliche differentielle Itemfunktion nachweisen. Im Vergleich zu den Referenzländern Frankreich, Schweden und der Schweiz liegt der differentielle IRT-Schwierigkeitsindex für die deutsche Stichprobe nach Kontrolle der Mittelwertunterschiede zwischen den Ländern um .56 bis .73 Standardabweichungen höher. Deutsche Schulabsolventen gleichen Grundbildungsniveaus haben also mit dieser Aufgabe erheblich größere Schwierigkeiten. Die Geometrieaufgabe B25, die bereits in gewissem Maße selbstständiges mathematisches Denken verlangt, ist erheblich schwieriger. Sie hat einen IRT-Schwierigkeitsindex von 610, und die internationale Lösungshäufigkeit liegt bei 38 Prozent. Für die deutsche Stichprobe sinkt der Wert auf 29 Prozent. Auch diese Aufgabe weist erwartungsgemäß gegenüber den drei primären Referenzländern positive DIF-Werte auf, die zwischen einer drittel und einer halben Standardabweichung liegen. Im Vergleich zu den Niederlanden und den USA ist diese Aufgabe dagegen für die deutschen Schulabsolventen geringfügig leichter.

Die Befunde der DIF-Analysen für den naturwissenschaftlichen Grundbildungstest, die in Tabelle IV.11 zusammengefasst sind, lassen sich aufgrund der mit 33 Aufgaben geringen Teststärke nicht zufallskritisch absichern. Da sie jedoch sehr homogen sind, sollen sie berichtet werden. Hypothesenkonform sind die positiven DIF-Werte für Aufgaben der beiden oberen Niveaustufen, wenn Deutschland mit den Vergleichsländern Frankreich, Schweden und der Schweiz in Beziehung gesetzt wird. Überraschend ist dagegen der Befund, dass auch im Vergleich zu den übrigen Referenzländern Österreich, den Niederlanden und den USA die anspruchsvolleren naturwissenschaftlichen Aufgaben für deutsche Schulabsolventen gleicher Fähigkeit schwieriger zu sein scheinen.

Abbildung IV.15 weist zwei naturwissenschaftliche Beispielaufgaben aus, die den Niveaustufen III (Anwendung elementarer naturwissenschaftlicher Modelle) und IV (Anwendung von Fachwissen) zuzuordnen sind und substantielle differentielle Itemfunktionen erkennen lassen. Die Testaufgabe A06a ist eine schwierige Problemstellung mit einem IRT-Schwierigkeitsindex von 631 und einer internationalen Lö-

Abbildung IV.14: Mathematische Beispielaufgaben der Niveaustufe III und IV mit erhöhter relativer Lösungsschwierigkeit für deutsche Schülerinnen und Schüler im Vergleich zur Schweiz, zu Frankreich und Schweden

A12. Diese beiden Anzeigen sind in einer Zeitung in einem Land erschienen, in dem die Währungseinheit *zeds* ist.

GEBÄUDE A

Büroräume zu vermieten

85–95 Quadratmeter
475 *zeds* pro Monat

100–120 Quadratmeter
800 *zeds* pro Monat

GEBÄUDE B

Büroräume zu vermieten

35–260 Quadratmeter
90 *zeds* pro Quadratmeter pro Jahr

Eine Firma ist daran interessiert, ein 110 Quadratmeter großes Büro in diesem Land für ein Jahr zu mieten. In welchem Bürogebäude, A oder B, sollte sie das Büro mieten, um den niedrigeren Preis zu bekommen? Wie rechnen Sie?

B25. Wie aus der Skizze ersichtlich ist, verläuft ein Pfad diagonal durch das rechteckige Feld.

Berechnen Sie die Fläche des Feldes OHNE den Pfad. Notieren Sie Ihren Lösungsweg!

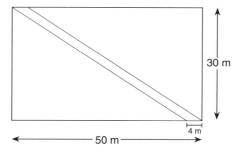

IEA. Third International Mathematics and Science Study.　　　　　© TIMSS/III-Germany

Abbildung IV.15: Naturwissenschaftliche Beispielaufgaben der Niveaustufe III und IV mit erhöhter relativer Lösungsschwierigkeit für deutsche Schülerinnen und Schüler im Vergleich zu den Referenzländern

---

A6. Wird eine Tier- oder Pflanzenart in ein Gebiet eingeführt, wo sie vorher nie gelebt hat, verursacht dies oft Probleme, indem ihre Vermehrung außer Kontrolle gerät und bestehende Arten verdrängt. Eine Möglichkeit die eingeführte Art zu bekämpfen, ist sie zu vergiften. Dies ist möglicherweise aber nicht praktikabel, kann sehr hohe Kosten verursachen oder schwerwiegende Gefahren in sich bergen. Eine andere Methode, *biologische Kontrolle* genannt, schließt den Einsatz lebender Organismen (mit Ausnahme der Menschen) ein, um die wuchernde Art unter Kontrolle zu bringen.

a) Nennen Sie ein aktuelles Beispiel einer biologischen Kontrolle.

b) Beschreiben Sie ein schwerwiegendes Problem, welches als Folge der Durchführung einer biologischen Kontrolle auftreten könnte.

C21. Nach einem Verkehrsunfall wurde eine verletzte Person in ein Krankenhaus eingeliefert. Die Person hatte Blut verloren. Der Arzt stellte fest, daß die Person Blutgruppe A negativ (A–) hat. Nur zwei Arten von Blutkonserven standen zur Verfügung, A positiv (A+) und 0 negativ (0–). Der Arzt entschied sich, der Person 0 negativ (0–) zu übertragen.

Erklären Sie, weshalb der Arzt das 0 negative (0–) Blut und nicht das A positive (A+) Blut gewählt hat.

IEA. Third International Mathematics and Science Study.   © TIMSS/III-Germany

Tabelle IV.11: Differentielle Aufgabenschwierigkeiten (DIF) im naturwissenschaftlichen Grundbildungstest im Vergleich mit ausgewählten Referenzländern nach Anforderungsniveau (mittlere Abweichungen zwischen den DIF-Parametern Deutschlands und des jeweiligen Referenzlandes in Logit-Werten × 100)[1]

Anforderungs-niveau	Schweiz	Frankreich	Schweden	Niederlande	Österreich	USA
III und IV	2	32	7	14	10	15

[1] Höhere Werte zeigen größere differentielle Aufgabenschwierigkeiten in Deutschland an.

IEA. Third International Mathematics and Science Study.   © TIMSS/III-Germany

sungshäufigkeit von 38 Prozent, die in Deutschland auf 18 Prozent sinkt. Die differentiellen Itemschwierigkeiten liegen bei dieser Aufgabe für die deutsche Stichprobe zwischen knapp einer halben und nahezu zwei Standardabweichungen über der der anderen Vergleichsländer. Die zweite als Beispiel angeführte Testaufgabe C21 setzt die Verfügbarkeit und Anwendung einschlägigen Fachwissens voraus. Sie ist mit einem IRT-Schwierigkeitsindex von 768 und einer relativen Lösungshäufigkeit von 10 Prozent – in Deutschland 9 Prozent – sehr schwierig. Auch diese Aufgabe der Niveaustufe IV weist im Sechs-Länder-Vergleich substantielle DIF-Werte auf. Die differentielle Aufgabenschwierigkeit liegt für die deutsche Stichprobe zwischen einer drittel Standardabweichung und eineinhalb Standardabweichungen über der von vier Vergleichsländern. Negative DIF-Werte hat die Aufgabe im Vergleich zu den Niederlanden und den USA.

3.6 Zusammenfassung

Die Ergebnisse der Analysen differentieller Itemfunktionen im mathematischen und naturwissenschaftlichen Grundbildungstest lassen sich knapp zusammenfassen. Deutsche Schulabsolventen sind – vermutlich unterrichts- und weniger lehrplanbedingt – tendenziell mit größeren Schwierigkeiten bei Aufgabenstellungen konfrontiert, die komplexe Operationen, die Anwendung mathematischer oder naturwissenschaftlicher Modellvorstellungen und selbstständiges fachliches Argumentieren verlangen. Die relativen Stärken der deutschen Abschlussjahrgänge liegen eher bei der Lösung mathematischer Routineaufgaben und erfahrungsnaher naturwissenschaftlicher Aufgaben, die häufig im Rückgriff auf Alltagswissen und ohne entsprechenden Fachunterricht gelöst werden können. Zwischen den Lehrplänen, die konzeptuelles Verständnis, die Fähigkeit, elementare Operationen zu verknüpfen, und den Transfer des Gelernten auf neue Zusammenhänge verlangen, und der Konkretisierung der Lehrplanvorschriften im Unterricht klafft eine Lücke. Im internationalen Vergleich scheint sie in den Naturwissenschaften größer als in der Mathematik zu sein.

4. Leistungsvergleiche zwischen Sekundarstufe I und Sekundarstufe II

Ein Vergleich der mit TIMSS/II erfassten mathematisch-naturwissenschaftlichen Leistungen am Ende der 8. Jahrgangsstufe mit den in TIMSS/III gemessenen Leistungen im Bereich der mathematisch-naturwissenschaftlichen Grundbildung ist auch für die Länder, die an beiden Untersuchungen teilgenommen haben, nicht ohne weiteres möglich, da die Befunde jeweils in eigenen Metriken mit arbiträr festgesetzten Mittelwerten von 500 und einer Standardabweichung von 100 skaliert wurden. Prinzipiell ist die Angleichung der Metriken über ein *Testequating* möglich, da beide Tests durch gemeinsame Ankeraufgaben verbunden sind. Ein *Testequating* wird jedoch durch die Rotation einzelner Item-Cluster erschwert. Eine Neuskalierung der internationalen Datensätze würde den Rahmen dieses Berichts sprengen. Einfacher lassen sich Vergleiche der relativen Position von Ländererkgebnissen etwa bezüglich des jeweiligen internationalen Mittelwerts oder in Referenz zu ausgewählten Ländern durchführen, wenn die Abweichungen in Einheiten der Standardabweichung ausgedrückt werden. Damit erhält man Auskünfte über die relative Stabilität von Leistungsunterschieden.

Erschwert wird ein Vergleich über die Jahrgangsstufen hinweg allerdings durch die eingeschränkte Äquivalenz der untersuchten Populationsanteile in TIMSS/III. Zwei unterschiedliche Lösungswege sind gangbar, die jeweils spezifische Zusatzannahmen erfordern. Um beim Grundbildungstest der Sekundarstufe II zu einem Vergleich äquivalenter Teilpopulationen zu gelangen, können die untersuchten Jahrgangsanteile paarweise am jeweils niedrigeren *TIMSS Coverage Index* normiert werden. Ein Vergleich der länderspezifischen Abweichungen vom deutschen Mittelwert beruht dann freilich auf sehr unterschiedlichen Jahrgangsanteilen. Dieses Verfahren setzt voraus, dass die Leistungsunterschiede zwischen den einzelnen Ländern über die Leistungsverteilung hinweg relativ homogen sind. In Abschnitt 2 haben wir Evidenzen beigebracht, die für die Tragfähigkeit dieser Annahme sprechen. Die Ergebnisse dieses auf einer paarweisen Normierung der *TIMSS Coverage Indices* beruhenden Vergleichs haben wir in unserer Zusammenfassung der deskriptiven Ergebnisse dargestellt (Baumert, Bos & Watermann, 1998). Eine alternative Vorgehensweise ist der in Abschnitt 2 beschriebene Medianvergleich, der parallel für die Sekundarstufe I und Sekundarstufe II durchgeführt werden kann. Für die Grundbildungsuntersuchung der Sekundarstufe II verlangt er die Zusatzannahme, dass nicht untersuchte Jahrgangsanteile bei einer Testteilnahme Ergebnisse in der unteren Hälfte der Leistungsverteilung erzielt hätten. Länder, für die diese Zusatzannahmen nicht mit hinreichender Plausibilität getroffen werden können, müssen aus dem Vergleich ausgeschlossen werden. Dieser Lösungsweg soll im Folgenden getrennt für den mathematischen und naturwissenschaftlichen Bereich eingeschlagen werden.

Im mathematischen Bereich liegen die Leistungen deutscher Schülerinnen und Schüler sowohl in der Sekundarstufe I als auch in der Sekundarstufe II nahe am internationalen Mittelwert der in den Vergleich einbeziehbaren Länder. Die mittlere Rangposition bleibt also stabil. Überprüft man die Stabilität der Länderunterschiede

in Bezug auf Deutschland anhand der Abweichungen der Mediane, ergibt sich das in Abbildung IV.16 wiedergegebene Bild:
- Die Leistungsabstände zu den west- und nordeuropäischen Staaten sowie zu Kanada und Neuseeland variieren bei relativ stabilem Gesamtbild. Leistungsabstände zu den Niederlanden, der Schweiz und Frankreich wachsen, während Österreich näher an Deutschland heranrückt.
- Es gibt jedoch einige bemerkenswerte Positionswechsel und Veränderungen, die erklärungsbedürftig sind. Zu den Staaten mit instabilem Leistungsbild gehören die ehemaligen Ostblockstaaten Tschechien und Ungarn sowie die USA, Australien und Dänemark.

Bemerkenswert ist der starke relative Positionsverlust von Tschechien und Ungarn. Beide Länder fallen von Positionen in der Spitzengruppe in die mittlere oder gar schwächste Leistungsgruppe ab. Die Instabilität der relativen Leistungspositionen dieser Länder könnte man als Beleg für die Bedeutung der allgemeinbildenden Schule bei der Vermittlung mathematischen Wissens betrachten: In beiden Ländern erfolgt der Übergang in die Sekundarstufe II und damit auch in das berufliche Schul- und Ausbildungswesen im Unterschied zu fast allen anderen Staaten, die an der Untersuchung der mathematisch-naturwissenschaftlichen Grundbildung teilgenommen haben, bereits nach der 8. Jahrgangsstufe. Der allgemeinbildende Unterricht mit relativ breitem mathematisch-naturwissenschaftlichen Anteil endet für die meisten Jugendlichen eines Altersjahrgangs in diesen Ländern also ein bis zwei Jahre früher als in anderen Staaten. In den beruflichen Ausbildungsgängen spielen Gegenstände der mathematisch-naturwissenschaftlichen Grundbildung eine nachgeordnete Rolle. In Tschechien und Ungarn enden einzelne berufliche Ausbildungsgänge überdies bereits nach der 10. Jahrgangsstufe, sodass in diesen beiden Ländern auch Schüler mit einem – im Vergleich zu anderen Teilnehmerstaaten – insgesamt zwei bis drei Jahre kürzeren Schulbesuch untersucht wurden. Im Unterschied zur international weitgehend vergleichbaren Situation in der Mittelstufe dürften die Schülerinnen und Schüler dieser Staaten bis zum Ende der Sekundarstufe II deutlich *verminderte Lerngelegenheiten* gehabt haben.

Eine ähnliche Erklärung liegt auch für den Abfall der relativen Position der USA und Australiens nahe. Während in den amerikanischen *Junior High Schools* und *Middle Schools* am Ende des 8. Schuljahres Mathematikkurse in der einen oder anderen Form weitgehend obligatorisch sind, gilt dies für die *High School* nicht mehr. Die Belegpflichten können mit diskontinuierlich gewählten Mathematikkursen erfüllt werden. Auch in Australien machen sich vermutlich die Lockerungen des Kurssystems, wenngleich nicht so ausgeprägt wie in den USA, bemerkbar. In beiden Ländern dürfte auch der hohe Anteil von Frühabgängern, die vor Erreichen

Abbildung IV.16: Mathematikleistungen am Ende der 8. Jahrgangsstufe und im Abschlussjahr der Sekundarstufe II nach Ländern (Abweichungen vom jeweiligen deutschen Median)

Testleistungen in Mathematik zum Ende der 8. Jahrgangsstufe nach Ländern			Testleistungen im Bereich mathematischer Grundbildung im Abschlussjahrgang der Sekundarstufe II nach Ländern		
Land	Differenz vom deutschen Median	SE des Medians	Land	Differenz vom deutschen Median	SE des Medians
Schweiz (deutschspr.)	83	(3,8)	Niederlande[1]	68	(4,9)
Schweden	53	(11,5)	Schweiz (deutschspr.)	55	(11,4)
Tschechien	52	(7,5)	Schweiz (gesamt)	50	(8,5)
Schweiz (gesamt)	43	(6,1)	Slowenien[1]	39	(8,4)
Niederlande	37	(9,2)	Frankreich	39	(5,4)
Dänemark	36	(5,9)	Schweden	32	(4,9)
Österreich	31	(5,8)	Österreich	17	(6,4)
Slowenien	29	(6,7)	Kanada	6	(5,0)
Frankreich	28	(3,0)	Neuseeland	4	(4,8)
Ungarn	28	(2,6)	Deutschland	0	(7,7)
Australien	23	(7,0)	Australien[1]	–4	(13,0)
Kanada	21	(2,7)	Dänemark[1]	–11	(5,0)
Deutschland	0	(6,3)	Tschechien	–45	(10,3)
Neuseeland	–3	(5,0)	Ungarn	–51	(2,9)
USA	–12	(6,4)	USA	–77	(3,0)

☐ Signifikant (*p* < .05) über dem deutschen Median liegende Länder.
☐ Nicht signifikant vom deutschen Median abweichende Länder.
■ Signifikant (*p* < .05) unter dem deutschen Median liegende Länder.

[1] Vergleiche aufgrund des geringen Ausschöpfungsgrades der Stichprobe nur unter Vorbehalt möglich.

IEA. Third International Mathematics and Science Study.   © TIMSS/III-Germany

des Abschlussjahres im letzten Segment der Sekundarstufe die allgemeinbildende Schule verlassen, den Median der Leistungsverteilung senken. Dies ist offensichtlich auch in Dänemark der Fall, wo rund 40 Prozent der Alterskohorte nach Abschluss der 9. Klasse der Folkeskolen in das Erwerbsleben überwechseln.

Für den Bereich der naturwissenschaftlichen Grundbildung wiederholt sich das Grundmuster relativer Stabilität. In den Niederlanden, Schweden, der Schweiz und

Slowenien schließen die Schülerinnen und Schüler ihre naturwissenschaftliche Grundbildung auf höherem Niveau als in Deutschland ab. Beachtlich ist insbesondere der relative Positionsgewinn der Schweiz gegenüber der 8. Jahrgangsstufe. Die französischen Schülerinnen und Schüler holen den in der 8. Jahrgangsstufe noch nachweisbaren Leistungsrückstand gegenüber den deutschen Schülern zum Ende der Sekundarstufe II auf.

Auch im Bereich der naturwissenschaftlichen Grundbildung verlieren die Schülerinnen und Schüler aus Tschechien und Ungarn offensichtlich aufgrund des für die meisten Schüler ein bis zwei Jahre früher abschließenden allgemeinbildenden naturwissenschaftlichen Unterrichts deutlich an Boden. In den USA scheint wiederum das diskontinuierliche Wahlverhalten der Oberstufenschüler auf die Leistungsergebnisse durchzuschlagen. In Dänemark vergrößert vermutlich der hohe Anteil an Frühabgängern den schon in der 8. Jahrgangsstufe erkennbaren Leistungsrückstand noch einmal beträchtlich.

Fasst man die Ergebnisse des Leistungsvergleichs zwischen Sekundarstufe I und Sekundarstufe II zusammen, so ist zunächst herauszustellen, dass es starke Hinweise auf die Bedeutung des systematischen Schulunterrichts für das Erreichen eines befriedigenden oder hohen Grundbildungsniveaus in Mathematik und den Naturwissenschaften gibt. Die Funktion der allgemeinbildenden Schule für die Wissensvermittlung in diesen Fächern ist nicht durch außerschulische Erfahrungen oder spezifische berufliche Angebote zu ersetzen. Wir werden diesen Befund durch Analysen der Leistungsentwicklung im berufsbildenden Schulsystem erhärten, die zeigen, dass die Bildungsbeiträge berufsbildender Schulen konzeptionsgemäß berufsfeldspezifisch sind (vgl. Kap. V). Jenseits aller Qualitätsdifferenzen des Fachunterrichts ist die Tatsache der systematischen Unterrichtung in einem Wissensgebiet allein von nicht zu überschätzender Bedeutung. Dies gilt offensichtlich auch, wenn der administrierte Test keine curriculare Validität im strengen Sinne beansprucht, sondern darauf angelegt ist, Literalitätsniveaus zu erfassen. Darüber hinaus deutet sich an, dass die transnationale Variabilität der mathematisch-naturwissenschaftlichen Kompetenzen von der Sekundarstufe I bis zur Sekundarstufe II wächst. Lässt man die erwähnten Länder mit besonders hohem Anteil von Frühabgängern bzw. mit nur 8-jähriger Dauer des allgemeinbildenden Schulsystems außer Betracht, deuten sich Prozesse kumulativer Gewinne bzw. kumulativer Defizite an.

5. Unterrichtszeit und Fachleistungen im Bereich der mathematisch-naturwissenschaftlichen Grundbildung

Es ist ein robuster Befund der Lehr-/Lern- und Unterrichtsforschung, dass die zugestandene Lernzeit einen zentralen Prädiktor der erreichten Fachleistung darstellt. Entscheidend für die Leistungsentwicklung ist jedoch weniger die nominelle Unterrichtszeit als vielmehr die aktive Lernzeit eines Schülers *(time on task)* (Treiber, 1982; Haertel, Walberg & Weinstein, 1983; Walberg, 1990; Helmke & Weinert, 1997). Die für Mathematik und die Naturwissenschaften zugestandene nominelle Lernzeit ist in den TIMSS-Teilnehmerstaaten unterschiedlich. Die Frage liegt nahe: Kann man unter dieser Voraussetzung überhaupt Schülerleistungen in verschiedenen Ländern vergleichen und sind dann gefundene Unterschiede nicht trivial?

Neben der Lernzeit ist der unterrichtete Stoff eine zweite zentrale Determinante von Testleistungen. Ein Schüler, der keine Gelegenheit hatte, sich im Unterricht mit einem bestimmten mathematischen Stoff auseinanderzusetzen, wird mit hoher Wahrscheinlichkeit eine entsprechende Testaufgabe aus diesem Stoffgebiet nicht lösen können. Die Leistungstests von TIMSS streben in der Mittelstufe und im voruniversitären Mathematik- und Physikunterricht curriculare Validität an. Die Tests beziehen sich auf ein international geteiltes Kerncurriculum und weisen eine für fast alle Länder mindestens befriedigende – keine perfekte – curriculare Gültigkeit auf. Im Test für die mathematisch-naturwissenschaftliche Grundbildung wird die curriculare Bindung bis zu einem gewissen Grade aufgegeben; sie bleibt jedoch in der Orientierung an den mathematisch-naturwissenschaftlichen Stoffen der Sekundarstufe I erhalten.

Generell gilt, dass die TIMSS-Tests in curricularen Kernbereichen transnationale Vergleichbarkeit anzielen. Das Curriculum soll als Leistungsdeterminante möglichst konstant gehalten werden – soweit dies realisierbar ist. (Dennoch ist TIMSS auch die erste internationale Schulleistungsstudie, die beispielhaft vorführt, wie das Curriculum als Systemvariable behandelt werden kann: Sowohl bei der Untersuchung der Population II als auch bei der Teilstudie zum voruniversitären Mathematik- und Physikunterricht wurden Testversionen spezifischer nationaler Validität konstruiert und die internationalen Vergleiche systematisch wiederholt [vgl. Kap. III des zweiten Bandes und Baumert, Lehmann u.a., 1997].) Die zugestandene Lernzeit dagegen bleibt variabel und muss als wichtiger Prädiktor für Leistungsergebnisse berücksichtigt werden. Die Unterrichtszeit ist in der Konzeption von TIMSS eine erklärende Variable. Sie ist zugleich die Größe, die sich im administrativen Zugriff in gewissen Grenzen relativ leicht verändern lässt.

In TIMSS wurde bei der Untersuchung des Mittelstufen- und des voruniversitären Unterrichts nach dem tatsächlich erteilten Unterricht im Erhebungsjahr und nach dem Umfang außerschulischen Zusatzunterrichts gefragt. Die Gesamtzeit des Fachunterrichts von der *Einschulung bis zum Erhebungszeitpunkt* wurde aufgrund der damit verbundenen Erhebungsprobleme und Unsicherheiten nicht erfasst. Ramseier (1997) gelang es jedoch, aufgrund von Expertenangaben Schätzwerte der Gesamtunterrichtszeit für neun TIMSS-Länder zusammenzustellen. Wir haben diese Angaben durch entsprechende Daten aus Deutschland und Frankreich ergänzt und einheitlich auf das 8. Schuljahr bezogen, um Konfundierungen mit der Dauer der gesamten Schulzeit zu vermeiden. Bei allen Unsicherheiten, die diesen Expertenangaben anhaften, bilden sie für explorative Analysen doch eine brauchbare Basis.

Die Analysen der verfügbaren Mittelstufendaten für das Fach Mathematik führen – Deutschland eingeschlossen – zu folgenden Befunden: Es lässt sich kein Zusammenhang zwischen nomineller Unterrichtszeit im 8. Jahrgang und dem für dieses Jahr geschätzten Leistungszuwachs nachweisen (Moser u.a., 1997). Dieser Befund wiederholt sich bei der Betrachtung des Zusammenhangs zwischen gesamter Unterrichtszeit vom 1. bis zum 8. Jahrgang und erreichter Fachleistung (vgl. Abb. IV.17; vgl. Ramseier, 1997). Diese Befunde sind konsistent mit früheren internationalen Vergleichen (Lapointe, Askew & Mead, 1992a, 1992b; Beaton, Martin, Mullis, Gonzalez, Smith & Kelly, 1996; Beaton, Mullis, Martin, Gonzalez, Kelly & Smith, 1996).

Am Ende der 8. Jahrgangsstufe beläuft sich das gesamte Zeitaufkommen des Mathematikunterrichts im internationalen Durchschnitt auf etwa 1.000 Stunden. Die Standardabweichung liegt bei grob ± 230 Stunden. In den meisten der TIMSS-Länder entfällt ein erheblicher Teil des Zeitbudgets von Schülern auf den Mathematikunterricht. Dass sich nicht einmal in der Tendenz Zusammenhänge zwischen nominaler Unterrichtszeit und Leistungsstand am Ende der 8. Jahrgangsstufe nachweisen lassen, ist vermutlich nicht auf einen einzigen Faktor, sondern auf ein Bündel von Umständen zurückzuführen. Die für Mathematik verfügbare Unterrichtszeit scheint in allen Ländern die kritische Schwelle, die zur Bewältigung des Unterrichtsstoffes notwendig ist, zu überschreiten. Gleichzeitig scheint mit dem nominalen Zeitbudget die Variabilität des tatsächlich gehaltenen Unterrichts – zu schweigen von der effektiv genutzten Unterrichtszeit – unterschätzt zu werden. Diese näher an den Lernprozessen liegenden Indikatoren lassen sich jedoch für einen längeren Zeitraum retrospektiv nicht erfassen.

Für die Naturwissenschaften ist die Erfassung der nominellen Unterrichtszeit – besonders in den Ländern, die nicht in der angelsächsischen *Science*-Tradition stehen –

Abbildung IV.17: Zusammenhang zwischen approximierter nominaler Unterrichtszeit (in Zeitstunden) in Mathematik von der 1. bis zum Ende der 8. Jahrgangsstufe und Mathematikleistungen am Ende der 8. Jahrgangsstufe (Mittelwerte der Länder)

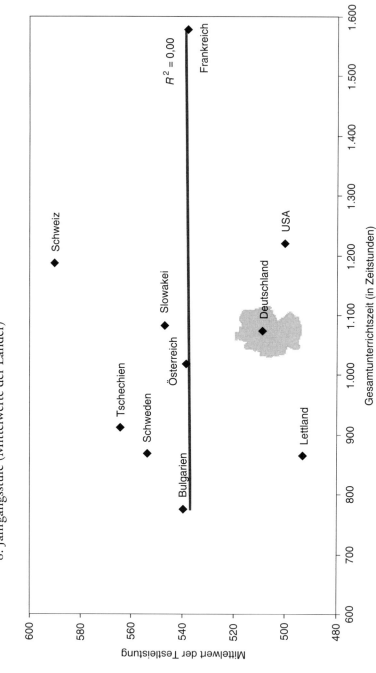

IEA. Third International Mathematics and Science Study. © TIMSS/III-Germany

weitaus schwieriger und mit größeren Fehlerquellen behaftet. Die Naturwissenschaften sind kein einheitliches Fach. Schon in der Grundschule finden die naturwissenschaftlichen Themen in Deutschland wie auch in anderen europäischen Ländern neben der Heimat- und Sozialkunde im Sachunterricht ihren Platz. Eine Reihe von Stoffen, die zum Repertoire des integrierten *Science*-Unterrichts gehören, sind in kontinentaleuropäischen Ländern eher im Geographieunterricht zu finden. Schließlich setzt der Unterricht in den drei naturwissenschaftlichen Kernfächern in der Sekundarstufe I in vielen Fällen zeitlich gestuft ein. Bis zur 8. Jahrgangsstufe fällt der Hauptteil des Zeitbudgets auf den Biologieunterricht, der Physikunterricht folgt in der 7. oder 8. Jahrgangsstufe. In einigen Ländern setzt der Chemieunterricht sogar erst in einer höheren Jahrgangsstufe als jener ein, die in TIMSS/II untersucht wurde. Tabelle IV.12 zeigt länderspezifisch die approximierten nominalen Unter-

Tabelle IV.12: Approximierte nominale Unterrichtszeit (in Zeitstunden) in Mathematik und den Naturwissenschaften von der 1. bis zum Ende der 8. Jahrgangsstufe in ausgewählten Ländern[1]

Land	Anzahl Stunden		Verhältnis Mathematik/ Naturwissenschaften
	Mathematik	Naturwissenschaften[2]	
Bulgarien	775	589	1,32
Deutschland	1.074	595[a]	1,81
Frankreich	1.580	572	2,76
Lettland	866	388	2,23
Österreich	1.018	833	1,22
Schweden	867	493	1,76
Schweiz[3]	1.187	419	2,83
Slowakei	1.083	827	1,31
Tschechien	911	693	1,31
USA	1.220	735	1,66
Mittelwert	1.058	614	1,82
Standardabweichung	234	157	0,60
Standardabweichung/ Mittelwert	0,22	0,25	

[1] Datengrundlage: Analyse einschlägiger Dokumente und Auskünfte von Experten der jeweiligen Länder.
[2] Sachkundeunterricht geht in Deutschland mit einem Drittel der Unterrichtszeit in die Berechnungen ein. Der Geographieunterricht wird international mit der Hälfte der Unterrichtszeit in Anschlag gebracht.
[3] Deutschsprachige Schweiz.
[a] Ohne Geographieunterricht 464 Zeitstunden.

Quellen: Ramseier (1997), eigene Berechnungen auf Grundlage der Stundentafeln der Länder der Bundesrepublik Deutschland und zusätzliche Expertenauskünfte.

IEA. Third International Mathematics and Science Study. © TIMSS/III-Germany

richtszeiten von der 1. bis zur 8. Jahrgangsstufe. Die Daten beruhen auf Vorarbeiten von Ramseier (1997), die ergänzt und einheitlich auf die 8. Jahrgangsstufe bezogen wurden.

Das Unterrichtsaufkommen bis zur 8. Klasse beträgt für die Naturwissenschaften im Durchschnitt knapp 60 Prozent der für Mathematik verfügbaren Zeit. Die Variabilität zwischen den Ländern ist geringfügig größer als im Fach Mathematik. Die Ergebnisse zum Zusammenhang zwischen Unterrichtszeit und Leistung sind in den naturwissenschaftlichen Fächern ähnlich wie in Mathematik. In der Tendenz ist jedoch – vermutlich aufgrund der größeren Variabilität – der erwartete positive Zusammenhang zwischen Unterrichtszeit und Leistung erkennbar. Bei Betrachtung des Zusammenhangs zwischen Gesamtunterrichtszeit vom 1. bis zum 8. Jahrgang und erreichter Fachleistung in den Naturwissenschaften liegt die Korrelation bei $r = .28$ (ns). Abbildung IV.18 stellt den Zusammenhang graphisch dar. Die Variabilität des Unterrichtsaufkommens für die naturwissenschaftlichen Fächer nimmt mit ihrer zunehmenden Institutionalisierung bis zum Ende der Sekundarstufe I vermutlich ab. Es ist infolgedessen zu erwarten, dass die Befunde für Mathematik und Naturwissenschaften mit höheren Jahrgangsstufen konsistenter werden.

Dennoch ist nicht zu übersehen, dass sich die Wertschätzung des naturwissenschaftlichen Unterrichts als Teil der obligatorischen Grundbildung kulturell sehr unterscheidet. Während Frankreich oder die Schweiz dem Mathematikunterricht im Vergleich zu den Naturwissenschaften überragende Bedeutung einräumen, zeichnet sich in der Mehrzahl der osteuropäischen Länder eine Balance ab, die bemerkenswerterweise auch Österreich erreicht.

Für den Abschlussjahrgang der Sekundarstufe II lässt sich im Bereich der mathematisch-naturwissenschaftlichen Grundbildung die länderspezifische Lerngeschichte nicht rekonstruieren. Die mathematisch-naturwissenschaftlichen Qualifikationsanteile lassen sich in der Berufsbildung nicht quantifizieren. Die beste Approximation für den Zusammenhang zwischen Unterrichtszeit und Testleistungen stellen die Befunde der Mittelstufe dar – jedenfalls für die Länder, deren relative Position zum internationalen Mittelwert von der Sekundarstufe I zur Sekundarstufe II stabil bleibt.

Abbildung IV.18: Zusammenhang zwischen approximierter nominaler Unterrichtszeit (in Zeitstunden) in Naturwissenschaften von der 1. bis zum Ende der 8. Jahrgangsstufe und naturwissenschaftlichen Leistungen am Ende der 8. Jahrgangsstufe (Mittelwerte der Länder)

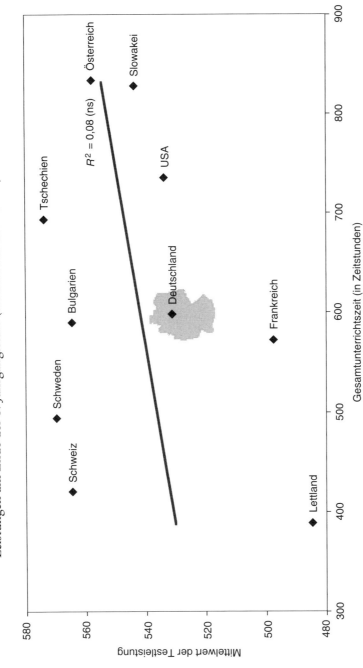

IEA. Third International Mathematics and Science Study.

© TIMSS/III-Germany

V. Mathematische und naturwissenschaftliche Grundbildung beim Übergang von der Schule in den Beruf

Rainer Watermann und Jürgen Baumert

1. Institutionelle und regionale Leistungsunterschiede

1.1 Erreichte Kompetenzniveaus in der mathematisch-naturwissenschaftlichen Grundbildung in Deutschland

Internationale Leistungsvergleiche geben deskriptive Auskünfte über Leistungsverteilungen in den an der Untersuchung teilnehmenden Ländern. Sie liefern jedoch kein Tableau normativer Zielvorgaben. Aus dem Befund hervorragender Fachleistungen in einem Land ergibt sich keineswegs der Schluss, dass diese Exzellenz auch Maßstab in einem anderen Land sein müsse. Die internationalen Ergebnisse bedürfen der Interpretation im Kontext jeweils nationaler Bildungsvorstellungen. Wir haben deshalb in den Kapiteln III und IV versucht, an die internationale *Literacy*-Debatte und an die deutsche Allgemeinbildungsdiskussion anzuschließen. Ausdrückliche Parallelität zu den von Shamos (1995) und Bybee (1997) vorgeschlagenen Literalitätsniveaus haben wir mit der Definition mathematischer und naturwissenschaftlicher Kompetenzniveaus *(Proficiency Levels)* gesucht. Dies wurde durch einen die Tests aller drei TIMSS-Populationen verbindenden Grundgedanken erleichtert: Die TIMSS-Tests gehen von der mehr oder weniger explizierten theoretischen Annahme aus, dass sich mathematische und naturwissenschaftliche Kompetenz von erfahrungsbasierten Alltagsvorstellungen ausgehend entwickelt. Systematischer Schulunterricht kann ein tieferes fachliches Verständnis erreichen, in dem aber gleichwohl situativ aktivierbare Bestände des Alltagswissens weiterhin mitgeführt werden. Für diese theoretische Annahme gibt es insbesondere in der naturwissenschaftsdidaktischen Forschung zu Schülervorstellungen gute empirische Belege (Pfundt & Duit, 1994; Driver u.a., 1994). Fachdidaktiker, die mit der Wissenserwerbsforschung vertraut sind, teilen im Prinzip diese Vorstellung des Kompetenzerwerbs, auch wenn sie die konstruktive Frage unterschiedlich beantworten, wann und inwieweit im Unterricht an Alltagsvorstellungen der Schülerinnen und Schüler angeknüpft werden sollte. In Übereinstimmung mit dieser Grundannahme enthalten die TIMSS-Tests – und zwar nicht nur die für die Neunjährigen bestimmte Testbatterie (Population I) – eine größere Anzahl von mathematischen, insbesondere aber naturwissenschaftlichen Aufgaben, die im Rückgriff auf Alltagswissen und Alltagsvorstellungen gelöst werden können (vgl. dazu Baumert u.a., 2000). Die Schwierigkeit der Aufgaben wird durch die Formulierung der Aufgabenstellung oder bei *Multiple Choice*-Aufgaben durch die Auswahl der Antwortalternativen so justiert, dass für die Lösung Erfahrungswissen ausreicht. Dies ist kein Fehler der Testkonstruktion, sondern ein – wie die empirischen Befunde zeigen – großer Vorteil: Selbst am Ende der Sekundarstufe II überschreitet gerade im naturwissenschaftlichen Bereich ein nennenswerter Anteil der jungen Erwachsenen das Niveau vorfachlichen Wissens nicht (vgl. Klieme & Bos, 2000). Durch die Definition von Fähigkeitsniveaus und deren Operationalisierung durch Markier-Items werden Testwerte inhaltlich verankert. Typischerweise sind Aufgaben, die Erfahrungs- und Alltagswissen erfassen, Markier-Items der unteren Fähigkeitsniveaus. Diese kriteriale Verankerung erlaubt es auch, Testergebnisse zu Lehrplanvorgaben oder Erwartungen von Abnehmern in Beziehung zu setzen.

Im Rahmen des internationalen Vergleichs haben wir in Kapitel IV, Abschnitt 2 dargestellt, dass sich die Verteilung von Schulabsolventen auf unterschiedliche Kompetenzniveaus auch zwischen europäischen Nachbarstaaten mit äquivalenten Untersuchungspopulationen unterscheidet. Die Unterschiede sind so groß, dass man von qualitativen Niveauunterschieden sprechen darf. Gleichzeitig deutete sich eine Diskrepanz zwischen den Kompetenzen, die in Deutschland lehrplangemäß von einer mathematisch-naturwissenschaftlichen Grundbildung erwartet werden dürfen und von Abnehmern auch erwartet werden, und den am Ende der Sekundarstufe II erreichten Ergebnissen an. Im Folgenden wollen wir diesen Befund anhand einer Aufschlüsselung von Leistungsergebnissen für die Haupttypen der Bildungsgänge der Sekundarstufe II weiter differenzieren. Wir unterscheiden den allgemeinbildenden „akademischen" Bildungsgang der gymnasialen Oberstufe von der zur Fachhochschulreife führenden theoretisch orientierten Berufsbildung an Fachgymnasien (FG) und Fachoberschulen (FOS) einerseits und der praktisch orientierten Berufsbildung an vollzeitlichen Berufsfach- oder teilzeitlichen Berufsschulen andererseits. Die Tabellen V.1 und V.2 zeigen, dass wir es hier – jedenfalls im Bereich der mathematisch-naturwissenschaftlichen Grundbildung – mit einem leistungsmäßig klar stratifizierten System zu tun haben. Sowohl im mathematischen als auch im naturwissenschaftlichen Bereich der Grundbildung erreichen knapp 50 Prozent der untersuchten Population die Kompetenzniveaus 3 und 4, die im Wesentlichen den Lehrplanforderungen bzw. in Mathematik den von der Kultusministerkonferenz formulierten Standards eines mittleren Abschlusses entsprechen. Gleichzeitig werden die großen Unterschiede zwischen den Bildungsgängen sichtbar. Während an der gymnasialen Oberstufe 70 Prozent und in theoretisch orientierten Berufsbildungsgängen 60 Prozent der Schülerinnen und Schüler dieses Niveau erreichen, sind es in der praktischen Berufsbildung nur 35 Prozent. Gleichzeitig ist der Teil von Schülern an berufsbildenden Einrichtungen, der das unterste Kompetenzniveau nicht überschreitet und damit kaum schließbare Wissenslücken aufweist, besonders groß. Insgesamt beträgt der Umfang dieser Risikogruppe

Tabelle V.1: Erreichte Kompetenzniveaus der mathematischen Grundbildung nach Bildungsgang

Fähigkeitsniveau	Gymnasiale Oberstufe	Theoretische Berufsbildung, FG, FOS	Praktische Berufsbildung	Insgesamt
Alltagsbezogenes Schlussfolgern	29 (4,3 %)	20 (14,5 %)	284 (21,2 %)	333 (15,4 %)
Anwendung von einfachen Routinen	171 (25,1 %)	39 (28,3 %)	581 (43,3 %)	791 (36,6 %)
Modellieren auf einfachem Niveau	283 (41,6 %)	18 (13,0 %)	435 (32,4 %)	736 (34,1 %)
Mathematisches Argumentieren	197 (29,0 %)	61 (44,2 %)	42 (3,1 %)	300 (13,9 %)
Insgesamt	680 (100,0 %)	138 (100,0 %)	1.342 (100,0 %)	2.160 (100,0 %)

$\chi^2_{[6]} = 472; p < .01.$

IEA. Third International Mathematics and Science Study. © TIMSS/III-Germany

Tabelle V.2: Erreichte Kompetenzniveaus der naturwissenschaftlichen Grundbildung nach Bildungsgang

Fähigkeitsniveau	Gymnasiale Oberstufe	Theoretische Berufsbildung, FG, FOS	Praktische Berufsbildung	Insgesamt
Naturwissenschaftliches Alltagswissen	12 (1,8 %)	17 (12,3 %)	266 (19,8 %)	295 (13,7 %)
Erklärung alltagsnaher Phänomene	130 (19,1 %)	37 (26,8 %)	624 (46,5 %)	791 (36,6 %)
Anwendung elementarer Modellvorstellungen	329 (48,3 %)	49 (35,5 %)	410 (30,6 %)	788 (36,5 %)
Naturwissenschaftliche Fachkenntnisse	210 (30,8 %)	35 (25,4 %)	42 (3,1 %)	287 (13,3 %)
Insgesamt	681 (100,0 %)	138 (100,0 %)	1.342 (100,0 %)	2.161 (100,0 %)

$\chi^2_{[6]} = 521; p < .01.$

IEA. Third International Mathematics and Science Study. © TIMSS/III-Germany

Tabelle V.3: Erreichte Kompetenzniveaus der mathematischen Grundbildung nach Schulabschluss

Fähigkeitsniveau	Ohne Abschluss, Hauptschulabschluss	Qualifizierter Hauptschulabschluss	Realschulabschluss, FOR	Voraussichtlich allgemeine Hochschulreife	Insgesamt
Alltagsbezogenes Schlussfolgern	159 (38,7 %)	37 (21,1 %)	85 (11,0 %)	39 (5,1 %)	320 (15,1 %)
Anwendung von einfachen Routinen	180 (43,8 %)	86 (49,1 %)	312 (40,5 %)	189 (24,9 %)	767 (36,2 %)
Modellieren auf einfachem Niveau	70 (17,0 %)	43 (24,6 %)	330 (42,8 %)	286 (37,7 %)	729 (34,5 %)
Mathematisches Argumentieren	2 (0,5 %)	9 (5,1 %)	44 (5,7 %)	245 (32,3 %)	300 (14,2 %)
Insgesamt	411 (100,0 %)	175 (100,0 %)	771 (100,0 %)	759 (100,0 %)	2.116 (100,0 %)

$\chi^2_{[9]} = 597; p < .01$.

IEA. Third International Mathematics and Science Study. © TIMSS/III-Germany

Tabelle V.4: Erreichte Kompetenzniveaus der naturwissenschaftlichen Grundbildung nach Schulabschluss

Fähigkeitsniveau	Ohne Abschluss, Hauptschulabschluss	Qualifizierter Hauptschulabschluss	Realschulabschluss, FOR	Voraussichtlich allgemeine Hochschulreife	Insgesamt
Naturwissenschaftliches Alltagswissen	135 (32,8 %)	36 (20,5 %)	84 (10,9 %)	22 (2,9 %)	277 (13,1 %)
Erklärung alltagsnaher Phänomene	207 (50,4 %)	97 (55,1 %)	328 (42,5 %)	140 (18,4 %)	772 (36,4 %)
Anwendung elementarer Modellvorstellungen	66 (16,1 %)	31 (17,6 %)	322 (41,7 %)	362 (47,7 %)	781 (36,9 %)
Naturwissenschaftliche Fachkenntnisse	3 (0,7 %)	12 (6,8 %)	38 (4,9 %)	235 (31,0 %)	288 (13,6 %)
Insgesamt	411 (100,0 %)	176 (100,0 %)	772 (100,0 %)	759 (100,0 %)	2.118 (100,0 %)

$\chi^2_{[9]} = 669; p < .01$.

IEA. Third International Mathematics and Science Study. © TIMSS/III-Germany

etwa 15 Prozent der Untersuchungspopulation. Zu dieser Quote muss man wahrscheinlich jene 16 Prozent der Frühabgänger rechnen, die in Deutschland das letzte Ausbildungsjahr der Sekundarstufe II nicht erreichen (vgl. Kap. II, Abschnitt 1).

Diese Ergebnisse sind nicht oder nur zum geringeren Teil den Bildungsgängen der Sekundarstufe II zuzurechnen. Vielmehr spiegeln sich in ihnen die Resultate unseres an Schulabschlüsse gebundenen Berechtigungssystems. Der Zugang zu den drei Haupttypen der Bildungsgänge der Sekundarstufe II ist in Deutschland institutionell geregelt. Ersetzt man die Bildungsgänge der Sekundarstufe II durch die im allgemeinbildenden Schulsystem erreichten Schulabschlüsse, ergibt sich das in den Tabellen V.3 und V.4 wiedergegebene Bild. Rund 70 Prozent der Schülerinnen und Schüler, die voraussichtlich die allgemeine Hochschulreife erwerben werden, erreichen in Mathematik und den Naturwissenschaften die lehrplankonformen Kompetenzniveaus 3 und 4. Die Quote sinkt auf immer noch beachtliche 50 Prozent bei den Realschulabgängern oder den Personen, die das Äquivalent einer Fachoberschulreife (FOR) erzielen. Von den Hauptschulbesuchern erreichen je nach erzieltem Abschluss – dem einfachen oder qualifizierten Hauptschulabschluss – 20 bis 30 Prozent die kritische Zielmarke.

1.2 Allgemeinbildende Schulabschlüsse und mathematisch-naturwissenschaftliche Grundbildung

Im vorangegangenen Abschnitt haben wir unter Nutzung der internationalen Skalierung die Verteilung der Untersuchungsteilnehmer differenziert nach Bildungsgangstyp in der Sekundarstufe II und allgemeinbildendem Schulabschluss auf die von uns definierten Fähigkeitsniveaus vorgestellt. Im Folgenden soll der Zusammenhang von allgemeinbildendem Schulabschluss und mathematisch-naturwissenschaftlicher Grundbildung genauer betrachtet werden. Um die gesamte Stichprobe im berufsbildenden Schulsystem einschließlich jener Personen, die einen Ausbildungsgang der Sekundarstufe II in einem zweiten Zyklus durchlaufen (z.B. Auszubildende mit Abitur), nutzen zu können, haben wir den deutschen Datensatz national neu skaliert und die Logit-Werte der Rasch-Parameter linear in eine Skala mit einem Mittelwert von 100 und einer Standardabweichung von 30 transformiert. Diese Metrik wollen wir für intranationale Analysen, bei denen wir keinen Vergleich mit internationalen Ergebnissen anstreben, verwenden.

Personen mit unterschiedlichem allgemeinbildenden Schulabschluss – bzw. prospektivem Schulabschluss im Falle der Besucher einer gymnasialen Oberstufe – unterscheiden sich erwartungsgemäß im Mittel in ihrer mathematisch-naturwissen-

Abbildung V.1: Mathematisch-naturwissenschaftliche Grundbildung nach Schulabschluss

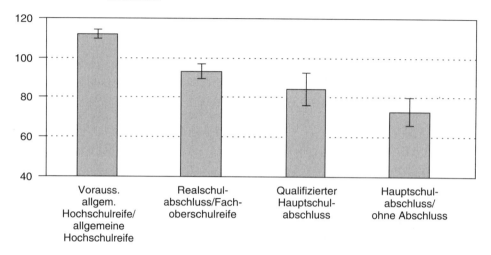

IEA. Third International Mathematics and Science Study. © TIMSS/III-Germany

schaftlichen Grundbildung statistisch signifikant und praktisch bedeutsam. Am größten ist die Leistungsdifferenz zwischen Personen, die eine allgemeine Hochschulreife erlangt haben oder voraussichtlich erwerben werden, und den Schulabgängern mit einem Realschulabschluss. Die Differenz beträgt rund zwei Drittel einer Standardabweichung. Die Unterschiede zwischen den mittleren Grundbildungsleistungen von Personen mit Realschulabschluss, qualifiziertem Hauptschulabschluss und einfachem Hauptschulabschluss bzw. Abgangszeugnis betragen jeweils rund 10 Punkte oder eine drittel Standardabweichung ($F_{\text{Abschluss}} [3, 73] = 39.5$; $p < .001$) (siehe Abb. V.1). Schlüsselt man diese Darstellung nach Untertests auf, so ändert sich die Struktur praktisch nicht. Wir beschränken uns deshalb auf die Darstellung der Gesamtwerte.

Bei einer Betrachtung nur der Mittelwerte übersieht man die erheblichen Überlappungen der Leistungsverteilungen. Gut 41 Prozent der Schulabgänger mit einem Realschulabschluss oder einem entsprechenden Äquivalent erreichen den Kernbereich gymnasialer Leistungen (Mittelwert ± 0,5 Standardabweichung) im Grundbildungstest, und 22 Prozent liegen sogar in der oberen Leistungshälfte der gymnasialen Oberstufe. Auch Schüler mit qualifiziertem Hauptschulabschluss können das Grundbildungsniveau schwächerer Oberstufenschüler erreichen (Abb. V.2).

Abbildung V.2: Schüler im Abschlussjahr der Sekundarstufe II nach mathematisch-naturwissenschaftlichem Grundbildungsniveau und allgemein erreichtem oder erwartetem Schulabschluss (in %)

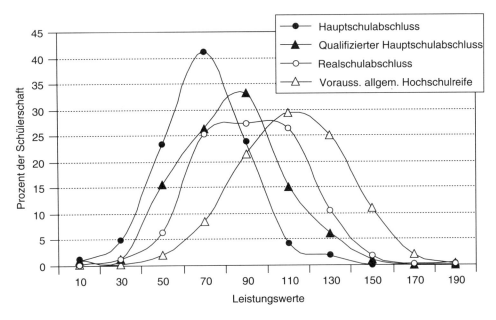

IEA. Third International Mathematics and Science Study. © TIMSS/III-Germany

Allgemeinbildende Schulabschlüsse sind im deutschen Schulsystem nicht notwendigerweise an bestimmte Schulformen gebunden. Dass nennenswerte Anteile eines Altersjahrgangs an Realschulen und insbesondere Gymnasien nach dem Absolvieren der Vollzeitschulpflicht das jeweilige Schulziel nicht erreichen und mit niedrigerem Abschluss die Schule verlassen, ist bekannt. In Regionen mit schwach ausgebauten Realschulen ist das Gymnasium darüber hinaus immer noch ein Äquivalent der mittleren Schulform (Arbeitsgruppe Bildungsbericht, 1994; Köller, Baumert & Schnabel, 1999). Ein beträchtlicher Teil des Jahrgangs verlässt nach dem erfolgreichen Abschluss der 10. Klasse das Gymnasium mit dem Realschulabschluss – und zwar in Übereinstimmung mit den individuellen Bildungsplänen. Darüber hinaus aber wurde der Zusammenhang zwischen Schulabschluss und Schulform auch durch bildungspolitische Maßnahmen entkoppelt. Der Realschulabschluss und die Fachoberschulreife können, wenngleich nicht in allen Bundesländern, auch an Hauptschulen, Gesamtschulen und in beruflichen Bildungsgängen erworben werden. Diese Entkoppelung von Abschluss und Bildungsgang, die überhaupt erst mit der Harmonisierung der Stundentafeln und Lehrpläne in der Mittelstufe möglich wurde, ist wahrscheinlich eine der durchgreifendsten Veränderungen des gegliederten Schulsystems in der Bundesrepublik Deutschland, ein Tatbestand, der allen ideologischen Klischees widerspricht.

Die nationale Zusatzstudie von TIMSS/III erlaubt es, allgemeinbildende Schulabschlüsse und Schulformen in Verbindung zu setzen. Damit kann die Frage beantwortet werden, inwieweit sich Schulabschlüsse hinsichtlich der Qualität der mathematisch-naturwissenschaftlichen Grundbildung nach der den Abschluss erteilenden Einrichtung unterscheiden. Wir fragen also nach der Moderator-Funktion der Schulform. Um bei der Analyse über ausreichende Fallzahlen zu verfügen, werden Hauptschul- und Realschulabschlüsse bzw. deren Äquivalente nach der den Abschluss vergebenden Institution verglichen. In einer zweifaktoriellen Varianzanalyse mit dem Gesamtwert für die mathematisch-naturwissenschaftliche Grundbildung als abhängiger Variable und dem allgemeinbildenden Schulabschluss und der Abschluss erteilenden Schulform als Faktoren werden beide Haupteffekte, nicht aber die Interaktion signifikant ($F_{\text{Abschluss} [1, 75]} = 4.3$, $p < .05$; $F_{\text{Schulform} [1, 75]} = 6.4$, $p < .001$). Auch unter Konstanthaltung des erteilten Schulabschlusses unterscheiden sich die Schulformen signifikant voneinander: Den Schulabschlüssen, und dies gilt in ähnlicher Weise für den Hauptschul- wie für den Realschulabschluss, stehen unterschiedliche Grundbildungsleistungen gegenüber. Am leichtesten – wenn man dies nur unter Bezugnahme auf Mathematik und die Naturwissenschaften sagen darf – erwirbt man die Abschlüsse an Gesamtschulen, am strengsten geht das Gymnasium mit seinen Frühabgängern um (vgl. Tab. V.5). Vergleicht man die Leis-

Tabelle V.5: Leistungen in mathematisch-naturwissenschaftlicher Grundbildung nach zuletzt besuchter allgemeiner Schulform und Schulabschluss[1]

Schulform	Schulabschluss		Insgesamt
	Hauptschulabschluss[2]	Realschulabschluss/ Fachoberschulreife	
Hauptschule	77	88	77
Realschule	81	95	93
Gymnasium	93	118	113
Gesamtschule	74	82	80
Insgesamt	81	95	87

[1] Schulabschlüsse oder äquivalente Zertifikate.
[2] Ohne Schüler mit Abgangszeugnis.

IEA. Third International Mathematics and Science Study. © TIMSS/III-Germany

tungsabstände zwischen den Schulformen mit den entsprechenden Befunden für die 8. Jahrgangsstufe, so zeigt sich, dass sich die bereits in TIMSS/II beschriebene Leistungsschere zwischen den Schulformen tendenziell erweitert. Insbesondere scheinen die Leistungsunterschiede zwischen Haupt- und Realschule zum Abschluss der Sekundarstufe zu wachsen.

Betrachtet man schließlich die drei Bildungsgangstypen der Sekundarstufe II – Allgemeinbildung, theoretisch-orientierte Berufsbildung und praktisch-orientierte Berufsbildung – gleichzeitig unter dem Gesichtspunkt des allgemeinen Schulabschlusses und der erreichten mathematisch-naturwissenschaftlichen Grundbildung, so wird deutlich, dass beim Übergang in die Sekundarstufe II offensichtlich institutionelle und individuelle Selektionsprozesse ineinander greifen (vgl. Abb. V.3). Die Sekundarstufe II ist ein leistungsmäßig stratifiziertes System, das sowohl durch das an Abschlüsse gebundene Berechtigungssystem als auch durch Selbstselektion stabilisiert wird. Bei einer Längsschnittuntersuchung wird man vermutlich erkennen, dass diese Stratifizierung noch einmal durch differentielle Lerngelegenheiten und Lernprozesse gestützt wird. Dass die Sekundarstufe II nicht nur ein leistungsmäßig stra-

Abbildung V.3: Mathematisch-naturwissenschaftliche Grundbildung nach Bildungsgang in der Sekundarstufe II und allgemeiner Schulabschluss/Schulform (Mittelwerte und Vertrauensintervalle)

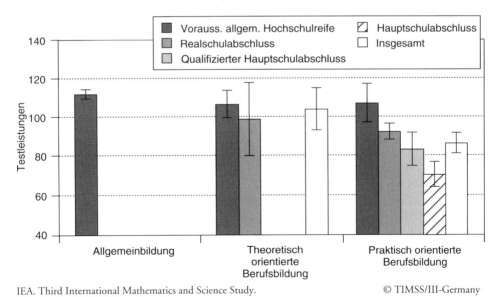

IEA. Third International Mathematics and Science Study.   © TIMSS/III-Germany

tifiziertes, sondern auch ein sozial stratifiziertes System darstellt, wird in Kapitel VI dieses Bandes behandelt.

1.3 Mathematisch-naturwissenschaftliche Grundbildung in alten und neuen Bundesländern

Entsprechend der internationalen Anlage der Studie wurde ein Stichprobenplan entwickelt, der es erlaubt, nationale Kennwerte zu ermitteln. Die Untersuchung wurde nicht mit dem Ziel systematischer Bundesländervergleiche geplant. Die Stichprobengröße erlaubt deshalb weder für die mathematisch-naturwissenschaftliche Grundbildung noch für den Mathematik- und Physikunterricht der gymnasialen Oberstufe einen Vergleich aller Länder untereinander. Deshalb werden grundsätzlich keine Länderergebnisse berichtet. Für Vergleiche von Bundesländern sind eigene, dafür geeignete Untersuchungen erforderlich, wie sie jetzt mit PISA vorbereitet werden (PISA-Konsortium, 1999).

Der Untersuchungsplan von TIMSS/III sieht jedoch den Vergleich größerer regionaler Einheiten vor. Dies können Vergleiche zwischen den alten und den neuen Bundesländern oder zwischen Ländergruppen sein, die nach Maßgabe wissenschaftlicher Fragestellungen zusammengestellt wurden. Zu diesem Zweck wurden Gymnasien und berufliche Schulen in den neuen Bundesländern in der Stichprobe überrepräsentiert. Aus den auf Gruppenebene aggregierten Befunden dürfen jedoch keine Rückschlüsse auf Verhältnisse in einem bestimmten Bundesland gezogen werden (individualistische Fehlschlüsse). Abbildung V.4 weist die Testleistungen im Bereich der mathematisch-naturwissenschaftlichen Grundbildung in alten und neuen Ländern der Bundesrepublik Deutschland differenziert nach Schulabschluss aus. Eine Zwei-Weg-Varianzanalyse mit der Länderzugehörigkeit (Ost/West) und dem Schulabschluss als Faktoren sowie der Leistung im Grundbildungstest als Kriterium zeigt einen signifikanten Haupteffekt des Schulabschlusses ($F_{\text{Schulabschluss} [2, 74]}$ = 51.5; $p < .001$) und eine signifikante Interaktion von Schulabschluss und Länderzugehörigkeit ($F_{\text{Schulabschluss} \times \text{Land} [2, 74]}$ = 3.8; $p < .05$). Der Haupteffekt der Länderzugehörigkeit wird nicht signifikant. Eine genauere Inspektion der Daten zeigt, dass der Rückstand der ostdeutschen Länder nicht primär auf geringere Leistungen des stärker expandierten Gymnasiums oder der erheblich geschrumpften Hauptschule zurückzuführen ist, sondern auf ein niedriges Grundbildungsniveau der Realschulabsolventen in den neuen Ländern. Die stark expandierte Realschule der neuen Länder scheint noch nicht die angemessenen Leistungsstandards gefunden zu haben. Damit werden Befunde aus TIMSS/II bestätigt (Baumert, Lehmann u.a., 1997).

Abbildung V.4: Testleistungen im Bereich der mathematisch-naturwissenschaftlichen Grundbildung in alten und neuen Ländern der Bundesrepublik Deutschland nach Schulabschluss (Mittelwerte und Vertrauensintervalle)

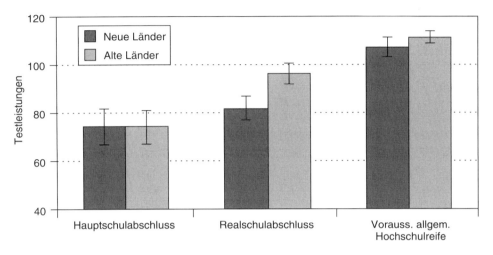

IEA. Third International Mathematics and Science Study. © TIMSS/III-Germany

1.4 Expansion weiterführender Bildungsgänge: Kognitive Mobilisierung der nachwachsenden Generation?

Die Expansion weiterführender Bildungsgänge ist ein weltweiter Modernisierungsprozess, der auch in der Bundesrepublik nachzuweisen ist. Es ist eine theoretisch und praktisch wichtige Frage, ob mit der Expansion der weiterführenden Bildungsgänge das Ausbildungsniveau der nachwachsenden Generation insgesamt ansteigt *(kognitive Mobilisierung)* (Roeder u.a., 1986; Baumert, 1991; Müller, 1998). Diese Frage kann letztlich nur durch die Replikation geeigneter historischer Untersuchungen beantwortet werden. Über einschlägige Untersuchungen, die wir zur Beantwortung dieser Frage durchgeführt haben, werden wir andernorts berichten. Querschnittsvergleiche können jedoch Hinweise liefern und Vermutungen untermauern.

Die Bundesländer unterscheiden sich hinsichtlich der Expansion weiterführender Bildungsgänge nicht unbeträchtlich. Nach der These der kognitiven Mobilisierung durch formale Bildung sollte bei der Expansion der weiterführenden Bildungsgänge das Fähigkeitsniveau nicht zuletzt im Bereich der Grundbildung der nachwachsen-

Abbildung V.5: Testleistungen im Bereich der mathematisch-naturwissenschaftlichen Grundbildung nach Ländergruppen mit unterschiedlicher Bildungsbeteiligung in der gymnasialen Oberstufe (Mittelwerte und Vertrauensintervalle)

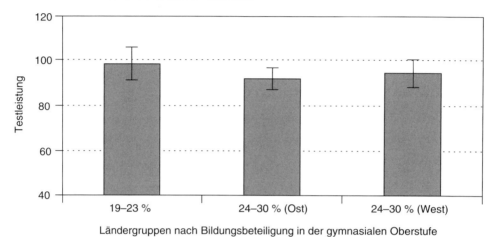

IEA. Third International Mathematics and Science Study. © TIMSS/III-Germany

den Generation insgesamt steigen (vgl. Baumert, 1991; Inglehart, 1998). Ein Vergleich des Niveaus der mathematisch-naturwissenschaftlichen Grundbildung von Ländergruppen mit unterschiedlich selektiven gymnasialen Oberstufen stützt die These vom kognitiven *Upgrading* der Alterskohorte bei expansivem Schulbesuch nicht (Abb. V.5). Eine genaue Analyse der Daten insbesondere zur gymnasialen Oberstufe, über die in Kapitel III des zweiten Bandes berichtet wird, zeigt aber auch, dass es keinen gegenläufigen Automatismus gibt, bei dem mit der Öffnung der weiterführenden Bildungsgänge das Leistungsniveau insbesondere in den Spitzengruppen sinkt. Ebenso weisen die im internationalen Vergleich gefundenen straffen Zusammenhänge zwischen Retentivität eines Bildungssystems und dem erreichten mathematisch-naturwissenschaftlichen Grundbildungsniveau auf differenziertere Zusammenhänge zwischen Beschulung und kognitiver Mobilisierung hin (vgl. Kap. IV, Abschnitt 1).

2. Mathematisch-naturwissenschaftliche Grundbildung und berufliche Erstausbildung im dualen System oder in beruflichen Vollzeitschulen

2.1 Einleitung und Fragestellung

Mit den Daten der Population III der TIMS-Studie sind erstmals Informationen zum mathematisch-naturwissenschaftlichen Wissensniveau von Schülern und Auszubildenden beruflicher Bildungsgänge zugänglich. Die in Abschnitt 1 dieses Kapitels vorgestellten Ergebnisse bei Schülern und Auszubildenden in theoretisch und praktisch orientierten beruflichen Bildungsgängen vermitteln einen ersten Eindruck von Unterschieden in den erreichten Kompetenzniveaus der mathematisch-naturwissenschaftlichen Grundbildung. Im Mittelpunkt dieses Abschnitts stehen Ergebnisse von Analysen, die auf enger gefassten Einteilungen beruflicher Bildungsgänge beruhen und damit einen differenzierteren Blick auf Leistungsprofile erlauben.

Das berufliche Bildungssystem ist ein leistungsmäßig stratifiziertes System, in dem die institutionelle Selektion, das heißt die an Abschlüsse gebundene Einmündung in den Beruf, und die individuelle Selbstselektion aufgrund von Interessen und selbst wahrgenommener Fähigkeiten in den Beruf wesentliche Mechanismen der Berufsallokation darstellen. Die in Abschnitt 1 nach dem höchsten allgemeinen Schulabschluss durchgeführten Analysen zeigen, dass der institutionelle Selektionsprozess aufgrund von Schulabschlüssen einen starken Einfluss auf das Leistungsniveau von Schülern und Auszubildenden unterschiedlicher beruflicher Bildungsgänge hat. Ferner ist davon auszugehen, dass die individuelle Selbstselektion in den Beruf Leistungsprofile erklärt. Sodann werden Sozialisationsprozesse in Form differentieller Lerngelegenheiten und Lernprozesse einen spezifischen Einfluss auf erreichte Kompetenzniveaus in den Bereichen der mathematisch-naturwissenschaftlichen Grundbildung haben. Die wesentliche Zielsetzung der folgenden Analysen besteht darin, die hier angedeuteten Selektions- und Sozialisationseffekte in Bezug auf Leistungsniveauunterschiede in den Blick zu nehmen.

Sozialisationseffekte der Teilnahme an beruflichen Bildungsgängen sind daran gebunden, dass (a) mathematisch-naturwissenschaftliche Inhalte im Unterricht der beruflichen Schulen behandelt werden und (b) für Lernprozesse in der beruflichen Ausbildung relevant sind. Ausgehend davon, dass bestimmte Bildungsgänge unterschiedliche Schwerpunkte bei der Behandlung von mathematisch-naturwissenschaftlichen Inhalten setzen, erwarten wir differentielle Effekte auf Teilgebiete der mathematisch-naturwissenschaftlichen Grundbildung. So sollte die Teilnahme an mathematiknahen Bildungsgängen das mathematische Fähigkeitsniveau besonders begünstigen oder sichern. In ähnlicher Weise sollte die Teilnahme an Bildungsgängen, die mit der Biologie des Menschen zu tun haben, eine größere Sicherheit im Umgang mit derartigen Fragestellungen vermitteln. Ein Problem der Analyse besteht in der empirischen Trennung von Sozialisationseffekten der Ausbildung und individuellen wie institutionellen Selektionseffekten, da relative Stärken und Schwächen von Teilnehmern bestimmter Bildungsgänge in querschnittlichen Untersuchungsdesigns sowohl als Sozialisations- als auch im Sinne von Selektionseffekten gedeutet werden können. Durch die Berücksichtigung ausbildungsbezogener Variablen versprechen wir uns aber dennoch Hinweise darauf, ob die Berufsausbildung einen spezifischen Einfluss auf das Fähigkeitsniveau von Schülern und Auszubildenden hat. Es wird außerdem der Frage nachgegangen, inwieweit das mathematisch-naturwissenschaftliche Wissen von Teilnehmern an beruflichen Bildungsgängen berufsfeldspezifischen Anforderungen genügt.

Die Abhandlung dieser Fragen gliedert sich in zwei Abschnitte. Im ersten Abschnitt analysieren wir die Testleistungen von Teilnehmern an unterschiedlichen beruflichen Bildungsgängen und Ausbildungsberufen. Um ein differenziertes Bild zu erhalten, tragen wir dabei auch fachspezifischen Untertests wie der biologischen und physikalischen Grundbildung Rechnung. Der zweite Abschnitt befasst sich mit der Überprüfung der Unterrichtsvalidität und der Relevanz mathematisch-naturwissenschaftlicher Inhalte für berufliche Bildungsgänge. Ausgehend davon werden anhand einzelner beruflich relevanter Aufgabeninhalte die Testleistungen mit beruflichen Anforderungen in Zusammenhang gebracht.

2.2 Stichprobe

Die Schüler und Auszubildenden beruflicher Bildungsgänge stammen aus vier Institutionen der beruflichen Bildung: Berufsschulen, Berufsfachschulen, Fachgymnasien und Fachoberschulen. Die *Berufsausbildung im dualen System* mit einer in der Regel dreijährigen betrieblichen Ausbildung und dem dazu parallel verpflichtenden Besuch der Berufsschule stellt die häufigste Form der Berufsausbildung dar. Bezogen auf die national definierte Untersuchungspopulation beträgt der Anteil derjenigen, die sich im Abschlussjahr einer betrieblichen Ausbildung befinden, 41 Prozent. Charakteristisch für eine Berufsausbildung in Form der Lehre ist, dass die praktische Ausbildung im Betrieb ergänzt wird durch den Unterricht in der Berufsschule. In der Regel findet der Unterricht in der Berufsschule an einem Tag in der Woche statt. Zum Teil haben Auszubildende statt eines Berufsschultages in der Woche auch Blockunterricht, das heisst, der Berufsschulunterricht findet in längeren, zusammenhängenden Zeitabschnitten statt. Der Schwerpunkt der Berufsausbildung im dualen System liegt damit eindeutig beim Betrieb. Die Fallzahl der Auszubildenden im dualen System beträgt in unserer Stichprobe 924. Eine Übersicht der am häufigsten vertretenen Ausbildungsberufe gibt Tabelle V.6. Darüber hinaus sind in geringerem Umfang Radio- und Fernsehtechniker, Zahntechniker, Floristen, Kfz-Elektriker, Schornsteinfeger, Heizungsbauer, Holzmechaniker, Gärtner, Schneider, Dachdecker, Zimmerer, Fliesenleger, Maurer und Datenverarbeitungskaufleute in der Stichprobe vertreten.

Tabelle V.6: Auszubildende nach am häufigsten in der Stichprobe vertretenen Ausbildungsberufen[1] (absolute und relative Häufigkeiten)

Ausbildungsberuf	Fallzahl	Prozent
Industriemechaniker	115	12,4
Bankkaufmann	90	9,7
Friseure	86	9,3
Kfz-Mechaniker	78	8,4
Bürokaufmann	70	7,8
Einzelhandelskaufmann	62	7,0
Industriekaufmann	30	3,2
Elektroinstallateur	29	3,1
Konditor	27	2,9
Fachverkäufer	24	2,6
Landwirt	20	2,2

[1] Berücksichtigt sind Kategorien mit maximal 20 Schülern.
IEA. Third International Mathematics and Science Study.   © TIMSS/III-Germany

Tabelle V.7: Berufsfachschüler nach am häufigsten in der Stichprobe vertretenen Bildungsgängen[1] (absolute und relative Häufigkeiten)

Bildungsgang	Fälle	Prozent
Kinderpflege	64	17,1
Kaufmännischer Bildungsgang	53	14,1
Wirtschaft	47	12,5
Hauswirtschaft	30	8,0
Datenverarbeitungsassistent	25	6,7
Krankenpflege	24	6,4
Bürokommunikation	23	6,1
Datenverarbeitungskaufmann	21	5,6
Erzieher	20	5,3

[1] Berücksichtigt sind Kategorien mit maximal 20 Schülern.
IEA. Third International Mathematics and Science Study.   © TIMSS/III-Germany

Berufsfachschulen sind berufliche Vollzeitschulen, die (a) Abschlüsse in Berufen vermitteln, die im Regelfall nur an Schulen erlernt werden können, (b) vielfach von Jugendlichen zur Überbrückung oder als Zwischenstufe auf dem Weg von der allgemeinbildenden Schule zur Ausbildung im dualen System genutzt werden oder (c) Jugendlichen, die keine Lehrstelle finden konnten, eine Qualifizierungschance bieten. Die Zugangsvoraussetzung ist in der Regel der Hauptschulabschluss, in einigen Fällen die mittlere Reife; eine vorherige Berufstätigkeit ist nicht erforderlich (vgl. Arbeitsgruppe Bildungsbericht, 1994). Zum Untersuchungszeitpunkt befanden sich 7 Prozent der national definierten Untersuchungspopulation im Abschlussjahr der Berufsfachschule. 375 Berufsfachschüler der Stichprobe können in die Analysen einbezogen werden. Tabelle V.7 gibt einen Überblick der am häufigsten in der Stichprobe vertretenen Bildungsgänge an Berufsfachschulen. Weiterhin sind in der Stichprobe Kfz- bzw. Metalltechniker, technische Assistenten für Informatik, elektrotechnische Assistenten und Sozialassistenten vertreten.

Die *Fachoberschulen,* die in der amtlichen Statistik ebenfalls zu den beruflichen Schulen gerechnet werden, vermitteln keine eigenständige Berufsausbildung, sondern die Berechtigung zum Besuch einer Fachhochschule, die Fachhochschulreife. Gut 2 Prozent der national definierten Untersuchungspopulation gehörten zum Untersuchungszeitpunkt dem Abschlussjahrgang der Fachoberschulen an. Die Stichprobe beinhaltet 109 Fälle aus fünf Schulen. Drei Schulen stammen aus dem Bereich Technik (Bauingenieur, Elektrotechnik, Technik ohne weitere Angabe) und jeweils eine aus den Bereichen Gestaltung und Sozialwesen.

Das *Fachgymnasium* (überwiegend in dreijähriger Aufbauform) vermittelt eine fachbezogene Hochschulreife. Kennzeichnend für Fachgymnasien ist, dass sie eine stärkere Spezialisierung zumeist mit beruflicher Ausrichtung in einzelnen Fachbereichen vorsehen. Es gibt unter anderem technische, wirtschaftswissenschaftliche, sozialwissenschaftliche und frauenberufliche Fachgymnasien (vgl. Arbeitsgruppe Bildungsbericht, 1994). Fast 3 Prozent der national definierten Untersuchungspopulation besuchten zum Erhebungszeitpunkt das Abschlussjahr eines Fachgymnasiums. Lediglich 13 Schüler eines technischen und eines wirtschaftswissenschaftlichen Fachgymnasiums haben den Test zur mathematisch-naturwissenschaftlichen Grundbildung bearbeitet und gehören der Stichprobe an.

Die Tabelle V.8 verdeutlicht für das duale System die an den Schulabschluss und an das Geschlecht gebundene Einmündung in Bildungsgänge.

Die Differenzierung nach Geschlecht untermauert die deutliche Aufteilung des Ausbildungsstellenmarkts zwischen Männern und Frauen (vgl. Bundesministerium für

Tabelle V.8: Geschlecht, Schulabschluss und Realisierung des Wunschberufs nach Berufsgruppen im dualen System (Spaltenprozente); die Werte für die Gesamtstichprobe beziehen sich auf alle Schulformen

	Metall-berufe	Bau- und Bauneben-berufe	Waren-kaufleute	Bankkauf-leute	Bürofach-kräfte	Friseure	Gesamt-stichprobe
Geschlecht							
Weiblich	7	5	75	60	68	94	47
Männlich	93	95	25	40	32	6	53
Schulabschluss							
Ohne Abschluss/ Hauptschulabschluss	23	28	34	1	3	48	19
Qualifizierter Hauptschulabschluss	11	14	15	1	0	12	9
Realschulabschluss	61	51	49	19	79	38	59
Höherer Abschluss	6	8	1	78	18	2	13
Ausbildungsberuf ist Wunschberuf	56	54	27	61	36	52	49

IEA. Third International Mathematics and Science Study. © TIMSS/III-Germany

Familie, Senioren, Frauen und Jugend, 1998). Während sich die Stichprobe bei den Metall- und Bau- bzw. Baunebenberufen überwiegend aus Männern zusammensetzt, zeigt sich bei den Friseuren und den Warenkaufleuten ein deutliches Übergewicht von Frauen. Die Mehrheit der Auszubildenden in den übrigen Berufsgruppen stellen Frauen dar, wobei am ehesten bei den Bankkaufleuten von einem Mischverhältnis gesprochen werden kann. Die Segmentierung des Ausbildungsstellenmarkts nach Schulabschlüssen wird ebenfalls in den Daten deutlich. Das Niveau des Schulabschlusses hat einen starken Einfluss darauf, in welche Ausbildungsberufe Schülerinnen und Schüler gelangen. Bankkaufleute weisen zu drei Vierteln einen Abschluss über dem Realschulabschluss auf. Auszubildende im Friseurberuf verfügen dagegen am häufigsten über einen Hauptschulabschluss. Auszubildende in Metall- oder Bau- bzw. Baunebenberufen besitzen in wenigen Fällen einen Abschluss, der über dem Realschulabschluss liegt.

Wir haben die Auszubildenden im dualen System gefragt, ob der Ausbildungsberuf dem Wunschberuf vor der Ausbildung entspricht. Die Beantwortung der Frage teilt die Auszubildenden in zwei etwa gleich große Lager: 49,3 Prozent der Auszubildenden bejahen diese Frage. Die Übereinstimmung zwischen Ausbildungs- und Wunschberuf ist bei Männern häufiger anzutreffen als bei Frauen ($\chi^2_{[1]}$ = 8.9; $p <$ .05). Differenziert man nach Berufsgruppen, wird deutlich, dass Auszubildende insbesondere in weiblich dominierten Berufen (Warenkaufleute und Bürokaufleute) seltener im Wunschberuf arbeiten (vgl. Tab. V.8). Allerdings ist auch eine gegenläufige Beziehung bei Auszubildenden im Friseurberuf festzustellen. Die Daten bestätigen die allgemeine Tendenz, wonach Frauen in einem engeren Berufsspektrum anzutreffen sind und deshalb auch häufiger einen anderen als den Wunschberuf ergreifen müssen (vgl. Bundesminsterium für Familie, Senioren, Frauen und Jugend, 1998).

Die Güte des Schulabschlusses entscheidet ebenso mit darüber, ob die Realisierung einer Lehrstelle im gewünschten Beruf gelingt: Schüler ohne Abschluss bzw. mit einem Hauptschulabschluss erlernen überzufällig häufig einen Beruf, der vor Beginn der Ausbildung nicht dem Wunschberuf entsprach. Zwischen Schülern mit Realschulabschluss und einem noch höherwertigen Abschluss besteht in dieser Hinsicht kein Unterschied. Wider Erwarten finden sich keine Unterschiede zwischen Auszubildenden des alten und neuen Bundesgebiets. Zum Erhebungszeitpunkt standen in den neuen Bundesländern die ersten Generationen von Auszubildenden vor dem Abschluss ihrer Lehre, die nach der Wiedervereinigung in das duale System eingemündet sind. Die Lehrstellenknappheit verlangte von manchem Jugendlichen, auf den Wunschberuf zu verzichten (vgl. Ulrich, 1995).

2.3 Methodisches Vorgehen

In einem ersten Schritt soll die Frage beantwortet werden, wie unterschiedliche Testleistungen von Schülern im berufsbildenden Bereich zu erklären sind. Wir stellen Ergebnisse von Analysen vor, die den Einfluss von objektiven und subjektiven Merkmalen der Berufsausbildung in den Blick nehmen. Zu den objektiven Merkmalen gehören neben soziodemographischen Variablen wie dem Geschlecht, dem allgemeinbildenden Schulabschluss, dem Ausbildungsberuf und dem Ausbildungsjahr die Nähe der Berufsausbildung zu mathematisch-naturwissenschaftlichen Sachgebieten. Letzteres wird im weiteren Verlauf als Sachgebietsnähe bezeichnet. Zu den subjektiven Merkmalen zählen Bewertungen der Schüler zu Lerngelegenheiten am Arbeitsplatz und im Fachunterricht der Berufsschule. Als roter Faden zieht sich durch diese Analysen die Frage, ob das Grundbildungsniveau von Schülern von der Ausbildung profitieren kann. Im zweiten Schritt wird untersucht, inwieweit Schülerleistungen mit berufsfeldspezifischen Anforderungen in Zusammenhang gebracht werden können. Relative Stärken und Schwächen von Schülern unterschiedlicher Bildungsgänge werden Anforderungsdefinitionen von Experten der beruflichen Bildung gegenübergestellt. Da die Fallzahlen der Berufsfachschüler und insbesondere der Fachoberschüler und Fachgymnasiasten gering ausfallen, wurden die Analysen zu den mathematisch-naturwissenschaftlichen Testleistungen weitestgehend übergreifend und nicht getrennt nach Institutionen durchgeführt.

Für die Stichprobe der Schülerinnen und Schüler im berufsbildenden Bereich liegt eine Besonderheit vor. Auszubildende mit Fachhochschulreife sowie mit allgemeiner Hochschulreife gehören nicht zur international definierten Untersuchungspopulation, da sie sich zum zweiten Mal im Abschlussjahr der Sekundarstufe II befinden. Entsprechend blieben sie bei der internationalen Skalierung unberücksichtigt. Um diese Gruppe dennoch in die Analysen einbeziehen zu können, haben wir unter Anwendung der *Plausible Value*-Methodologie (Adams, Wu & Macaskill, 1997) eine nationale Testskalierung durchgeführt. Die Verteilung der Personenparameter wurde auf einen Mittelwert von 100 und eine Standardabweichung von 30 normiert. Um spezifischen Stärken und Schwächen im berufsbildenden Bereich Rechnung zu tragen, wurden zusätzlich Personenscores für die Bereiche Biologie und Physik ermittelt, die Untertests der naturwissenschaftlichen Grundbildung darstellen. Getrennte Analysen empfehlen sich, da die relative Bedeutung physikalischer und biologischer Inhalte von Bildungsgang zu Bildungsgang variieren kann. Je nach Bedeutung des jeweiligen Sachgebiets innerhalb eines Ausbildungsberufs oder Berufsfeldes kann mit differentiellen Testleistungen gerechnet werden. Da die Testskalierung auch mit Schülern der gymnasialen Oberstufe durchgeführt wurde, liegen die Mittelwerte der beruflichen Schüler in den vier Tests mit einem Range von 87 und 90 Punkten unter dem Gesamtmittelwert 100. Die Standardabweichungen betragen zwischen 27 und 29 Punkten. Die Analysen wurden mit dem Programm WesVarPC (Brick u.a., 1997) durchgeführt, das die Berechnung von Stichprobenfehlern mittels *Jackknifing* (vgl. Johnson & Rust, 1992) ermöglicht.

2.4 Leistungsvergleiche zwischen Schülern und Auszubildenden in beruflichen Bildungsgängen mit unterschiedlicher Nähe zu mathematisch-naturwissenschaftlichen Sachgebieten

In einem ersten Schritt soll das mathematisch-naturwissenschaftliche Grundbildungsniveau von Schülern nach Sachgebietsnähe ihrer Berufsausbildung betrachtet werden. Wir gehen davon aus, dass Auszubildende in mathematik- bzw. techniknahen Bildungsgängen höhere mathematisch-naturwissenschaftliche Fähigkeiten besitzen als Auszubildende in mathematik- und technikfernen Bildungsgängen. Als Erklärungen für diese Annahme lassen sich die Selbstselektion in den Beruf aufgrund fachspezifischer Interessen und selbst wahrgenommener Fähigkeiten sowie fachbezogenes berufliches Lernen anführen, wenn man zunächst einmal von weiteren Determinanten wie dem Geschlecht und dem Schulabschluss absieht. Um unsere Annah-

Tabelle V.9: Klassifikation der beruflichen Bildungsgänge nach Sachgebietsnähe

Schulform[1]	Ausbildungsberuf/Fachrichtung	Mathematiknahe Bildungsgänge	Techniknahe Bildungsgänge	Mathematik- und technikferne Bildungsgänge
BFS	Bereich Wirtschaft	•		
BFS	Bürokommunikation	•		
BFS	Datenverarbeitungsassistent	•		
BFS	Datenverarbeitungskaufmann	•		
BFS	Kaufmännischer Bildungsgang	•		
BS	Bankkaufmann	•		
BS	Bürokaufmann	•		
BS	Datenverarbeitungskaufmann	•		
BS	Einzelhandelskaufmann	•		
BS	Industriekaufmann	•		
FG	Bereich Wirtschaft	•		
BFS	Elektrotechnischer Assistent		•	
BFS	Kfz-/Metalltechnik		•	
BFS	Technischer Assistent für Informatik		•	
BS	Bautechnik		•	
BS	Dachdecker		•	
BS	Elektroinstallateur		•	
BS	Fliesenleger		•	
BS	Heizungsbauer		•	
BS	Holzmechaniker		•	
BS	Industriemechaniker		•	
BS	Kfz-Elektriker		•	
BS	Kfz-Mechaniker		•	
BS	Maurer		•	
BS	Radio- und Fernsehtechniker		•	
BS	Schornsteinfeger		•	
BS	Zahntechniker		•	
BS	Zimmerer		•	
FG	Technik		•	
FOS	Bauingenieur		•	
FOS	Elektrotechnik		•	
FOS	Technik		•	
BFS	Erzieher			•
BFS	Hauswirtschaft			•
BFS	Kinderpflege			•
BFS	Krankenpflege			•
BFS	Lebensmittel/Landwirtschaft			•
BFS	Sozialassistent			•
BS	Bäcker			•
BS	Fachverkäufer			•
BS	Florist			•
BS	Friseur			•
BS	Gärtner			•
BS	Konditor			•
BS	Landwirt			•
BS	Schneider			•
FOS	Gestaltung			•
FOS	Gesundheit, Sozialwesen			•

[1] BFS = Berufsfachschule, BS = Berufsschule (duales System), FG = Fachgymnasium, FOS = Fachoberschule.

IEA. Third International Mathematics and Science Study. © TIMSS/III-Germany

men zu überprüfen, haben wir in einem ersten Schritt Ausbildungsberufe und Bildungsgänge nach ihrer Nähe zu mathematisch-naturwissenschaftlichen Sachgebieten klassifizieren lassen. Drei Experten aus der Berufsbildungsforschung haben die in unserer Stichprobe vertretenen Ausbildungsberufe und vollzeitlichen Bildungsgänge drei großen Gruppen zugeordnet, zu denen jeweils mathematiknahe, techniknahe und mathematik- und technikferne Bildungsgänge gehören. Das Ergebnis der Klassifikation ist der Tabelle V.9 zu entnehmen. Die mathematiknahen Bildungsgänge vereinigen kaufmännische Berufe sowie Ausbildungsgänge im Bereich Wirtschaft und Verwaltung. Den techniknahen Bildungsgängen wurden Metall- und Elektroberufe sowie Bau- und Baunebenberufe zugeordnet. Ausbildungsgänge in den Bereichen Landwirtschaft, Hauswirtschaft, Pflege, Körperpflege usw. wurden zu mathematik- und technikfernen Bildungsgängen zusammengefasst.

Zur Validierung der Klassifikation wurden die drei Gruppen in Hinblick auf differente Interessenstrukturen untersucht. Schüler und Auszubildende in mathematiknahen Bildungsgängen sollten ein höheres Interesse an mathematischen Inhalten, Schüler in techniknahen Bildungsgängen dagegen ein höheres Interesse an technisch-physikalischen Inhalten aufweisen. Bei Schülern und Auszubildenden in mathematik- und technikfernen Bildungsgängen wurde ein höheres biologisches Interesse angenommen, da sie sich zu einem großen Teil in sozialpflegerischen Bildungsgängen befinden, die mit der Biologie des Menschen und der Ernährung zu tun haben. Der nationale Schülerfragebogen enthält jeweils mehrere Indikatoren zur Messung fachspezifischer Interessen in den Bereichen Mathematik, Biologie, Physik und Technik. Sie wurden auf der Grundlage der Münchener Interessentheorie entwickelt (vgl. Krapp, Prenzel & Schiefel, 1986; Krapp, 1992).

Die Abbildung V.6 gibt Auskunft über die fachspezifischen Interessen der drei Gruppen. Die Mittelwertprofile bestätigen die formulierten Erwartungen. Am deutlichsten kommt dies bei den techniknahen Bildungsgängen zum Ausdruck, die das höchste Interesse an technischen und physikalischen Sachgebieten zeigen, wobei eine klare Präferenz für technische Inhalte zu erkennen ist. Die Mittelwertsdifferenzen zu den anderen Gruppen sind auf dem 0,1-Prozent-Niveau signifikant. Im Interessenprofil der mathematiknahen Bildungsgänge erhalten die Bereiche Mathematik, Biologie und Technik ähnliche Einschätzungen auf mittlerem Niveau, das Physikinteresse ist dagegen vergleichsweise gering. Das Mathematikinteresse ist in dieser Gruppe ähnlich hoch wie bei Schülern und Auszubildenden techniknaher Bildungsgänge. Beide Gruppen unterscheiden sich auf dem 5-Prozent-Niveau von den mathematik- und technikfernen Bildungsgängen. Letztere weisen erwartungsgemäß das höchste Interesse für biologische Inhalte auf. Die Differenz zu den beiden anderen Gruppen ist auf dem 0,1-Prozent-Niveau signifikant.

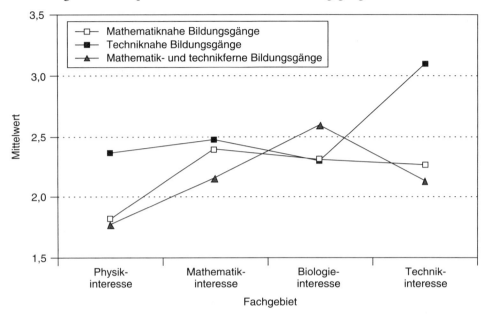

Abbildung V.6: Fachspezifische Interessen nach Bildungsgängen (Mittelwerte)

IEA. Third International Mathematics and Science Study. © TIMSS/III-Germany

Die Leistungsvergleiche in den Bereichen mathematischer und naturwissenschaftlicher Grundbildung weisen substantielle Niveauvorsprünge von mathematik- und techniknahen gegenüber mathematik- und technikfernen Bildungsgängen aus. Die Niveauunterschiede betragen zwischen zwei Dritteln und einer Standardabweichung. Mathematiknahe und techniknahe Bildungsgänge unterscheiden sich nicht signifikant (vgl. Abb. V.7).

Betrachtet man mit Biologie und Physik Teilgebiete der naturwissenschaftlichen Grundbildung, so deuten sich leichte differentielle Effekte an (vgl. Abb. V.8). Techniknahe Bildungsgänge erzielen im Bereich der physikalischen Grundbildung die besten Leistungen, wobei die Differenz zu den mathematiknahen Bildungsgängen allerdings statistisch nicht auf dem 5-Prozent-Niveau abzusichern ist. Im Bereich der biologischen Grundbildung findet eine Verringerung der Niveauunterschiede zwischen Auszubildenden in mathematik- und technikfernen und mathematiknahen Bildungsgängen statt. Diese Tendenzen verändern allerdings nicht das Gesamtbild substantiell geringerer Testleistungen von Schülern und Auszubildenden in mathematik- und technikfernen Bildungsgängen.

Abbildung V.7: Testleistungen im Bereich der mathematischen und naturwissenschaftlichen Grundbildung nach Sachgebietsnähe der Ausbildung (Mittelwerte und Vertrauensintervalle)

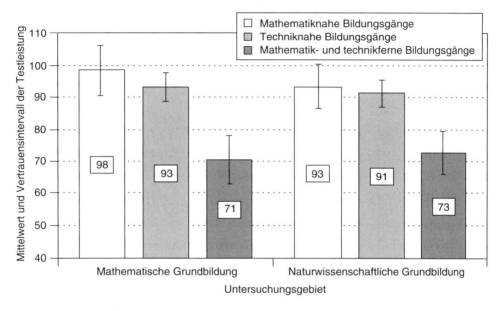

IEA. Third International Mathematics and Science Study.   © TIMSS/III-Germany

Die Niveauunterschiede sind keinesfalls allein auf die Sachgebietsnähe der Ausbildungsgänge zurückführbar. Die allgemeinbildende schulische Qualifikation und das Geschlecht der Schüler und Auszubildenden stellen weitere wesentliche Determinanten der mathematisch-naturwissenschaftlichen Grundbildung dar (vgl. Abschnitt 1 dieses Kap.). Darüber hinaus entscheiden Geschlecht und Schulbildung maßgeblich auch darüber, in welche berufliche Erstausbildung Schülerinnen und Schüler gelangen (vgl. Palamidis & Schwarze, 1989; Raab, 1996).

Wir haben deshalb getrennt für alle Untersuchungsgebiete multiple Regressionsanalysen zur Erklärung der Testleistungen mit den Variablen Geschlecht, Schulabschluss und Sachgebietsnähe gerechnet, um den Einfluss der Sachgebietsnähe bei Kontrolle des Schulabschlusses und des Geschlechts abschätzen zu können. Um zusätzlich nach Ausbildungsjahr zu kontrollieren, haben wir das Ausbildungsjahr der Personen ebenfalls in die Regressionsgleichung einbezogen. Obwohl in TIMSS die sich im letzten Segment der Sekundarstufe II befindenden Schülerinnen und Schüler getestet werden sollten, rekrutiert sich aus den in Kapitel II dar-

Abbildung V.8: Testleistungen im Bereich der biologischen und physikalischen Grundbildung nach Sachgebietsnähe der Ausbildung (Mittelwerte und Vertrauensintervalle)

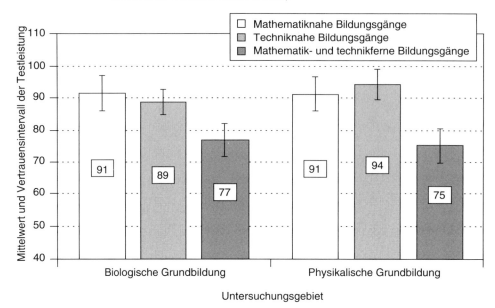

IEA. Third International Mathematics and Science Study. © TIMSS/III-Germany

gestellten Gründen die Stichprobe der Auszubildenden aus sämtlichen Ausbildungsjahren.

In Tabelle V.10 sind die Ergebnisse der Analysen für jedes Untersuchungsgebiet dargestellt. Zunächst sollen einige Interpretationshilfen zum Verständnis der Koeffizienten gegeben werden. Da die Ausprägungen der Prädiktoren als Dummys umgesetzt wurden, sind die unstandardisierten Regressionskoeffizienten unmittelbar als Testleistungsdifferenzen zwischen den Gruppen interpretierbar. So besagt ein unstandardisierter Regressionskoeffizient von 15,2 für die Ausprägung „Männlich" der Variablen Geschlecht im Bereich der mathematischen Grundbildung, dass – bei Kontrolle des Schulabschlusses und der Sachgebietsnähe – die Leistungen von Männern um 15,2 Punkte über denen der Frauen liegen. Dieser Unterschied ist statistisch signifikant ($p < .001$) und von praktischer Bedeutung. Im Rahmen der Dummycodierung fungiert die Kategorie „Weiblich" als Referenzkategorie mit dem Wert „Null". Anhand der Schulbildung lässt sich die Übertragung der Dummycodierung auf den ordinalen Fall illustrieren. Dort wird ebenfalls eine Referenzkategorie ge-

Tabelle V.10: Multiple Regression der Leistungen in den Untertests der mathematisch-naturwissenschaftlichen Grundbildung auf Geschlecht, Schulabschluss, Sachgebietsnähe des Ausbildungsgangs und Ausbildungsjahr (unstandardisierte Regressionskoeffizienten [β][1] und Standardfehler [SE])

Prädiktoren	Mathematische Grundbildung		Naturwissenschaftliche Grundbildung		Biologische Grundbildung		Physikalische Grundbildung	
	B	SE	B	SE	B	SE	B	SE
Geschlecht								
Weiblich	0		0		0		0	
Männlich	15,2***	3,8	16,6***	3,6	12,5**	3,7	19,1***	3,7
Schulabschluss								
Ohne Abschluss/Hauptschulabschluss	0		0		0		0	
Qualifizierter Hauptschulabschluss	14,3***	3,4	13,0***	3,6	11,4***	3,3	8,6*	4,0
Realschulabschluss	19,3***	2,3	20,0***	2,4	15,6***	2,3	15,4***	2,3
Höherer Abschluss	34,6***	3,5	33,9***	4,7	29,9***	4,0	28,2***	2,9
Sachgebietsnähe								
Mathematiknah	14,8***	4,1	7,5	4,1	3,8	3,6	3,8	3,2
Techniknah	9,3*	3,8	4,8	3,8	0,2	3,8	3,3	3,9
Mathematik- und techniknfern	0		0		0		0	
Ausbildungsjahr								
Erstes	–3,7	3,5	–3,4	3,9	–4,1	3,1	–2,9	3,0
Zweites	–0,7	3,6	–0,8	3,5	–0,3	2,8	0,5	2,9
Drittes	0		0		0		0	
Konstante	55,8	3,8	57,1	3,1	65,3	2,3	61,8	2,5
R^2	29,2		26,2		17,3		23,5	

[1] Positives Vorzeichen bedeutet eine Schätzung höherer Testleistungen; negatives Vorzeichen bedeutet eine Schätzung niedrigerer Testleistungen; da jeweils eine Kategorie der Prädiktoren auf Null fixiert ist (so genannte Referenzkategorie), sind die Regressionskoeffizienten als Abweichungen von der Referenzkategorie zu interpretieren.
* $p < .05$, ** $p < .01$, *** $p < .001$.
IEA. Third International Mathematics and Science Study.   © TIMSS/III-Germany

wählt, nämlich die Ausprägung „ohne Abschluss/Hauptschulabschluss". Ausgehend davon zeigen die Koeffizienten den erwarteten monotonen Zusammenhang des Testleistungsniveaus mit der Höhe des schulischen Abschlusses. Sowohl die Regressionskoeffizienten als auch die Signifikanzangaben beziehen sich jeweils auf den Vergleich mit der Referenzkategorie. Testleistungsunterschiede zwischen den einzelnen Ausprägungen lassen sich direkt durch Differenzbildung der Koeffizienten ermitteln. Signifikanzprüfungen zwischen den Ausprägungen (so genannte Mehrfachvergleiche) können mit Ausnahme der Vergleiche zur Referenzkategorie nicht aus Tabelle V.10 abgelesen werden. Auf sie wird im Text verwiesen.

Wendet man sich den Ergebnissen der getrennt für jeden Untersuchungsbereich durchgeführten Analysen zu, dann lassen sich in allen Bereichen erwartungsgemäß substantielle Leistungsunterschiede zwischen den Geschlechtern und zwischen Schülern mit unterschiedlichen Schulabschlüssen nachweisen. Lediglich die Differenzen zwischen Schülern mit qualifiziertem Hauptschulabschluss und Realschulabschluss sind statistisch nicht signifikant. Geht man zu den Koeffizienten der Sachgebietsvariablen über, so fällt auf, dass nur im Bereich der mathematischen Grundbildung von einem statistisch signifikanten und auch praktisch bedeutsamen Effekt der Sachgebietsnähe gesprochen werden kann. Teilnehmer an mathematiknahen und techniknahen Bildungsgängen erzielen Testleistungen, die eine halbe bzw. eine drittel Standardabweichung über denen von Auszubildenden in mathematik- und technikfernen Bildungsgängen liegen. Die Kontrolle des Geschlechts und der Schulbildung führt mit Ausnahme der mathematischen Grundbildung zu einer Nivellierung der Niveauunterschiede. Die Regressionskoeffizienten der Variablen Ausbildungsjahr sind in allen Untersuchungsbereichen von geringer Relevanz und leisten keinen Beitrag zur Reduktion der Fehlervarianz. Detailanalysen mit kleinen homogenen Gruppen ergaben ebenfalls keine Unterschiede zwischen Schülern verschiedener Ausbildungsjahre. Im Übrigen wurden weitere Effekte für Interaktionen überprüft, die sich aber als entbehrlich erwiesen.

2.5 Leistungsvergleiche zwischen Schülern mit unterschiedlichen Einschätzungen zu Lerngelegenheiten an den Lernorten Betrieb und Fachunterricht im dualen System

In dem Auszubildenden im dualen System zur Bearbeitung vorgelegten Fragebogen erbaten wir eine mehrdimensionale Bewertung der Qualität der betrieblichen und schulischen Ausbildung. Wir wollen im Folgenden überprüfen, inwieweit die Qualität der Ausbildungsorte, soweit diese sich in den subjektiven Bewertungen abbildet, einen Einfluss auf das mathematisch-naturwissenschaftliche Grundbildungsniveau ausübt, wenn man in einer Querschnittstudie diese Kausalbeziehung einmal explorativ unterstellt. Um die Komplexität des multivariaten Modells zu begrenzen, wurden nur zwei weitere Prädiktoren in das Regressionsmodell aufgenommen: die Einschätzung der Lerngelegenheiten am Arbeitsplatz und im Fachunterricht der Berufsschule. Die Befragten wurden gebeten zu beurteilen, ob sie an diesen Orten „viel", „mittel" oder „wenig" lernen. Um mögliche nichtlineare Zusammenhänge in den Blick zu bekommen, wurden die dreistufigen ordinalen Variablen in Dummys umgesetzt.

Die Tabelle V.11 gibt die Ergebnisse der multiplen Regressionsanalyse für die Auszubildenden im dualen System wieder. Bezieht man die subjektive Einschätzung von Lerngelegenheiten in der Ausbildung in die Regressionsgleichung ein, bleiben die Erklärungsbeiträge der ersten vier Prädiktoren Geschlecht, Schulabschluss, Sachgebietsnähe und Ausbildungsjahr im Vergleich zur vorherigen Analyse nahezu gleich. Wendet man sich den Regressionskoeffizienten der Lerngelegenheiten zu, dann fällt auf, dass insbesondere die Einschätzung der Lerngelegenheiten im Fachunterricht in allen vier Untersuchungsgebieten einen signifikanten Effekt auf die Testleistungen aufweist. So beträgt beispielsweise im Bereich der mathematischen Grundbildung die Testleistungsdifferenz zwischen Auszubildenden, die nach eigener Aussage „viel" bzw. „mittelmäßig", und denen, die „wenig" im Fachunterricht lernen, 15,1 bzw. 12,8 Punkte, also gut eine drittel bzw. halbe Standardabweichung. In den übrigen Sachgebieten wiederholen sich die Befunde. Die Einschätzung der Lerngelegenheiten am Arbeitsplatz trägt demgegenüber kaum zur Reduktion der Fehlervarianz bei. Wir haben daraufhin untersucht, in welchem Maße die Beurteilung des Fachunterrichts der individuellen Schülerwahrnehmung und der im Unterricht dargebotenen Lerngelegenheiten unterliegt. Eine einfaktorielle Varianzanalyse mit Schulklasse als unabhängiger und Beurteilung der Lerngelegenheiten als abhängiger Variablen zeigt, dass die Varianz der Beurteilung der Unterrichtsqualität zwischen Klassen statistisch nicht signifikant ist. Die Schulklasse klärt lediglich 4,3 Prozent der Varianz in der Beurteilung der Lerngelegenheiten im Fachunterricht auf. Im Vergleich zu den bei Gruehn (2000) auf der Basis von Daten aus der BIJU-Studie des Max-Planck-Instituts für Bildungsforschung und anhand von Mehrebenen-Analysen berichteten Werten ist dieser Varianzanteil auch in seiner Höhe als gering einzustufen. Die Variabilität der Unterrichtsbeurteilung ergibt sich also vordringlich durch Unterschiede zwischen Schülerbeurteilungen innerhalb von Klassen.

In einem weiteren Schritt haben wir den Interaktionseffekt Sachgebietsnähe × Lerngelegenheiten im Fachunterricht auf die Leistungen geprüft. Wir waren davon ausgegangen, dass Auszubildende in fachrichtungsnahen Sachgebieten zu besseren Leistungen fähig sind, wenn der jeweilige Fachunterricht in positiver Weise erlebt und beurteilt wird. Die statistische Modellierung erfolgte in getrennt für jeden Bildungsgang durchgeführten multiplen Regressionsanalysen. Die Ergebnisse dieser Analysen lassen sich auf folgende Weise zusammenfassen: Für Auszubildende in mathematiknahen Berufen ist ein positiv erlebter Fachunterricht im Bereich der mathematischen Grundbildung leistungsfördernd, in den anderen Untersuchungsgebieten dagegen nicht. Auszubildende in techniknahen Berufen profitieren in allen Unter-

Tabelle V.11: Multiple Regression der Leistungen in den Untertests der mathematisch-naturwissenschaftlichen Grundbildung auf Geschlecht, Schulabschluss, Sachgebietsnähe des Ausbildungsgangs, Ausbildungsjahr und Einschätzung der Lerngelegenheiten am Arbeitsplatz und im Fachunterricht der Berufsschule (unstandardisierte Regressionskoeffizienten [β][1] und Standardfehler [SE])

Prädiktoren	Mathematische Grundbildung		Naturwissenschaftliche Grundbildung		Biologische Grundbildung		Physikalische Grundbildung	
	B	SE	B	SE	B	SE	B	SE
Geschlecht								
Weiblich	0		0		0		0	
Männlich	14,2***	3,3	15,9***	3,8	11,5**	3,8	17,0***	3,3
Schulabschluss								
Ohne Abschluss/Hauptschulabschluss	0		0		0		0	
Qualifizierter Hauptschulabschluss	13,7**	4,0	14,0**	4,2	10,8**	3,8	9,2*	4,5
Realschulabschluss	18,2***	2,4	19,7***	2,4	14,1***	2,4	14,4***	2,3
Höherer Abschluss	37,4***	4,2	40,1***	4,2	34,1***	4,1	32,8***	3,3
Sachgebietsnähe								
Mathematiknah	14,8***	5,7	8,0	5,1	5,0	4,4	4,0	4,0
Techniknah	9,0*	3,8	4,3	4,3	0,9	4,0	5,0	4,1
Mathematik- und technikfern	0		0		0		0	
Ausbildungsjahr								
Erstes	–3,4	5,2	–4,4	5,2	–5,3	3,9	–2,9	3,9
Zweites	–5,4	4,4	–6,2	3,4	–2,7	2,5	–2,8	2,7
Drittes	0		0		0		0	
Lerngelegenheiten am Arbeitsplatz								
Viel	5,5	3,4	3,1	3,7	1,7	3,4	2,4	3,4
Mittel	4,9(*)	2,6	3,3	3,1	2,0	3,9	1,5	3,3
Wenig	0		0		0		0	
Lerngelegenheiten im Fachunterricht								
Viel	15,1**	4,9	14,2*	5,5	14,7*	6,5	14,0*	5,4
Mittel	12,8*	5,5	11,5*	5,6	12,4(*)	6,8	11,3*	5,4
Wenig	0		0		0		0	
Konstante	40,7	8,0	44,2	7,6	52,9	8,0	49,8	6,0
R^2	31,1		30,2		20,1		25,8	

[1] Positives Vorzeichen bedeutet eine Schätzung höherer Testleistungen; negatives Vorzeichen bedeutet eine Schätzung niedrigerer Testleistungen; da jeweils eine Kategorie der Prädiktoren auf Null fixiert ist (so genannte Referenzkategorie), sind die Regressionskoeffizienten als Abweichungen von der Referenzkategorie zu interpretieren. (*) $p < .10$, * $p < .05$, ** $p < .01$, *** $p < .001$.

IEA. Third International Mathematics and Science Study. © TIMSS/III-Germany

suchungsgebieten von einem erlebten effektiven Fachunterricht. In den Bereichen der mathematischen, naturwissenschaftlichen und biologischen Grundbildung sind die Erklärungsbeiträge auf dem 10-Prozent-Niveau, im Bereich der physikalischen Grundbildung auf dem 5-Prozent-Niveau signifikant. Geht man zu den mathematik- und technikfernen Bildungsgängen über, so ist ein in den Augen der Auszubildenden effektiver Unterricht im Bereich der naturwissenschaftlichen, biologischen und physikalischen Grundbildung ertragreich. Wie erwartet zeigt sich dagegen kein Effekt im Bereich der mathematischen Grundbildung. Zusammenfassend weisen die Ergebnisse auf differentielle Erträge des Fachunterrichts in Berufsschulen hin. Man sollte jedoch diesen Befund nicht überbewerten, da die Messung der Unterrichtsqualität lediglich auf einem Gesamturteil der Auszubildenden beruht.

2.6 Leistungsvergleiche zwischen Ausbildungsberufen im dualen System

Im Folgenden wird die Ebene der Sachgebietsnähe von Ausbildungsberufen verlassen und es werden einzelne Ausbildungsberufe im dualen System betrachtet. Es ist davon auszugehen, dass die damit vorgenommene Verfeinerung der Gruppen mit einer Erhöhung der feststellbaren differentiellen Effekte einhergeht. Die am häufigsten vertretenen Ausbildungsberufe in der Stichprobe sind Industriemechaniker (n = 115), Kfz-Mechaniker (n = 78), Einzelhandelskaufleute (n = 65), Friseure (n = 86), Bankkaufleute (n = 90) und Bürokaufleute (n = 70). Einen dezidierten Blick auf die Charakteristika der Stichprobe liefert Tabelle V.12, in der die Merkmale Geschlecht und höchster allgemeinbildender Schulabschluss differenziert nach den sechs Berufen aufgeführt sind. Die Kennwerte der Stichprobe untermauern den hohen Zusammenhang zwischen Ausbildungsberuf und Geschlecht. Die Eingangsselektivität der Ausbildungsberufe kommt in den Schulabschlüssen zum Ausdruck. Bankkaufleute weisen zu drei Vierteln einen Abschluss über dem Realschulabschluss auf. Auszubildende im Friseurberuf verfügen dagegen am häufigsten über einen Hauptschulabschluss. Industriemechaniker, Kfz-Mechaniker und Einzelhandelskaufleute besitzen in wenigen Fällen einen Abschluss, der über dem Realschulabschluss liegt.

Da sowohl das Geschlecht als auch der allgemeine Schulabschluss erklärungskräftige Prädiktoren des mathematisch-naturwissenschaftlichen Fähigkeitsniveaus darstellen, sind entsprechende Testleistungsunterschiede zwischen unterschiedlichen Berufsgruppen zu erwarten. Abbildung V.9 stellt die Mittelwertunterschiede zwischen den Berufsgruppen in den Tests zur mathematischen und naturwissenschaftlichen Grundbildung dar.

Abbildung V.9: Testleistungen in den Bereichen mathematischer und naturwissenschaftlicher Grundbildung nach Ausbildungsberufen (Mittelwerte und Vertrauensintervalle)

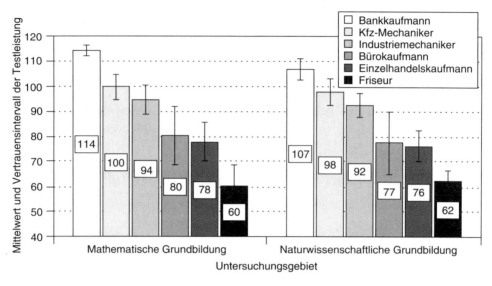

IEA. Third International Mathematics and Science Study. © TIMSS/III-Germany

Tabelle V.12: Geschlecht und höchster allgemeinbildender Schulabschluss nach den am häufigsten in der Stichprobe vertretenen Ausbildungsberufen im dualen System (Spaltenprozente)

	Industriemechaniker	Kfz-Mechaniker	Einzelhandelskaufmann	Bankkaufmann	Bürokaufmann	Friseur	Gesamtstichprobe (duales System)
Geschlecht							
Weiblich	3	4	67	60	73	94	40
Männlich	93	96	33	40	27	6	60
Schulabschluss							
Ohne Abschluss	3	0	10	1	1	4	3
Hauptschulabschluss	10	13	28	0	2	44	30
Qualifizierter Hauptschulabschluss	11	9	15	1	0	12	10
Realschulabschluss	55	70	45	19	80	38	52
Höherer Abschluss	2	8	2	78	17	2	15

IEA. Third International Mathematics and Science Study. © TIMSS/III-Germany

Die Mittelwertvergleiche ergeben in beiden Untersuchungsgebieten sowohl ähnliche als auch den Erwartungen entsprechende Testleistungsdifferenzen. Es ist eine Aufteilung in vier Leistungsgruppen erkennbar. Im Bereich der mathematischen Grundbildung erzielen Bankkaufleute die besten Testleistungen. Mit einem Abstand von gut einer halben bzw. zwei Drittel einer Standardabweichung folgen Kfz-Mechaniker und Industriemechaniker. Die dritte Leistungsgruppe setzt sich aus Einzelhandels- und Bürokaufleuten zusammen, deren Testleistungen wiederum eine halbe Standardabweichung unterhalb der zweiten Leistungsgruppe liegen. Auszubildende im Friseurberuf erzielen Testleistungen, die nochmals um fast zwei Drittel einer Standardabweichung niedriger ausfallen. Im Bereich der naturwissenschaftlichen Grundbildung fällt der Leistungsvorsprung der Bankkaufleute etwas geringer aus und beträgt nur noch eine drittel bis eine halbe Standardabweichung vor der nächsten testleistungsschwächeren Gruppe. Betrachtet man die Niveauunterschiede im Hinblick auf ihre statistische Signifikanz, ergibt sich mit einer Ausnahme dieselbe Aufteilung in vier Gruppen. Die Testwerte der Bürokaufleute weisen ein verhältnismäßig breites Vertrauensintervall auf, was auf eine stärkere Heterogenität der Leistungen innerhalb dieser Gruppe hindeutet. Deshalb lassen sich deren Testleistungen nicht gegen die Leistungen der Einzelhandelskaufleute und der Industriemechaniker zufallskritisch absichern.

Ein Vergleich der Berufsgruppen bezüglich des biologischen und physikalischen Grundwissens weist auf relative Stärken einzelner Berufsgruppen hin. So erzielen Kfz- und Industriemechaniker erwartungsgemäß ihre besten Testleistungen im Bereich der physikalischen Grundbildung. Die Testleistungen von Auszubildenden im Friseurberuf liegen im biologischen Bereich etwas näher an denen der anderen Berufsgruppen (vgl. Abb. V.10).

Um den jeweiligen Einfluss des Schulabschlusses und der Berufsgruppe auf die Leistungen zu untersuchen, wurden Kommunalitätenanalysen (vgl. Pedhazur, 1982, S. 199–201) für die jeweiligen Untersuchungsgebiete durchgeführt. Die Kommunalitätenanalyse ermöglicht die Zerlegung der erklärten Varianz in prädiktorspezifische und konfundierte Varianzkomponenten. Die prädiktorspezifische Varianzkomponente ist derjenige Anteil der erklärten Varianz, der jeweils auf die Merkmale Schulabschluss und Berufsgruppe zurückgeführt werden kann. Die konfundierte Varianzkomponente repräsentiert den Anteil der erklärten Varianz, der auf Kombinationen der beiden Merkmale Schulabschluss und Berufsgruppe zurückgeht. Um den Einfluss des Geschlechts zu kontrollieren, wurde vor Durchführung der Kommunalitätenanalyse der Geschlechtereffekt auspartialisiert und dann mit den Residuen weiter gerechnet. Das Ergebnis der Kommunalitätenanalyse für die mathematische und naturwissenschaftliche Grundbildung ist in Abbildung V.11 graphisch dargestellt.

Abbildung V.10: Testleistungen in den Bereichen biologischer und physikalischer Grundbildung nach Ausbildungsberufen (Mittelwerte und Vertrauensintervalle)

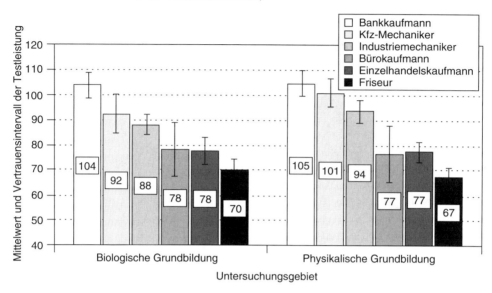

IEA. Third International Mathematics and Science Study. © TIMSS/III-Germany

Im Bereich der mathematischen Grundbildung beträgt die gesamte erklärte Varianz 39,9 Prozent. Von diesem Varianzanteil können 7,4 Prozent auf das Konto des Schulabschlusses und 5 Prozent auf das Konto der Berufsgruppe verbucht werden. 27,5 Prozent der Varianz werden durch Kombinationen beider Merkmale erklärt. Im Bereich der naturwissenschaftlichen Grundbildung ist der Anteil erklärter Varianz mit 38,1 Prozent nur unwesentlich geringer. Das Verhältnis der spezifischen Varianzen fällt allerdings stärker zu Gunsten des Schulabschlusses aus. Ähnliche Befunde ergeben sich in den Bereichen der biologischen und physikalischen Grundbildung. Im Unterschied zu den Analysen nach Sachgebietsnähe weist die Kommunalitätenanalyse nach Berufsgruppe auch auf einen spezifischen Effekt der Berufsgruppenzugehörigkeit im Bereich der naturwissenschaftlichen Grundbildung hin. Damit bestätigt sich unsere eingangs formulierte Erwartung, dass die Verfeinerung der Gruppen eine Erhöhung der feststellbaren Effekte zur Folge hat.

Abbildung V.11: Kommunalitätenanalytische Zerlegung der erklärten Varianz in den Leistungen der mathematischen und naturwissenschaftlichen Grundbildung

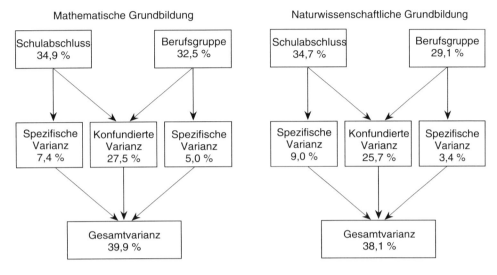

IEA. Third International Mathematics and Science Study. © TIMSS/III-Germany

2.7 Mathematisch-naturwissenschaftliche Grundbildung und berufsfeldspezifische Anforderungen

Der Grundbildungstest im Urteil von Experten der beruflichen Bildung

Um Anhaltspunkte zur kriterialen und unterrichtlichen Validität des Grundbildungstests zu erhalten, haben wir je 19 Aufgaben aus den Bereichen der mathematischen und naturwissenschaftlichen Grundbildung (Cluster A und B; vgl. Kap. II) durch Experten der beruflichen Bildung mittels Fragebogen einstufen lassen. Bei den Experten handelte es sich um 35 aus den TIMSS-Testschulen stammende Berufsschullehrer und um 50 Vertreter von Industrie- und Handels- bzw. Handwerkskammern. Die kriteriale Validität erfasst, inwieweit die Bewältigung von Anforderungen, wie sie der TIMSS-Test beinhaltet, für die Ausübung des Berufs von Bedeutung ist. Die Unterrichtsvalidität zielt darauf ab, ob die durch die jeweiligen Testaufgaben repräsentierten Stoffgebiete im Berufsschulunterricht behandelt werden oder nicht. Die Experten nahmen die Beurteilungen für kaufmännische, handwerklich-technische und sozialpflegerische Bildungsgänge vor.

Die kriteriale Validität entspricht der folgenden Operationalisierung im Fragebogen: „Wie wichtig ist die Beherrschung dieser Stoffgebiete für Auszubildende nach Beendigung ihrer Ausbildung, um in ihrem Beruf bestehen zu können?" Das Antwortformat war vierstufig mit den Ausprägungen „nicht wichtig", „weniger wichtig", „wichtig" und „sehr wichtig". Für die Auswertung der Angaben wurden die Kategorien „nicht wichtig" und „weniger wichtig" sowie „wichtig" und „sehr wichtig" zusammengefasst. Auf diese Weise lässt sich für jede Testaufgabe ermitteln, wie viel Prozent der Experten die Kategorie wichtig oder sehr wichtig gewählt haben. Da die Übereinstimmung der Wichtigkeitsratings zwischen Berufsschullehrern, Vertretern der IHK und Vertretern der HWK hinreichend groß ist – die mittlere Korrelation auf Itemebene beträgt $r = .87$ –, wird im Folgenden eine zusammenfassende Darstellung der Urteile gewählt.

Ziel der folgenden Ausführungen ist es zu zeigen, dass sich die Anforderungsdefinitionen der Experten weit mehr an Aufgabenkontexten orientieren und sich weniger mit spezifischen Anforderungsniveaus in Zusammenhang bringen lassen. Wenden wir uns zunächst dem Bereich der mathematischen Grundbildung zu. Bezogen auf das *kaufmännische* Berufsfeld werden die Aufgaben A08 und A12 am wichtigsten beurteilt (vgl. Abb. V.12). Die Aufgabe A08 verlangt von den Schülern die Interpretation und Verknüpfung zweier Graphen, anhand derer der Umsatz verkaufter Tonträger zu bestimmen ist. Die Aufgabe A12 weist aufgrund der zu verarbeitenden Anzahl mathematischer Größen einen vergleichsweise hohen Komplexitätsgrad auf. Man löst die Aufgabe, wenn man durch die Verknüpfung mehrerer Größen den niedrigsten Mietpreis bestimmen kann. Die jeweils geforderte Beschreibung des Lösungswegs erhöht den Schwierigkeitsgrad der Aufgaben. Beide Items entsprechen dem dritten Literalitätsniveau „Bildung von Modellen und Verknüpfung von Operationen" (vgl. Kap. III, Abschnitt 3). Testaufgaben dieser Art haben für die beiden anderen Bildungsgänge eine vergleichsweise geringe Bedeutung. Die Aufgabenkontexte lassen sich eindeutig dem kaufmännischen Berufsfeld zuordnen.

Für *handwerklich-technische* Bildungsgänge sind die Aufgaben B25 und B26 als hochrelevant einzustufen (vgl. Abb. V.12). Bei beiden Aufgaben steht die mathematische Modellierung im Vordergrund, wobei deren Lösung in der Anwendung der Regel zur Flächenberechnung besteht; zuvor muss der Schüler allerdings die Problemstellung erkennen. Während Aufgabe B26 in einen handwerklich-technischen Kontext eingebunden ist, erfolgt die Fragestellung in Aufgabe B25 kontextunabhängig.

Testaufgaben mit besonderer Bedeutung für *sozialpflegerische* Bildungsgänge greifen Kontexte auf, die mit der körperlichen Entwicklung des Menschen (Aufgabe A10), des Backens (Aufgabe B19) und der Körperpflege (Aufgabe B24) zu tun haben (vgl.

Abbildung V.12: Beispielaufgaben aus dem Bereich der mathematischen Grundbildung nach ihrer von Experten der beruflichen Bildung beurteilten berufsfeldspezifischen Wichtigkeit

Kaufmännische Berufe

A08. Die Grafiken liefern Informationen über den Verkauf von CD's und anderen Tonträgern in Zetland. Zet ist die in Zetland gebräuchliche Währungseinheit.

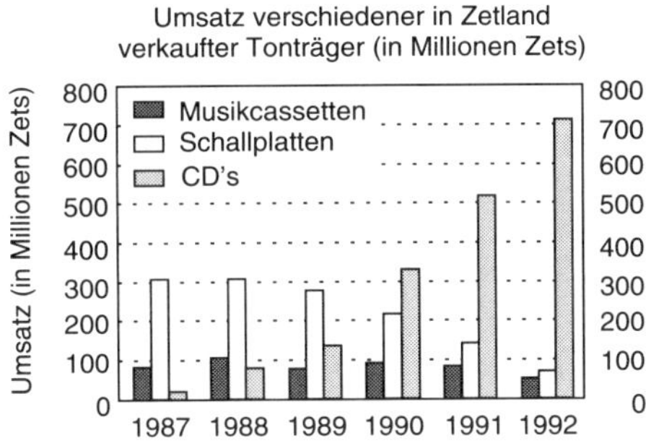
Umsatz verschiedener in Zetland verkaufter Tonträger (in Millionen Zets)
Umsatz (in Millionen Zets)
Musikcassetten
Schallplatten
CD's
0
100
200
300
400
500
600
700
800
1987 1988 1989 1990 1991 1992

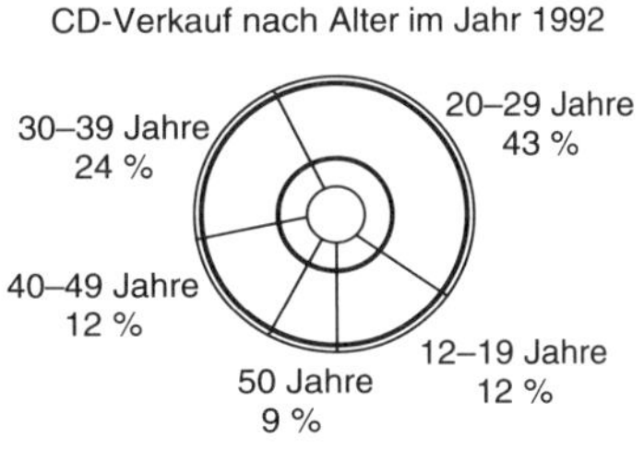
CD-Verkauf nach Alter im Jahr 1992
20–29 Jahre
43 %
30–39 Jahre
24 %
40–49 Jahre
12 %
50 Jahre
9 %
12–19 Jahre
12 %

Berechnen Sie mit Hilfe der beiden Grafiken, wieviel Geld die 12- bis 19-Jährigen für CD's 1992 ausgegeben haben. Notieren Sie Ihren Lösungsweg.

A12. Diese beiden Anzeigen sind in einer Zeitung in einem Land erschienen, in dem die Währungseinheit *zeds* ist.

GEBÄUDE A

Büroräume zu vermieten

85–95 Quadratmeter
475 *zeds* pro Monat

100–120 Quadratmeter
800 *zeds* pro Monat

GEBÄUDE B

Büroräume zu vermieten

35–260 Quadratmeter
90 *zeds* pro Quadratmeter
pro Jahr

Eine Firma ist daran interessiert, ein 110 Quadratmeter großes Büro in diesem Land für ein Jahr zu mieten. In welchem Bürogebäude, A oder B, sollte sie das Büro mieten, um den niedrigeren Preis zu bekommen? Wie rechnen Sie?

noch Abbildung V.12: Beispielaufgaben aus dem Bereich der mathematischen Grundbildung nach ihrer von Experten der beruflichen Bildung beurteilten berufsfeldspezifischen Wichtigkeit

Handwerklich-technische Berufe

B25. Wie aus der Skizze ersichtlich ist, verläuft ein Pfad diagonal durch das rechteckige Feld.

Berechnen Sie die Fläche des Feldes OHNE den Pfad. Notieren Sie Ihren Lösungsweg!

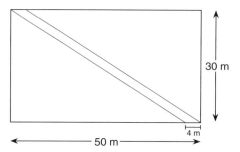

B26. Tina will den abgebildeten Fußboden mit quadratischen Fliesen auslegen. Die Seitenlänge der Fliesen beträgt 25 cm.

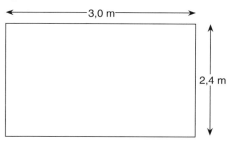

Die Fliesen werden in Packungen zu 20 Stück geliefert.

Schätzen Sie, wie viele Packungen Fliesen Tina benötigt. Schreiben Sie Ihre Arbeitsschritte auf. (Beachten Sie, daß einige Fliesen zerschnitten werden müssen; Ihre Schätzung sollte dies berücksichtigen.)

noch Abbildung V.12: Beispielaufgaben aus dem Bereich der mathematischen Grundbildung nach ihrer von Experten der beruflichen Bildung beurteilten berufsfeldspezifischen Wichtigkeit

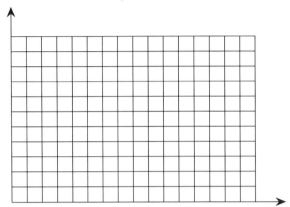

IEA. Third International Mathematics and Science Study. © TIMSS/III-Germany

Abb. V.12). Die Aufgabe A10 verlangt mathematisches Argumentieren anhand einer graphischen Darstellung. Aufgabe B24 erfordert eine Verhältnisrechnung, ohne dass dies im Aufgabentext selbst nahegelegt wird. Der Schüler muss zuvor die Aufgabenstellung in ein Situationsmodell überführen. Bei Aufgabe B19 sind einfaches mathematisches Modellieren bzw. die Verknüpfung von Operationen gefragt. Der Schüler muss – bevor er die Regeln der Bruchrechnung anwendet – ein Situationsmodell generieren.

Im Bereich der naturwissenschaftlichen Grundbildung finden sich bezogen auf *kaufmännische* Berufe nur wenige relevante Stoffgebiete. Die am wichtigsten eingestufte Aufgabe A09B thematisiert bezeichnenderweise eine Fragestellung aus dem Bereich der Sozialkunde. Sie verlangt die Interpretation von Daten und die Vertiefung eines Sachverhalts: „Nennen Sie einen Grund, weshalb die Anzahl der Patentanmeldungen pro Jahr und Forscher ein gutes oder kein gutes Maß für die Kreativität der Industrie eines Landes ist." Mit einem Schwierigkeitsparameter von 660 ist diese Aufgabe international eine der schwierigsten.

Die in *sozialpflegerischen* Berufen gefragten Inhalte stammen aus dem Gebiet der biologischen Grundbildung und entsprechen mit einer Ausnahme (Aufgabe B03) dem untersten Kompetenzniveau (vgl. Abb. V.13). Sie beziehen sich auf Fragen der Ernährung und der Biologie des Menschen. Eine dieser Aufgaben ist das Item B02 aus Abbildung C4, das den Zusammenhang von Vitaminen und gesunder Ernährung erfragt. Zwei weitere Aufgaben sind lösbar, wenn man weiß, dass der menschliche Organismus an heißen Tagen viel Wasser verliert (Aufgabe B13) und dass Erbanlagen über Samenzelle und Eizelle weitergegeben werden (Aufgabe B07). Die über naturwissenschaftliches Alltagswissen hinausgehende Aufgabe B03 problematisiert die Funktion der weißen Blutkörperchen. Das hinreichend sichere Lösen dieser Aufgabe setzt die Anwendung elementarer Modellvorstellungen voraus.

Die mit *handwerklich-technischen* Berufen verbundenen Anforderungen stammen vor allem aus dem Bereich der Physik und indikatorisieren Anforderungen der zweiten Kompetenzstufe, der „einfachen Erklärung alltagsnaher Phänomene". Hier sind die Aufgaben B01 (70 %) und B05 (75 %) zu nennen, von denen die zuerst genannte bereits in Kapitel IV, Abschnitt 1 ausführlich besprochen wurde (vg. Abb. V.13).

Auch im Bereich der naturwissenschaftlichen Grundbildung wird also deutlich, dass sich die Experten in erster Linie an der Problemstellung und weniger am Anforderungsniveau der Aufgaben orientieren. Dies führt dazu, dass sich die bildungsgangspezifischen Anforderungen weitaus besser durch Sachgebiete als durch Anforderungs- bzw. Kompetenzniveaus beschreiben lassen. Lediglich für sozialpflegerische Bildungsgänge zeigt sich, dass ein Set biologischer Aufgaben auch auf der niedrigsten Kompetenzstufe verortet werden kann. Die Anforderungen für sozialpflegerische Berufe im Bereich der naturwissenschaftlichen Grundbildung sind also auf niedrigerem Niveau anzusetzen.

Nimmt man eine nach inhaltlichen Kriterien zusammenfassende Darstellung der Einstufungen vor, lassen sich berufsfeldspezifische Schwerpunkte ausmachen. Wir

Abbildung V.13: Beispielaufgaben aus dem Bereich der naturwissenschaftlichen Grundbildung nach ihrer von Experten der beruflichen Bildung beurteilten berufsfeldspezifischen Wichtigkeit

Handwerklich-technische Berufe

B01. Welchen der folgenden Vorgänge stellt die dargestellte Abfolge von Energieumwandlungen dar?

Chemische Energie ⟶ Wärme-Engergie ⟶ Mechanische Energie (mit Abwärme)

  A. Eine Taschenlampe wird eingeschaltet.
  B. Eine Kerze wird abgebrannt.
  C. Elektrischer Strom wird zum Betrieb eines Kühlschrankes verwendet.
  D. Benzin wird verbrannt, um ein Auto anzutreiben.

B05. Ein Metallgewicht und ein Glas mit Wasser werden auf einer Waage gewogen, wie in Abbildung 1 gezeigt.

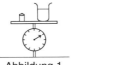

Abbildung 1   Abbildung 2

Wenn das Gewicht in das Glas mit Wasser hineingestellt wird (siehe Abb. 2), dann zeigt die Waage
  A. mehr an als bei Abbildung 1.
  B. dasselbe an wie bei Abbildung 1.
  C. weniger an als bei Abbildung 1.
  D. das kann man aufgrund dieser Information nicht sagen.

Sozialpflegerische Berufe

B02. Was ist der BESTE Grund dafür, daß eine gesunde Ernährung auch Obst und Gemüse enthalten soll?
  A. Sie haben einen hohen Wassergehalt.
  B. Sie sind die besten Eiweißspender.
  C. Sie haben viele Mineralien und Vitamine.
  D. Sie sind die besten Kohlenhydratspender.

B03. Die wichtigste Aufgabe der weißen Blutkörperchen ist,
  A. den Sauerstoff in die Zellen des Organismus zu transportieren.
  B. Kohlendioxid aus dem Blut zu entfernen.
  C. ein übermäßiges Bluten aus einer Wunde zu verhindern.
  D. große Nahrungsmoleküle zu lösen.
  E. dem Körper Hilfe gegen Infektionen zu leisten.

IEA. Third International Mathematics and Science Study.   © TIMSS/III-Germany

haben die Einzelurteile durch Mittelung der itembezogenen Prozentwerte in fünf Sachgebiete aggregiert: die mathematische Grundbildung, die naturwissenschaftliche Grundbildung, die biologische Grundbildung, die physikalische Grundbildung und die mathematisch-naturwissenschaftliche Grundbildung (beinhaltet sämtliche Aufgaben). Mit der biologischen und der physikalischen Grundbildung wurde Unterbereichen der naturwissenschaftlichen Grundbildung Rechnung getragen, um differentielle Schwerpunkte in den Blick zu bekommen. Die Tabelle V.13 beinhaltet die nach Sachgebieten zusammengefaßten Kennwerte des Expertenratings nach Berufsfeld und Sachgebiet. In kaufmännischen Bildungsgängen erfährt die mathematische im Vergleich zur naturwissenschaftlichen Grundbildung eine besondere Bedeutung. Mit 77 Prozent der Einstufungen erhalten Mathematikaufgaben das höchste durchschnittliche Wichtigkeitsurteil.

Für handwerklich-technische Bildungsgänge besitzt die mathematische Grundbildung eine ähnlich hohe Bedeutung wie für kaufmännische Berufe. Darüber hinaus spielt die naturwissenschaftliche Grundbildung vor allem im Bereich physikalischen Wissens eine größere Rolle, als dies für die beiden anderen Bildungsgänge der Fall ist. In sozialpflegerischen Berufen ist im Unterschied zu den anderen Bildungsgängen Grundwissen im Bereich der Biologie in besonderer Weise gefragt; naturwissenschaftliche und mathematische Fertigkeiten werden von den Experten ähnlich wichtig eingestuft, allerdings in etwas geringerem Ausmaß als die biologische Grundbildung.

Wie eingangs erwähnt, haben wir auch Berufsschullehrer der TIMSS-Testschulen danach gefragt, ob die im TIMSS-Test repräsentierten Stoffgebiete im Berufsschul-

Tabelle V.13: Kennwerte zur kriterialen Validität des Grundbildungstests nach Berufsfeld und Sachgebiet (nach Berufsfeld und Sachgebiet gemittelte relative Anteile der als „wichtig" bzw. „sehr wichtig" eingeschätzten Testaufgaben)

Sachgebiet	Kaufmännisch	Handwerklich-technisch	Sozialpflegerisch	Insgesamt
Mathematische Grundbildung	77	70	62	72
Naturwissenschaftliche Grundbildung	29	48	59	44
Biologische Grundbildung[1]	22	35	79	33
Physikalische Grundbildung[1]	20	52	42	44
Insgesamt	53	59	60	58

[1] Untertest aus dem Bereich naturwissenschaftlicher Grundbildung.
IEA. Third International Mathematics and Science Study. © TIMSS/III-Germany

unterricht behandelt werden oder nicht. Über alle Aufgaben hinweg bestätigen 74 Prozent unterrichtsvalider Einstufungen die Relevanz des TIMSS-Tests für berufliche Bildungsgänge. Die Einschätzungen zur Unterrichtsvalidität sind dabei eng verknüpft mit den Urteilen zur kriterialen Validität; auf Itemebene ergibt sich eine mittlere Korrelation von $r = .70$. Die für die Bewältigung beruflicher Anforderungen relevanten Stoffgebiete sind demnach erwartungsgemäß auch Gegenstand des Unterrichts an beruflichen Schulen. Es kann zusammenfassend festgestellt werden, dass der in TIMSS verwendete Test zur mathematisch-naturwissenschaftlichen Grundbildung auch für den berufsbildenden Bereich in Bezug auf Anforderungen und Lerngelegenheiten hinreichend valide ist. Erwartungsgemäß nehmen die Experten jeweils unterschiedliche Einstufungen für die drei Berufsfelder kaufmännische, handwerklich-technische und sozialpflegerische Berufe vor.

Berufsfeldspezifische Anforderungen und Leistungen

Das Ausmaß der Korrespondenz zwischen den Leistungen von Teilnehmern unterschiedlicher Bildungsgänge und den je spezifischen Anforderungen ist Gegenstand der folgenden Analysen. Geht man davon aus, dass Schüler und Auszubildende mit bildungsgangnahen Anforderungen weitaus besser vertraut sind als mit bildungsgangfernen, dann sollten sich in bildungsgangnahen Bereichen relative Stärken feststellen lassen. Bei dem Vergleich von Anforderungen und Leistungen beschränken wir uns deshalb auf Intergruppenvergleiche, bei denen wir zwei Analysestrategien verwenden. Zum einen wird ein deskriptiver Vergleich von Lösungswahrscheinlichkeiten zwischen Bildungsgängen für die Aufgaben vorgenommen, die hinsichtlich ihrer beruflichen Relevanz zwischen den Gruppen differenzieren. Zum anderen nutzen wir das Konzept des *Differential Item Functioning* (DIF) (zur Methode des *Differential Item Functioning* siehe Kap. IV, Abschnitt 3 dieses Bandes), das den Vergleich von relativen Lösungshäufigkeiten bei Konstanthaltung der Personen- und damit der Gruppenfähigkeit erlaubt. So ist denkbar, dass Respondenten mit ähnlichen Personenscores bestimmte Aufgaben unterschiedlich gut lösen. Im Rahmen des Rasch-Modells spricht man in solchen Fällen von differentiellen Itemfunktionen, weil die Abstufungen der Aufgabenschwierigkeiten, das hcißt der Itemparameter, für die Personen unterschiedlich sind. Wir gehen im vorliegenden Fall nicht nur davon aus, dass es solche differentiellen Itemfunktionen gibt, sondern wir vermuten ebenfalls, dass sie mit der beruflichen Relevanz von Aufgaben korrespondieren: Testaufgaben, die von den Experten als wichtig für das jeweilige Berufsfeld eingestuft werden und auch Gegenstand des Unterrichts sind, sollten Auszubildenden des jeweiligen Berufsfeldes leichter fallen und umgekehrt – und dies bei Kontrolle der Personenfähigkeit, das heißt bei Betrachtung von Personen mit vergleichbaren Gesamttestwerten. Die Analysen wurden mit dem Programm ConQuest (Wu, Adams & Wilson, 1998) durchgeführt. Das Programm Conquest testet die Nullhypothese, die besagt, dass keine Interaktionen zwischen Gruppenfähigkeit und Itemschwierigkeit bestehen. Zur Beurteilung dieses Modells weist das Programm einen χ^2-Wert aus, der in Relation zu der Anzahl der Freiheitsgrade bei guter Anpassung klein ist.

Im Vorfeld der Analysen bedurfte es wiederum einer Zuordnung der Ausbildungsberufe bzw. Bildungsgänge zu den drei Gruppen kaufmännische, handwerklich-technische und sozialpflegerische Bildungsgänge. Die vorgenommene Zuordnung von Bildungsgängen zu den drei Gruppen korrespondiert hoch mit der anfangs beschriebenen Klassifikation nach Sachgebietsnähe. Die kaufmännischen Bildungsgänge entsprechen exakt den mathematiknahen, die handwerklich-technischen mit wenigen Ausnahmen den techniknahen und die sozialpflegerischen mit einigen Ausnahmen – Landwirte, Gärtner und Floristen wurden aufgrund fehlender Nähe zum sozialpflegerischen Berufsfeld ausgeschlossen – den mathematik- und technikfernen Bildungsgängen. Die Berechnungen wurden getrennt für die mathematische und naturwissenschaftliche Grundbildung durchgeführt.

Im Bereich der mathematischen Grundbildung weist das Programm Conquest eine χ^2-Statistik aus, die in Relation zur Anzahl der Freiheitsgrade zu einer Ablehnung der Nullhypothese führt ($\chi^2_{[36]} = 307.2$; $p < .001$). Es ist demnach – so wie wir vermutet haben – von signifikanten Interaktionen zwischen Gruppenfähigkeit und Itemschwierigkeit auszugehen. Der Tabelle V.14 sind Wichtigkeitsratings der Experten, Lösungshäufigkeiten und differentielle Itemparameter (Gruppe × Item) der zuvor besprochenen Aufgaben nach Bildungsgängen zu entnehmen.

Es zeigt sich, dass die beiden für die kaufmännischen Berufe am wichtigsten eingestuften Testaufgaben A08 und A12 auch von Schülern und Auszubildenden in kaufmännischen Bildungsgängen am häufigsten gelöst werden; 57 bzw. 52 Prozent lösen diese Aufgaben. Im sozialpflegerischen Bereich sind dies lediglich 9 bzw. 14 Prozent, der handwerklich-technische Bereich nimmt mit Lösungswahrscheinlichkeiten von 39 bzw. 35 Prozent eine mittlere Position ein. Im kaufmännischen Bereich weist das Programm für die Aufgabe A08 einen differentiellen Itemparameter von –0,39 aus. Dieser besagt, dass – bei Konstanthaltung der Personenfähigkeit – Schülern im kaufmännischen Berufsfeld die Lösung dieser Aufgabe leichter fällt. Enthielte der Test durchweg Aufgaben dieser Art, dann erzielten Schüler und Auszubildende in kaufmännischen Bildungsgängen Testwerte, die 39 Prozent einer Standardabweichung über denen der anderen Bildungsgänge liegen. In der 100/30er-Metrik entspricht dies einer Differenz von 11,7 Punkten. Der mittlere Testwert im sozialpflegerischen

Tabelle V.14: Wichtigkeitsratings der Experten (in %), relative Lösungshäufigkeiten und differentielle Itemparameter (Gruppe × Item) (in Logits) ausgewählter Aufgaben aus dem Bereich der mathematischen Grundbildung nach Bildungsgängen; die hervorgehobenen Werte beziehen sich auf die Aufgaben, die für den jeweiligen Bildungsgang als relevant eingestuft wurden

Aufgabe	Wichtigkeit			Lösungshäufigkeit (in Klammern: DIF-Parameter)		
	Kaufmännisch	Handwerklich-technisch	Sozialpflegerisch	Kaufmännisch	Handwerklich-technisch	Sozialpflegerisch
A08	*92*	45	42	*57 (–0,39)*	39 (–0,05)	9 (0,45)
A12	*96*	64	33	*52 (–0,22)*	35 (0,20)	14 (0,02)
B25	53	*81*	45	26 (0,17)	*26 (–0,05)*	9 (–0,13)
B26	77	*86*	58	44 (0,02)	*49 (–0,36)*	7 (0,34)
A10	48	44	*67*	21 (–0,04)	15 (0,03)	*3 (0,01)*
B19	80	76	*92*	68 (0,01)	71 (–0,27)	*39 (0,25)*
B24	91	82	*92*	44 (–0,02)	45 (0,09)	*28 (–0,07)*

Da die Standardfehler der differentiellen Itemparameter maximal .08 betragen, sind Werte > .16 mindestens auf dem 5-Prozent-Niveau signifikant.

IEA. Third International Mathematics and Science Study. © TIMSS/III-Germany

Bereich läge fast eine halbe Standardabweichung (Itemparameter von 0,45) unterhalb der Testleistungen der anderen Bildungsgänge.

Bei Aufgabe B26, die als Anforderung für handwerklich-technische Berufe einzustufen ist, weisen Schüler und Auszubildende handwerklich-technischer Bildungsgänge eine höhere Lösungshäufigkeit auf. Wesentlich schlechter schneiden hier wiederum die sozialpflegerischen Bildungsgänge ab. Die DIF-Analyse weist dementsprechend einen negativen Parameter für die handwerklich-technischen und einen positiven Parameter für die sozialpflegerischen Bildungsgänge aus. Bei Aufgabe B25 lässt sich ein ähnlicher Befund nicht feststellen. Bei den bezogen auf sozialpflegerische Bildungsgänge als relevant eingestuften Aufgaben finden sich keine in die erwartete Richtung weisenden differentiellen Effekte. Die Aufgabe B19 stellt sich für handwerklich-technische Bildungsgänge sogar relativ leichter dar als für sozialpflegerische Bildungsgänge.

Im Unterschied zur Illustration differentieller Itemfunktionen an einzelnen Testaufgaben erlaubt ein zusammenfassendes Assoziationsmaß zwischen Itemwichtigkeit und relativer Itemschwierigkeit die Beschreibung eines mehr oder weniger systematischen Zusammenhangs beider Größen. Deshalb haben wir Produkt-Moment-Korrelationen

Tabelle V.15: Wichtigkeitsratings der Experten (in %), relative Lösungshäufigkeiten und differentielle Itemparameter (Gruppe × Item) (in Logits) ausgewählter Items aus dem Bereich der naturwissenschaftlichen Grundbildung nach Bildungsgängen; die hervorgehobenen Werte beziehen sich auf die Aufgaben, die für den jeweiligen Bildungsgang als relevant eingestuft wurden

Aufgabe	Wichtigkeit			Lösungshäufigkeit (in Klammern: DIF-Parameter)		
	Kaufmännisch	Handwerklich-technisch	Sozialpflegerisch	Kaufmännisch	Handwerklich-technisch	Sozialpflegerisch
A09B	*70*	44	40	*36 (–0,49)*	26 (–0,06)	4 (0,55)
B01	21	*70*	55	65 (0,24)	*79 (–0,52)*	55 (0,28)
B05	23	*75*	30	68 (0,28)	*76 (–0,10)*	64 (–0,18)
B02	35	40	*99*	94 (0,32)	93 (0,36)	*94 (–0,68)*
B03	13	28	*92*	42 (0,18)	39 (0,48)	*44 (–0,66)*
B07	18	22	*83*	92 (–0,04)	90 (0,33)	*86 (–0,29)*
B13	24	46	*99*	84 (–0,13)	77 (0,47)	*71 (–0,35)*

Da die Standardfehler der differentiellen Itemparameter maximal .08 betragen, sind Werte > .16 mindestens auf dem 5-Prozent-Niveau signifikant.

IEA. Third International Mathematics and Science Study.   © TIMSS/III-Germany

zwischen Itemwichtigkeit und relativer Itemschwierigkeit (DIF-Parameter) über alle 19 Aufgaben der mathematischen Grundbildung hinweg nach Berufsfeldern berechnet (vgl. Tab. V.16). Das Ergebnis fördert im Bereich der mathematischen Grundbildung lediglich für die kaufmännischen Berufe einen relevanten Zusammenhang zu Tage; die Korrelation ist erwartungsgemäß negativ und beträgt $r = -.47$.

Im Bereich der naturwissenschaftlichen Grundbildung weist das Programm ebenfalls eine signifikante χ^2-Statistik aus ($\chi^2_{[42]} = 698.7$; $p < .001$). Der Befund, dass das Verhältnis von χ^2-Statistik und Freiheitsgraden mit knapp 17 fast doppelt so hoch ausfällt wie im Bereich der mathematischen Grundbildung ($\chi^2/df = 8.5$), deutet auf noch größere Effekte im Bereich der naturwissenschaftlichen Grundbildung hin. Wie der Tabelle V.15 zu entnehmen ist, enthält der Test zur naturwissenschaftlichen Grundbildung eine Reihe von Aufgaben, bei denen Schüler und Auszubildende sozialpflegerischer Bildungsgänge vergleichsweise gut abschneiden. Es handelt sich bei diesen Aufgaben ausschließlich um Aspekte der biologischen Grundbildung. Die Aufgaben B02 und B03 repräsentieren Inhalte, die für die Ausübung sozialpflegerischer Berufe am wichtigsten sind. Die Lösungswahrscheinlichkeiten der Aufgabe B02 (Bedeutung von Vitaminen für eine gesunde Ernährung) liegen in

Tabelle V.16: Produkt-Moment-Korrelationen zwischen Itemwichtigkeit und relativer Itemschwierigkeit

Untersuchungsgebiet	Kaufmännisch	Handwerklich-technisch	Sozialpflegerisch
Mathematische Grundbildung	–0,47	–0,01	–0,14
Naturwissenschaftliche Grundbildung	–0,39	–0,61	–0,57

IEA. Third International Mathematics and Science Study. © TIMSS/III-Germany

allen drei Gruppen bei über 90 Prozent, es handelt sich demnach um ein sehr leichtes Item. Da Schüler und Auszubildende in sozialpflegerischen Berufen bei durchschnittlich geringerem Fähigkeitsniveau aber die gleiche Lösungswahrscheinlichkeit bei diesem Item aufweisen, fällt ihnen die Lösung „relativ" leichter, was sich in einem negativen DIF-Parameter ausdrückt. Die Aufgabe B03 (Funktion der weißen Blutkörperchen) ist mit Lösungswahrscheinlichkeiten zwischen 0,39 und 0,44 schwieriger als Aufgabe B02. Auch hier erzielen sozialpflegerische Bildungsgänge eine ähnliche Lösungswahrscheinlichkeit wie Schüler und Auszubildende anderer Bildungsgänge, was sich in einem negativen DIF-Parameter von –0,66 niederschlägt. Bei den Aufgaben B07 und B13 erreichen die Effekte zwar nicht die gleiche Höhe, sie sind aber dennoch statistisch signifikant.

Die für Schüler und Auszubildende in handwerklich-technischen Bildungsgängen relevante Aufgabe B01 (Verständnis des Energiebegriffs) wird auch am häufigsten von Teilnehmern an diesen Bildungsgängen gelöst (79 %); sie ist bei Berücksichtigung der Gruppenfähigkeiten auch relativ leichter für diese Schüler (DIF-Parameter = –0,52). Bei Aufgabe B05 lässt sich ein solcher Effekt nicht nachweisen. Die einzige für kaufmännische Bildungsgänge relevante Aufgabe aus dem Gebiet der Sozialkunde wird zwar nur von 36 Prozent von Schülern und Auszubildenden dieser Bildungsgänge gelöst. Damit liegt deren Lösungshäufigkeit aber gut 10 Prozent über dem Wert der handwerklich-technischen und weit über dem Wert der sozialpflegerischen Bildungsgänge. Der negative differentielle Itemparameter weist aus, dass diesen Schülern die Lösung dieser Aufgabe nicht nur absolut, sondern auch relativ betrachtet, leichter fällt. Zur Beschreibung des Gesamtzusammenhangs von berufsfeldspezifischer Relevanz und differentiellem Itemparameter haben wir wiederum Produkt-Moment-Korrelationen über alle 19 Aufgaben der naturwissenschaftlichen Grundbildung berechnet (vgl. Tab. V.16).

Insbesondere bei handwerklich-technischen und sozialpflegerischen Bildungsgängen sind die Zusammenhänge mit $r = -.61$ und $r = -.57$ bedeutsam. Die berufliche Relevanz von Aufgabeninhalten erklärt somit 37 bzw. 32 Prozent der Varianz in den DIF-Parametern.

Die Analysen auf der Ebene von Einzelaufgaben bestätigen im Wesentlichen die Befunde, die sich unter Rückgriff auf die Testwerte der mathematischen und naturwissenschaftlichen Grundbildung ergeben haben. Relative Stärken und Schwächen von Auszubildenden sind in den Sachgebieten der naturwissenschaftlichen Grundbildung stärker ausgeprägt als in der mathematischen Grundbildung. Bringt man die relativen Stärken und Schwächen mit berufsfeldbezogenen Lerngelegenheiten und Anforderungen in Zusammenhang, dann ergeben sich insbesondere im Bereich der naturwissenschaftlichen Grundbildung bedeutsame positive Zusammenhänge: Die Lösung beruflich relevanter und im Unterricht behandelter Problemstellungen fällt Schülern und Auszubildenden leichter, als dies für weniger relevante und im Unterricht seltener behandelte Fragestellungen der Fall ist. Wie sich in den Expertenratings zeigt, leitet sich die Relevanz von Inhalten der TIMSS-Aufgaben im Wesentlichen durch ihre kontextspezifische Einbettung ab. Auszubildende schneiden bei berufsfeldnahen Aufgabenstellungen besser ab. Eine Erklärung hierfür besteht vermutlich darin, dass sich ihnen in diesen Fällen die Problemstellung leichter erschließt und die entsprechende Modellbildung bzw. die Übertragung in ein Situationsmodell besser gelingt.

2.8 Zusammenfassung

Fasst man die wichtigsten Ergebnisse zusammen, lässt sich festhalten, dass der in TIMSS eingesetzte Test zur mathematisch-naturwissenschaftlichen Grundbildung hinreichende Validität für berufliche Bildungsgänge besitzt, das heißt Anforderungen beinhaltet, die im Unterricht behandelt werden und für die Ausübung des Berufs als hochrelevant einzustufen sind. Erwartungsgemäß setzen Berufsfelder bzw. Bildungsgänge unterschiedliche Schwerpunkte bei der Behandlung bestimmter Sachgebiete, sodass Schüler und Auszubildende während der Ausbildung in unterschiedlichem Maße mit den jeweiligen Inhalten konfrontiert werden. Damit sind die notwendigen Voraussetzungen gegeben, dass Auszubildende in je spezifischer Weise vom Unterricht und von Lernprozessen in der Ausbildung profitieren.

Die wichtigsten Befunde zur mathematisch-naturwissenschaftlichen Grundbildung von Schülern und Auszubildenden im berufsbildenden Bereich betreffen die Vergleiche zwischen Bildungsgängen, die sich nach Sachgebietsnähe zusammenfassen lassen. Eine Klassifikation von Bildungsgängen sieht die Einteilung in mathematiknahe, techniknahe und mathematik- und technikferne Bildungsgänge vor. Das wesentliche Ergebnis des Testleistungsvergleichs zwischen diesen Gruppen besteht darin, dass – mit einer Ausnahme – die bedeutsamen Niveauunterschiede zwischen den Gruppen durch die Drittvariablen Schulabschluss und Geschlecht erklärt werden können. Besonders die Güte des allgemeinbildenden Schulabschlusses erklärt bereits den überwiegenden Teil der Varianz in den Testleistungen. Lediglich im Bereich der mathematischen Grundbildung zeigt sich auch nach Kontrolle des Schulabschlusses und des Geschlechts ein Niveauvorsprung der mathematiknahen Bildungsgänge. Trotz substantieller Leistungsdifferenzen zwischen den drei Gruppen können in eigens skalierten Untertests wie der biologischen und physikalischen Grundbildung leichte Differenzverschiebungen festgestellt werden, die als Ausdruck relativer Stärken und Schwächen von Auszubildenden gedeutet werden können. So verringert sich der Leistungsrückstand von Schülern und Auszubildenden in mathematik- und technikfernen Bildungsgängen im Bereich der biologischen Grundbildung. Die gleiche Tendenz zeigt sich bei Schülern und Auszubildenden in techniknahen Bildungsgängen im Bereich der physikalischen Grundbildung. Bei einer feineren Differenzierung nach den sechs am häufigsten in der Stichprobe vertretenen Ausbildungsberufen ist erwartungsgemäß eine leichte Erhöhung der feststellbaren Effekte im Bereich der naturwissenschaftlichen Grundbildung erkennbar. Die jenseits vom Gesamttest und auf der Ebene einzelner Aufgaben vorgenommenen Analysen bestätigen im Wesentlichen diese Befunde. Insbesondere in naturwissenschaftlichen Sachgebieten lassen sich relative Stärken und Schwächen von Auszubildenden damit in Zusammenhang bringen, ob die Inhalte beruflich relevant und Gegenstand des Unterrichts sind. Im Bereich der mathematischen Grundbildung ergeben sich derartige Zusammenhänge für kaufmännische Berufe.

Im Anschluss an diese Befunde werfen wir noch einmal die Frage nach dem Einfluss von Selektions- und Sozialisationseffekten auf die jeweiligen Fähigkeitsniveaus von Teilnehmern an beruflichen Bildungsgängen auf. Wir sind uns bewusst, dass wir derartige Effekte an dieser Stelle nur andeuten können, da die empirische Trennung von Sozialisations- und Selektionseffekten ein längsschnittliches Untersuchungsdesign voraussetzt. Im vorliegenden Fall ist es unter Vorbehalt möglich, Testleistungen von Schülern und Auszubildenden unterschiedlicher Ausbildungsjahre miteinander zu vergleichen und das Ergebnis im Sinne eines Quasi-Längsschnitts zu interpretieren. Das Ausbildungsjahr hat jedoch keinen Einfluss auf das mathematisch-naturwissenschaftliche Fähigkeitsniveau, sodass aufgrund dieser Analyse nicht auf einen Sozialisationseffekt der Berufsausbildung geschlossen werden kann. Im Sinne eines Sozialisationseffekts lässt sich allerdings der mit aller Vorsicht zu behandelnde Befund interpretieren, dass Auszubildende in fachrichtungsnahen Sachgebieten zu besseren Leistungen fähig sind, wenn der jeweilige Fachunterricht in positiver Weise erlebt und beurteilt wird. Hier deutet sich womöglich eine standardsichernde Funktion des Berufsschulunterrichts an. Sowohl auf einen spezifischen Effekt der Berufsausbildung als auch auf einen Selektionseffekt aufgrund von Interessen und selbst wahrgenommener Fähigkeiten weisen relative Stärken und Schwächen von Schülern und Auszubildenden. Dass diese mit den Lerngelegenheiten im Berufsschulunterricht und der beruflichen Relevanz von Inhalten in Zusammenhang gebracht werden können, mag für einen Sozialisationseffekt der Ausbildung sprechen. Es bleibt weiteren Untersuchungen vorbehalten, die hier angedeuteten Befunde mithilfe eines längsschnittlichen Untersuchungsdesigns zu überprüfen.

3. Die Bedeutung des Erlebens von Kompetenz, Autonomie und sozialer Eingebundenheit für die Entwicklung einer intrinsischen Berufsmotivation

3.1 Fragestellung und theoretischer Bezugsrahmen

Neben dem Erwerb von berufsspezifischen Kompetenzen in der Ausbildung stellt die Entwicklung einer intrinsisch geprägten motivationalen Orientierung gegenüber dem Ausbildungsberuf ein wichtiges Kriterium für eine erfolgreiche Berufsausbildung dar. Die Auseinandersetzung mit Arbeitsinhalten, -erfahrungen und -bedingungen ist Grundlage für den Aufbau einer intrinsischen Berufsmotivation und damit auch einer beruflichen Identität, das heißt für eine Sicherheit, dass der gewählte Beruf mit eigenen Interessen, Lebensvorstellungen und beruflichen Perspektiven in Einklang zu bringen ist. Empirische Befunde weisen darauf, dass eine auf Selbstbestimmung und Kompetenzerleben beruhende intrinsische Berufsmotivation auch die Motivation zur individuellen Weiterbildung und Qualifikation steigert (Krapp & Prenzel, 1992; Rheinberg, 1995). Vor dem Hintergrund einer ständigen Veränderungen unterliegenden Arbeitswelt dürfte es für Arbeitnehmer immer wichtiger werden, den wandelnden Anforderungsstrukturen im Berufsleben mit der Einstellung zu begegnen, dass Weiterbildungs- und Qualifizierungsprozesse für langfristigen beruflichen Erfolg notwendig sind. Im Folgenden wollen wir den Ausbildungskontexten nachspüren, von denen man annehmen kann, dass sie für den Aufbau einer intrinsischen Berufsmotivation bedeutsam sind.

Von einer intrinsischen Berufsmotivation kann gesprochen werden, wenn Personen die Tätigkeit im Beruf als für sie persönlich wichtig und als Teil ihrer Identität sowie emotional zufriedenstellend oder gar erfüllend erleben. Es bedarf keiner extrinsischen, das heißt auf den Effekt der Tätigkeit (Gehalt, Prestige, Sicherheit) abzielenden Anreize für die Ausübung der Tätigkeit. In Anlehnung an die Selbstbestimmungstheorie von Deci und Ryan (1985) lassen sich drei basale psychologische Bedürfnisse für die Entwicklung einer intrinsischen Motivation als relevant einstufen: das Bedürfnis nach Kompetenz oder Wirksamkeit (White, 1959), Autonomie oder Selbstbestimmung (DeCharms, 1968) und soziale Eingebundenheit oder soziale Zugehörigkeit (Harlow, 1958). Individuen besitzen die basale motivationale Tendenz, „sich mit anderen Personen in einem sozialen Milieu verbunden zu fühlen, in diesem Milieu effektiv zu wirken (zu funktionieren) und sich dabei persönlich autonom und initiativ zu erfahren" (Deci & Ryan, 1993, S. 229).

Bezogen auf die Tätigkeit in der Berufsausbildung können Ausbildungsumwelten – wie sie von den Auszubildenden (als subjektive Umwelten) kognitiv repräsentiert bzw. rekonstruiert werden – als bedeutsam für die Entwicklung einer intrinsisch geprägten Berufsmotivation angesehen werden. Subjektive Ausbildungsumwelten, die dem Einzelnen Gelegenheiten geben, seine Bedürfnisse nach Kompetenz, Autonomie und sozialer Eingebundenheit zu befriedigen, sollten die Entwicklung einer intrinsischen Berufsmotivation begünstigen, Ausbildungsumwelten, die die Befriedigung dieser Bedürfnisse behindern, sollten solche Prozesse dagegen eher hemmen.

Aus der Selbstkonzeptforschung lassen sich subjektive Ausbildungsumwelten als antezedente Bedingungen eines ausbildungsbezogenen Selbstkonzepts ableiten. Geht man von der Annahme aus, dass sich das Wissen über sich selbst aus der Interaktion mit der sozialen Umwelt entwickelt, sollte die Erfahrung sozialer Eingebundenheit im Beruf das Selbstkonzept der beruflichen Befähigung begünstigen. So kommt den Mitarbeitern und Vorgesetzten die Funktion eines „sozialen Spiegels" zu (Kraft, 1988). Im Verlauf der beruflichen Sozialisation werden durch direkte und indirekte Rückmeldungen der Mitarbeiter und Vorgesetzten bestimmte Annahmen über Eigenschaften der eigenen Person gebildet. Wertschätzung wird die wahrgenommene Kompetenz stärken und die intrinsische Motivation steigern (vgl. Deci, 1971), Ablehnung dagegen zu einer Reduktion der wahrgenommenen Kompetenz und zu einer Beeinträchtigung der intrinsischen Motivation führen (vgl. Deci & Casio, 1972). Werden darüber hinaus die Arbeitssituation als unterfordernd und eintönig erlebt und keine Herausforderungen und Bewährungsmöglichkeiten gesehen, sollte sich dies auf das Selbstkonzept der Befähigung in negativer Weise auswirken. Das Selbstkonzept der beruflichen Befähigung kann in gewisser Weise als Mediator zwischen subjektiven Ausbildungsumwelten und Merkmalen einer intrinsischen Berufsmotivation betrachtet werden. Ferner darf man annehmen, dass lernumweltrelevantes Wissen eine Ressource für die Bewältigung von Anforderungen in der Ausbildung darstellt und vermittelt über Berufserfolg zu einer Erhöhung des Selbstkonzepts der beruflichen Befähigung und damit indirekt zu einer Steigerung der intrinsischen Berufsmotivation führt.

Diese Argumentationskette lässt sich schließlich zum Zusammenhang zwischen intrinsischer Berufsmotivation und der Absicht, nach der Ausbildung im erlernten Beruf zu bleiben und sich im Lehrberuf weiter zu qualifizieren, verlängern. Intrinsische Berufsmotivation sollte die geplante Berufstreue und Weiterbildungsabsicht im erlernten Beruf steigern.

3.2 Untersuchungsinstrumente

Die nationale Erweiterung von TIMSS sieht eine differenzierte und mehrdimensionale Erfassung von subjektiven Merkmalen der Ausbildungssituation bei Auszubildenden im dualen System vor, mittels derer die Hypothesen geprüft werden können. Der Schülerfragebogen enthält drei Skalen zu subjektiven Ausbildungsumwelten, die jeweils als Indikatoren für die Befriedigung der Bedürfnisse nach Kompetenz, Autonomie und sozialer Eingebundenheit genutzt werden können. Bei negativer Polung misst die mit drei Indikatoren gebildete Skala *Unterforderung und Eintönigkeit während der betrieblichen Ausbildung,* inwieweit die Erfahrungen am Arbeitsplatz dem Bedürfnis nach Kompetenz entgegenkommen. Die Skalen *Selbstständigkeit und Verantwortung in der betrieblichen Ausbildung* und *Soziale Anerkennung am Ausbildungsplatz* mit zwei bzw. drei Items zielen auf die Befriedigung der Bedürfnisse nach Autonomie und sozialer Eingebundenheit. Die Kennwerte für die interne Konsistenz liegen zwischen α = .62 und α = .79. Tabelle V.17 stellt die Skalen mit Beispielitems und Kennwerten vor.

Tabelle V.17: Skalen zur Erfassung von Merkmalen subjektiver Ausbildungsumwelten

Skala (Itemzahl)	Beispielitem	Trennschärfe	Cronbachs α
Unterforderung und Eintönigkeit während der betrieblichen Ausbildung (3 Items)	„Meine Arbeit ist ziemlich einseitig – es ist ständig derselbe Ablauf."	r_{it} = 0,69	.79
Selbstständigkeit und Verantwortung in der betrieblichen Ausbildung (2 Items)	„Ich habe im Betrieb Bereiche oder Aufgaben, für die ich weitgehend allein Verantwortung trage."	r_{it} = 0,52	.62
Soziale Anerkennung am Arbeitsplatz (3 Items)	„Ich kann machen was ich will, irgendwie komme ich bei den anderen nicht an." (invertiert)	r_{it} = 0,57	.71

IEA. Third International Mathematics and Science Study. © TIMSS/III-Germany

Das *Selbstkonzept der beruflichen Befähigung* wurde in Anlehnung an Fend und Prester (1986) erfasst. Das Instrument besteht aus vier Items und besitzt eine Reliabilität von Cronbachs α = .79. Ein Beispielitem lautet: „Obwohl ich mir Mühe gebe, fällt mir meine Ausbildung schwerer als anderen Auszubildenden" (invertiert), r_{it} = 0,54.

Das *Berufsinteresse* wurde in Anlehnung an die Münchener Interessentheorie (Krapp, Prenzel & Schiefel, 1986; Krapp, 1992) erhoben. Die fünf verwendeten Items repräsentieren zwei Interessenskomponenten: eine Wertkomponente und eine affektive Komponente. Die Wertkomponente kommt zum Beispiel in dem Item „Die Arbeit in meinem Ausbildungsberuf selbst ist mir sehr wichtig – unabhängig vom Verdienst oder sonstigen Vorteilen" (r_{it} = 0,59) zum Ausdruck. Die affektive Komponente wird unter anderem durch das Item „Auf die Tätigkeit in meinem derzeitigen Beruf würde ich ungern verzichten, einfach weil sie mir Freude macht" (r_{it} = 0,65) abgebildet. Obwohl beide Komponenten analytisch unterschieden werden können, weisen die Reliabilität der Skala (Cronbachs α = .81) und die Trennschärfekoeffizienten der Items darauf hin, dass die genannten Aspekte empirisch nicht zu trennen sind.

Das Konstrukt *Berufsbindung* wurde mit vier Indikatoren gemessen (Cronbachs α = .76), die die Verbundenheit mit bzw. das Engagement in der Berufsarbeit generell repräsentieren. Im Unterschied zum Berufsinteresse hebt die Berufsbindung stärker auf die subjektive Bedeutung der Berufsarbeit im Allgemeinen ab und ist weniger auf die konkreten Ausbildungsinhalte bezogen. Diese Skala misst also nicht die Bindung an einen bestimmten Beruf. Die verwendeten Items beziehen sich daher ganz allgemein auf die Zentralität der Berufsarbeit, wie zum Beispiel „Ich kann mir vorstellen, dass ich mich jahrelang wohl fühlen könnte, ohne zu arbeiten" (r_{it} = 0,62). Die Skala wurde unter Rückgriff auf ein Instrument von Wiczerkowski u.a. (1974) entwickelt.

Sowohl das Berufsinteresse als auch die Berufsbindung fassen wir als Indikatoren einer intrinsischen Berufsmotivation auf. Unterschiede in der Berufsbindung lassen sich kompensationstheoretisch erklären (vgl. Brief & Nord, 1990). Je weniger sich Auszubildenden in ihrer Berufsausbildung Gelegenheiten zur Befriedigung der basalen Bedürfnisse nach Kompetenz, Autonomie und sozialer Eingebundenheit bieten, desto wahrscheinlicher ist es, dass sie diese Gelegenheiten in anderen Lebensbereichen wie zum Beispiel Freizeit, Freunde oder öffentliches Leben suchen. Bieten sich entsprechende Umwelten, werden diese Bereiche für wichtiger erachtet und der Berufsarbeit vermutlich eine geringere Bedeutung beigemessen. Die Antwortformate sämtlicher Items waren jeweils vierstufig mit den Kategorien 1 = „trifft überhaupt nicht zu", 2 = „trifft eher nicht zu", 3 = „trifft eher zu" und 4 = „trifft völlig zu".

Tabelle V.18: Skalen zur Erfassung der Berufsmotivation

Skala (Itemzahl)	Beispielitem	Trennschärfe	Cronbachs α
Selbstkonzept der beruflichen Befähigung (4 Items)	„Obwohl ich mir Mühe gebe, fällt mir meine Ausbildung schwerer als anderen Auszubildenden." (invertiert)	$r_{it} = 0{,}54$	.79
Berufsinteresse (5 Items)	„Auf meine Tätigkeit in meinem derzeitigen Beruf würde ich ungern verzichten, einfach weil sie mir Freude macht."	$r_{it} = 0{,}65$	.81
Berufsbindung (4 Items)	„Ich kann mir vorstellen, dass ich mich jahrelang wohl fühlen könnte, ohne zu arbeiten."	$r_{it} = 0{,}62$	.76

IEA. Third International Mathematics and Science Study. © TIMSS/III-Germany

Die Absicht, nach der Ausbildung im erlernten Beruf zu bleiben *(geplante Berufstreue)* bzw. sich im erlernten Beruf weiter zu qualifizieren *(Weiterbildungsabsicht)*, haben wir mit zwei Items erhoben. Sie lauten: „Ich will erst mal in meinem Beruf tätig sein" und „Ich will mich möglichst bald in meinem Beruf weiterqualifizieren". Die Antwortstufen waren 1 „bestimmt nicht", 2 „wahrscheinlich nicht", 3 „wahrscheinlich" und 4 „bestimmt" (vgl. die Übersicht der Tab. V.18).

3.3 Deskriptive Befunde

Bevor wir auf den Zusammenhang zwischen situativen Merkmalen der Ausbildung und Berufsmotivation eingehen, wollen wir zunächst Befunde zu deren Ausprägungen mitteilen. Die Tabelle V.19 macht deutlich, dass die Beurteilungen der Ausbildungssituation allesamt tendenziell positiv ausfallen. Die Auszubildenden fühlen sich im Großen und Ganzen als sozial eingebunden und erleben sich überwiegend in ihrem Streben nach Autonomie durch die in der Ausbildung vorgefundenen Umwelten unterstützt. Die Ausbildung wird eher nicht als unterfordernd und eintönig erlebt. Dieses positive Bild setzt sich fort beim Selbstkonzept der beruflichen Befähigung und – mit etwas geringerer Ausprägung – in Bezug auf das Berufsinteresse und die Berufsbindung. Die Mittelwerte zur geplanten Berufstreue ($M = 3{,}3$) und Weiterbildungsabsicht ($M = 3{,}0$) vermitteln insgesamt das Bild eines gelingenden Einstiegs in die berufliche Erstausbildung. Betrachtet man die Zustimmungstendenzen, das ist die Antwortstufe 4 („bestimmt"), dann möchten 54 Prozent im Ausbildungsberuf bleiben und 38 Prozent streben möglichst bald eine Weiterqualifikation im Lehrberuf an. Die im Durchschnitt günstigen Kennwerte verdecken allerdings die individuellen Unterschiede in den Beurteilungen, die in der Höhe der Standardabweichungen zum Ausdruck kommen. Die im Fol-

Tabelle V.19: Mittelwerte und Standardabweichungen der Skalen bzw. Items zur Bewertung der Ausbildungssituation und der Berufsmotivation (der theoretische Mittelwert beträgt 2,5)

Skala	Mittelwert	Standardabweichung
Unterforderung und Eintönigkeit während der betrieblichen Ausbildung	2,1	0,80
Selbstständigkeit und Verantwortung in der betrieblichen Ausbildung	2,8	0,79
Soziale Anerkennung am Arbeitsplatz	3,2	0,64
Selbstkonzept der beruflichen Befähigung	3,2	0,69
Berufsinteresse	2,8	0,69
Berufsbindung	2,8	0,69
Geplante Berufstreue	3,3	0,86
Weiterbildungsabsicht	3,0	0,94

IEA. Third International Mathematics and Science Study. © TIMSS/III-Germany

genden vorgestellten Pfadmodelle erlauben es, dieser Variabilität in den Urteilen nachzugehen.

3.4 Modelle zur Erklärung intrinsischer Berufsmotivation

Im Folgenden prüfen wir drei Pfadmodelle zur Erklärung des Berufsinteresses und der Bindung an den Beruf. Das erste Modell berücksichtigt subjektive Ausbildungsumwelten. Danach führen wir das Selbstkonzept der beruflichen Befähigung als Mediator zwischen Ausbildungsumwelten und intrinsischer Berufsmotivation ein. Schließlich überprüfen wir den Einfluss des lernumweltrelevanten Wissens auf das Selbstkonzept der beruflichen Befähigung.

Die Strukturgleichungsmodelle wurden mit dem Programm LISREL 8 (Jöreskog & Sörbom, 1993b) geprüft. Wir nutzen dabei die im LISREL-Ansatz realisierte Möglichkeit der simultanen Prüfung von Mess- und Strukturmodellen. Es wurde eine Varianz-/Kovarianz-Matrix eingelesen. Da LISREL 8 aufgrund der geschachtelten Datenstruktur die Standardfehler der Koeffizienten systematisch unterschätzt, wurde unter Berücksichtigung des Designeffekts (vgl. Kish, 1995) die effektive Stichprobengröße bestimmt und an das Programm weitergegeben. Bei einem Designeffekt von etwa 2 ergibt sich ein effektives n von 368. Verschiedene Fitindizes wurden zur Modellgütebeurteilung verwendet. Der *Tucker-Lewis-Index* (TLI;

Tucker & Lewis, 1973) und der *Root Mean Square Error of Approximation* (RMSEA; Browne & Cudeck, 1993) sind im Gegensatz zur χ^2-Statistik weitgehend stichprobenunabhängig. Gute Modellanpassungen liegen vor, wenn der *TLI* größer als .95 ist und der standardisierte *RMSEA*-Wert unter .06 liegt (Hu & Bentler, 1998).

Wendet man sich dem ersten Modell zu, dann sind gemäß der formulierten Hypothesen direkte Einflüsse der subjektiven Ausbildungsumwelten auf das Berufsinteresse und die Berufsbindung zu erwarten: Der Pfadkoeffizient von Unterforderung und Eintönigkeit sollte negativ, die Pfadkoeffizienten von Selbstständigkeit und Verantwortung sowie sozialer Anerkennung sollten jeweils positiv sein. Ausgehend davon, dass Berufsinteresse und Berufsbindung gemeinsame Varianzkomponenten besitzen, die nicht durch die im Modell enthaltenen exogenen Variablen erklärt werden, wurde eine Residualkovarianz zwischen beiden Variablen spezifiziert. Es ergab sich eine akzeptable Modellanpassung (vgl. Abb. V.14). Die Abbildung V.14 zeigt die Parameterschätzungen des Strukturmodells. Aus Übersichtsgründen sind die Parameterschätzungen der Messmodelle nicht eingezeichnet. Nicht signifikante Pfadkoeffizienten sind in Klammern gesetzt. Alle weiteren Koeffizienten sind mindestens auf dem 5-Prozent-Niveau signifikant.

Betrachten wir zunächst die direkten Einflüsse der Ausbildungsumwelten auf das Berufsinteresse. Während Unterforderung und Eintönigkeit den erwartet starken und negativen Effekt aufweist ($\beta = -.43$), fallen die Pfadkoeffizienten der beiden anderen Merkmale wesentlich geringer aus. Während der Effekt von Selbstständigkeit und Verantwortung aber dennoch statistisch signifikant ist, lässt sich der Effekt von sozialer Anerkennung nicht zufallskritisch absichern. Ähnliche Ergebnisse finden sich bezogen auf die Berufsbindung mit dem Unterschied, dass der positive Effekt von sozialer Anerkennung statistisch signifikant ist, der von Selbstständigkeit und Verantwortung jedoch nicht. Der schwach positive Einfluss des Faktors Selbstständigkeit und Verantwortung mag damit zusammenhängen, dass besonders in Kleinbetrieben ein hohes Maß an selbstständiger und verantwortungsvoller Tätigkeit mit spezifischen Arbeitsbelastungen verbunden ist, die der Entwicklung einer intrinsischen Berufsmotivation nicht förderlich sind, sondern diesbezüglich hemmende Wirkungen haben. Wie erwartet ergibt sich eine signifikante Korrelation zwischen den Residuen von Berufsinteresse und Berufsbindung ($\zeta = .54$).

In einem zweiten Schritt haben wir das Selbstkonzept der beruflichen Befähigung als vermittelndes Konstrukt zwischen subjektiven Ausbildungsumwelten und Merkmalen einer intrinsisch geprägten Berufsmotivation in das Modell aufgenommen. Die Parameterschätzungen des Strukturmodells sind der Abbildung V.15 zu entnehmen. Die direkten Effekte von sozialer Anerkennung bzw. Unterforderung und Ein-

Abbildung V.14: Strukturmodell zur Erklärung des Berufsinteresses und der Berufsbindung (standardisierte Koeffizienten; in Klammern gesetzte Koeffizienten sind nicht signifikant; Messmodelle sind aus Übersichtsgründen nicht abgebildet)

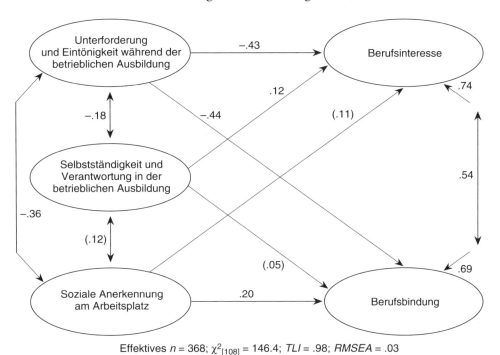

Effektives n = 368; $\chi^2_{[108]}$ = 146.4; *TLI* = .98; *RMSEA* = .03

IEA. Third International Mathematics and Science Study.   © TIMSS/III-Germany

tönigkeit auf das Selbstkonzept werden durch die Modellparameter bestätigt. Die besondere Bedeutung der sozialen Anerkennung für die Unterschiede im Selbstkonzept fällt dabei besonders auf (β = .57). Der Einfluss von Unterforderung und Eintönigkeit ist mit –.30 zwar geringer, aber dennoch relevant.

Von besonderem Interesse ist, ob die direkten Effekte der subjektiven Ausbildungsumwelten auf die intrinsische Berufsmotivation bei Kontrolle des Selbstkonzepts erhalten bleiben. Die Pfadkoeffizienten von Unterforderung und Eintönigkeit auf das Berufsinteresse und die Berufsbindung verringern sich zwar, bleiben aber statistisch signifikant. Dagegen werden die direkten Effekte von sozialer Anerkennung am Arbeitsplatz negativ; bezogen auf das Berufsinteresse wird der Effekt auch statistisch signifikant.

Abbildung V.15: Strukturmodell zur Erklärung des Selbstkonzepts der beruflichen Befähigung, des Berufsinteresses und der Berufsbindung (standardisierte Koeffizienten; in Klammern gesetzte Koeffizienten sind nicht signifikant; Messmodelle sind aus Übersichtsgründen nicht abgebildet)

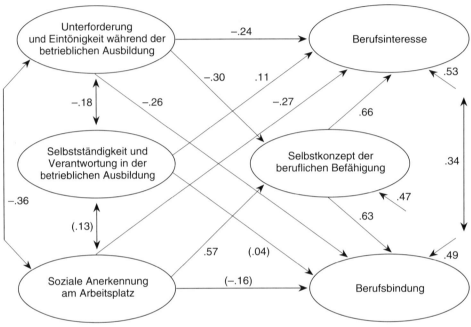

Effektives n = 368; $\chi^2_{[174]}$ = 259.5; *TLI* = .96; *RMSEA* = .04

IEA. Third International Mathematics and Science Study. © TIMSS/III-Germany

Dies ist ein interessanter Befund, da er auf zwei unterschiedliche Wirkungsweisen der sozialen Anerkennung am Arbeitsplatz hinweist. Einerseits ist ersichtlich, dass die soziale Anerkennung – vermittelt über das Selbstkonzept – die intrinsische Berufsmotivation steigert. Die Größe dieses Einflusses beträgt im Fall des Berufsinteresses β = .38 (.57 × .66) und im Fall der Berufsbindung β = .36 (.57 × .63). Andererseits führt die soziale Anerkennung am Arbeitsplatz zu einer Minderung der intrinsischen Berufsmotivation, wenn soziale Beziehungen am Arbeitsplatz nichts mit der Entwicklung von Berufskompetenz zu tun haben. Der negative Effekt der sozialen Anerkennung am Arbeitsplatz auf das Berufsinteresse fällt mit β = –.27 allerdings geringer aus als der über das Selbstkonzept vermittelte. Im Falle der Berufsbindung ist der direkte Effekt nicht signifikant.

Abbildung V.16: Strukturmodell zur Erklärung des Selbstkonzepts der beruflichen Befähigung, des Berufsinteresses und der Berufsbindung bei Auszubildenden in mathematik- und techniknahen Berufen (standardisierte Koeffizienten; in Klammern gesetzte Koeffizienten sind nicht signifikant; Messmodelle sind aus Übersichtsgründen nicht abgebildet)

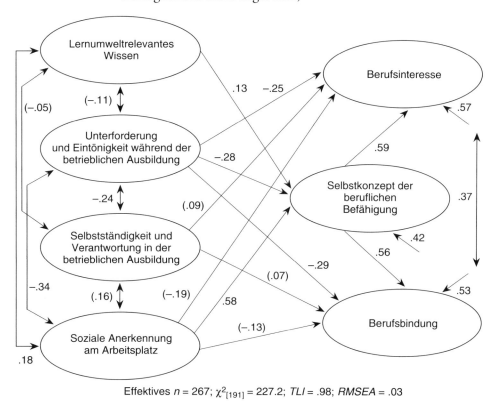

Effektives n = 267; $\chi^2_{[191]}$ = 227.2; TLI = .98; $RMSEA$ = .03

IEA. Third International Mathematics and Science Study. © TIMSS/III-Germany

In einem dritten Modell haben wir die Bedeutung lernumweltrelevanten Wissens für den Aufbau einer intrinsischen Berufsmotivation untersucht. Ausgangspunkt unserer Überlegungen war, dass in Lernumwelten, in denen mathematisches und technisches Wissen gefordert werden, dieses – vermittelt über das Selbstkonzept – die intrinsische Berufsmotivation steigert. Da dies besonders in mathematik- und techniknahen Berufen der Fall ist, haben wir das Modell ausschließlich für mathematiknahe und techniknahe Ausbildungsberufe spezifiziert und um die Testleistungen im Bereich der mathematischen Grundbildung für die mathematiknahen Berufe und um die Testleistungen im Bereich der physikalischen Grundbildung für die techniknahen Berufe als Indikatoren lernumweltrelevanten Wissens erweitert. Die Parameterschätzungen des Modells sind in Abbildung V.16 wiedergegeben.

Das Ergebnis bestätigt den Einfluss des lernumweltrelevanten Wissens auf das Selbstkonzept, der mit β = .13 zwar mäßig, aber statistisch signifikant ausfällt. Einige Koeffizienten werden im Unterschied zum vorherigen Modell nicht mehr signifikant. Dies ist auch auf die geringere Fallzahl zurückzuführen.

Abbildung V.17: Strukturmodell zur Erklärung des Selbstkonzepts der beruflichen Befähigung, des Berufsinteresses, der Berufsbindung und der geplanten Berufstreue respektive Weiterbildungsabsicht (standardisierte Koeffizienten; in Klammern gesetzte Koeffizienten sind nicht signifikant; Messmodelle sind aus Übersichtsgründen nicht abgebildet)

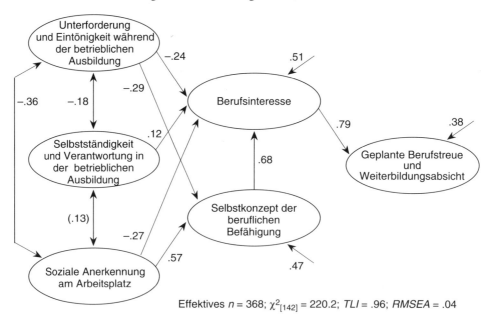

Effektives n = 368; $\chi^2_{[142]}$ = 220.2; *TLI* = .96; *RMSEA* = .04

IEA. Third International Mathematics and Science Study. © TIMSS/III-Germany

3.5 Modell zur Erklärung geplanter Berufstreue und Weiterbildungsabsicht

Schließlich haben wir die prädiktive Validität einer intrinsisch geprägten Berufsmotivation für die geplante Berufstreue und Weiterbildungsabsicht im erlernten Beruf geprüft. Die Annahme ist, dass die Entwicklung einer intrinsisch geprägten motivationalen Orientierung gegenüber dem Ausbildungsberuf die Absicht, nach der Ausbildung im erlernten Beruf zu verbleiben und sich im erlernten Beruf weiter zu qualifizieren, steigert. Wir haben die beiden Items zur geplanten Berufstreue und Weiterbildungsabsicht als Indikatoren einer latenten Variablen in das Modell aufgenommen. Beide Items korrelieren ausreichend hoch miteinander (r = .53). Um Multikollinearitätsprobleme zu umgehen, wurde die Berufsbindung aus dem Modell eliminiert und das theoretisch elaboriertere Interessenkonzept weiter verwendet. Da dieses Modell wieder für alle Personen spezifiziert werden sollte, wurde ebenfalls auf das lernumweltrelevante Wissen verzichtet.

Das Modell unterscheidet sich von dem in Abbildung V.15 dargestellten im Wesentlichen darin, dass ein weiterer Pfadkoeffizient von Berufsinteresse auf das Kriterium geschätzt wird. Die Fit-Maße weisen darauf hin, dass sich das Modell gut den beobachteten Daten anpassen lässt. Der Abbildung ist zu entnehmen, dass das Berufsinteresse einen starken Effekt (β = .79) auf die geplante Berufstreue und Weiterbildungsabsicht aufweist. 62 Prozent der Unterschiede in der geplanten Berufstreue und Weiterbildungsabsicht werden durch das Berufsinteresse erklärt.

3.6 Zusammenfassung

Zusammenfassend zeigen die Befunde, dass Erlebnisqualitäten in der betrieblichen Ausbildung, die dem Bedürfnis nach sozialer Eingebundenheit und Kompetenzunterstützung entgegenkommen, sowohl für die Entwicklung eines ausbildungsbezogenen Selbstkonzepts als auch für eine intrinsisch geprägte Berufsorientierung eine wichtige Rolle spielen. Unsere Analysen weisen aber auf differentielle Einflüsse beider Aspekte hin. Ausbildungsumwelten, die das Bedürfnis nach Kompetenz befriedigen, haben (a) einen über das Selbstkonzept vermittelten indirekten Effekt und (b) einen direkten Effekt auf die intrinsische Berufsmotivation. Der sozialen Eingebundenheit am Arbeitsplatz kommt eine hohe Bedeutung für die Entwicklung eines ausbildungsbezogenen Selbstkonzept und damit auch indirekt einer intrinsischen Berufsmotivation zu. Darüber hinaus lässt sich feststellen, dass die soziale Eingebundenheit ebenso eine hemmende Wirkung auf die Entwicklung einer intrinsischen Berufsmotivation hat, nämlich dann, wenn sie nicht über berufsbezogene Tätigkeiten und berufsbezogenes Kompetenzerleben vermittelt ist. Der postulierte Einfluss von Erlebnisqualitäten, die dem Bedürfnis nach Autonomie entgegenkommen, fällt vergleichsweise schwach aus, obwohl er im Fall des Berufsinteresses signifikant ist. Dies lässt sich vermutlich mit Validitätsproblemen des verwendeten Instruments in Zusammenhang bringen. So geben die Daten Anlass zu der Vermutung, dass ein hohes Maß an Verantwortung und Selbstständigkeit nicht notwendigerweise dem Bedürfnis nach Selbstbestimmung entgegenkommt, sondern insbesondere bei Auszubildenden in Kleinbetrieben mit spezifischen Belastungen verbunden ist, die den Aufbau einer intrinsischen Berufsorientierung hemmen. So müssen sie vermutlich häufiger im Produktionsprozess mithelfen, zum Beispiel bei Auslastspitzen oder Häufung krankheitsbedingter Ausfälle. Ihnen fällt dann – im Sinne einer ungeplanten Bewährungssituation – ein hohes Maß an Verantwortung und Eigenständigkeit zu. Lernumweltrelevantes Wissen als Ressource zur Bewältigung von Anforderungen in der Ausbildung hat einen schwachen, aber signifikanten Einfluss auf das Selbstkonzept der beruflichen Befähigung und darüber vermittelt auch auf Merkmale einer intrinsischen Berufsmotivation.

Betrachtet man die Gesamtheit der vorliegenden Befunde unter dem Aspekt der relativen Bedeutsamkeit der drei subjektiven Ausbildungsqualitäten und des Selbstkonzepts der beruflichen Befähigung für den Aufbau intrinsischer Berufsmotivation, so weisen die Ergebnisse auf einen prominenten Einfluss des ausbildungsspezifischen Selbstkonzepts und des Gefordertwerdens während der betrieblichen Ausbildung in dem Sinne hin, dass die Ausbildung nicht als unterfordernd und eintönig erlebt wird. Dieser Befund stimmt mit den theoretischen Erwartungen überein (vgl. Deci, 1971; Deci & Casio, 1972; Deci & Ryan, 1985). Er lässt sich ebenfalls in Zusammenhang bringen mit Ergebnissen, die Lewalter u.a. (1998) in einem anderen theoretischen Rahmen aus einer Längsschnittstudie bei Auszubildenden im kaufmännischen Bereich berichten.

Ein weiterer Befund betrifft das Gewicht einer intrinsischen Berufsmotivation für Berufstreue und Weiterbildungsabsicht im erlernten Beruf. Wir sind davon ausgegangen, dass eine auf Kompetenzerleben und Selbstbestimmung beruhende Berufsmotivation die Bereitschaft zur Weiterentwicklung der beruflichen Qualifikation erhöht. Die Ergebnisse bestätigen im Wesentlichen diese Annahme, allerdings mit der Einschränkung, dass Selbstständigkeit und Verantwortung in der betrieblichen Ausbildung aus den bereits diskutierten Gründen nur mäßig mit intrinsischer Berufsmotivation in Zusammenhang gebracht werden kann. Aus pädagogisch-psychologischer Perspektive weisen die Ergebnisse auf die Bedenken von Ausbildungsumwelten hin, die möglichst allen Auszubildenden eine optimale Befriedigung ihrer Bedürfnisse nach Kompetenzerfahrung und Selbstbestimmung im Kontext berufsbezogener Tätigkeiten ermöglichen. Dabei hat sich die soziale Eingebundenheit, sofern sie sich auf Berufserfahrung und berufliches Kompetenzerleben bezieht, als ein wichtiger Entwicklungskontext hierfür herausgestellt. Einen korrespondierenden Befund zur Bedeutung der sozialen Eingebundenheit für Kompetenzerfahrungen in der Berufsausbildung berichten Lewalter u.a. (1998). Optimal sei „ein soziales Umfeld, das dem Bedürfnis nach Eingebundenheit entgegenkommt und dem Auszubildenden von Anfang an das Gefühl vermittelt, einem Kreis von ‚Insidern' anzugehören und akzeptiert zu sein. Die soziale Eingebundenheit steht in (...) engem Bezug zur Bearbeitung von Aufgaben im gemeinsamen Tätigkeitsfeld und ist deshalb eng mit der Einschätzung bereits erworbener berufsbezogener Kompetenzen bzw. des entsprechenden ‚Entwicklungspotentials' verbunden." (S. 165)

VI. Einflüsse sozialer und ethnischer Herkunft beim Übergang in die Sekundarstufe II und den Beruf

Kai Uwe Schnabel und Knut Schwippert

1. Schichtenspezifische Einflüsse am Übergang auf die Sekundarstufe II

Es ist leicht nachzuvollziehen, dass die Effizienz eines Bildungswesens bei der Vermittlung schulischer Lerninhalte sowohl vom Anspruch des Curriculums als auch durch die durch Stundentafeln vorgegebene und die tatsächlich genutzte Lernzeit in der Schule und nicht zuletzt auch von der Qualität des Unterrichts selbst abhängt. Dieses Bild ist jedoch insofern unvollständig, als es überwiegend nur die institutionelle Seite von Bildungsprozessen betrachtet und die aktive Rolle des Lerners selbst und die Bedeutung anderer Beteiligter, insbesondere der Eltern, nicht in den Blick nimmt. In ökonomischer Terminologie könnte man die beiden Seiten auch als Angebots- und Nachfrageperspektive bezeichnen. Die Struktur und Qualität der schulischen Institution nimmt Bezug auf die Angebotsseite, während als Nachfrager von Bildungsangeboten zunächst die Eltern fungieren, ergänzt durch die Schüler, die mit dem Älterwerden zunehmend autonom über ihre Bildungskarriere entscheiden. Diese marktwirtschaftliche Betrachtung ist analytisch hilfreich, weil sie unterstreicht, dass die Konsumption von Bildungsgütern auch von vielfältigen Entscheidungen seitens der Nachfrager abhängt und somit nicht nur von der Binnenrationalität der Institution Schule, sondern auch von soziologischen und psychologischen Aspekten des familiären Umfelds der Schüler bestimmt wird.

1.1 Elterliche Bildungsaspiration und soziale Herkunft

Die Nachfrage nach höherwertigen Bildungsgängen ist im Verlauf der letzten 20 Jahre stetig angestiegen und hat sich auf einem hohen Niveau eingependelt: In einer Studie aus dem Jahre 1997 gaben 47 Prozent der Eltern von Kindern im Grundschulalter das Abitur als Bildungsziel für ihre Kinder an (Rolff, Bauer u.a., 1998, S. 16 ff.). Dieser Prozentsatz liegt bei Eltern älterer Schüler in ähnlicher Höhe, was zeigt, dass es sich um Wünsche handelt, die weitgehend unabhängig vom aktuell gezeigten Schulerfolg des Kindes sind. Um das Spannungsverhältnis zwischen Bildungsaspiration und tatsächlichem Bildungsverhalten nachwachsender Generationen zu verdeutlichen, mag der Hinweis genügen, dass dem Abiturwunsch von knapp der Hälfte der Eltern eine Gymnasialquote von etwa 30 Prozent eines Geburtsjahrgangs gegenübersteht (Arbeitsgruppe Bildungsbericht, 1994). Der Prozentsatz derjenigen, die es tatsächlich bis zum (Fach-)Abitur schaffen, dürfte kaum höher liegen.

Allerdings wäre es falsch zu vermuten, alle Eltern strebten in ähnlicher Weise für ihre Kinder den höchsten allgemeinbildenden Schulabschluss an. Die Bildungsaspiration von Eltern kovariiert erheblich mit dem Berufs- und Bildungshintergrund der Eltern. Für Kinder aus Arbeiterhaushalten wird das Abitur nur in 25 Prozent der Fälle gewünscht, während Selbstständige und Beamte zu 58 bzw. 65 Prozent dieses Bildungsziel für ihre Kinder vor Augen haben. Noch deutlicher werden die Unterschiede im Abiturwunsch für ihre Kinder entlang des von den Eltern selbst erworbenen Schulabschlusses: 31 Prozent der Eltern mit Hauptschulabschluss erhoffen sich das Abitur für ihre Kinder, wohingegen dieser Prozentsatz bei Eltern, die über eine (Fach-)Hochschulreife verfügen (Rolff, Bauer u.a., 1998), bei 80 Prozent liegt. Dieser empirische Tatbestand hat unter dem Schlagwort „Chancengleichheit" in der deutschen Bildungsdiskussion der 1970er und 1980er Jahre eine prominente Rolle gespielt und diverse Reformprojekte begründet (Heckhausen, 1974; von Friedeburg, 1989), deren Erfolge jedoch im Rückblick eher skeptisch beurteilt werden (Meulemann, 1992). Hierzu haben auch die Befunde internationaler Vergleichsstudien Anfang der 1990er Jahre beigetragen, die eine überwiegend gleichförmige Entwicklung der Bildungsbeteiligung in den meisten westlichen Industrienationen belegen, ohne dass dabei die jeweiligen nationalen Reformanstrengungen zu einem nennenswerten Abbau sozialer Disparitäten geführt hätten (Shavit & Blossfeld, 1993; Erikson & Jonsson, 1996).

Die Schichtabhängigkeit elterlicher Bildungsaspiration korrespondiert mit den Befunden neuerer bildungssoziologischer Studien, die auch für jüngere Kohorten nachweisen, dass in Deutschland nicht nur die Aspirationen der Eltern, sondern auch die tatsächlichen Bildungskarrieren der Kinder mit der sozialen Herkunft der Eltern assoziiert sind, auch wenn sich dieser Zusammenhang im Verlauf der Nachkriegsperiode in Westdeutschland durch die Bildungsexpansion abgeschwächt hat (Köhler, 1992; Müller & Haun, 1994; Henz & Maas, 1995).

1.2 Soziale Diskriminierung durch die Schule

Es ist nahe liegend, nicht nur nach der systemischen Rolle der Institution Schule für diese soziale Strukturstabilität im Generationenwechsel zu fragen, sondern auch von einer nach wie vor bestehenden „sozialen Diskriminierung von Arbeiterkindern" im

Bildungssystem zu sprechen (Rolff, 1997, S. 24). Ohne diese Feststellung damit vorschnell entkräften zu wollen, muss dennoch darauf hingewiesen werden, dass die Mehrzahl der überwiegend bildungssoziologisch angelegten empirischen Studien solche weit reichenden Schlussfolgerungen bei genauer Betrachtung nicht zulässt. Denn diese basieren überwiegend auf Zensusdaten und Befragungsuntersuchungen, in denen Schul- und Bildungswege der Zielpersonen erfragt und in Beziehung zu den Schulabschlüssen oder Berufen ihrer Eltern gesetzt werden. Korrelativ analysiert werden somit Bildungsprodukte und nicht die eigentlichen Bildungsprozesse, die zu ihnen geführt haben. Zur Vermeidung falscher Schlussfolgerungen tut man daher gut daran, innerschulisch definierte Hürden und Selektionsroutinen von außerschulischen Mechanismen zu unterscheiden.

Innerschulische Selektion sowie die im Bildungssystem insgesamt aufgestellten Zugangsbeschränkungen müssen vor dem verfassungsmäßig garantierten Gleichheitsgebot (Art. 3,3 GG) Bestand haben und sind daher nur schwer in Abweichung vom Leistungs- und Neigungsprinzip zu begründen. Für die Schule legt zum Beispiel die hessische Schulverfassung eindeutig fest: „Die Schule darf keine Schülerin und keinen Schüler wegen des Geschlechts, der Abstammung, der Rasse, der Sprache, der Heimat und Herkunft, des Glaubens und der religiösen oder politischen Anschauungen benachteiligen oder bevorzugen." (Art.1 § 3,3 HSchG) Eine aktive Diskriminierung von Arbeiterkindern in der Schule wäre daher ein klarer Rechtsbruch. Bildungsentscheidungen, die allein in der Verantwortung der Schule stehen, also nicht gegen ein anderes wichtiges Rechtsgut von Verfassungsrang abgewogen werden müssen (hier: Erziehungsrecht und -pflicht der Eltern, Art. 6,2 GG), können sich nur insoweit legitimieren, als sie der individuellen kognitiven und psychosozialen Entwicklung der Individuen förderlich sind.

An allen wichtigen Gelenkstellen unseres Schulwesens sind Wahlentscheidungen über den weiteren Bildungsverlauf zu treffen, auf die in der Regel die Eltern erheblichen Einfluss haben und an denen schichtenspezifische Einflüsse, wie die geschilderten Unterschiede in der Bildungsaspiration, wirksam werden können. Der Nachweis solcher Einflüsse steht nicht notwendigerweise mit der Annahme im Widerspruch, dass innerhalb des einmal gewählten Bildungsgangs ausschließlich meritokratische Prinzipien der Leistungsbewertung zu Grunde liegen und es auch sonst zu keinerlei schichtenspezifischen Ungleichbehandlungen im Schulalltag kommt.

1.3 Die Bedeutung der ersten Übergangsentscheidung am Ende der Grundschule

Es herrscht in der Forschung weitgehend Einigkeit darüber, dass sich die bestehende soziale Selektivität des Schulwesens insbesondere an Übergangsentscheidungen herauskristallisiert (Mare, 1981; Henz, 1997a, 1997b). Als prognostisch wichtigste und daher bildungspolitisch besonders umstrittene Station hat sich hierbei im gegliederten deutschen Schulwesen empirisch immer wieder die Übergangsentscheidung am Ende der Grundschule erwiesen (Ditton, 1992). Angesichts der vergleichsweise geringen Selbstbestimmung der Kinder in diesem Alter und dem daraus resultierendem starken Gewicht des Elternwillens ist es wenig überraschend, dass an dieser Stelle der elterliche Bildungshintergrund den stärksten Einfluss auf die getroffene Bildungsentscheidung zeigt (Müller & Haun, 1994).

Für einen empirischen Nachweis einer direkten Determination des Entscheidungsverhaltens durch den sozialen Hintergrund muss jedoch die tatsächlich erbrachte Leistung der Schüler mit berücksichtigt werden, da nicht übersehen werden darf, dass auch eine durch die Eltern getroffene Schulwahl primär von der in der Grundschule gezeigten Schulleistung der Kinder abhängt (Wiese, 1982). Wenn Unterschiede im sozialen Hintergrund mit Unterschieden in der Leistung zusammenfallen, so ergeben sich gemäß dem empirischen Paradigma der multiplen Regression spezifische Erklärungsanteile beider Variablen sowie ein konfundierter Anteil. Will man Einflüsse des elterlichen Bildungshintergrunds empirisch konservativ gegen das meritokratische Prinzip des Schulwesens prüfen, so gilt es, einen spezifischen Erklärungsanteil der Elternvariablen nachzuweisen. Dies ist für die Übergangsentscheidung in die Sekundarstufe wiederholt gezeigt worden, zuletzt in den auch methodisch komplex angelegten Studien von Ditton (1992) und Lehmann, Peek und Gänsfuß (1997).

1.4 Leistungsprinzip und Elterneinfluss

Die Notwendigkeit, bei der Analyse von Bildungsentscheidungen den tatsächlichen Leistungsstand zu berücksichtigen, wird für eine solide Untersuchung von Einflüssen des sozialen Hintergrunds umso wichtiger, je später die Entscheidung in der Bildungsbiographie zu treffen ist. Denn Effekte des sozialen Hintergrunds auf die Schulentwicklung wirken vielfach *indirekt kumulativ,* da quantitative und qualitative Beschulungsunterschiede mittelfristig zu substantiellen Kompetenzunterschieden führen müssen. Geht man zum Beispiel davon aus, dass bei gleicher Eingangsleistung Schüler in einer höheren Schulform – wenn auch bei erhöhtem Risiko des

Scheiterns – mehr lernen, so führt der Effekt der elterlichen Bildungsaspiration an der ersten Übergangsschwelle dazu, dass bei gleicher Ausgangsleistung ein Schüler, der aufgrund des sozialen Hintergrunds auf ein Gymnasium überwechselte, am Ende der Sekundarstufe I fachlich substantiell mehr gelernt hat als ein Schüler, der bei gleicher Ausgangsqualifikation auf eine Realschule überwechselte. Würden beide sich nun um einen Ausbildungsplatz mit einem Auswahltest (z.B. Lehre als Bankkaufmann) bewerben, so würde der Abgänger vom Gymnasium womöglich besser abschneiden und hätte eine höhere Chance, den gewünschten Ausbildungsplatz zu bekommen. Auch wenn die Auswahlprozedur der Bank ausschließlich anhand eines Fachleistungskriteriums vollzogen würde, wäre sie dennoch indirekt „sozial determiniert", da die erbrachten Leistungsunterschiede kausal mit einer Jahre zurückliegenden Übergangsentscheidung der Eltern zusammenhängen, die von deren Aspiration mitbestimmt war. Es ist plausibel anzunehmen, dass sich solche Prozesse der Manifestierung sozial-familiärer Bedingungen in Leistungsvorsprünge bereits im Grund- und Vorschulalter abspielen und somit früh auf die Bildungskarrieren Einfluss nehmen. Diese indirekten Wirkmechanismen und ihr ambivalenter Charakter für die Schule bleiben oft unreflektiert, wenn der empirische Nachweis der so genannten „Bildungsvererbung" von Eltern auf ihre Kinder als Beleg für die mangelnde Geltung des vielbeschworenen Leistungsprinzips in der Schule angeführt wird. Eine Kritik an der Schule leitet sich aus diesem empirischen Faktum aber dann unmittelbar ab, wenn der Schule normativ eine aktiv gesellschaftsintegrierende und somit sozial-kompensatorische Funktion zugewiesen wird (Leschinsky & Roeder, 1981; Schnabel, 1998).

Stärker noch als in Studien zu schulischen Entwicklungsverläufen in der Grundschule und der Mittelstufe folgt für empirische Untersuchungen in späteren Phasen des Bildungssystems, dass man elterliche Einflüsse umso weniger analytisch von den tatsächlichen Lernständen der Probanden trennen kann, je länger die Entscheidungen zurückliegen und indirekt kumulative Effekte wahrscheinlich gemacht haben. Umgekehrt jedoch folgt daraus für die folgenden Analysen unter Nutzung der TIMSS/III-Daten auch, dass bei statistischer Kontrolle der akkumulierten Fachkenntnisse auch die indirekt kumulativen Effekte des sozialen Hintergrunds konstant gehalten werden.

1.5 Elterlicher Hintergrund und Bildungsentscheidungen in und nach der Sekundarstufe I

Wie empirische Studien übereinstimmend belegen, ist im gegliederten deutschen Schulwesen der Einfluss des elterlichen Bildungshintergrunds – nach erfolgter

Wahl der Schulart – für die Bildungsentwicklung im Verlauf der Sekundarstufe I eher gering, auch wenn sich einzelne Effekte nachweisen lassen. So erhöht der elterliche Bildungshintergrund die Wahrscheinlichkeit eines Schulwechsels in erwartbarer Weise (Henz, 1997a, 1997b). So sind Aufstiege von der Realschule auf das Gymnasium für Kinder aus Elternhäusern mit akademischem Hintergrund etwas häufiger zu beobachten, Abstiege in umgekehrter Richtung hingegen seltener. Allerdings beziehen sich die Analysen von Henz ausschließlich auf den insgesamt eher seltenen Fall des Schulformwechsels, der als pädagogische Maßnahme beim häufiger vorkommenden Abstieg zudem vielfach als eine Alternative zum Sitzenbleiben fungiert (Roeder & Schmitz, 1995). Es ist nicht auszuschließen, dass die Entscheidung zwischen diesen Alternativen wiederum mit dem Bildungshintergrund der Eltern korreliert.

Subtile Mechanismen der Benachteiligung von Kindern unterer Sozialschichten werden vielfach im Zusammenhang mit den in der Schule vorherrschenden Wertesystemen, Sprachstilen und sozialen Verkehrsformen vermutet, die – nicht zuletzt bedingt durch die soziale Herkunft der Lehrerschaft – eine deutliche Mittelschichtprägung aufweisen. Dadurch stehen, so die These, schulische Inhalte Kindern der unteren sozialen Schichten weniger nahe, ihrem symbolischen Wert im Sinne eines „kulturellen Kapitals" (Bourdieu, 1982) fehle die Verankerung im familiären Milieu. Ähnliche Mechanismen werden auch in der Theorie des „sozialen Kapitals" (Coleman, 1987) für soziale Benachteiligung in Bildungskarrieren angenommen. Stärker betont werden bei Coleman allerdings die schichtgebundenen Unterschiede in den sozialen Ressourcen, wie die Verfügbarkeit intakter sozialer Netzwerke und familiärer Kommunikationspotentiale, die schulische Lernprozesse befördern. Beide Aspekte sind für die Erklärung indirekt kumulativer Effekte des elterlichen Hintergrunds von zentraler Bedeutung. Angesichts der Popularität, insbesondere der Theorie des kulturellen Kapitals, sind allerdings die empirischen Belege für die vermuteten Mechanismen, die alternative Erklärungsmöglichkeiten (z.B. Intelligenz, Unterrichtsqualität) systematisch ausschließen, im deutschen Schulsystem rar.

Für spätere Übergangsentscheidungen (auf die gymnasiale Oberstufe bei formaler Eignung sowie die Aufnahme eines Studiums nach Erlangen des Abiturs) haben Müller und Haun (1994) differenzierte Analysen vorgelegt, die neben bekannten Strukturveränderungen in der Bildungsbeteiligung jüngerer Kohorten auch zeigen, dass spätere Bildungsentscheidungen deutlich weniger mit dem Bildungshintergrund der Eltern assoziiert sind als die erste Übergangsentscheidung am Ende der Grundschule. „Der weit überwiegende Teil des Bildungsgeschehens", so die Autoren, „entscheidet sich beim Übergang auf die weiterführenden Schulen." (S. 25)

Dennoch darf diese relative Aussage nicht dahingehend missverstanden werden, dass zum Beispiel am Ende der 10. Klasse, wenn Jugendliche selbst noch einmal entscheiden können, ob sie die allgemeinbildende Schule verlassen oder in die gymnasiale Oberstufe wechseln, der Bildungshintergrund der Eltern nur von nachrangiger Bedeutung wäre. Die auf die Schul- und Ausbildungsabschlüsse ihrer Kinder gerichteten Aspirationen, die wiederum mit der Schulbildung der Eltern zusammenhängen, scheinen die Zielvorstellungen der Jugendlichen wesentlich zu beeinflussen (Rolff, Bauer u.a., 1998).

Inwieweit die Gesamtschule als eine in vielen Bundesländern etablierte Alternative den Zusammenhang zwischen Bildungswegen und Herkunft entkoppelt oder nur verzögert, ist nicht zuletzt wegen der spezifischen Eingangsselektivität auf diese Schulform in den meisten Bundesländern nur schwer zu beurteilen. In einem Vergleich von Oberstufenschülern in einem Bundesland mit ausgebauter Gesamtschule konnten Köller, Baumert und Schnabel (1999) keine differentielle Leistungsförderung von Kindern sozial benachteiligter Schichten nachweisen, womit ältere Befunde eher relativiert werden (Fend, 1982).

1.6 Fragestellung der empirischen Analysen mithilfe der TIMSS/III-Daten

Ziel der folgenden Analysen ist es, die Bedeutung der sozialen Herkunft für Bildungsentscheidungen am Übergang auf die Sekundarstufe II zu prüfen. Der wichtige Vorzug der TIMSS/III-Daten im Vergleich zu den vorliegenden Untersuchungen besteht in der Möglichkeit, die Informationen zum sozialen Hintergrund des Elternhauses in einer multivariaten Betrachtung simultan mit dem mathematisch-naturwissenschaftlichen Kenntnisstand der Befragten zu analysieren. Dadurch wird es möglich, die Einflüsse der sozialen Herkunft statistisch konservativ, das heißt bei weitgehender Kontrolle zurückliegender Effekte elterlicher Entscheidungen, zu prüfen. Die kritische Signifikanzprüfung bezieht sich somit auf den Nettoeffekt sozialer Hintergrundvariablen auf Bildungsentscheidungen beim Übergang auf die Sekundarstufe II.

Die Analysen werden von folgenden Hypothesen geleitet:
(1) Bei Kontrolle der Fachleistungen verliert der soziale Hintergrund seine prädiktive Kraft für das Erreichen unterschiedlicher Bildungszertifikate *innerhalb* eines Bildungsgangs.
(2) Bei formaler Qualifikation für unterschiedliche Bildungsgänge der Sekundarstufe II bleiben auch bei Kontrolle des Fachleistungsniveaus Einflüsse der elterlichen Herkunft nachweisbar.

Die erste Hypothese basiert auf der Annahme, dass bei der Vergabe von Bildungspatenten innerhalb eines Bildungsgangs (also eines umgrenzten schulischen Subsystems) eine aktive Diskriminierung sozialer Schichten nicht stattfindet und nur insoweit ein Zusammenhang zwischen Bildungsabschluss und elterlichem Hintergrund besteht, als er sich in Kompetenzunterschieden manifestiert hat. Die zweite These beruht auf der Annahme, dass bei anstehenden Wahlentscheidungen über Bildungsverläufe komplexe Kalküle zur Geltung kommen, deren einzelne Elemente schichtenspezifisch unterschiedlich bewertet und gewichtet werden. Die direkten Kosten einer weiterführenden schulischen Ausbildung und die Opportunitätskosten durch die verzögerte Aufnahme der Erwerbstätigkeit werden von Mitgliedern unterer sozialer Schichten stärker gewichtet als von Angehörigen der Mittelschicht, für die wiederum das Berufsprestige des Zielberufs eine höhere Valenz besitzt (Gambetta, 1987).

1.7 Datengrundlage und deskriptive Befunde

Datengrundlage

In seiner Anlage als Querschnittuntersuchung liefert TIMSS/III keine echten Längsschnittinformationen über den schulischen und beruflichen Werdegang der Schüler. Entscheidungen zur Bildungskarriere können nur im Rückblick nachgezeichnet werden. Wenn auch in begrenztem Umfang, so lassen die Daten unter Nutzung der empirischen Zusammenhangsmuster dennoch Rückschlüsse auf die den Bildungsweg prägenden Faktoren zu. Datengrundlage sind im ersten, deskriptiven Abschnitt alle TIMSS/III-Befragten, für die Informationen zum aktuellen Bildungsgang bzw. Bildungsherkunft vorliegen ($N = 2.141$). Diese werden anhand von aktuellem Ausbildungsgang und höchstem bisher erreichten allgemeinbildenden Schulabschluss in sieben Gruppen eingeteilt. Die Befragten können somit hinsichtlich ihrer mathematisch-naturwissenschaftlichen Grundbildung und Bildungsherkunft verglichen werden.

In einem zweiten, analytisch angelegten Analyseschritt werden vor dem Hintergrund der theoretischen Überlegungen zwei Gruppenvergleiche von jeweils zwei Typen durchgeführt, mit dem Ziel, die beiden zentralen Forschungshypothesen zu prüfen.

Da im Folgenden nur auf abgegrenzte Teilpopulationen verallgemeinert werden soll und keine Aussagen über eine definierte Gesamtpopulation getroffen werden, wird keine Datengewichtung vorgenommen. (Die Gewichtungsfaktoren korrelieren mit den hier verwendeten Gruppenmerkmalen, wodurch die Befunde auch bei Gewichtung nahezu unverändert bleiben.)

Variablen

Neben dem Ausbildungsgang und zuletzt erreichten Schulabschluss der Befragten gehen in die Analysen ein:
— der internationale Score für die mathematisch-naturwissenschaftliche Grundbildung sowie getrennte Leistungsscores für Mathematik, Physik, Biologie,
— das von den Eltern erreichte Bildungsniveau (jeweils der höhere von Vater oder Mutter),
— Alter und Geschlecht der Befragten,
— bildungsrelevanter Besitz im Haushalt, der näherungsweise durch einen Index erhoben wurde, der nach sechs Gütern fragt, die das Lernumfeld von Schülern günstig gestalten (eigener Schreibtisch, Computer, Mikroskop usw.),
— kulturelles Kapital, indiziert durch die Frage nach der geschätzten Anzahl der im Haushalt vorhandenen Bücher,
— für explorative Analysen zusätzlich: fachspezifische Begabungsselbstbilder und Sachinteressen.

Deskriptive Befunde

Tabelle VI.1 gibt für die in diesem Zusammenhang interessierenden Variablen die Mittelwerte bzw. Prozentwerte wieder. Als übergeordnetes Gruppenmerkmal dient zunächst die Einteilung in drei Ausbildungsgänge: (a) gymnasiale Oberstufe, (b) theoretisch orientierte berufliche Bildung sowie (c) praktisch orientierte Berufsausbildung. Die Gruppe (b) wurde aufgrund des konkret besuchten Bildungsgangs in Schüler von Fachgymnasien und Fachoberschüler unterteilt, Gruppe (c) wurde nach dem erreichten Schulabschluss differenziert.

Wie zu erwarten, ergeben sich deutliche Unterschiede in der mathematisch-naturwissenschaftlichen Grundbildung (Effektstärken größer als $d = 1$) zwischen den Gruppen. Wie aufgrund der Ähnlichkeit im Anspruch und Curriculum zu erwarten, liegen Schüler der Fachgymnasien (2) mit denen der allgemeinen gymnasialen Oberstufe (1) nahezu gleichauf. Fachoberschüler (3) liegen etwa eine drittel Standardabweichung unter den Schülern der Fachgymnasien, sie definieren auch statistisch eine von den beiden leistungsstärkeren Gruppen abgrenzbare Population. Wiederum signifikant schwächer schneiden die Realschulabsolventen in der praktisch orientierten Berufs-

Tabelle VI.1: Ausgewählte Kennwerte der Untersuchungsstichprobe

Bildungsgang	N	Alter	Anteil Eltern mit Abitur (in %)	Bildungs- relevanter Besitz vorhanden (in %)	Kulturelles Kapital	Mathema- tisch-natur- wissenschaft- liche Grund- bildung
Gymnasiale Oberstufe	702	18,5 (0,78)	51,0	66,2	4,4	111,8
Theoretisch orientierte Berufsausbildung						
Fachgymnasium	78	19,7 (0,77)	48,3	67,8	4,5	107,4
Fachoberschule	60	18,5 (1,39)	25,9	66,2	3,9	97,0
Praktisch orientierte Berufsausbildung						
Realschulabschluss	773	19,6 (1,57)	20,4	59,6	3,5	91,7
Qualifizierter Hauptschul- abschluss	158	18,9 (1,21)	10,3	58,5	3,3	83,1
Hauptschulabschluss	330	19,2 (1,45)	11,9	54,6	2,6	70,3
Ohne Abschluss	40	20,0 (2,03)	0,3	59,4	2,8	71,3

IEA. Third International Mathematics and Science Study.   © TIMSS/III-Germany

ausbildung (4) ab; sie unterscheiden sich statistisch bedeutsam auch nach unten von den qualifizierten Hauptschulabgängern (5). Hauptschulabgänger und Abgänger ohne Schulabschluss (6 und 7) bilden das untere Ende der Leistungsskala, die somit insgesamt eine Rangreihe abbildet, die zu erwarten war. Dieser Befund ist dennoch nicht trivial, weil er die Validität des Leistungstests auch für die Differenzierung innerhalb formaler Bildungsgänge (z.B. der praktischen Berufsausbildung) unterstreicht. Dass die Abgänger ohne Abschluss nicht schlechter abschneiden als die regulären Hauptschulabsolventen, dürfte darauf zurückzuführen sein, dass es sich hier um keine repräsentative Zufallsstichprobe dieser Population handelt, sondern die positiv selegierte Subpopulation derer, die sich in einer Ausbildung befinden und mit deren erfolgreichem Abschluss den Hauptschulabschluss erwerben. Es handelt sich also eher um „Wiedereinsteiger" als um „Schulversager".

Mit einem maximalen Unterschied von 1,5 Jahren im Altersdurchschnitt sind die sieben Gruppen relativ altershomogen. Auffallend ist die vergleichsweise geringe Altersstreuung unter den Fachgymnasiasten und Schülern der gymnasialen Oberstufe und die große Streuung der Abgänger ohne Abschluss. Es ist zu vermuten, dass sich in der zuletzt genannten Gruppe ein deutlich höherer Anteil von Jugendlichen mit problematischer Schul- und Ausbildungsbiographie befindet (Klassenwiederholer, verzögerte Aufnahme der Ausbildung).

Vergleicht man den elterlichen Bildungshintergrund zwischen den sieben Gruppen, so zeigen sich zwei besonders deutliche Sprünge: Rund die Hälfte der Oberstufenschüler wie auch der Fachgymnasiasten haben mindestens einen Elternteil mit Abitur, während dies nur für ein Viertel der Fachoberschüler und ein Fünftel der Auszubildenden mit Realschulabschluss gilt. Unter Auszubildenden mit Hauptschulabschluss gibt nur jeder Zehnte einen Elternteil mit Hochschulreife an. Unter den Abgängern ohne Abschluss sind diese die absolute Ausnahme.

Für den bildungsrelevanten Besitz der Familien ergibt sich insgesamt eine eher schwache Differenzierung der Gruppen, wiewohl eine Scheidelinie zwischen Oberstufe und theoretisch orientierter Ausbildung einerseits und praktischen Bildungsgängen andererseits zu erkennen ist. Ein ähnliches Bild ergibt sich für den Indikator des kulturellen Kapitals, auch wenn hier zusätzlich die Fachoberschüler im Durchschnitt signifikant niedrigere Werte aufweisen als die Fachgymnasiasten.

Zusammenfassend ergibt sich für den deskriptiven Gruppenvergleich eine absteigende Rangreihe von der gymnasialen Oberstufe über die theoretisch orientierte Berufsausbildung zur praktischen Berufsausbildung sowohl in der mathematisch-naturwissenschaftlichen Grundbildung wie auch für den Bildungshintergrund der Eltern und die Indikatoren kulturellen Kapitals und lernförderlicher häuslicher Umwelt.

1.8 Analytische Betrachtungen

Die deskriptiven Befunde können aus der Entwicklungsperspektive der Jugendlichen in keine Richtung kausal interpretiert werden. Denn man kann mit gutem Grund annehmen, dass sich zum Beispiel die Jugendlichen deshalb auf der gymnasialen Oberstufe befinden, weil sie gute Schulleistungen (unter anderem in den mathematisch-naturwissenschaftlichen Fächern) gezeigt haben, wie man mit gleichem Recht vermuten kann, dass sie in den etwa zwei Jahren Oberstufenbeschulung mehr mathematisch-naturwissenschaftlichen Unterricht genossen haben als die Vergleichsgruppen. Auch für den in diesem Beitrag zentralen Einfluss des sozialen Hintergrunds auf den aktuellen Bildungsgang lässt sich wenig aussagen, solange davon ausgegangen werden muss, dass es die Jahre zurückliegende Entscheidung über die Schulform der Sekundarstufe I gewesen ist, die für diesen Befund primär verantwortlich ist. Allerdings gibt es hier zwei wichtige Ausnahmen, die im Weiteren genauer analysiert werden. Die Gruppen 5 und 6 wie auch die Gruppen 3 und 4 stammen jeweils aus derselben Sekundarschulform[1].

---

[1] Unter Absehung von Schulformwechsel und mit der vereinfachenden Annahme, dass die Abschlüsse nicht an anderen Schulformen erworben wurden.

Für die Unterschiede im Niveau des Abschlusses (Vergleich 5 vs. 6) bzw. Bildungsgang in der Sekundarstufe II (3 vs. 4) kann die Übergangsentscheidung nach der Grundschule logisch keine Rolle spielen.

An Tabelle VI.1 lässt sich bereits ablesen, dass sich die Gruppen 5 und 6 bzw. 3 und 4 deutlich in ihren Leistungen unterscheiden, und es dürfte plausibel sein anzunehmen, dass sowohl Abschlussniveau als auch Ausbildungsentscheidung in erster Linie von den gezeigten Leistungen in der Schule abhängen. Auch wenn sich hinter einem qualifizierten Hauptschulabschluss in Abgrenzung von einem regulären Hauptschulabschluss in den Bundesländern Unterschiedliches verbirgt, so ist dessen Vergabe dennoch einheitlich an die erbrachten Schulleistungen gebunden. Über dieses meritokratische Prinzip hinaus ist daher nicht zu erwarten, dass der elterliche Bildungshintergrund über den beschriebenen indirekt kumulativen Effekt hinaus wirksam ist.

Mithilfe der logistischen Regression, mit der sich statistisch prüfen lässt, inwieweit sich ein dichotomes Merkmal auf einen Satz von Prädiktoren zurückführen lässt, wird der Einfluss des elterlichen Bildungshintergrunds auf die Höherqualifizierung des Hauptschulabschlusses (5 vs. 6) bzw. den Übergang auf die Fachoberschule (3 vs. 4) unter Konstanthaltung der mathematisch-naturwissenschaftlichen Grundbildung (Mathematik-, Biologie- und Physikscore) geprüft. Beide Analysen erfolgen schrittweise in der gleichen Abfolge. Zunächst werden Alter und Geschlecht in die Vorhersagegleichung aufgenommen (Modell 1). Danach wird der Bildungsabschluss der Eltern hinzugenommen (Modell 2) und in einem dritten Schritt die Leistungen in den TIMSS-Tests (Modell 3). In einem vierten Schritt werden die Indikatoren des bildungsrelevanten Besitzes und des kulturellen Kapitals hinzugefügt (Modell 4). In einem abschließenden exploratorischen Schritt (Modell 5) wird dem Programm erlaubt, ein aufgrund von Signifikanzkriterien optimiertes Modell zu suchen, wobei zusätzlich ein Pool von insgesamt acht Skalen zur Verfügung steht, mit denen das Fachinteresse und das Begabungsselbstbild in den drei Fächern gemessen wurde. Ziel dieses letzten Schrittes ist es, Hinweise auf Moderatoreffekte psychologischer Aspekte zu bekommen.

Vergleich des regulären mit dem qualifizierten Hauptschulabschluss

Tabelle VI.2 gibt die Befunde zum Niveau des Hauptschulabschlusses wieder. Zur besseren Einschätzung der Befunde wurden alle Prädiktoren mit Ausnahme von Geschlecht und Alter z-transformiert. In dieser wie auch allen weiteren Tabellen sind die Effekte nicht als Regressionsgewichte wiedergegeben, denen in der logistischen Re-

Tabelle VI.2: Logistische Regression zur Vorhersage des Niveaus des Hauptschulabschlusses (regulär/qualifiziert) (N = 279)

Prädiktoren	M1		M2		M3		M4		M5	
	OR	p	OR	p	OR	p	OR	p	OR	p
Geschlecht	0,70	0,11	0,69	0,08	0,41	0,00	0,45	0,01	0,45	0,00
Alter	0,81	0,01	0,81	0,01	0,81	0,01	0,82	0,02	0,83	0,03
Bildung Eltern			1,22	0,11	1,11	0,46	1,04	0,78		
Fachleistung Mathematik					2,31	0,00	2,16	0,00	1,96	0,00
Fachleistung Physik					0,83	0,54	0,94	0,84		
Fachleistung Biologie					1,22	0,47	0,94	0,85		
Lernrelevanter Besitz							0,88	0,34		
Kulturelles Kapital							1,89	0,00	1,79	0,00

IEA. Third International Mathematics and Science Study. © TIMSS/III-Germany

gression keine anschauliche Bedeutung zukommt, sondern als *odds-ratios*. Ein *odds-ratio* (OR) ergibt sich als Quotient aus der Wahrscheinlichkeit für die Ausprägung „1" (Zähler) und der Wahrscheinlichkeit für die Ausprägung „0" (Nenner). Da die abhängige Variable dichotom ist und sich die beiden Ausprägungen gegenseitig ausschließen (mit „0" für den regulären und eine „1" für den qualifizierten Hauptschulabschluss), sagt beispielsweise ein OR-Wert von 3 für einen Prädiktor, dass bei einer Erhöhung im Prädiktor um eine Einheit die Chance 3 zu 1 steht, dass nun dadurch die Ausprägung in der abhängigen Variablen „1" ist und nicht „0". *Odds-ratios* werden oft auch als Wettquotienten bezeichnet, wie sie zum Beispiel aus dem Pferdetoto geläufig sind. Ein *odds-ratio* kann keine negativen Werte annehmen, dennoch lassen sich negative Zusammenhänge erkennen, da dann das *odds-ratio* kleiner als 1 ist.

Wie Modell 1 (M1) zeigt, sind Befragte mit qualifiziertem Hauptschulabschluss (QHS) signifikant jünger. Dieser Effekt bleibt auch über alle Folgeschritte stabil und dürfte auf Klassenwiederholer zurückgehen, die sich trotz Wiederholens im Leistungsniveau nur wenig verbessert haben und daher selten einen QHS erreichen. Weibliche Befragte erreichen häufiger das höherwertige Zertifikat, was sich statistisch vor allem in den späteren Modellen stabilisiert, sobald die Fachleistungen mit berücksichtigt werden. Dies dürfte damit zusammenhängen, dass Mädchen ein vergleichsweise günstigeres Sozialverhalten in der Schule zeigen und bei gleicher (schriftlicher) Leistung tendenziell bessere Zensuren erhalten. Wie Modell 2 (M2) überraschend zeigt, kommt dem elterlichen Bildungshintergrund auch dann keine statistisch signifikante Bedeutung für die Unterscheidung des Abschlussniveaus zu, wenn die Leistung nicht kontrolliert wird. Fügt man die Leistungsindikatoren hinzu, ändert sich dieser Befund nicht. Hypothese 1 wird also deutlich bestätigt, der höchste elterliche Bildungsabschluss trägt zur Vorhersage des qualifizierten Hauptschulabschlusses nicht substanziell bei. Unter den Fachleistungen bündelt die Mathematik die Vorhersagekraft der drei Fachtests. Dieser Befund ist angesichts der relativ hohen Subtest-Interkorrelationen (.61, .70, .87) und der zentralen Stellung der Mathematik im Kanon der Schulfächer wenig überraschend. Wie der Vergleich der *odds-ratios* auch der weiteren Modelle zeigt, kommt der Mathematik die höchste spezifische Erklärungskraft zu, was die starke Schulleistungsbindung bei der Vergabe des QHS unterstreicht.

Dass auch andere Faktoren als lediglich die mathematisch-naturwissenschaftlichen Kompetenzen zur Vorhersage des QHS beitragen, zeigt die Bedeutung des Indikators für kulturelles Kapital (Anzahl der Bücher), dem ein erheblicher zusätzlicher Erklärungswert zukommt. Allerdings ist dieser Befund nicht eindeutig zu interpretieren, weil die Vorhersagekraft dieser Variablen nicht an diejenige der elterlichen Bildung gebunden ist. Dies hätte man erwarten müssen, wenn man – gemäß der Theorie – kulturelles Kapital als die Mediatorvariable familiärer Herkunft auf die Bildungskarriere konzipiert. Der exploratorische Schritt fügt keine weiteren Variablen hinzu, sondern verdichtet lediglich das Variablenset auf die bereits diskutierten signifikanten Prädiktoren.

Vorhersage des Übergangs von der Real- auf die Fachoberschule

Im Vorhersagemodell für die Befragten mit mittlerem Abschluss wurde die Analyse der theoretisch orientierten Berufsbildung auf diejenigen Ausbildungsgänge beschränkt, die zu einer Fachhochschulreife führen[2]. Tabelle VI.3 zeigt zunächst, dass sich im Gegensatz zur vorherigen Analyse das Geschlecht als Prädiktor in umgekehrter Richtung erweist: Männliche Jugendliche gehen häufiger als weibliche nach der mittleren Reife auf weiterführende Fachoberschulen. Dieser Effekt geht statistisch allerdings deutlich zurück, sobald die Fachleistungsindikatoren berücksichtigt werden, und verschwindet im Endmodell völlig.

Entgegen der in Hypothese 2 formulierten Erwartung lässt sich für den Übergang auf die Fachoberschulen weder vor noch nach der Kontrolle der Leistungsvariablen

---

[2] Berufsfachschulausbildungen (z.B. Krankenschwesternschule) führen überwiegend zu Abschlüssen, die berufsperspektivisch eher dem Abschluss einer Ausbildung im dualen System vergleichbar sind. Einflüsse sozialer Herkunft würden bei deren Einbeziehung eher verdeckt.

Tabelle VI.3: Logistische Regression zur Vorhersage des Bildungsverlaufs nach Realschulabschluss (duale Ausbildung/Fachoberschule) ($N = 221$)

Prädiktor	M1		M2		M3		M4		M5	
	OR	p	OR	p	OR	p	OR	p	OR	p
Geschlecht	4,46	0,00	4,59	0,00	2,79	0,04	2,40	0,11		
Alter	1,11	0,44	1,12	0,42	1,07	0,66	1,11	0,49		
Bildung Eltern			0,93	0,71	0,84	0,43	0,69	0,13		
Fachleistung Mathematik					0,60	0,18				
Fachleistung Physik					4,19	0,01	1,52	0,04		
Fachleistung Biologie					0,49	0,15				
Lernrelevanter Besitz[1]							1,46	0,05	4,58	0,00
Kulturelles Kapital							1,33	0,18		
Begabungsselbstbild Physik									3,68	0,00

[1] Ab M4: nur Mikroskop.
IEA. Third International Mathematics and Science Study. © TIMSS/III-Germany

ein Herkunftseffekt nachweisen. Unter den Fachleistungen kommt der Physik für den Übergang auf die Fachoberschule Leitcharakter zu. Wie das Modell 3 (M3) allerdings zeigt, bestehen deutliche Suppressionseffekte (Pedhazur, 1982): Mathematik und Biologie erhalten in der Regression trotz positiver Ausgangskorrelation negative Gewichte (*odds-ratios* < 1) bei gleichzeitiger artifizieller Aufwertung des Gewichts für Physik, was auf die hohen Interkorrelationen der drei Indikatoren zurückgeht. Daher wurde ab Modell 4 nur Physik als Leistungsindikator beibehalten. Der Rückgang des *odds-ratios* von 4,2 auf etwa 1,5 in der darauffolgenden Analyse (M4) ist somit ein Artefakt. Betrachtet man die weitere Modellentwicklung bis zur exploratorischen Analyse (M5), so wird deutlich, dass der prädiktive Wert der Physikleistung völlig verschwindet, sobald das Selbstkonzept der Kompetenz in Physik einbezogen wird. Dies kann als deutlicher Hinweis darauf gewertet werden, dass es weniger die Leistung in Physik selbst ist, die den Übergang auf die Fachoberschule wahrscheinlich macht, sondern vielmehr die selbstkonzeptwirksame Leistungsrückmeldung in diesem Fach (vor allem in Form der Physiknote). Interessanterweise moderiert diese mit einem endgültigen *odds-ratio* von 3,5 durchschlagende Variable auch den Geschlechtereffekt. Nur zu einem Teil sind es offenbar die faktisch geringeren Leistungen der Mädchen, die zu ihrer geringeren Übergangsquote beitragen. In erheblichem Umfang ist auch ihr bei gleicher Leistung geringes Vertrauen in ihre naturwissenschaftlichen Fähigkeiten hierfür verantwortlich. Geht man davon aus, dass die Physikleistung stellvertretend für ein naturwissenschaftliches Leistungsprofil der Schüler steht, so dürfte sich bereits im Übergang auf die

Fachoberschule die ingenieurwissenschaftliche Ausbildungsperspektive als ein wichtiges Entscheidungsmotiv abzeichnen. Wie die Analysen belegen, findet bereits an dieser Schwelle eine negative (Selbst-)Selektion der Mädchen statt, die nur zum Teil auf die durchschnittlich geringeren Leistungen zurückzuführen ist.

Dass der Übergang auf die Fachoberschule tatsächlich mit naturwissenschaftlicher Orientierung assoziiert ist, belegt auch das knapp signifikante Gewicht für die lernrelevanten Bildungsgüter in Modell 3. Eine Aufsplitterung des Indikators in die einzeln abgefragten Güter zeigt, dass der Effekt ausschließlich auf das Vorhandensein eines Mikroskops zurückgeht. Führt man diese dichotome Variable statt des entsprechenden Indexes als eigenständigen Prädiktor ein, so ändern sich die Gewichte aller übrigen Variablen nur unbedeutend, das Vorhandensein eines Mikroskops als Indikator einer naturwissenschaftlichen Orientierung im Elternhaus aber erhöht die Übergangswahrscheinlichkeit auf die Fachoberschule auf das mehr als Vierfache (*odds-ratio*: 4,5). Dieser Effekt geht nicht auf Suppression zurück. Auch die Basisraten sind nicht gering: Immerhin 36 Prozent aller Fachoberschüler geben den Besitz eines solchen Geräts an gegenüber 9 Prozent in der Vergleichsgruppe.

Keine Prädiktion durch elterlichen Hintergrund?

In den zuvor berichteten Analysen ließ sich kein Effekt des elterlichen Hintergrunds nachweisen. Sogar als Bruttoeffekte, also ohne Berücksichtigung der Leistungsvariablen, konnten sie statistisch nicht gesichert werden. War dies für den Vergleich des Abschlussniveaus der Hauptschulen erwartbar, so überrascht dieser Befund doch bezüglich der Entscheidung, mit Realschulabschluss auf die Fachoberschule überzugehen. Um die Stringenz der Argumentation für die abschließende Diskussion zu erhöhen, soll in einer weiteren Analyse gezeigt werden, dass diese Ergebnisse nicht etwa als Fehler zweiter Art auf Reliabilitätsmängel der Bildungsangaben zu den Eltern beruhen.

Wie bereits die deskriptiven Analysen gezeigt haben, verläuft die Hauptscheidelinie der verschiedenen Bildungsgänge im Hinblick auf soziale Herkunft, kulturelles Kapital und Fachleistungen zwischen den Befragten auf der gymnasialen Oberstufe (inklusive Fachgymnasien) und allen übrigen Ausbildungsarten. Die Berechtigung zur Aufnahme eines Universitätsstudiums (= allgemeine Hochschulreife) markiert vermutlich die sozial-distinktive Abgrenzung in den Ausbildungsgängen der Sekundarstufe II und nicht die Zugangsberechtigung zur Fachhochschule. Um diese Hypothese zu prüfen, wurde eine entsprechende dichotome Variable gebildet und

Tabelle VI.4: Logistische Regression zur Vorhersage universitärer Ausbildungsgänge (GOS/FG vs. übrige Bildungsgänge) (N = 221)

Prädiktor	Ausgangsmodell		Endmodell	
	OR	p	OR	p
Geschlecht	0,39	0,00	0,39	0,00
Alter	0,64	0,00	0,64	0,00
Bildung Eltern	1,92	0,00	1,92	0,00
Fachleistung Mathematik	1,47	0,03	1,53	0,01
Fachleistung Physik/Biologie	3,45	0,00	3,32	0,00
Lernrelevanter Besitz	1,12	0,15		
Kulturelles Kapital	2,25	0,00	2,33	0,00
Begabungsselbstbild Mathematik	0,72	0,00	0,72	0,00
Begabungsselbstbild Physik	0,95	0,61		
Begabungsselbstbild Biologie	0,95	0,60		
Sachinteresse Mathematik	1,08	0,44		
Sachinteresse Physik	0,98	0,85		
Sachinteresse Biologie	1,05	0,64		
Sachinteresse Chemie	0,70	0,00	0,72	0,00
Sachinteresse Technik	0,49	0,00	0,50	0,00

IEA. Third International Mathematics and Science Study. © TIMSS/III-Germany

alle Prädiktoren in die logistische Regression aufgenommen, wobei sukzessive alle nicht signifikanten Variablen ausgeschieden werden.

Tabelle VI.4 gibt die Anfangsschätzungen wie auch das Endmodell wieder, die sich in ihren wesentlichen Aussagen nicht unterscheiden. Es zeigt sich, dass sich auch bei Kontrolle der beiden Leistungsindikatoren (Physik und Biologie wurden wegen der Multikollinearität zusammengefasst) deutliche Effekte sowohl des Indikators für kulturelles Kapital wie auch für den Bildungsabschluss der Eltern ergeben. Aufschlussreich sind aber auch die zusätzlich signifikanten Prädiktoren: Neben Alter und Geschlecht (unter sonst gleichen Bedingungen gehen Frauen häufiger auf die gymnasiale Oberstufe über) finden sich sowohl für Kompetenzselbstkonzepte wie auch für die Interessensskalen signifikant negative Regressionsgewichte (bzw. *odds-ratios* < 1) bei der Vorhersage des Übergangs auf die Oberstufe. Für die Kompetenzselbstbilder dürfte dies darauf zurückzuführen sein, dass die Leistungsrückmeldung, die der Selbsteinschätzung zu Grunde liegt, überwiegend im sozialen Vergleich gegeben wird. Gymnasiasten, die in der Regel auf die Oberstufe übergehen, werden bei gleicher Leistung aufgrund des allgemein hohen Leistungsstandards strenger bewertet als Schüler anderer Schulformen, was zu einer etwas vorsichtigeren Einschätzung der eigenen Fähigkeiten führt (vgl. dazu ausführlich Kap. V des zweiten Bandes).

Abbildung VI.1: Interesse an Technik und Bildungsverlauf

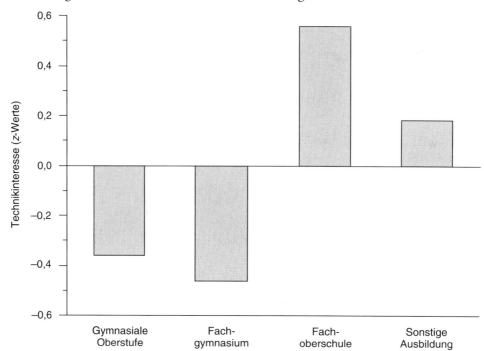

IEA. Third International Mathematics and Science Study. © TIMSS/III-Germany

Das negative Gewicht insbesondere des Technikinteresses macht deutlich, dass Jugendliche mit solchen angewandten Neigungsschwerpunkten die eher akademische Ausrichtung der gymnasialen Oberstufe meiden. Wie Abbildung VI.1 zeigt, sind es vor allem die Fachoberschüler, die ausgesprochen technikinteressiert sind.

1.9 Diskussion

Ziel dieses Beitrags war es, unter Nutzung der TIMSS/III-Daten zu prüfen, ob sich an der Übergangsschwelle zum Ende der Sekundarstufe I spezifische Effekte des elterlichen Bildungshintergrunds nachweisen lassen. Bezogen auf den allgemeinen deskriptiven Vergleich konnte zunächst gezeigt werden, dass sich die durchschnittlichen Bildungsabschlüsse der Eltern der Befragten in den verschiedenen Ausbildungsgängen deutlich unterscheiden. Für das Qualifikationsniveau des Hauptschulabschlusses zeigte sich bei Kontrolle von Alter und Geschlecht wie erwartet der stärkste Effekt für die Schulleistung, ebenfalls signifikant erwies sich aber auch die Frage nach dem heimischen Buchbestand. Dieser Befund lässt sich nicht umstandslos als Beleg für einen Bildungseffekt im Sinne der Theorie des kulturellen Kapitals interpretieren. Voraussetzung für diese Deutung wäre, dass auch ohne Berücksichtigung dieser Variable ein Einfluss des elterlichen Bildungsniveaus nachgewiesen werden kann, der sich dann durch die Einbeziehung der Variable zum kulturellen Kapital verringert hätte (Mediationswirkung). Dennoch bleibt für sich genommen der Effekt des Indikators erklärungsbedürftig. Bezogen auf die Fragestellung nach meritokratischen Prinzipien bei der Vergabe des qualifizierten Abschlusses kann man zunächst festhalten, dass sich der höherwertige Abschluss nicht allein durch den mathematisch-naturwissenschaftlichen Lernstand der Schüler erklärt, sondern darüber hinaus systematische Bezüge zur Lebenswelt der Jugendlichen hat, die mit dem Bildungshintergrund der Eltern nur unzureichend beschrieben sind. Innerhalb des meritokratischen Modells wäre denkbar, dass sich das kulturelle Kapital im Elternhaus günstig auf diejenigen Schulleistungen auswirkt, die nicht mit den Leistungstests erfasst wurden, die aber für die Vergabe des qualifizierten Hauptschulabschlusses ebenfalls wichtig sind (Deutsch, Fremdsprache).

Für die Karrieren nach dem mittleren Abschluss legen die Analysen eine differenziertere Betrachtung des elterlichen Einflusses nahe, als dies üblicherweise geschieht. Die soziale Trennlinie ergibt sich nämlich weniger entlang des formalen Kriteriums „Hochschulzugangsberechtigung", sondern eher entlang der Unterscheidung in die eher wenig differenzierten, stärker allgemein-akademisch ausgerichteten Ausbildungsgänge der Oberstufe auf der einen Seite und den anwendungsbezogenen Ausbildungswegen auf der anderen. Ob Letztere im Hinblick auf die Lernarrangement eher als theoretisch-abstrakte Form der Wissensvermittlung einzustufen ist oder ob das unmittelbar Praktisch-Handwerkliche im Vordergrund steht (Ausbildung im dualen System), hat für die Betrachtung sozialer Herkunftseinflüsse keine eigenständige Bedeutung. Schüler mit mittlerem Abschluss, die eine Fachoberschule besuchen, weisen neben den entsprechenden Fachleistungen – insbesondere in den Naturwissenschaften – erkennbar auch die hiermit korrespondierenden Sachinteressen und ein positives naturwissenschaftliches Fähigkeitsselbstbild auf. Die Einschätzung, dass die Fachoberschule als die „eigentliche Oberstufe der Realschule" (Arbeitsgruppe Bildungsbericht, 1994, S. 461) gelten könne, bedarf im Lichte der hier dargestellten Befunde einer Modifizierung. Der Weg von der Realschule in die Fachoberschule scheint in erster Linie für diejenigen vorgezeichnet, deren praktisch orientiertes und naturwissenschaftlich geprägtes Neigungsprofil sich im bisherigen Bildungsverlauf erkennbar abzeichnet. Es ist bekannt, dass es insbesondere Unsicherheiten in der Prognose eines erfolgreichen Abschlusses sind, die zu schichtenspezifischen Entscheidungsmustern in Bildungsverläufen führen. Wo der Übergang auf die Fachoberschule so stark angebahnt ist wie für die hier identifizierte Subpopulation, dürfte diese Unsicherheit am Ende der Sekundarstufe I besonders gering sein, was wiederum erklärt, warum der elterliche Bildungshintergrund keine Rolle spielt.

Die Befundlage widerspricht nur bei oberflächlicher Betrachtung den Ergebnissen von Müller und Haun (1994) oder den Befragungsergebnissen, die Rolff, Bauer u.a. (1998) berichten. Müller und Haun analysieren die Übergangswahrscheinlichkeit nach Abschluss der mittleren Reife auf alle Bildungsgänge, die zu einer Fach-/Hochschulreife führen. In der Befragung von Rolff u.a. ging es sogar ausschließlich um den Übergang auf die gymnasiale Oberstufe, bei dem sich starke Effekte des Schichthintergrunds der Eltern zeigten. In unseren Analysen wurde jedoch nur der Übergang auf Bildungsgänge untersucht, die mit der Fachhochschulreife abgeschlossen werden. Für die nicht unerhebliche Zahl derjenigen, die mit einem mittleren Abschluss der Realschule auf eine gewöhnliche gymnasiale Oberstufe oder ein Fachgymnasium wechseln (z.B. in Nordrhein-Westfalen 1993: 16 %), erscheint ein Bildungseffekt der Eltern angesichts der zuletzt durchgeführten Analysen (Tab. VI.4) sehr wahrscheinlich. Denn die Oberstufenschüler (und Fachgymnasiasten) unterscheiden sich in den sozialen Hintergrundmerkmalen deutlich von den Fachoberschülern, und dieser Unterschied ist weitgehend unabhängig von den ebenfalls nachweisbaren Unterschieden im Leistungsniveau. Interessant – aber leider mit den vorliegenden Daten nicht zu leisten – wäre die zusätzliche Einbeziehung derjenigen Oberstufenschüler gewesen, die nicht vom Gymnasium auf die Oberstufe übergegangen sind. Dies hätte eine noch stringentere Prüfung auch des differenzierten Elterneinflusses auf die Wahl des weiterführenden Bildungszweigs erlaubt.

Dennoch lassen sich über das schichtenspezifische Verhalten von Eltern, deren Kinder einen mittleren Abschluss erworben haben, aufgrund der Analysen plausible Annahmen formatieren. Jugendliche, die insgesamt gute Schulleistungen und vergleichsweise früh ein eher technikorientiertes Interessenprofil zeigen, werden von allen Eltern (d.h. ungeachtet der sozialen Herkunft) in gleichem Ausmaß dazu ermuntert, sich auf ein Fachhochschulstudium hin zu orientieren. Dass dies empirisch überwiegend Jungen sind, kann angesichts der frühen geschlechtsspezifischen Interessendifferenzierung nicht sonderlich überraschen. Für solche Absolventen mit mittlerem Abschluss jedoch, die ein weniger klares Neigungsprofil zeigen, werden elterngebundene Schichtunterschiede virulent: Unter Eltern mit höherer Schulbildung dürfte eine wenig entschiedene Haltung ihrer Kinder zu Fragen der beruflichen Zukunft in dieser Phase der Entwicklung eher auf Verständnis treffen, da sie selbst die Oberstufe nicht selten als „Bildungsmoratorium" erlebt haben. Eltern unterer Sozialschichten hingegen werden Berufs- und Bildungsunsicherheiten ihrer Kinder stärker problematisieren und auf eine dezidierte Berufsentscheidung hinwirken. Im erstgenannten Fall ist der Übergang auf die reguläre gymnasiale Oberstufe eine attraktive Alternative, weil sie die Optionsspielräume für später zu treffende Entscheidungen deutlich erweitert (z.B. Studium oder Lehre nach dem Abitur) (vgl. dazu ausführlich Kap. X des zweiten Bandes). Für Eltern hingegen, die Entscheidungsunsicherheit minimieren wollen, muss in gleicher Situation der Übergang auf die Oberstufe wie eine Vertagung aus Verlegenheit erscheinen, weil der Sohn oder die Tochter der Berufsentscheidung ausweicht.

2. Mathematisch-naturwissenschaftliche Grundbildung ausländischer Schulausbildungsabsolventen

Knut Schwippert und Kai Uwe Schnabel

Ziel dieses Abschnitts ist es, anhand einiger Indikatoren die Situation von ausländischen Jugendlichen zu beschreiben, die sich am Ende der Sekundarstufe II im deutschen Bildungssystem befinden. Zur präziseren Analyse werden auf der Basis von TIMSS/III näherungsweise drei Migrantengruppen unterschieden, um diese anschließend bezüglich der mathematisch-naturwissenschaftlichen Grundbildung miteinander zu vergleichen.

2.1 Definitorische Probleme

Es ist in Anbetracht der unterschiedlichen biographischen Hintergründe und sozialen Konstellationen, mit denen Jugendliche in der Bundesrepublik aufwachsen, kaum möglich, eine einfache und universell anwendbare Definition eines „ausländischen Jugendlichen" zu geben, die nicht grob schematisch ausfällt und sich dem Verdacht aussetzt, stigmatisierend zu wirken. Dennoch ist es in einer sachorientierten Betrachtung notwendig, die spezifische Bezugsgruppenproblematik zu verstehen, in deren Spannungsfeld viele der Jugendlichen aufwachsen, die entweder selbst oder zumindest deren Eltern in einem anderen Staat aufgewachsen sind. Es hat sich als sinnvoll erwiesen, hierfür Heimat-, Majoritäts- und Migrationskultur zu unterscheiden (Bos, 1994).

Als Heimatkultur (oder Herkunftskultur) wird die Kultur bezeichnet, die in dem Heimatland der Familie die vorherrschende Kultur (die dortige Majoritätskultur) darstellt. Die Majoritätskultur in Deutschland ist demnach die deutsche Kultur, wobei an dieser Stelle von einer weiteren Differenzierung in Abhängigkeit von regionalen Teilkulturen bzw. Subkulturen abgesehen wird. Die Migrationskultur schließlich stellt eine Symbiose der Heimat- und der Majoritätskultur dar, die stark regionalen und ethnischen Einflüssen unterworfen ist. Sie unterscheidet sich von beiden Kulturen durch eigene Wertorientierungen, Handlungsmuster und Kommunikationsstrukturen und unterliegt in Abhängigkeit von Region und Ethnie ausgeprägten Schwankungen (Bos, 1994).

Unter „ausländische Mitbürger" bzw. „Migranten" werden im Folgenden Personen verstanden, die in Familien leben, die ihren Ursprung in einer anderen als der deutschen Majoritätskultur haben und darüber hinaus, in Deutschland lebend, ihre Heimatkultur pflegen.

Bei einer rein an der Staatsbürgerschaft orientierten Definition von „Migrantengruppen" würden nicht nur kulturelle und sprachliche Unterschiede, sondern auch deutliche Unterschiede in den Bildungsvoraussetzungen ignoriert (Hopf & Tenorth, 1994). Dies trifft insbesondere auf die Gruppe der Aussiedler zu, die sich sowohl von den deutschen wie auch von ausländischen Bevölkerungsgruppen unterscheiden. Neben den Problemen, die Aussiedler mit der deutschen Sprache haben, ist bei dieser Gruppe davon auszugehen, dass es sich sowohl um wirtschaftlich als auch in der Ausbildung benachteiligte Personen handelt (Viehböck & Bratic, 1994). Anders stellt sich die Situation bei Arbeitsmigranten aus Anwerberstaaten dar (Nauck & Diefenbach, 1997). Hopf (1987) hat beschrieben, dass in Deutschland aus dem Ausland angeworbene Arbeitnehmer sowohl in Bezug auf ihren wirtschaftlichen als auch auf ihren Schulerfolg positiv ausgelesen sind.

Inwieweit Kinder von Migranten eher in einer deutschen oder ausländischen Tradition erzogen werden, ist nicht ohne weiteres zu bestimmen. Hier spielen Faktoren wie Traditions- und auch Familienbewusstsein eine große Rolle. Als zuverlässiger Indikator für eine Affinität entweder zur deutschen oder zu einer ausländischen Kultur kann aber der Sprachgebrauch herangezogen werden. Kinder und Jugendliche werden eher eine Orientierung zur (deutschen) Majoritätskultur entwickeln, wenn zu Hause überwiegend Deutsch gesprochen wird. Die Pflege einer ausländischen Sprache zum Beispiel in gemischt-kulturellen Ehen kann als Hinweis für eine bewusste Ausrichtung auch auf die andere Heimatkultur gewertet werden.

Vor diesem Hintergrund wird im Folgenden unter Nutzung der in TIMSS/III erhobenen Variablen eine Dreiteilung in distinkte Gruppen vorgenommen, die sowohl das Merkmal „Geburtsort" als auch die „Sprachhäufigkeit" mit einbezieht:

(1) Schüler werden dann als „Jugendliche deutschsprachiger Familien" bezeichnet wenn
   – sie selbst in Deutschland geboren wurden,
   – mindestens ein Elternteil in Deutschland geboren wurde und
   – sie zu Hause ständig Deutsch sprechen.
   Dies sind in der Regel die Jugendlichen, die sowohl die deutsche Staatsangehörigkeit besitzen als auch in Deutschland geboren wurden.

(2) Als „Jugendliche partiell deutschsprachiger Familien" werden Schüler definiert,
   – die in Deutschland geboren wurden,

- von denen mindestens ein Elternteil nicht in Deutschland geboren wurde und
- die nicht ständig Deutsch zu Hause sprechen.

Dieser Gruppe werden überwiegend solche Jugendliche zugeordnet, die Kinder oder Enkel von nach Deutschland geworbenen Arbeitsmigranten sind.

(3) Diejenigen, die im Weiteren als „Jugendliche nicht-deutschsprachiger Familien" bezeichnet werden, sind
- selbst nicht in Deutschland geboren worden,
- haben mindestens ein Elternteil, das ebenfalls nicht in Deutschland geboren wurde und
- sprechen zu Hause kein Deutsch.

Diese Gruppe wird zum einen teilweise Kinder von Arbeitsmigranten und Aussiedlerfamilien umfassen und zum anderen Jugendliche beinhalten, die das deutsche Asylrecht in Anspruch nehmen. Durch den Verzicht auf die Staatsangehörigkeit als Kriterium werden die Aussiedlerkinder trotz deutscher Staatsangehörigkeit überwiegend der dritten Gruppe zugeordnet. Dies ist intendiert, weil viele der betreffenden Jugendlichen aufgrund unzureichender Deutschkenntnisse ähnliche Probleme im deutschen Bildungssystem haben dürften wie Kinder von Migranten mit ausländischer Staatsangehörigkeit.

Qualitativ unterscheiden sich folglich die hier definierten Gruppen durch eine zunehmende Nähe zu der Heimatkultur und Sprache des Landes, aus dem sie bzw. ihre Familien stammen. Bei den „Jugendlichen deutschsprachiger Familien" wird in der Regel die Herkunftskultur (Heimatkultur) mit der in Deutschland vorherrschenden (Majoritäts-)Kultur zusammenfallen.

2.2 Entwicklung der Bildungsbeteiligung aus nicht-deutschen Elternhäusern

Die Gesamtzahl von schulpflichtigen ausländischen Kindern und Jugendlichen im allgemeinbildenden Schulsystem hat sich in den letzten drei Jahrzehnten von etwa 162.000 im Jahr 1970 auf mehr als 880.000 im Jahr 1994 (altes Bundesgebiet) mehr als verfünffacht. Da im gleichen Zeitraum die Zahl der deutschen Schüler tendenziell rückläufig war, ergibt sich eine stetige Zunahme der relativen Bildungsbeteiligung von Schülern mit nicht-deutscher Staatsangehörigkeit. Im allgemeinbildenden Schulwesen stieg der Prozentsatz von Schülern mit ausländischer Staatsangehörigkeit von 3,9 Prozent im Jahr 1975 auf 9,3 Prozent im Jahr 1985 (alte Bundesländer). 1994 lag der Prozentsatz bei 11,5 Prozent (alte Bundesländer) bzw. 0,3 Prozent (neue Bundesländer). Die amtliche Statistik macht neben dem anteiligen Zuwachs unter den Schülern aber auch die Unterschiede zwischen beiden Gruppen in den Bildungskarrieren in der Sekundarstufe I deutlich: Bundesweit besuchten 1997 mehr als 40 Prozent der Schüler ausländischer Herkunft die Hauptschule, 17 Prozent die Realschule und 19 Prozent das Gymnasium. Der Hauptschulanteil liegt damit für diese Teilpopulation doppelt so hoch wie für die Gesamtpopulation, während der Gymnasialanteil lediglich halb so hoch ausfällt. Die primäre Ursache für die geringeren Übergangsquoten auf das Gymnasium am Ende der Grundschulzeit für Migrantenkinder wird in den Schwierigkeiten mit der deutschen Sprache gesehen (vgl. Arbeitsgruppe Bildungsbericht, 1994), wobei sich die Sprachprobleme nicht nur unmittelbar auf Kommunikationshürden in der Schule beziehen, sondern auch auf soziale Ursachen verweisen, die mit Sprachproblemen konfundiert sind: Spannungen zwischen Heimat- und deutscher Majoritätskultur dürften insbesondere bei solchen Jugendlichen auftreten, die familiär stark – nicht zuletzt über die Sprache – in ihrer Heimatkultur verankert sind.

Da das gegliederte Schulsystem auch weitere Bildungswege kanalisiert, ist wegen des deutlich höheren Hauptschulanteils davon auszugehen, dass ausländische Jugendliche in der Sekundarstufe II den berufsbildenden Teil des Bildungswesens deutlich stärker nachfragen als schulische Bildungsgänge, die zur allgemeinen Hochschulreife führen.

In den folgenden Analysen soll versucht werden, die Lage der ausländischen Jugendlichen zu beschreiben, die am Ende der Sekundarstufe II deutsche Schulen in der Bundesrepublik Deutschland besuchen, insbesondere sollen die außerschulischen Rahmenbedingungen des schulischen Lernens Berücksichtigung finden. Entsprechend werden Hintergrundinformationen, die im Rahmen des TIMSS/III-Tests erfasst wurden, in die Analysen mit einbezogen. Unter anderem soll gezeigt werden, inwieweit sich die geringere Beteiligung der ausländischen Jugendlichen an den höheren Schulformen bei der weiteren Gestaltung des Bildungsgangs bemerkbar macht. Nachfolgend werden Indikatoren für die soziale und ökonomische Stellung der ausländischen Probanden aufgezeigt. Den Abschluss der Analysen des vorliegenden Kapitels bildet die Untersuchung des Leistungsniveaus der jugendlichen Schüler unter besonderer Berücksichtigung ihrer sozialen Lage und des gewählten Bildungsgangs.

Bei der Beschreibung der Ergebnisse der TIMSS/III-Untersuchung ist zu berücksichtigen, dass die im Zentrum der Betrachtung liegenden ausländischen Jugendlichen nicht als repräsentativ für alle in Deutschland lebenden anzusehen sind. Bei der TIMSS/III-Stichprobe handelt es sich insofern um eine positiv ausgelesene Gruppe von Jugendlichen, als nur diejenigen zur Grundgesamtheit gehören, die mit rund 19 Jahren noch im deutschen Bildungswesen anzutreffen sind und entweder die Hochschulreife anstreben oder einen qualifizierten Ausbildungsberuf erlernen.

2.3 Jugendliche in der TIMSS/III-Stichprobe und ihr familiärer Sprachgebrauch

In der TIMSS/III-Stichprobe für die mathematisch-naturwissenschaftliche Grundbildung bilden die Schüler, die nach den oben erläuterten Kriterien als Jugendliche deutschsprachiger Familien einzustufen sind, mit 1.781 Personen (84,9 % der Stichprobe) wie zu erwarten den größten Anteil. Die Gruppe der Jugendlichen, die vornehmlich unter gemischt-kulturellen Einflüssen aufwachsen, ist mit 175 (8,3 %) deutlich geringer. Noch etwas kleiner ist die Gruppe derjenigen, die die größte Distanz sowohl zur deutschen Sprache als auch zu der deutschen (Majoritäts-)Kultur aufweisen (141 Personen bzw. 6,7 %). In TIMSS/III sind aufgrund der Populationsdefinition Arbeitslose und nicht beschulte berufsschulpflichtige Jugendliche ohne Ausbildungsvertrag von der Stichprobe ausgeschlossen (vgl. Kap. II). Diese nicht berücksichtigte Gruppe umfasst etwa 16 Prozent der Population, und es ist anzunehmen, dass ausländische Jugendliche hier überproportional vertreten sind.

Werden die Anteile in der Stichprobe mit den Angaben des Statistischen Bundesamtes verglichen, so ergibt sich folgendes Bild: In der amtlichen Statistik wird der Anteil der Ausländer bei Jugendlichen von 16 bis 19 Jahren gegen Mitte des Schuljahres 1994/95 mit 15,6 Prozent in den alten und mit 1,2 Prozent in den neuen Bundesländern angegeben. Dies entspricht einem Ausländeranteil im gesamten Bundesgebiet von 12,2 Prozent. Der etwas höhere Anteil partiell deutschsprachiger und nicht-deutschsprachiger Familien von 15 Prozent in der TIMSS/III-Stichprobe erklärt sich durch die hier bewusst breiter gefasste Definition der „Migrantengruppen".

2.4 Familien zwischen Majoritäts- und Heimatkultur

Um einen Eindruck der Bindung zur Majoritäts- bzw. Heimatkultur der in TIMSS/III untersuchten Jugendlichen zu erhalten, wird in Abhängigkeit von den oben definierten Gruppen untersucht, wie häufig die Jugendlichen in ihren Familien Deutsch sprechen und wo sie geboren wurden. Darüber hinaus wird der Zusammenhang zwischen den Informationen, ob Vater bzw. Mutter im Ausland geboren wurden, und den gebildeten Migrantengruppen vorgestellt. Tabelle VI.5 gibt die Unterschiede in den Mittelwerten und Häufigkeiten zwischen den drei Gruppen in den sie definierenden Variablen wieder. Deutlich wird, dass die Jugendlichen aus

Tabelle VI.5: Sprachgebrauch und Geburtsort der Befragten und ihrer Eltern in den drei Migrantengruppen

Familiärer Sprachgebrauch der Jugendlichen	Deutsch als Sprache zu Hause[1] (Mittelwert)	Selbst im Ausland geboren	Vater im Ausland geboren	Mutter im Ausland geboren
Deutsch	3,00	0,0 %	6,3 %	4,2 %
Partiell deutsch	2,63	62,9 %	70,2 %)	71,1 %
Nicht-deutsch	1,51	73,2 %	87,3 %	86,8 %

[1] Die hier angegebenen Mittelwerte haben die Ausprägung 1 = nie, 2 = manchmal, 3 = immer oder fast immer.
IEA. Third International Mathematics and Science Study. © TIMSS/III-Germany

deutschsprachigen Familien tatsächlich „immer oder fast immer" Deutsch zu Hause sprechen, Jugendliche partiell deutschsprachiger Familien überwiegend „manchmal" und Jugendliche nicht-deutschsprachiger Familien „fast nie" zu Hause Deutsch sprechen.

Mit etwa einem Viertel der Befragten fällt der Anteil unter den nicht Deutsch sprechenden Jugendlichen überraschend hoch aus, die in Deutschland geboren wurden, da zunächst angenommen wurde, dass es sich bei dieser Gruppe um vornehmlich (Spät-)Aussiedler handelt, die in der Regel nicht in Deutschland geboren wurden. Somit wird ein Teil der Jugendlichen in dieser Gruppe aus Familien stammen, die schon längere Zeit in Deutschland leben, in denen aber dennoch die Heimatsprache zu Hause gepflegt wird. Dies ist kennzeichnend für Jugendliche aus Familien, die sich aus verschiedenen Generationen zusammensetzen. In diesen Familien wird oft zu Gunsten der Eltern bzw. Großeltern deren Muttersprache gesprochen.

2.5 Bildungsbeteiligung von jungen Erwachsenen mit unterschiedlichem familiärem Sprachgebrauch

Schüler, die die deutsche Sprache unzureichend beherrschen, haben im monolingual orientierten deutschen Bildungswesen vielfach Schwierigkeiten (Gogolin, 1994). Daher ist bei diesen Schülern mit Verzögerungen in ihrem (Aus-)Bildungsgang zu rechnen (Lehmann u.a., 1995). Erklärbar könnten diese Verzögerungen auch durch Sitzenbleiben oder Abstufung beim Wechsel von Bildungseinrichtungen (insbesondere beim Wechsel vom Aus- ins Inland) sein. Eine Folge wäre, dass ausländische Jugendliche, verglichen mit Schülern deutschsprachiger Familien der gleichen Klassenstufe, älter sind (Lehmann, 1996). Gegen diese Erwartung sprechen die Befunde

Tabelle VI.6: Alter und Geschlecht der TIMSS-Probanden und familiärer Sprachgebrauch

Familiärer Sprachgebrauch der Jugendlichen	Alter der Schüler				Anteil Frauen (in %)
	Minimum	Mittelwert	Maximum	Standardfehler	
Deutsch	16,2	19,2	25,6	0,12	42,7
Partiell deutsch	16,1	19,5	25,4	0,19	38,5
Nicht-deutsch	16,0	19,7	25,2	0,23	20,5

IEA. Third International Mathematics and Science Study. © TIMSS/III-Germany

der Untersuchung von Bellenberg und Klemm (1998), die in Nordrhein-Westfalen festgestellt haben, dass insbesondere die ausländischen Jugendlichen eine bruchlose Schullaufbahn ohne Wiederholungen aufweisen. Wie Tabelle VI.6 zeigt, lassen sich Vermutungen über ein höheres Durchschnittsalter der Schüler aus Familien nichtdeutscher Herkunft nicht belegen. Der Altersabstand zwischen den Jugendlichen aus deutschsprachigen Familien zu denjenigen aus partiell deutschsprachigen Familien ist mit durchschnittlich rund zwei Monaten nicht zufallskritisch abzusichern. Auch der Unterschied zwischen den Jugendlichen deutschsprachiger und nichtdeutschsprachiger Familien ist mit rund einem halben Jahr zwar etwas deutlicher ausgeprägt, aber ebenfalls statistisch nicht signifikant.

Bemerkenswert ist der deutlich unterschiedliche Anteil von Frauen in den Gruppen. Dies wird vermutlich darauf zurückzuführen sein, dass ausländische Familien in Deutschland für junge Frauen eher eine geringere Qualifikationsaspiration zeigen als für Männer gleichen Alters. Diese Vermutung wird durch den einfachen Vergleich der Geschlechterverhältnisse in der Stichprobe gestützt. Der Frauenanteil liegt in der nicht-deutschen bzw. partiell nicht-deutschen Teilstichprobe mit 31 Prozent deutlich niedriger als im deutschen Teilsample, in dem sich 43 Prozent Frauen befinden. Der geringere Frauenanteil zeigt sich über alle Bildungsgänge der Sekundarstufe II hinweg und legt somit die weiter gehende Vermutung nahe, dass ein erheblicher Anteil junger Frauen aus Migrantenfamilien frühzeitig aus dem Bildungssystem ausscheidet, obwohl keine problematische Schulkarriere vorausging, wie dies für deutsche Schüler typisch ist.

Wie aufgrund der Statistik zur Bildungsbeteiligung in der Sekundarstufe I zu erwarten war, finden sich überproportional viele Jugendliche mit nicht-deutschem familiärem Sprachhintergrund in den Ausbildungsgängen der praktischen beruflichen Bildung (vgl. Tab. VI.7). Während von den Jugendlichen aus deutschsprachigen Fa-

Tabelle VI.7: Verteilung von Jugendlichen und jungen Erwachsenen aus Familien mit unterschiedlichem Sprachgebrauch nach Bildungsgang (in %)

Familiärer Sprachgebrauch der Jugendlichen	Gymnasiale Oberstufe	Bildungsgänge im beruflichen Bereich		Insgesamt
		Theoretisch orientiert	Praktisch orientiert	
Deutsch	35,6	6,3	58,1	100,0
Partiell deutsch	19,5	9,8	70,7	100,0
Nicht-deutsch	16,3	4,3	79,4	100,0

IEA. Third International Mathematics and Science Study. © TIMSS/III-Germany

milien gut ein Drittel die gymnasiale Oberstufe besucht, sind es bei den Jugendlichen partiell deutschsprachiger Familien nur ein Fünftel und bei den nichtdeutschsprachigen Familien sogar nur rund ein Sechstel der Befragten. Die Tabelle stützt zudem die Annahme, dass die Jugendlichen umso eher eine praktisch orientierte Berufsausbildung aufnehmen, je stärker ihre Sozialisation durch die Herkunfts- bzw. Migrationskultur ihrer Familie geprägt ist.

Die Zahlen, die Tabelle VI.7 zu Grunde liegen, lassen sich auch so aufbereiten, dass sich der Prozentsatz Nicht-Deutscher im jeweiligen Bildungsgang ergibt. Für die gymnasiale Oberstufe, der Schulform mit der stärksten theoretischen Orientierung, resultiert ein vergleichsweise geringer Anteil von Jugendlichen aus partiell deutschsprachigen Familien (4,9 %) bzw. nicht-deutschsprachigen Familien (3,3 %). Insgesamt ist somit nicht einmal jeder zehnte Schüler dieser Schulform teilweise bzw. stark in einer nicht-deutschen Herkunftskultur sozialisiert. In den theoretisch oder praktisch orientierten beruflichen Bildungsgängen liegt der Anteil bei knapp 20 Prozent.

2.6 Bildungsbeteiligung und familiär-soziales Umfeld

Es wäre sicher zu einfach, den geringen Anteil von Oberstufenschülern unter den Jugendlichen und jungen Erwachsenen mit nicht-deutscher Herkunft allein mit den sprachlichen Verständnisproblemen zu erklären. Bildungswege entwickeln sich aus einer Abfolge von Bildungsentscheidungen, an denen Eltern, Lehrer und die Jugendlichen selbst mit beteiligt sind. Neben den Schulleistungen, die sicher den zentralen Entscheidungsgesichtspunkt ausmachen, spielen soziale Hintergrundmerkmale hierbei eine wichtige Rolle. Besonders die Bildungsaspiration von Eltern hat nachweislich einen Einfluss auf die Bildungskarriere. Die Bildungsaspiration von Eltern wiederum ist typischerweise von ihrem eigenen Bildungshintergrund geprägt (Ditton, 1992). Im

Folgenden wollen wir der Frage nachgehen, ob und in welchem Umfang sich die insgesamt geringere Bildungsbeteiligung von Kindern aus Migrantenfamilien auf eine geringere Bildungsaspiration zurückführen lässt. Auch wenn die TIMSS/III-Daten keine Verlaufsdaten zur Verfügung stellen und zudem keine Elterninformationen vorliegen, lassen sich dennoch indirekte Indikatoren zur empirischen Analyse heranziehen, die Rückschlüsse über die Bildungsnähe des Elternhauses zulassen.

2.6.1 Allgemeines Lebensumfeld

Um Aussagen über den privaten Hintergrund und die Interessen der in TIMSS/III befragten Jugendlichen machen zu können, sind den Jugendlichen neben den Leistungstests auch Fragebogen vorgelegt worden, in denen sie Angaben über ihre private Situation sowohl in Bezug auf materielle Dinge als auch in Bezug auf ihre Einstellungen zum Unterricht und zur Schule machen konnten. Neben Angaben über den Bildungshintergrund der Eltern steht eine Reihe von Variablen zur Verfügung, die als Indikatoren des sozioökonomischen Status und des „kulturellen Kapitals" (Bourdieu, 1982) aufgefasst werden können. Hierbei handelt es sich in erster Linie um Informationen über die Verfügbarkeit verschiedener Konsumgüter, die sich in der privaten Umgebung der Schüler befinden. Diese Güter werden in zwei Kategorien eingeteilt: solche, die auf ein günstiges Lernumfeld und somit auf bildungsnahe Familien hinweisen, und solche, die eher bildungsirrelevant sind, wie zum Beispiel Unterhaltungsmedien. Aus den einzelnen Gütern werden zusammenfassende Indikatoren gebildet, die in den folgenden Darstellungen als Indikator „Unterhaltungsgüter" und „Bildungsrelevanter Besitz" bezeichnet werden. Neben den beiden zuvor vorgestellten Indikatoren hat sich in einer Reihe von Studien der „Heimische Buchbestand" als ein zuverlässiger Indikator für die Bildungsnähe einer Familie bewährt (Postlethwaite & Ross, 1992; Lehmann u.a., 1995; Lietz, 1996).

Die Angaben über die Indikatoren der Unterhaltungs- bzw. Bildungsgüter zeigen, dass in allen drei Gruppen den befragten Jugendlichen und jungen Erwachsenen – gemessen an der Liste der im Fragebogen vorgegebenen Konsumgüter – eher Unterhaltungsmedien als Bildungsgüter zur Verfügung stehen. Die in Tabelle VI.8 angegebenen Prozentangaben der Indikatoren für Güter des privaten Haushalts zeigen aber auch, dass Jugendliche partiell und nicht-deutschsprachiger Familien generell über weniger Güter verfügen, was auf ein niedrigeres Durchschnittseinkommen dieser Familien hinweist.

Um auch eventuell gegenläufige Mittelwertmuster zwischen den Gruppen einzelner Konsumgüter aufdecken zu können, wurden diese auch getrennt untersucht.

Tabelle VI.8: Materiale Ausstattung der Jugendlichen aus Familien mit unterschiedlichem deutschen Sprachgebrauch

Familiärer Sprachgebrauch der Jugendlichen	Indikator Unterhaltungsgüter[1]	Indikator Bildungsrelevanter Besitz[2]	Indikator Heimischer Buchbestand[3] (Mittelwert)
Deutsch	74,7 % (0,01)	62,8 % (0,01)	3,78 (0,06)
Partiell deutsch	73,0 % (0,02)	54,3 % (0,02)	3,39 (0,23)
Nicht-deutsch	65,8 % (0,03)	43,3 % (0,03)	2,62 (0,17)

[1] Indikator über die Verfügbarkeit der Unterhaltungsgüter: Fernseher, Videorecorder, Videokamera, CD-Player, Spielcomputer und Wochenzeitschrift.
[2] Indikator über die Verfügbarkeit der bildungsrelevanten Güter: Computer, eigener Schreibtisch, Mikroskop usw.
[3] Der heimische Buchbestand ist codiert: 0 bis 10 Bücher = 1, 11–25 = 2, 26–100 = 3, 101–200 = 4 und mehr als 200 Bücher = 5.

IEA. Third International Mathematics and Science Study. © TIMSS/III-Germany

Hierbei zeigte sich der zuvor beschriebene Zusammenhang – abnehmende Verfügbarkeit von Gütern bei der Gruppe der partiell und nicht-deutschsprachigen Familien – gleichgerichtet und konsistent bei den meisten der Güter. Zufallskritisch abgesicherte, gegenläufige Verteilungsmuster konnten nicht nachgewiesen werden.

2.6.2 Elterlicher Bildungshintergrund

Der Schulabschluss der Eltern ist der wichtigste Indikator für den sozialen und ökonomischen Hintergrund der Familien (Hoffmeyer-Zlotnik, 1993). Untersucht man, wie im vorliegenden Fall, den elterlichen Bildungshintergrund in Migrantenfamilien, so lassen sich die erworbenen Abschlüsse mitunter nur näherungsweise mit den in Deutschland vergebenen Bildungszertifikaten vergleichen. Die Befragten sollten in solchen Fällen angeben, wie viele Jahre ihre Eltern zur Schule gegangen sind. Für die nachfolgenden Tabellen wurden diese Angaben in entsprechende Abschlussäquivalente umgerechnet. Tabelle VI.9 basiert auf der jeweils höheren Angabe für Mutter oder Vater.

Der größte Anteil der Eltern (rund die Hälfte) von Jugendlichen deutschsprachiger Familien hat den Hauptschulabschluss erreicht. Darüber hinaus ist für gut ein Viertel der Eltern dieser Gruppe als höchster Schulabschluss das Abitur ermittelt worden. Eine ähnliche Verteilung der Schulabschlüsse ist auch in der Gruppe der Jugendlichen partiell deutschsprachiger Familien zu beobachten. Ein deutlicher

Tabelle VI.9: Höchster Schulabschluss der Eltern nach familiärem Sprachgebrauch (in %)

Höchster Schulabschluss der Eltern[1]	Familiärer Sprachgebrauch der Jugendlichen		
	Deutsch	Partiell deutsch	Nicht-deutsch
Ohne Hauptschulabschluss, 8. Klasse POS	1,5	14,6	35,3
Hauptschulabschluss	67,0	61,1	46,0
Mittlere Reife, FOS-Reife, Realschulabschluss oder 10. Klasse POS	7,1	2,4	5,5
Abitur oder erweiterte Oberschule	24,4	21,8	13,1
Insgesamt	100,0	100,0	100,0

[1] Beim Vergleich der Schulabschlüsse von Vater und Mutter wird der höhere von beiden als „höchster Schulabschluss der Eltern" gewertet. Bei Alleinerziehenden wird einzig deren Abschluss berücksichtigt.

IEA. Third International Mathematics and Science Study. © TIMSS/III-Germany

Unterschied zwischen Jugendlichen deutschsprachiger und partiell deutschsprachiger Familien zeigt sich in Bezug auf die Jugendlichen, deren Eltern keinen Hauptschulabschluss gemacht haben. Hier ist der Anteil bei den Jugendlichen partiell deutschsprachiger Familien mit rund 15 Prozent deutlich höher als bei den Jugendlichen deutschsprachiger Familien, bei denen dieser Anteil noch nicht einmal bei 2 Prozent liegt. Dieser Anteil liegt bei Jugendlichen aus nicht-deutschsprachigen Familien noch einmal deutlich höher. Hier sind es mehr als ein Drittel der Jugendlichen, deren Eltern beide ohne Schulabschluss sind.

Bei einer geschlechtsspezifischen Analyse ergibt sich der zunächst überraschende Befund, dass die weiblichen Befragten aus den beiden Gruppen mit nicht-deutschem Sprachhintergrund signifikant häufiger über höhere Bildungsabschlüsse ihrer Eltern berichten als die männlichen Befragten aus diesen Gruppen. Zudem zeigen diese jungen Frauen eine deutlich höhere eigene Bildungsaspiration indiziert über das Sozialprestige des Wunschberufs als die männlichen Befragten. In der deutschen Vergleichsgruppe tauchen beide Effekte nicht auf, was auf seine Ursache hinweist. Bei der Stichprobenbeschreibung Geschlechterverteilung (Tab. VI.6) war bereits festgestellt worden, dass der Frauenanteil in den beiden Gruppen mit nicht-deutschem heimischen Sprachgebrauch sowohl in der gymnasialen Oberstufe wie auch in der theoretisch wie praktisch orientierten Berufsausbildung unter dem der deutschsprachigen Teilpopulation liegt. Hier bestätigt sich nun indirekt die geäußerte Vermutung, dass in Migrantenfamilien eine geschlechterdifferenzierte Bildungsbeteiligung verbreitet ist, die für deutsche Familien zumindest im allgemeinbildenden Schulwesen seit längerem überwunden ist. Denn eine plausible Erklärung für das hier geschilderte Phänomen ist, dass der elterliche Einfluss auf die (Nicht-)Beteiligung der weiblichen Jugendlichen und jungen Frauen unter Ausländerfamilien deutlich vom Bildungshintergrund der Eltern abhängt: Je höher das eigene Bildungsniveau, desto stärker ist die Neigung, den eigenen Kindern ohne Ansehen des Geschlechts eine möglichst solide schulische bzw. berufliche Ausbildung angedeihen zu lassen und die Bedeutung beruflicher Perspektiven auch ihren Töchtern erfolgreich zu vermitteln. Dieser Befund spräche insgesamt für die weiter gehende Vermutung, dass Migrantenfamilien mit höherem Sozialstatus sich insgesamt stärker an der deutschen Majoritätskultur orientieren als Familien aus unteren Sozialschichten.

Zusammenfassend zeigen die Vergleichsanalysen zu den familiär-sozialen Indikatoren, dass in Familien mit zunehmender Verbundenheit zur (ausländischen) Heimatkultur – gemessen über den heimischen deutschen Sprachgebrauch – eine abnehmende Bildungsnähe vorliegt, die aber stark vom Bildungshintergrund der Eltern moderiert wird. Die Unterschiede zwischen den Gruppen lassen sich aber nicht ausschließlich auf Unterschiede im mittleren Bildungshintergrund der Eltern zurückführen.

2.6.3 Studienperspektiven und Berufsfelder der Ausbildungsberufe

Es wurde oben erwähnt, dass bei den Gymnasiasten hinsichtlich des Prestiges für den Wunschberuf nur in den Gruppen mit nicht-deutschsprachigem Hintergrund ein signifikanter Geschlechterunterschied besteht. Vergleicht man die Gruppen insgesamt mit der ausschließlich deutschsprachigen Gruppe, so nivellieren sich die Geschlechterunterschiede, sodass keine signifikanten Unterschiede zu der ausschließlich deutschsprachigen Gruppe bestehen. Für diejenigen Oberstufenschüler, die vorhaben, nach dem Abitur zu studieren, liegen Angaben zu den präferierten Studienfächern vor. Man könnte vermuten, dass angehende Akademiker mit ausländischem familiärem Hintergrund in ihren Studienfachwahlen spezifische Schwerpunkte setzten.

Insgesamt wurden mehr als 90 verschiedene Studiengänge genannt. Um diese Angaben für einen Vergleich handhabbar zu machen, wurden sie in Fächergruppen zusammengefasst (siehe Kap. X des ersten Bandes). Eine überzufällige Häufung bestimmter Fächergruppen in den beiden Gruppen nicht-deutscher Sprachherkunft lässt sich nicht nachweisen. Das akademische Interessenspektrum ist für Jugendliche partiell bzw. nicht-deutschsprachiger Familien, die kurz vor dem erfolgreichen Abschluss ihrer Gymnasiallaufbahn stehen, demjenigen rein deutschsprachiger Oberstufenschüler vergleichbar. Allerdings muss einschränkend darauf hingewiesen werden, dass für diese Analysen die Anzahl der Beobachtungen in den beiden Gruppen mit anderssprachigem Hintergrund für zahlreiche Bereiche recht gering ist, was einer statistischen Absicherung von Unterschieden zuwiderläuft. Dennoch unterstreicht dieser Befund den Eindruck, dass im allgemeinbildenden Zweig der Sekundarstufe II Unterschiede zwischen den hier entlang der familiären Sprachgewohnheiten definierten Gruppen gering sind. Hierfür dürften nicht zuletzt auch sprachgebundene Selektionsmechanismen wirksam sein. Nur wer trotz einer anderen Verkehrssprache zu Hause über eine hohe Sprachkompetenz in Deutsch verfügt, wird die gymnasiale Oberstufe ohne sprachbedingte Erschwernis absolvieren.

Auch für die Ausbildungsberufe der Jugendlichen und jungen Erwachsenen, die aus der berufsschulischen Teilstichprobe stammen, lassen sich Zuordnungen in Berufsgruppen vornehmen und auf Effekte des familiären Sprachhintergrunds prüfen.

Tabelle VI.10 verdeutlicht zunächst den hinlänglich bekannten Befund, dass junge Frauen vornehmlich in Dienstleistungsberufen ausgebildet werden und in den Fertigungsberufen überwiegend Männer als Nachwuchs rekrutiert werden. Bezogen auf den familiären Sprachhintergrund lässt sich für diesen Effekt zunehmende Polarisierung beobachten.

Vor allem für die männlichen Befragten zeigt sich, dass mit zunehmender Nähe zu einer ausländischen Heimatkultur ein größerer Anteil in Fertigungsberufen ausgebildet wird. Dahinter verbergen sich überwiegend Berufe, die keine hohen Anforderungen an die deutsche Sprachkompetenz stellen und über einen funktionalen (be-

Tabelle VI.10: Berufswahl von Auszubildenden aus Familien mit unterschiedlichem deutschen Sprachgebrauch (in %)

| Berufsgruppe | Familiärer Sprachgebrauch der Jugendlichen | | | | | |
| | Deutsch | | Partiell deutsch | | Nicht-deutsch | |
	Weiblich $n = 290$	Männlich $n = 619$	Weiblich $n = 29$	Männlich $n = 70$	Weiblich $n = 17$	Männlich $n = 82$
Fertigungsberufe	18,6	61,1	14,7	75,5	17,7	85,0
Technische Berufe	0,5	2,4		6,3		3,5
Dienstleistungsberufe	69,1	12,6	84,5	6,4	82,3	1,4
Sonstige Berufe	11,8	23,9	0,8	11,8		10,1
Insgesamt	100,0	100,0	100,0	100,0	100,0	100,0

IEA. Third International Mathematics and Science Study. © TIMSS/III-Germany

rufsspezifischen Fach-)Sprachgebrauch kaum hinausgehen (Metall-, Bau- bzw. Baunebenberufe, Elektriker). Deutet man dieses Befundmuster weniger als einen Effekt der Sprachkompetenzen, sondern als Ausdruck von Berufswahlverhalten, das sich noch stärker an Geschlechterstereotype orientiert als die deutschsprachige Vergleichsgruppe, so fügt sich dies mit oben diskutiertem schichtenspezifischem Geschlechtereffekt bei den Oberstufenschülern gut zusammen. Denn es ist davon auszugehen, dass die Auszubildenden aus Elternhäusern mit vergleichsweise niedrigeren Sozialschichten stammen. Wenn tatsächlich ausländische Familien geschlechtsspezifische Bildungskarrieren tendenziell vor allem dann fördern, wenn sie aus unteren Sozialschichten stammen, so sollten junge Frauen mit ausländischem Hintergrund in akademischen Laufbahnen überwiegend aus höheren Sozialschichten stammen und im Berufsbildungsbereich verstärkt in „typischen" Frauenberufen ausgebildet werden. Beides lässt sich mit den TIMSS/III-Daten belegen.

2.7 Leistungsstand von ausländischen Jugendlichen

Die Einteilung von Jugendlichen in die drei anhand des familiären Sprachgebrauchs gebildeten Gruppen ist auch in Hinsicht auf den Vergleich der mathematisch-naturwissenschaftlichen Kompetenzen von Interesse. Hierzu wird zunächst das Ergebnis aus dem Gesamttest vorgestellt. Ergänzend werden die Teilergebnisse getrennt für die Mathematik und die Naturwissenschaften diskutiert. In den abschließenden Analysen wird unter Einbeziehung der in den vorangegangenen Analysen dieses Kapitels verwendeten Variablen geprüft, inwieweit die Leistungsunterschiede zwischen den Gruppen auch nach der Kontrolle dieser Hintergrundvariablen auf den Migrantenstatus zurückzuführen sind.

Der Tabelle VI.11 sind die Ergebnisse von TIMSS/III für den mathematisch-naturwissenschaftlichen Gesamttest und die beiden Subtestwerte in Mathematik und den Naturwissenschaften zu entnehmen. Die Mittelwerte zeigen durchgängig die höchsten Werte bei den Jugendlichen deutschsprachiger und die niedrigsten Werte bei den Jugendlichen nicht-deutschsprachiger Herkunft, wobei die Unterschiede zwischen den Gruppen verschieden stark ausgeprägt sind. Sowohl bei dem Gesamtleistungswert als auch bei dem Mathematik- und dem naturwissenschaftlichen Testwert unterscheiden sich die Niveaus zwischen den Jugendlichen deutschsprachiger und nicht-deutschsprachiger Familien durchgängig signifikant. Die Werte der Jugendlichen partiell und nicht-deutschsprachiger Familien unterscheiden sich hingegen bei keinem der Tests statistisch bedeutsam. Bei einem Vergleich der Testleistung nach Geschlecht ergibt sich innerhalb der Gruppen durchgehend ein Leistungsvorsprung zu Gunsten der männlichen Jugendlichen. Bei den folgenden Analysen wird

Tabelle VI.11: Leistungsverteilung von Jugendlichen aus Familien unterschiedlichen deutschen Sprachgebrauchs[1] (Mittelwerte und Standardfehler in Klammern)

Familiärer Sprachgebrauch der Jugendlichen	Mathematisch-naturwissenschaftliche Leistung	Mathematikleistung	Naturwissenschaftsleistung
Deutsch	97,9 (1,66)	97,9 (1,72)	98,0 (1,67)
Partiell deutsch	84,3 (4,58)	88,4 (4,41)	82,7 (4,17)
Nicht-deutsch	74,3 (4,03)	79,5 (3,93)	71,6 (4,32)

[1] Den in der Tabelle angegebenen Leistungsmittelwerten liegen die nationalen Rasch-Leistungswerte mit einem Mittelwert von 100 und einer Standardabweichung von 30 zu Grunde. Da die Gymnasiasten, die in der 12. Klasse getestet und mit in die Skalierung eingingen, ausgeschlossen wurden, liegen die Mittelwerte alle unter dem nationalen Mittelwert.

IEA. Third International Mathematics and Science Study. © TIMSS/III-Germany

die mathematisch-naturwissenschaftliche Grundbildung im Fokus der Betrachtung liegen. Eine parallele Analyse auch der mathematischen und der naturwissenschaftlichen Teilleistungen ist nicht notwendig, da sich die Effekte nicht zwischen beiden Domänen unterscheiden und die entsprechenden Leistungswerte zudem hoch korrelieren (> .85).

Es ist davon auszugehen, dass ein Teil der Leistungsvariation auch auf andere Einflussgrößen, allen voran auf die besuchte Schulform, zurückzuführen ist. Wie oben dokumentiert wurde, gehen die meisten Jugendlichen nicht-deutschsprachiger Familien in die praktisch orientierte berufliche Bildung und haben daher vermutlich systematisch seltener höherwertige Schulabschlüsse. Wird die besuchte Schulform in der Analyse berücksichtigt, so sollte der Anteil erklärter Varianz, der spezifisch auf den Sprachhintergrund zurückgeht, deutlich abnehmen. Dies wird durch die Ergebnisse von Varianzanalysen auch bestätigt. Während durch den familiären Sprachgebrauch brutto rund 5 Prozent der Gesamtleistungsvarianz in der mathematisch-naturwissenschaftlichen Grundbildung aufgeklärt werden, sinkt dieser spezifische Varianzanteil bei Kontrolle der Schulform nahezu auf die Hälfte, bleibt aber dennoch statistisch bedeutsam.

Um den möglichen Ursachen für diese an das häusliche Sprachmilieu gebundenen Leistungsunterschiede genauer zu untersuchen, werden im Folgenden neben der Schulform weitere Variablen kontrolliert. Dadurch soll festgestellt werden, ob nach der Einführung der nachfolgend vorgestellten Kontrollvariablen der Nettoeffekt der kritischen Variablen „familiärer Sprachgebrauch" unter die statistische Nachweis-

Tabelle VI.12: Erklärter Varianzanteil an der mathematisch-naturwissenschaftlichen Grundbildung durch die Sprachgruppenzugehörigkeit („familiärer Sprachgebrauch") unter Berücksichtigung weiterer Kontrollvariablen

Kontrollvariablen	Modell 1	Modell 2	Modell 3
Erklärter Varianzanteil durch „Migrantenstatus"	5,2 %	2,9 %	1,7 %
Zusätzlich berücksichtigte Kontrollvariablen	keine	• Schulform	• Schulform • Ausbildung der Eltern • bildungsrelevanter Besitz • Geschlecht
Insgesamt erklärte Varianz	5,2 %	23,1 %	32,2 %

IEA. Third International Mathematics and Science Study. © TIMSS/III-Germany

grenze fällt. Dadurch lassen sich mögliche Hinweise auf kausale Mechanismen ableiten, die diesem Effekt zu Grunde liegen.

Hierzu werden alle Variablen mit berücksichtigt, die sich als Indikatoren für günstige Lernumfelder der Schüler herausgestellt haben:
– der Bildungsabschluss der Eltern als Indikator für den ökonomischen Status und die Bildungsaspiration,
– der bildungsrelevante Besitz als Indikator des „kulturellen Kapitals" (Bourdieu, 1982),
– Geschlecht der Befragten.

Wie erwartet, reduziert sich bei Kontrolle dieser Variablen (Kovarianzanalyse) der spezifische Varianzanteil der Gruppierungsvariable „familiärer Sprachgebrauch" noch weiter auf 1,7 Prozent. Dieser spezifische Anteil bleibt allerdings signifikant. Das Gesamtmodell erklärt die Leistungsvarianz zwischen allen Probanden zu immerhin 33 Prozent. Folglich sind zentrale Erklärungsgrößen für die mathematisch-naturwissenschaftliche Testleistung in dieser Analyse tatsächlich erfasst worden.

Um einen Eindruck von der Größe der Effekte der Kovariaten auf das mittlere Leistungsniveau zu erhalten, werden in der Tabelle VI.13 die unstandardisierten Regressionskoeffizienten wiedergegeben. Diese zeigen, um wie viel Einheiten (Punkte) sich das Leistungsniveau ändert, wenn die entsprechende Erklärungsvariable um eine Einheit variiert wird. Die Angaben zur gymnasialen Oberstufe und der theoretisch orientierten beruflichen Bildung sind, aufgrund der Indikatorisierung der Bildungs-

Tabelle VI.13: Effekte der Kovariaten auf das Leistungsniveau in der Analyse des Nettoeffekts der Variable „familiärer Sprachgebrauch"

Kontrollvariablen[1]	Regressionskoeffizienten		Standard-fehler	t-Wert	p-Wert
	Unstan-dardisiert	Standar-disiert			
Gymnasiale Oberstufe	25,93	0,432	1,31	19,85	0,000
Theo. berufliche Bildung	15,42	0,134	2,23	6,91	0,000
Ohne Hauptschulabschluss, 8. Klasse POS	−12,94	−0,097	2,97	−4,36	0,000
Hauptschulabschluss	−1,74	−0,031	1,43	−1,21	0,227
Hauptschulabschluss nach 10. Klasse	−0,63	−0,008	1,71	−0,37	0,714
Mittlere Reife, FOS-Reife, Realschulabschluss oder 10. Klasse POS	0,22	0,002	2,33	0,09	0,924
Bildungsrelevanter Besitz	10,19	0,092	2,33	4,37	0,000
Geschlecht	15,82	0,273	1,13	13,95	0,000

[1] Referenzgruppe für den gewählten Bildungsgang ist die praktisch orientierte berufliche Bildung.
Die in dem grau hinterlegten Feld angegebenen Indikatoren sind aus der Variablen des höchsten Schulabschlusses der Eltern generiert worden. Das Abitur/die erweiterte Oberschule dient hier als Referenzgruppe.
IEA. Third International Mathematics and Science Study. © TIMSS/III-Germany

gänge, jeweils als Unterschiede zu dem praktisch orientierten beruflichen Bildungsgang zu interpretieren. Analoges gilt für die Schulabschlüsse der Eltern. Hier sind die Angaben bei negativem Vorzeichen als Nachteile bzw. als Vorteile bei positivem Vorzeichen des unstandardisierten Regressionskoeffizienten zu interpretieren, den die Schüler gegenüber den Klassenkameraden haben, deren Eltern das Abitur besitzen bzw. die erweiterte Oberschule besucht haben.

Der durchschnittliche Wissensvorsprung, den Jugendliche der gymnasialen Oberstufe gegenüber Jugendlichen der praktisch orientierten beruflichen Schulen aufweisen, beträgt rund 26 Punkte, fast eine Standardabweichung. Für die theoretisch orientierte Berufsschule ist der Vorsprung geringer, aber mit etwas über 15 Punkten (0,5 Standardabweichungseinheiten) immer noch deutlich ausgeprägt.

Verglichen mit Jugendlichen, deren Eltern das Abitur bzw. den Besuch der erweiterten Oberschule aufweisen, haben die Jugendlichen, deren Eltern keinen Abschluss erreicht haben, einen deutlichen Leistungsrückstand von rund einem Drittel einer Standardabweichung. Erwartungsgemäß fällt der Koeffizient für den bildungsrelevanten Besitz bei Kontrolle dieser beiden Variablen (Schulform und elterliche Bildung) vom Betrag her relativ klein aus, behält aber dennoch einen eigenständigen Erklärungswert. Auch bei Konstanthaltung aller anderen Erklärungsvariablen verbleibt ein beachtlicher Geschlechterunterschied mit etwas über einer halben Standardabweichung zu Gunsten der männlichen Schüler.

Der abnehmende Varianzanteil, der durch die „Migrantengruppen" an den mathematisch-naturwisssenschaftlichen Testleistungen bei schrittweise zunehmender Berücksichtigung weiterer Hintergrundinformationen erklärt werden kann, ist in der Tabelle VI.12 zusammenfassend dargestellt. Diese geringer werdende Erklärungskraft macht deutlich, dass die schwächeren Leistungen von Jugendlichen mit nicht-deutschem Sprachhintergrund zu einem Großteil auf „klassische" soziale Hintergrundmerkmale zurückzuführen sind, deren Relevanz für die (schulische) Leistungsentwicklung recht universell ist, das heißt auch innerhalb der deutschen Schülerpopulation erklärungsbedeutsam ist. Dies gilt für die Effekte der Schulform, elterlicher Bildungshintergrund und kulturelles Kapital weitgehend fächerübergreifend, während der Geschlechtereffekt in der Regel auf die Mathematik und Naturwissenschaften begrenzt ist.

Auch wenn der Nettoeffekt für die definierten Sprachgruppen im Vergleich zu den anderen Effekten klein ist, so muss darauf hingewiesen werden, dass die Kovarianzanalyse, die hier zur Anwendung kam, bezüglich des Nachweises einzelner Effekte statistisch konservativ prüft, das heißt Varianzanteile, die simultan durch zwei oder mehrere Variablen erklärt werden, nicht den individuellen Effekten zuzuschreiben sind. Die Wahl der besuchten Schulform zum Beispiel ist den hier analysierten Daten biographisch vorgelagert und könnte durch die geringere Nähe zur Majoritätskultur oder durch Sprachschwierigkeiten, die in der Grundschule möglicherweise ausgeprägter waren, ungünstig beeinflusst sein. Wenn dies zuträfe, so würde der Schulformeffekt teilweise Bildungsnachteile von Migrantenkindern kaschieren.

2.8 Zusammenfassung

Mit dem vorliegenden Kapitel über die mathematisch-naturwissenschaftliche Grundbildung ausländischer Schulabsolventen sollte die Situation von ausländischen Schülern am Ende der Sekundarstufe II beschrieben werden. Dazu wurden die untersuchten Schüler so gruppiert, dass sie sich durch geringe, mittlere bzw. große Distanzen zur deutschen Sprache und Kultur voneinander unterscheiden.

Insgesamt geht eine zunehmende Nähe der Familie zu einer nicht-deutschen Heimatkultur tendenziell mit einer geringeren Bildungsbeteiligung einher. Dieser Effekt ist für junge Frauen prononcierter als für die jungen Männer. Diese Geschlechterdisparität ist allerdings schichtenspezifisch. Die Analysen enthalten deutliche Hinweise dafür, dass Eltern mit nicht-deutschem Sprachhintergrund, die eher bildungsbürgerlichen Schichten zuzurechnen sind, für Söhne und Töchter vergleichbare Bildungserwartungen haben und insofern vermutlich eine stärkere Nähe zur deutschen Majoritätskultur besitzen. Inwieweit dies auf kulturelle Angleichungsprozesse vor oder nach dem Zuzug zurückgeht, muss an dieser Stelle offen bleiben.

Die Unterschiede in den mathematisch-naturwissenschaftlichen Grundfähigkeiten zwischen jungen Erwachsenen aus rein deutschsprachigen Familien im Vergleich zu (partiell-) anderssprachigen Familien lassen sich im Rahmen der in TIMSS/III zur Verfügung stehenden Hintergrundvariablen nicht vollständig aufklären. Der Effekt ist allerdings eher klein, sodass man nicht von einer substanziellen Benachteiligung sprechen kann. Wie die stärker geschlechtsgebundenen Bildungskarrieren vermuten lassen, geht der Abstand zur Majoritätskultur überwiegend auf Entscheidungsprozesse an den Übergangsstellen zurück, für die im deutschen Bildungssystem die elterlichen Vorstellungen von besonderem Gewicht sind. Hier kommt es zu einer Überlagerung mit den schichtenspezifischen Wahleffekten, die für die Persistenz sozialer Disparitäten im deutschen Bildungssystem von zentraler Bedeutung sind.

Anhang: Aufbau und Struktur der Sekundarstufe II der an der Untersuchung beteiligten Länder[1]

Die an der TIMS-Studie beteiligten Länder weisen erhebliche Unterschiede in Bezug auf die Ausprägung ihres jeweiligen höheren sekundären Schulsystems (Sekundarstufe II) auf. Einige Länder stellen ihren Abschlussjahrgängen im letzten Schuljahr einen umfassenden Fächerkanon zur Verfügung, während die Schulsysteme in anderen Ländern eine hochgradig laufbahnspezifische Spezialisierung aufweisen und sich die Schülerpopulation auf entweder eher allgemeinbildend orientierte, berufsvorbereitende oder technisch/wirtschaftlich orientierte Schulformen verteilt. Einige Länder bewegen sich zwischen diesen beiden Extremen – in ihnen ist die Schülerschaft innerhalb derselben Schule auf die verschiedenen Bildungsgänge (allgemeinbildend, berufsvorbereitend oder technisch/wirtschaftlich) verteilt. Zwischen den einzelnen Ländern gibt es zudem unterschiedliche Definitionen dessen, was unter einem allgemeinbildend, berufsfeldbezogenen und technisch/wirtschaftlich orientierten Bildungsgang und der Ausbildung, die die Schülerschaft in ihnen erhält, zu verstehen ist.

Weiterhin gibt es Unterschiede zwischen den Ländern wie auch innerhalb der Länder hinsichtlich der den Sekundarschulzyklus abschließenden Jahrgangs- bzw. Klassenstufen. In einigen Ländern befindet sich die gesamte Schülerschaft eines Abschlussjahres in derselben Klassenstufe (so endet die Sekundarschule z.B. für die gesamte Schülerschaft in einigen Ländern mit der 12. Klasse). In anderen Ländern ist es weitaus schwieriger, das Abschlussschuljahr zu bestimmen, da es teils mehrere studienvorbereitende oder berufsspezifische Spezialisierungsmöglichkeiten sowie in eine Berufsausbildung bzw. Lehre mündende Bildungsgänge gibt. In diesen Ländern kann das letzte Schuljahr von der Spezialisierungsrichtung der Ausbildung abhängen, wobei Schüler, je nach Schulform oder Bildungsgang, das Sekundarschulsystem nach einem zwei,- drei- oder vierjährigen Verbleib verlassen. Darüber hinaus werden die Abschlüsse in berufsvorbereitenden Bildungsgängen nicht immer in der größtmöglichen zeitlichen Geradlinigkeit erworben.

Um aussagefähige bzw. zulässige Vergleiche der Fertigkeiten und Kenntnisse von Schülern verschiedener Länder im Bereich der mathematisch-naturwissenschaft-

---

[1] Israel und die Russische Förderation beteiligten sich zwar an der Studie, wurden in unseren Auswertungen aber nicht berücksichtigt. In Israel konnte das Verhältnis der getesteten Schüler zu den relevanten Alterskohorten nicht befriedigend geklärt werden. In der Russischen Förderation wurde das gesamte berufliche Bildungswesen ausgeschlossen, in dem im Unterschied zu anderen Ländern aber in einem höheren Maße auch voruniversitäre Bildungsgänge angeboten werden.

lichen Grundbildung sowie in voruniversitärer Mathematik bzw. Physik durchführen zu können, muss genau geklärt werden, welche Schüler in jedem Land getestet wurden, wie jedes einzelne Land die Zielpopulation definiert hat. Zudem muss die Struktur jedes höheren Sekundarstufensystems (Sekundarstufe II) beschrieben werden und wie sich die untersuchten Schülerpopulationen in der Gesamtheit des Systems verteilen. Im Folgenden wird für jedes Land eine von den jeweiligen nationalen Forschungsgruppen erstellte und von uns überarbeitete und ergänzte Zusammenfassung über die Struktur des jeweiligen nationalen höheren Sekundarstufensystems wiedergegeben, die die Schulformen bzw. Bildungsgänge spezifiziert, in denen die Schüler für TIMSS/III getestet wurden. Zusätzliche Informationen über die jeweiligen Ausbildungsgänge finden sich bei Robitaille (1997).

Australien

Struktur des höheren Sekundarstufensystems

Die Sekundarstufen umfassen fünf oder sechs Jahre, in Abhängigkeit von der Dauer des Primarschulunterrichts im jeweiligen Einzelstaat. Australiens Sekundarschulen sind Gesamtschulen *(comprehensive schools),* die den Schülern jedoch Schwerpunktbildungen im allgemeinbildenden Bereich erlauben, und zwar im humanistisch-künstlerischen Zweig, in Mathematik und den Naturwissenschaften, in der Wirtschaft und anderen Disziplinen. Der Erwerb eines *higher school certificate* stellt die Voraussetzung zur Bewerbung um einen Hochschulplatz dar. Grundlegende Innovationen wurden in den 1990er Jahren in der bis dahin kaum entwickelten Berufsbildung unternommen. Sie wird in höchst flexiblen Erst- bzw. Weiterbildungsmodellen vermittelt und ist auf die postsekundäre Bildungsstufe konzentriert. In jüngerer Zeit sind aber auch *new apprenticeship programs* eingeführt worden, die mit der höheren Sekundarstufe verzahnt sind, und zwar in individuellen und höchst flexiblen Angeboten.

Mathematisch-naturwissenschaftliche Grundbildung

In Australien wurden Schüler des Abschlussjahrgangs (12. Klasse) aus staatlichen, katholischen und unabhängigen Schulen getestet.
Voruniversitäre Mathematik bzw. Physik

Voruniversitäre Mathematik: Schüler des Abschlussjahres der höheren Sekundarstufe (12. Klasse), die zum Zeitpunkt der Untersuchung einen auf eine Hochschulausbildung vorbereitenden Mathematikunterricht erhielten bzw. Schüler der

Australien

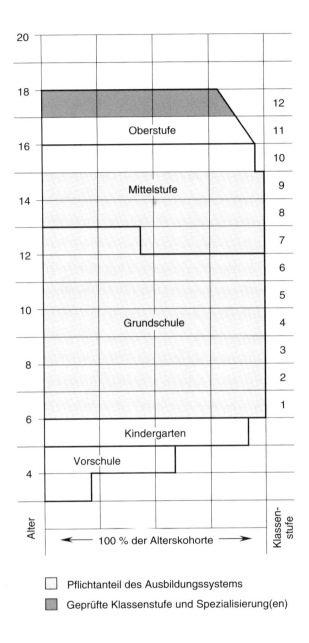

IEA. Third International Mathematics and Science Study. © TIMSS/III-Germany

12. Klasse, die solchen Unterricht bereits in der 11. Klasse erhalten hatten (Unterschiede zwischen den Einzelstaaten).

Voruniversitäre Physik: Schüler im Abschlussjahr der höheren Sekundarstufe (12. Klasse), die in der Klassenstufe 12 entsprechenden Physikunterricht erhielten.

Dänemark

Struktur des höheren Sekundarstufensystems

Die allgemeinbildende höhere Sekundarstufe (in der Regel Klassen 10–12) führt zu dem allgemeinen höheren Sekundarstufenzertifikat *(Studentereksamen)*, der höheren Vorbereitungsprüfung (HF = *Højere Forberedelseseksamen*) für Abschlussschüler, dem höheren Handelsexamen (HHX = *Højere Handelseksamen*) sowie dem höheren technischen Examen (HTX = *Højere Teknisk Eksamen*). Die ersten beiden Bildungsgänge werden am Gymnasium unterrichtet und die beiden letztgenannten an Fachschulen für Wirtschaft bzw. Technik, die seit 1995 ebenfalls der allgemeinbildenden höheren Sekundarbildung zugeordnet sind. Alle Bildungsgänge haben eine Dauer von drei Jahren mit Ausnahme der des HF, der zwei Jahre dauert. Das Ziel der ersten beiden Bildungsgänge besteht primär darin, Schüler für weiterführende Ausbildungen auf tertiärem Niveau vorzubereiten. Das HHX und das HTX qualifizieren die Schüler ebenfalls für Hochschulstudiengänge, sind aber gleichzeitig auch berufsqualifizierende Abschlüsse.

Das höhere berufsqualifizierende Sekundarschulwesen umfasst ungefähr 120 unterschiedliche Ausbildungsgänge in Lehr- bzw. Handwerksberufen, für das Sozialwesen und die Gesundheitsdienste, für die Landwirtschaft und die Seefahrt. Die berufsqualifizierende Bildung wurzelt in Dänemark in der Tradition eines dualen Systems, jedoch wurde innerhalb der letzten 30 Jahre eine weit reichende Modernisierung durchgeführt, die seit 1995 im Rahmen eines „Strategischen Plans" fortgeführt wird. Bei dieser Reformation wurde berücksichtigt, dass kleine und mittelgroße Betriebe unter Umständen über nur unzureichende Kapazitäten im Bereich der Organisation und Durchführung derartiger Ausbildungsgänge verfügen und eine kontinuierliche Anpassung der Berufsbildung an moderne Entwicklungen zu gewährleisten ist.
Mathematisch-naturwissenschaftliche Grundbildung

Dänemark testete Schüler der 12. Klasse (Abschlussklasse) der allgemeinen und der beruflichen Bildungsgänge der höheren Sekundarstufe. Schüler, die ihre formale

Dänemark

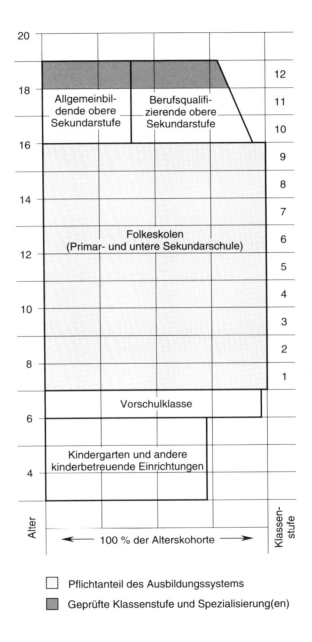

Schulbildung mit der *Folkeskole* (9. Klasse) abschlossen, wurden nicht in die Tests einbezogen.

Voruniversitäre Mathematik bzw. Physik

Voruniversitäre Mathematik: Mathematik- und Physikschüler des Gymnasiums und Mathematikschüler des Abschlussjahrgangs (12. Klasse) höheren technischen oder wirtschaftlichen Vorbereitungszweigs.

Voruniversitäre Physik: Mathematik- und Physikschüler des Gymnasiums sowie Physikschüler des Abschlussjahrgangs (12. Klasse) des technischen Zweigs.

Deutschland

Struktur des höheren Sekundarstufensystems

In Deutschland umfasst die Sekundarstufe II die Klassen 11 bis 13 und besteht aus einem allgemeinbildenden (Gymnasien) und einem berufsbildenden Teil. Die Schulpflicht gilt bis zum 18. Lebensjahr. Ab der 11. Klasse können die Schüler des Gymnasiums in einem Kurssystem – neben den *Grundkursen* – Schwerpunkte *(Leistungskurse)* wählen. In den Bereich der Sprachen und Künste fallen rund ein Drittel, in den Bereich des sozialwissenschaftlichen Unterrichts (Politik/Sozialkunde, Geschichte, Religion oder Philosophie) fallen rund ein Viertel, in den Bereich des mathematischen und naturwissenschaftlichen Unterrichts rund ein Drittel und auf den Sportunterricht rund ein Zwölftel der Unterrichtszeit. Mit dem erfolgreichen Bestehen der Abschlussprüfung am Ende des 12. bzw. 13. Schuljahres (je nach Land unterschiedlich) sind Schüler berechtigt, an einer Universität zu studieren.

Die Schüler der beruflichen Bildungsgänge haben eine Vielzahl von Optionen (in den Bereichen Handwerk, Technik, Wirtschaft und Sozialwesen). Ein duales System kombiniert die allgemeine Ausbildung und den theoretischen Unterweisungsanteil im jeweiligen Ausbildungsberuf in Teilzeitschulen (Berufsschulen) sowie die praktische Ausbildung in einem von über 500.000 ausbildungsberechtigten Betrieben. Normalerweise besuchen die Schüler im dualen System an zwei Wochentagen die Schule und arbeiten während der anderen drei Wochentage in einem betrieblichen Ausbildungsprogramm. Im Betrieb werden die Schüler durch zertifizierte Ausbilder entsprechend den Ausbildungsvorgaben in Bezug auf den Beruf angewiesen und ausgebildet. In größeren Betrieben erhalten die Schüler häufig zusätzliche Unterweisung in betriebseigenen Kursen. Es gibt darüber hinaus eine breite Spanne an berufs-

Deutschland

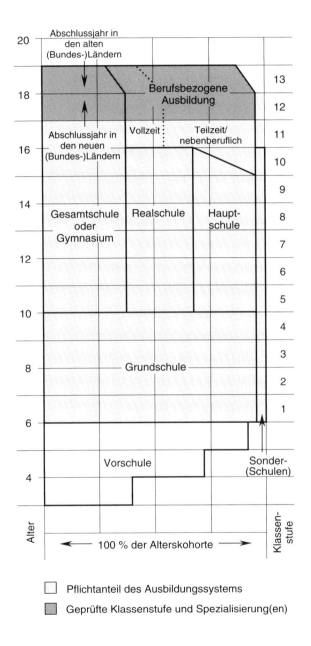

bildenden Vollzeitschulen, wie zum Beispiel die Fachgymnasien, an denen sich die Schüler auf wirtschaftliche oder technische Bereiche spezialisieren und die Zugangsberechtigungen für universitäre Bildungsgänge erwerben. Daneben gibt es die Fachoberschulen, in denen eine Qualifikation für eine weiterführende Ausbildung an Fachhochschulen erworben werden kann, sowie schließlich Berufsfachschulen, die Berufsausbildungen im sozialen und pflegerischen Bereich anbieten.

Mathematisch-naturwissenschaftliche Grundbildung

In Deutschland nahmen Schüler des Abschlussjahres der allgemeinbildenden Schulen der Sekundarstufe II – dies entspricht der 13. Klasse in den alten Bundesländern und der 12. Klasse in den neuen Bundesländern (ohne Brandenburg) – und der beruflichen Bildungsgänge am Test teil.

Voruniversitäre Mathematik bzw. Physik

Voruniversitäre Mathematik: Schüler des Abschlussjahres, das heißt der Klassen 12 bzw. 13, je nach Land, die einen Grund- oder Leistungskurs in Mathematik besuchen.

Voruniversitäre Physik: Schüler des Abschlussjahres, Klassen 12 bzw. 13, die einen Grund- oder Leistungskurs in Physik besuchen.

Frankreich

Struktur des höheren Sekundarstufensystems

Es gibt in Frankreich zwei Formen der höheren Sekundarstufe: die *lycées d'enseignement général et technologique* mit den Jahrgangsklassen 10 bis 12 und die *lycées professionnels,* die in der Regel ebenfalls mit Klasse 10, zu einem geringen Teil mit Klasse 9 beginnen und mit der Klasse 11 bzw. 13 abgeschlossen werden können.

Im *lycée d'enseignement général et technologique* sind die Schüler der 10., 11. und 12. Klasse entweder im allgemeinbildenden oder im technischen Zweig. In der 10. Klasse gibt es Kernbereiche, die für beide Zweige verpflichtend sind, aber auch Wahlfächer innerhalb des allgemeinbildenden bzw. technischen Schwerpunkts. Alle Schüler dieser Stufe haben Unterricht in Mathematik und den Naturwissenschaften. In der 11. Klasse sind die verschiedenen Zweige stark differenziert und führen zu unterschiedlichen Typen des *baccalauréat.* Das *baccalauréat général* besteht aus mehreren Spezialisierungstypen, darunter: naturwissenschaftlich (S = *scientifique*), literarisch (L = *littéraire*) sowie wirtschaftlich und sozial (ES = *économique et social*). Das *baccalauréat technologique* besteht aus: Maschinenbau *(construction mécanique)*, Elektronik *(électronique)*, Elektrotechnik *(électrotechnique)*, Bauwesen *(génie civil)*, Physik *(physique)*, Chemie *(chimie)*, Biochemie, Biologie *(biochemie, biologie)*, medizinisch-soziale Dienste *(sciences et techniques médico-sociales)*, Energie und Ausrüstung *(énergie et équipement)*, Mikrotechnik *(microtechniques)*, Musik und Tanz *(musique et danse)*, angewandte Kunst *(arts appliqués)*, Verwaltungslehre *(techniques administratives)*, Betriebswirtschaft, Rechnungswesen *(techniques quantitatives de gestion)*, Rechnungswesen *(techniques commerciales)*, Informatik *(techniques informatiques)*. Art und Umfang an mathematischem und naturwissenschaftlichem Unterricht, den die Schüler des *lycée* erhalten, ist für jeden Spezialisierungszweig innerhalb des allgemeinbildenden bzw. technischen Zweigs unterschiedlich ausgeprägt. Das Abschlussjahr des allgemeinbildenden und technischen Zweigs ist die 12. Klasse.

Klasse 10 des (heute weitest verbreiteten) berufsbildenden Schulwesens ist das erste Jahr eines Bildungsgangs, das zum *Brevet d'études professionnelles* (BEP) (Urkunde beruflicher Studien) oder zum *Certificat d'aptitude professionnelle* (CAP) (Zertifikat beruflicher Eignung) führt. Die meisten Schüler vollenden ihr *Brevet d'études professionnelles* mit Abschluss der 11. Klasse. Ungefähr 50 Prozent der Schüler, die diesen Abschluss erreichen, entscheiden sich für eine Fortführung ihrer Schullaufbahn, sei es durch den Einstieg im technischen Zweig, des *lycée d'enseignement général et technologique,* mithilfe einer *classe d'adaptation* (Übergangsklasse zur Niveauangleichung) oder durch den Verbleib im berufsbildenden Schulwesen für weitere zwei Jahre, um das *baccalauréat professionnel* zu erreichen. Das *baccalauréat* stellt die Eingangsbedingung für ein Hochschulstudium dar. Das *lycée professionnel* wird entweder nach der 11. oder 13. Klasse, je nachdem, ob die Schullaufbahn fortgesetzt werden soll oder nicht, abgeschlossen.

Mathematisch-naturwissenschaftliche Grundbildung

In Frankreich werden Schüler im Abschlussjahr für das *baccalauréat* geprüft. Dies schloss Schüler der 12. Klasse des *baccalauréat général* bzw. *technologique* ein sowie die Schüler der 13. Klasse des *baccalauréat professionnel* (berufliche Teilqualifikation)[2].

---

[2] Ebenso wurden Schüler im Abschlussjahr des *Brevet d'études professionnelles* (BEP) bzw. des *Certificat d'aptitude professionnelle* (CAP) getestet, die ihre Schullaufbahn nicht fortsetzen wollten.

Frankreich

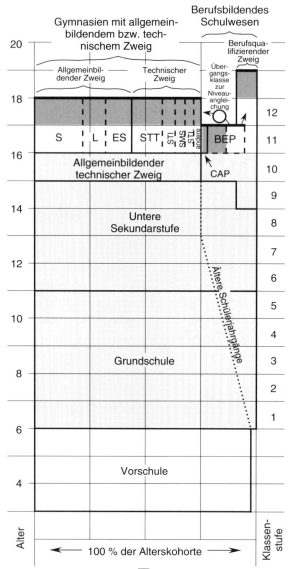

☐ Pflichtanteil des Ausbildungssystems   ■ Geprüfte Klassenstufe und Spezialisierung(en)

Anmerkung: Der Pflichtschulbesuch beginnt mit dem 6. Lebensjahr und endet mit dem Alter von 16 Jahren. Da einige Schüler einige Klassen wiederholen müssen, ist die Entsprechung zwischen Lebensalter und Schulklasse eher eine theoretische Bezugsgröße.

S = naturwissenschaftlich; L = literarisch; ES = wirtschaftlich; STT = naturwissenschaftlich-technologisch, Universität; STI = naturwissenschaftlich-technologisch, Industrie; SMS = naturwissenschaftlich, medizinisch-sozial; STL = naturwissenschaftlich-technologisch; BEP = diplomierte berufliche Studien; CAP = Zertifikat der beruflichen Eignung.

IEA. Third International Mathematics and Science Study.   © TIMSS/III-Germany

Voruniversitäre Mathematik bzw. Physik

Voruniversitäre Mathematik: Schüler des Abschlussjahres im naturwissenschaftlichen Zweig (12. Klasse), die das *baccalauréat général* vorbereiteten.

Voruniversitäre Physik: Schüler des Abschlussjahrgangs des naturwissenschaftlichen Zweiges (12. Klasse), die das *baccalauréat général* vorbereiteten.

Griechenland

Struktur des höheren Sekundarstufensystems

In Griechenland umfasst die höhere Sekundarstufe in der Regel die 10. bis 12. Klasse, die entweder in einem allgemeinbildenden *Lyceum (geniko lykeio)* oder in einem mehrzweigigen (polyvalenten), nur zum Teil allgemeinbildend ausgerichteten *Lyceum (eniaio polykladiko lykeio)*, oder in einem technisch-berufsvorbereitenden *Lyceum (techniko-epaggelmatiko lykeio)* absolviert werden. Einige Schüler besuchen berufsbildende und technische Schulen, die nach einer zweijährigen Ausbildung am Ende der 11. Klasse abschließen. Im allgemeinbildenden *Lyceum* belegen die Schüler in der 10. und 11. Klasse die gleichen Fächer. Schüler der Abschlussklasse haben die Wahl zwischen vier Fachrichtungen, um sich auf die Eingangsprüfungen zur Hochschulausbildung vorzubereiten. Die vier Spezialisierungsmöglichkeiten sind der natur- und ingenieurwissenschaftliche (T1), der medizinische (T2), der humanistische (T3) und der sozialwissenschaftliche Zweig (T4). Die Schüler können einen alternativen Bildungsgang verfolgen, wenn sie sich dafür entscheiden, ihre Ausbildung auf tertiärem bzw. Hochschulniveau fortzusetzen. In den technisch-berufsbildenden und den mehrzweigigen Gymnasien, die teilweise auch ein 13. Schuljahr anbieten, wird eine breite Auswahl optionaler Bildungsgänge berufsbildenden und/ oder allgemeinbildenden Zuschnitts geboten.

Mathematisch-naturwissenschaftliche Grundbildung

Griechenland nahm nur an den Tests zur voruniversitären Mathematik und Physik teil und prüfte daher nur einen begrenzten Anteil der Schüler des Abschlussjahres am *Lyceum*. Es wurden Schüler der 12. Klasse sowohl des allgemeinbildenden als auch des mehrzweigigen *Lyceum* getestet, die Kurse in voruniversitärer Mathematik und/oder den Naturwissenschaften besuchten, die zur Vorbereitung von Universitätsstudiengängen dienen, in denen mathematische und/oder naturwissenschaftliche Kenntnisse vorausgesetzt werden.

Griechenland

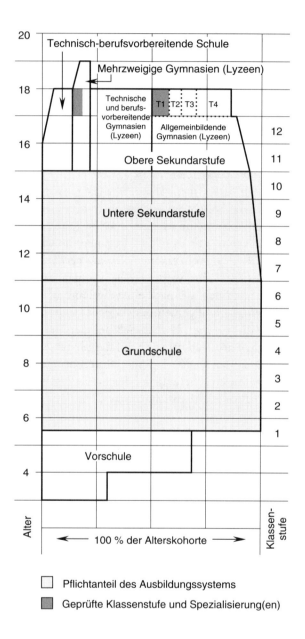

Voruniversitäre Mathematik bzw. Physik

Voruniversitäre Mathematik: Schüler des Abschlussjahres (12. Klasse) des allgemeinbildenden *Lyceum* mit Spezialisierung im natur- und ingenieurwissenschaftlichen Zweig und des mehrzweigigen *Lyceum,* mit Unterricht in voruniversitärer Mathematik und/oder den Naturwissenschaften, die auf entsprechende universitäre Studiengänge vorbereiten.

Voruniversitäre Physik: Schüler des Abschlussjahres (12. Klasse) des allgemeinbildenden *Lyceum* und des mehrzweigigen *Lyceum,* mit Unterricht in voruniversitärer Mathematik und/oder den Naturwissenschaften, die auf entsprechende universitäre Studiengänge vorbereiten.

Island

Struktur des höheren Sekundarstufensystems

Nach Beendigung des Primar- und unteren Sekundarschulunterrichts sind die Schüler in Island dazu berechtigt, ihren Schulbesuch auf dem höheren Sekundarschulniveau (ab Klasse 10) fortzusetzen, und zwar unabhängig von ihren Ergebnissen bei den Prüfungen zum Abschluss der unteren Sekundarstufe. Schüler, deren Leistungsstand unter dem vorgeschriebenen Minimum liegt, durchlaufen spezielle Förderprogramme, um den Anschluss an das Niveau des höheren Sekundarbereichs zu erreichen.

In Island gibt es vier Haupttypen der höheren Sekundarschule:
1. Traditionelle Oberschulen *(menntaskólar)* bieten ein vierjähriges, allgemeinbildendes Kurssystem an, das auf die Eingangsprüfung *(stúdentsprof)* zu einem Hochschulstudium vorbereitet. Alle Schüler, die diesen Bildungsgang erfolgreich absolvieren, sind berechtigt, sich um einen Hochschulstudienplatz zu bewerben.
2. Berufsschulen *(idnskólar)* bieten hauptsächlich Bildungsprogramme unterschiedlicher Dauer an, die die Schüler auf Fachberufe vorbereiten. Sie bieten darüber hinaus Bildungsgänge an, die zu einer technisch orientierten Hochschuleingangsprüfung führen.
3. Gesamtschulen *(fjölbrautaskólar)* bieten Kurssysteme an, deren Bildungsprogramme denen der traditionellen Oberschulen und der Schulen des beruflichen Bildungswesens entsprechen.

4. Innerhalb des beruflichen Bildungswesens gibt es auch spezialisierte Fachschulen *(sérskólar)*; sie enthalten auch spezialisierte Ausbildungsgänge an Fachhochschulen *(sérskóli á háskólastigi)*.

Innerhalb des allgemeinbildenden Kurssystems – neben den regulären vierjährigen Programmen – werden auch zweijährige allgemeinbildende Programme angeboten. Diese sind auf die Berufe Erziehung, Sportwissenschaft und Wirtschaftswissenschaft konzentriert. In ihnen kann die Hälfte der für die Teilnahme an den Eingangsprüfungen für Hochschulstudiengänge notwendigen Qualifikationen erworben werden. Nach Beendigung eines solchen zweijährigen Bildungsprogramms können die Schüler ihre Ausbildung bis zum Ende des vierjährigen Bildungsprogramms fortsetzen oder in Ausbildungsgänge des beruflichen Bildungswesens wechseln.

Traditionelle allgemeinbildende Oberschulen und Gesamtschulen stellen die große Mehrheit der Schulen dar, die eine Ausbildung bis zur Hochschuleingangsprüfung anbieten. Im Wesentlichen gibt es hierfür verschiedene curriculare Schwerpunkte: Sprachen, Sozialwissenschaft, Wirtschaft, Sport, Mathematik und Naturwissenschaften. Angeboten werden auch berufsvorbereitende Programme. Zusätzliche künstlerische Programme, zum Beispiel in Musik, sowie ein technisch orientiertes Aufbaumodul, das im Anschluss an berufsvorbereitende Bildungsgänge angeboten wird, können ebenfalls mit der Hochschuleingangsprüfung abschließen.

Die berufliche Bildung umfasst allgemeinbildende Fächer, theoretische berufsvorbereitende Fächer und praktische berufsvorbereitende Fächer. Die Ausbildungsdauer liegt zwischen einem und zehn Semestern. Die meisten Zweige der beruflichen Bildungsgänge vermitteln einen Berufsabschluss.

Mathematisch-naturwissenschaftliche Grundbildung

In Island wurden Schüler, die sich zum Zeitpunkt der Untersuchung im Abschlussjahrgang einer höheren Sekundarschule befanden, getestet, das heißt Schüler der Klassen 12, 13 und 14.

Voruniversitäre Mathematik bzw. Physik

Es wurden keine Schüler in voruniversitärer Mathematik und in voruniversitärer Physik getestet.

Island

IEA. Third International Mathematics and Science Study. © TIMSS/III-Germany

Italien

Struktur des höheren Sekundarstufensystems

Nachdem Schüler im italienischen Schulsystem den achtjährigen Pflichtschulbesuch absolviert und die Abgangsprüfung der unteren Sekundarstufe bestanden haben, können sie für weitere drei, vier oder fünf Jahre Schulen des schulgeldpflichtigen höheren Sekundarstufensystems besuchen. Es gibt vier Bildungsgänge: orientierte Bildungsgänge mit klassisch-humanistischem *(licei classici)*, naturwissenschaftlichem *(licei scientifici)* oder neusprachlichem Schwerpunkt *(licei linguistici)* sowie künstlerisch orientierte *(licei artistici und istituti d'arte)*, technisch orientierte *(istituti tecnici)* und berufliche *(istituti professionali)* Bildungsgänge. Die vier erstgenannten Bildungsgänge erstrecken sich über fünf Jahre und vermitteln die uneingeschränkte Hochschulreife *(maturité)*.

Technische Schulen *(istituto tecnico)* qualifizieren – neben der Vermittlung der *maturità* – ihre Schüler für berufsfeldspezifische, technische oder administrative Beschäftigungen im landwirtschaftlichen, industriellen oder kommerziellen Sektor. Berufsvorbereitende Schulen *(istituti professionali)* bieten einen dreijährigen Bildungsgang an, in dem Schüler zu Facharbeitern qualifiziert werden. Diese Schüler haben die Möglichkeit, diese Schulreform für weitere zwei Jahre zu besuchen, um die Qualifikation der „beruflichen Reife" zu erlangen, die ihnen ebenfalls die *maturità* vermittelt. Daneben gibt es fünfjährige Bildungsgänge zur Ausbildung von Grundschullehrern *(istituti magistrali)*, deren Abschluss ebenfalls die *maturità* einschließt, dreijährige Sekundarschulen zur Ausbildung von Kindergärtnerinnen *(scuole magistrali)* und dreijährige Kunstschulen *(scuole d'arte)*.

Mathematisch-naturwissenschaftliche Grundbildung

In Italien wurden Schüler sämtlicher Bildungsgänge der höheren Sekundarstufe im jeweiligen Abschlussjahr geprüft. Im *liceo classico* die 13. Klasse, im *liceo scientifico* die 13. Klasse, im *istituto magistrale* die 12. Klasse, in der *scuola magistrale* die 11. Klasse, im *liceo artistico* die 12. Klasse, im *istituto d'arte* die 12. Klasse sowie in der *scuola d'arte* die 11. Klasse. Im berufsvorbereitenden Bildungsgang *Istituto Professionale* die 11. Klasse und im *istituto tecnico* die 13. Klasse. Italien testete keine Schüler der Privatschulen.

Italien

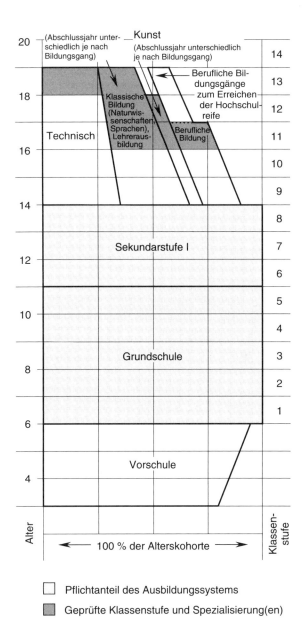

Voruniversitäre Mathematik bzw. Physik

Voruniversitäre Mathematik: Schüler des Abschlussjahrgangs im *liceo scientifico* der Klassenstufen 11, 12 oder 13, je nach Spezialisierung, sowie in den *istituti tecnici,* die Klasse 13.

Voruniversitäre Physik: Schüler des Abschlussjahrgangs im *liceo scientifico* der Klassenstufen 11, 12 oder 13, je nach Spezialisierung, sowie in den *istituti tecnici* die Klasse 13.

Kanada

Struktur des höheren Sekundarstufensystems

Der höhere Sekundarstufenunterricht ist in Kanada nach einem Gesamtschulmodell ausgerichtet, in dem die Schüler zwischen einem eher allgemeinbildenden und einem eher berufsbildenden Zweig wählen können. Die ersten Jahre der Sekundarschule sind den Pflichtfächern vorbehalten, wobei einige Wahlfächer ergänzend hinzukommen. Während der abschließenden Jahre nimmt die Anzahl der Pflichtfächer ab, was den Schülern erlaubt, mehr Zeit für spezialisierten Unterricht zu verwenden, der sie auf den Arbeitsmarkt vorbereitet, oder spezifische Kurse zu belegen, die sie auf die Eingangsprüfungen der Colleges oder Universitäten ihrer Wahl vorbereiten. Die *senior high school* endet in sämtlichen Provinzen mit der 12. Klasse und dem Erwerb eines *secondary school diploma,* das die Bewerbung um einen Hochschulplatz ermöglicht, mit Ausnahme der Provinz Quebec, wo die 11. Klasse das Abschlussjahr darstellt. In Ontario beendet nur ein Teil der Schüler den höheren Sekundarstufenunterricht mit dem Abschluss der 12. Klasse. Der andere Teil verbleibt ein weiteres Jahr an der Schule, um die so genannte *Ontario Academic Credits* (OAC)-Qualifikation zu erlangen, die eine besondere Form der Berechtigung zum Hochschulzugang darstellt. In Quebec schließen die Schüler an die 11. Klasse entweder einen zwei- oder einen dreijährigen Ausbildungsgang an, bevor sie eine Hochschulausbildung beginnen oder sich dem Berufsleben zuwenden.

Mathematisch-naturwissenschaftliche Grundbildung

In Kanada wurden in sämtlichen Provinzen Schüler der 12. Klasse geprüft, außer in Quebec, wo Schüler der 13. bzw. 14. Jahrgangsstufe (abhängig vom Ausbildungsgang) geprüft wurden. In Ontario wurden zudem Schüler des OAC-Abschlussjahres getestet.

Kanada

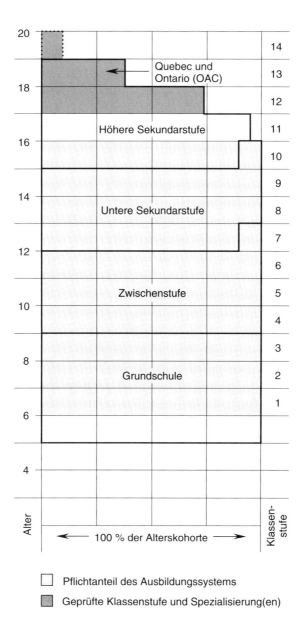

Voruniversitäre Mathematik bzw. Physik

Voruniversitäre Mathematik: Schüler des Abschlussjahres, die auf tertiäre Bildungsgänge vorbereitenden Mathematikunterricht besuchten (Unterschiede zwischen den Provinzen), außer in Quebec, wo die Schüler des zweijährigen naturwissenschaftlichen Zweigs geprüft wurden.

Voruniversitäre Physik: Abschlussjahrgangsschüler, die auf einen tertiären Bildungsgang vorbereitenden Physikunterricht besuchten (Unterschiede zwischen den Provinzen), außer in Quebec, wo die Schüler des zweijährigen naturwissenschaftlichen Zweigs geprüft wurden.

Lettland

Struktur des höheren Sekundarstufensystems

Nach Abschluss der unteren Sekundarstufe können Schüler in Lettland die höhere Sekundarstufe (10.–12. Klasse) besuchen, die aus einem allgemeinbildenden dreijährigen Bildungsgang *(visparéjá vidéjá izglítíba)* besteht, der sie auf weiterführende Bildungsgänge im Hochschulbereich vorbereitet, oder sie besuchen die zwei- bis vierjährigen beruflichen Bildungsgänge *(vidéjá profesionala, arodizglítíba)*. In der allgemeinbildenden höheren Schule umfassen die Pflichtfächer die lettische Sprache und Literatur, Mathematik, eine Fremdsprache, Geschichte und Sport. Die Pflichtwahl- bzw. Wahlfächer bestehen unter anderem aus einer zweiten Fremdsprache, Hauswirtschaft, Geographie, Informatik, Physik, Chemie, Biologie, Musik und Gesellschaftskunde. Die in der Regel in fünf Fächern abzulegende Abschlussprüfung bildet gemeinsam mit zusätzlichen Anforderungen die Voraussetzung zum Hochschulzugang. Berufliche Bildungsgänge bereiten die Schüler auf verschiedene Berufsfelder vor und reichen von technischen, medizinischen, landwirtschaftlichen und künstlerischen Ausbildungen bis zur Lehrerausbildung. Sie bieten Unterricht in Theorie und Praxis des jeweiligen Berufsfelds sowie eine gewisse Vertiefung der Allgemeinbildung.

Mathematisch-naturwissenschaftliche Grundbildung

Der Test zur mathematisch-naturwissenschaftlichen Grundbildung wurde in Lettland nicht durchgeführt.

Lettland

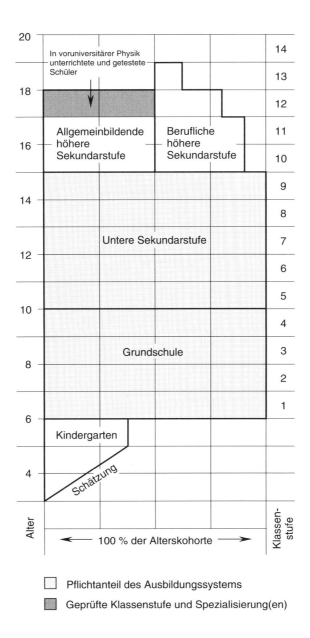

IEA. Third International Mathematics and Science Study. © TIMSS/III-Germany

Voruniversitäre Mathematik bzw. Physik

Voruniversitäre Mathematik: Lettland testete keine Schüler in voruniversitärer Mathematik.

Voruniversitäre Physik: Lettland testete Schüler der 12. Klasse aus lettischsprachigen allgemeinbildenden höheren Sekundarschulen, die voruniversitären Physikunterricht erhielten.

Litauen

Struktur des höheren Sekundarstufensystems

In Litauen umfasste bis 1998 die höhere Sekundarstufe das vierjährige (Klassen 9–12) allgemeinbildende Gymnasium *(gimnazijå)*, die dreijährige Sekundarstufe sowie zwei-, drei- und vierjährige berufliche Bildungsgänge *(profesinės mokyklos)*. Das Pflichtcurriculum am Gymnasium umfasst bis zum Abschlussjahr Religion, litauische Sprache und Literatur, zwei Fremdsprachen, Mathematik, Physik, Chemie, Biologie, Geschichte, Politik, Kunst, Musik und Sport. Das Gymnasium endet mit der Hochschuleingangsprüfung. Von den vier Typen des beruflichen Bildungsbereichs bieten zwei neben der fachlichen Qualifizierung den Erwerb der Hochschuleingangsprüfung an.

Mathematisch-naturwissenschaftliche Grundbildung

In Litauen wurden Schüler der 12. Klasse von berufsvorbereitenden Schulen, Gymnasien und Sekundarschulen getestet, in denen Litauisch die Unterrichtssprache war. Schulen, die nicht unter der Aufsicht des Erziehungs- bzw. des Wissenschaftsministeriums stehen, wurden nicht berücksichtigt.

Voruniversitäre Mathematik bzw. Physik

Voruniversitäre Mathematik: Schüler des Abschlussjahres (12. Klasse) von mathematischen und naturwissenschaftlichen Gymnasien sowie Schüler von Sekundarschulen mit curricularer Schwerpunktsetzung in Mathematik.

Voruniversitäre Physik: Der Physiktest wurde in Litauen nicht durchgeführt.

Litauen

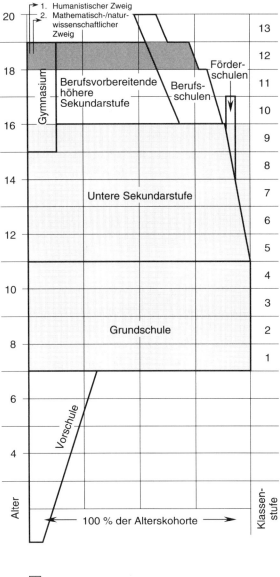

IEA. Third International Mathematics and Science Study. © TIMSS/III-Germany

Neuseeland

Struktur des höheren Sekundarstufensystems

Die Pflichtschulzeit beginnt mit dem 6. und endet mit dem 16. Lebensjahr, die meisten Kinder gehen aber bereits ab ihrem fünften Geburtstag zur Schule. Neuseeländische Schüler haben mit Abschluss der Sekundarschule in der Regel zwölfeinhalb oder dreizehneinhalb Schuljahre hinter sich. Die Sekundarstufe ist in Neuseeland in Form der Gesamtschule organisiert, und zwar von der 8. bis zur 12. Klasse (die Schuljahre 9–13)[3]. Auf dem unteren Sekundarschulniveau müssen die Schüler eine bestimmte Anzahl von Pflichtfächern belegen, die mit einigen Wahlfächern kombiniert werden. Die Spannbreite der Fächer, aus denen die Schüler wählen können, nimmt in den Klassenstufen 11 und 12 (die Schuljahre 12 und 13) zu. Schüler der oberen Jahrgangsstufen *(senior secondary level)* können gleichzeitig Fächer aus den beiden Jahrgangscurricula belegen. So kann zum Beispiel ein Schüler der 12. Klasse entweder ausschließlich Fachunterricht entsprechend der 12. Jahrgangsstufe belegen oder eine Kombination aus Fächern der Stufe 11 und der Stufe 12 wählen.

In Neuseeland gibt es drei Abschlussqualifikationen, auf deren Prüfungen die Schüler sich während der Sekundarstufe vorbereiten können, wobei nicht sämtliche Schulabsolventen an diesen landeseinheitlichen Examina teilnehmen[4]. Der erste Abschluss, das Schulzertifikat *(school certificate),* ist die Prüfung, die von Schülern am Ende des dritten Unterrichtsjahres der Sekundarstufe (10. Klasse) absolviert wird. Die zweite Prüfung, das *sixth form certificate,* durchlaufen die meisten Schüler in ihrem vierten Jahr in der Sekundarstufe (11. Klasse). Beide Zertifikate können für einzelne Fächer verliehen werden, allerdings können sich die Schüler in bis zu sechs Fächern pro Jahr prüfen lassen. Die dritte Prüfung, das *university bursaries/entrance scholarship* (Zertifikat für Universitäts- bzw. Eingangsstipendien) wird von den meisten Schülern am Ende der 12. Klasse (13. Schuljahr) absolviert. Hier haben die Prüflinge die Möglichkeit, bis zu fünf Prüfungsfächer zu benennen. Darüber hinaus erhalten all jene Schüler, die einen fünfjährigen Sekundarstufenunterricht absolviert haben, ein *higher school certificate* verliehen. Die Ergebnisse bzw. die Leistungen

---

[3] Nomenklatur bzw. offizielle Bezeichnung vor 1996: Primarschulbildung – Neueinsteiger in der 2. Klasse (Form 2); Sekundarschulbildung – 3. bis 7. Klasse (Form 3 to Form 7). Die neue Nomenklatur für die Klassenstufen wurde zu Beginn des Jahres 1996 eingeführt und beruht nicht mehr auf dem curricularen Niveau, sondern vielmehr auf der Verweildauer an einer Schule.

[4] Die drei Abschlüsse werden von dem neuseeländischen Prüfungsamt, das *New Zealand Qualifications Authority* (NZQA), zertifiziert.

Neuseeland

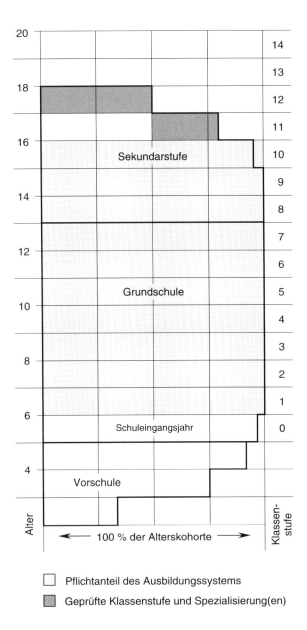

IEA. Third International Mathematics and Science Study.   © TIMSS/III-Germany

eines Schülers im entsprechenden Schulfach, zum Beispiel in *school certificate mathematics* und/oder *school certificate science*, bestimmen häufig, zu welcher der nationalen Prüfungen er sich anmeldet. Zwar ist die Teilnahme an nationalen Prüfungen ein Indikator für bestimmte fachliche Präferenzen, andererseits bleiben die Vielzahl an nicht benoteten Fächern sowie das reiche Angebot an innerschulisch entwickelten Kursen, an denen viele Schüler der Abschlussjahrgänge teilnehmen, hierbei unberücksichtigt.

Mathematisch-naturwissenschaftliche Grundbildung

In Neuseeland wurden Schüler der 12. Klasse sowie Schüler der 11. Klasse getestet, die vor Aufnahme der 12. Klasse die Schule verließen.

Voruniversitäre Mathematik bzw. Physik

Weder in voruniversitärer Mathematik noch in Physik wurden Schüler getestet.

Niederlande

Struktur des höheren Sekundarstufensystems

Die Dauer der Sekundarschulausbildung in den Niederlanden beträgt nach der sechsjährigen Grundschule vier bis sechs Jahre. Die Schüler können einen von vier Bildungsgängen auswählen: die studienorientierte Bildung (VWO = *voorbereidend wetenschappelijk onderwijs*), die allgemeine höhere Sekundarschulausbildung (HAVO = *hoger algemeen voortgezet onderwijs*), die allgemeine mittlere Sekundarschulausbildung (MAVO = *middelbaar algemeen voortgezet onderwijs*) oder die mittlere berufsbezogene Sekundarschulausbildung (VBO = *voorbereidend beroepsonderwijs*).

Die VWO ist ein sechsjähriger Bildungsgang, der bis zur Universität bzw. zu höheren beruflichen Bildungsgängen führt. Die HAVO ist ein fünfjähriger Bildungsgang, der eingerichtet wurde, um Schüler auf eine höhere schulische berufliche Ausbildung vorzubereiten. Die MAVO ist ein vierjähriger Bildungsgang, in dem die Schüler auf einen kürzeren oder längeren beruflichen Ausbildungsgang (KMBO = *kort middelbaar beroepsonderwijs* oder MBO = *middelbaar beroepsonderwijs*) oder eine berufspraktische Ausbildung (LLW = *leerlingwezen*) vorbereitet werden oder nach Abschluss dem Arbeitsmarkt direkt zur Verfügung stehen. Die VBO ist ein vierjähriger beruflicher Bildungsgang mit fachlichen Spezialisierungsmöglichkeiten

Niederlande

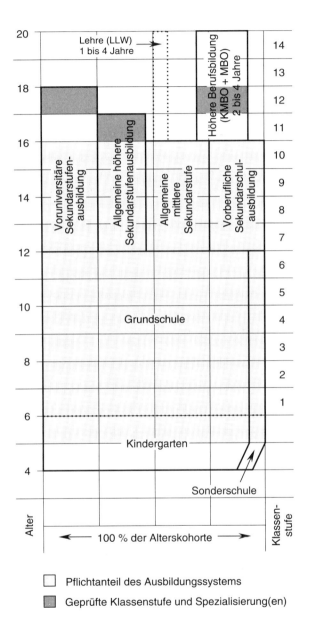

IEA. Third International Mathematics and Science Study. © TIMSS/III-Germany

in Technik, Hauswirtschaft, Finanzen, Wirtschaft und Landwirtschaft. Die Absolventen können ebenfalls weiterführende schulische Bildungsgänge (KMBO, MBO oder LLW) besuchen oder stehen direkt dem Arbeitsmarkt zur Verfügung. Seit 1993 gibt es für die untersten drei Jahrgänge der VBO, MAVO, HAVO und VWO ein gemeinsames Kerncurriculum. Dieses Kerncurriculum umfasst 15 Fächer, darunter Mathematik und Naturwissenschaften einschließlich Geowissenschaften *(earth science)*. Diese Struktur lag dem niederländischen Bildungssystem zur Zeit der Testdurchführung (1995) zu Grunde.

Seit August 1997 sind einige dieser Bildungsgänge reformiert worden, wovon auch die Struktur betroffen ist: Errichtung von integrierten allgemein- und berufsbildenden Schulen *(beroepsonderwijs)*; Umstrukturierung der MAVO zu vorbereitenden mittleren Berufsschulen *(voorbereidend middelbaar beroepsonderwijs)*.

Mathematisch-naturwissenschaftliche Grundbildung

Die Niederlande testeten die Schüler des Abschlussjahres (12. Klasse), des sechsjährigen (voruniversitären) VWO-Bildungsgangs, Schüler des Abschlussjahrgangs (11. Klasse) des fünfjährigen HAVO-Bildungsgangs (allgemeine höhere Sekundarstufenbildung) und Schüler des zweiten Jahres (12. Klasse), der zwei- bis vierjährig angelegten beruflichen Bildungsgänge (MBO, KMBO). Die letztgenannten Schüler hatten in der Regel im Anschluss an die Grundschule eine vierjährige MAVO- oder eine vierjährige VBO-Ausbildung abgeschlossen, bevor sie zur KMBO oder MBO wechselten. Schüler des LLW (Lehre) wurden nicht berücksichtigt.

Voruniversitäre Mathematik bzw. Physik

Die Niederlande prüften ihre Schüler weder in voruniversitärer Mathematik noch in voruniversitärer Physik.

Norwegen

Struktur des höheren Sekundarstufensystems

Die höhere Sekundarstufe ist in Form einer Gesamtschule *(videregående skole)* mit sowohl studienvorbereitenden als auch beruflichen Bildungsprogrammen institutionalisiert. Deren Dauer beträgt in der Regel drei Jahre und führt zu den Abschlüssen der Hochschulzugangsberechtigung *(vitnemål fra den videregående skolen)* und des Facharbeiterbriefs *(fagbrev/svennebrev)*.

Zur Testzeit der TIMS-Studie im Jahre 1995 gab es zehn fachliche Schwerpunktbereiche mit jeweils breit gefächerten Kursangeboten: allgemeine Bildung, Wirtschaft und Handel, Sport, Handwerk und Kunst/Ästhetik, Hauswirtschaft, technische und industriebezogene Fächer, fischereibezogene Fächer, Landwirtschaft, Seewirtschaft sowie Gesellschaftskunde und Gesundheitserziehung. Die ersten drei Schwerpunktbereiche wie auch der musikalische Zweig innerhalb des künstlerisch-ästhetischen Bereichs erfüllten die Erfordernisse für die Zugangsberechtigung zum Hochschulstudium. Diese Struktur beinhaltete ein breites Spektrum an Kombinationsmöglichkeiten, vom rein allgemeinbildend ausgerichteten bis zum berufsvorbereitenden Unterrichtsprofil mit speziellen ein-, zwei und dreijährigen Unterrichtszyklen für mehr als 200 unterschiedliche Berufsfelder.

1994 wurde die Gesamtschule vereinfacht. Folgende dreijährige Bildungsprogramme können danach gewählt werden: allgemeine Bildung und Wirtschaftskunde; Musik, Theater und Tanz; Sport (alle drei Bildungsprogramme qualifizieren zum Hochschulstudium); Gesundheitserziehung und Soziales; Kunst, Handwerk und Design; Land- und Forstwirtschaft, Fischerei; Hotellerie, Kochen, Kellnern und Lebensmittelverarbeitung; Bau und Konstruktion; Baudienstleistungen und technische Bauberufe; Ingenieurswesen und Mechanik; Elektrofachgewerbe; Chemie und Werkstoffbe- und -verarbeitung; Schreinerei/Holzverarbeitung. (Die letztgenannten zehn Fachrichtungen bilden die Schüler normalerweise für einen gewerblichen Beruf aus.) Erwerbstätige haben es nach der Reform wesentlich einfacher, die Eingangsvoraussetzungen für den Hochschulzugang zu erfüllen. Die Anzahl der Unterrichtskurse im zweiten und dritten Jahr der höheren Sekundarstufe wurde mit der Reform beträchtlich dadurch vermindert, als die verringerte Anzahl der Kurse breitere Inhalte vermitteln. Das gesamte System wird fortlaufend entwickelt und überdies dezentralisiert.

Mathematisch-naturwissenschaftliche Grundbildung

In Norwegen wurden Schüler der 12. Klasse aus allen Bildungsgängen getestet.

Voruniversitäre Mathematik bzw. Physik

Voruniversitäre Mathematik: In Norwegen wurden keine Schüler in voruniversitärer Mathematik getestet.

Voruniversitäre Physik: Schüler des Abschlussjahres (12. Klasse), des dreijährigen Physikunterrichts im (akademischen) allgemeinbildenden Zweig, die an einem dreijährigen naturwissenschaftlichen Kurs teilgenommen haben. Dieser dreijährige

Norwegen

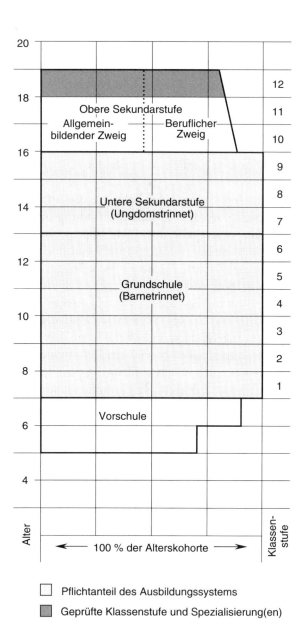

naturwissenschaftliche Unterricht beinhaltet einen Grundlagenkurs in allgemeinen Naturwissenschaften und zwei Physikkurse, die normalerweise im zweiten und dritten Jahr belegt werden.

Österreich

Struktur des höheren Sekundarstufensystems

Allgemein- und berufsbildende Schulen bilden zusammengenommen das höhere Sekundarstufensystem Österreichs. Die Allgemeinbildende Höhere Schule (AHS) bietet einen Vier-Jahres-Zyklus (Klassen 9–12) zur Vorbereitung auf Bildungsgänge im Hochschulwesen. Die Schüler können sich dabei in bestimmten Feldern spezialisieren, belegen aber im Allgemeinen eine breite Fächerspanne. Am Ende dieses Zyklus unterziehen sich die Schüler einer Maturitätsprüfung *(Matura)*, mit deren Bestehen sie den Zugang zum Hochschulstudium erhalten.

Es gibt in Österreich drei Typen von berufsbildenden Schulen. Die Berufsbildende Höhere Schule (BHS) hat einen Fünf-Jahres-Zyklus (Klassen 9–13), in dem die Schüler einem Curriculum folgen, das dem der AHS ähnelt, darüber hinaus aber für ihren angestrebten zukünftigen Beruf relevante theoretische Kenntnisse erwerben. Die Schüler werden hier auf Berufe in der Industrie, in Handel und Gewerbe, in der Landwirtschaft und im Dienstleistungsbereich vorbereitet. Das Abschlussexamen ähnelt der *Matura* der AHS und befähigt die Absolventen ebenfalls zu einem weiterführenden Hochschulstudium.

Berufsbildende Mittlere Schulen (BMS) sind im Wesentlichen Vollzeitschulen, in denen allgemeinbildende und berufliche Fächer unterrichtet werden. Der Zyklus beträgt (ab Klasse 9) ein bis vier Jahre, dauert aber in der Regel drei bis vier Jahre. Ein erfolgreicher Abschluss führt hier zur Berechtigung zur Ausübung von Ausbildungsberufen, die manchmal sogar weiter ausgelegt sind als diejenigen, die innerhalb des dualen Systems erworben werden können. Weiterhin gibt es höhere Schulen zur Lehrerbildung, die einen alternativen Weg ab dem 9. Schuljahr (9. Klasse) darstellen.

Im System der dualen Berufsbildung erhalten die Auszubildenden im Handel und gewerblichen Bereich direkt an ihrem Arbeitsplatz eine berufsrelevante Ausbildung und besuchen daneben zeitweise eine Berufsschule. Die Auszubildenden besuchen die Berufsschulen normalerweise an einem Tag in der Woche; der Lehrplan enthält allgemeinbildende Elemente. Die Dauer der Ausbildung beträgt zwei bis vier Jahre,

Österreich

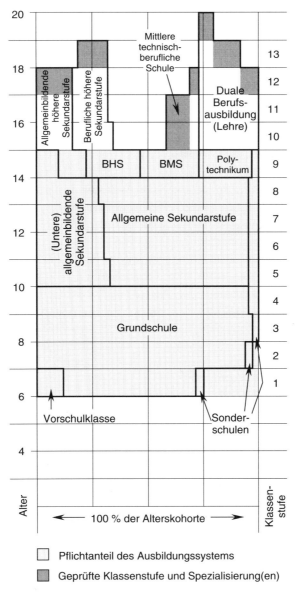

BHS = Berufsbildende Höhere Schule
BMS = Berufsbildende Mittlere Schule

IEA. Third International Mathematics and Science Study. © TIMSS/III-Germany

in der Regel jedoch drei Jahre. Die Berufsbefähigung berechtigt die Absolventen zur Arbeit in einem anerkannten Ausbildungsberuf.

Mathematisch-naturwissenschaftliche Grundbildung

Österreich testete Schüler des Abschlussjahrgangs (12. Klasse) der Allgemeinbildenden Höheren Schule (AHS), der Abschlussjahrgangsstufe (13. Klasse) der Berufsbildenden Höheren Schule (BHS) und die abschließenden Klassenstufen der Berufsbildenden Mittleren Schule (BMS), in der 10., 11. oder 12. Klasse, abhängig vom Ausbildungsgang der Schüler, sowie Schüler im dualen System in ihrem letzten Ausbildungsjahr (BS).

Voruniversitäre Mathematik bzw. Physik

Voruniversitäre Mathematik: Schüler des Abschlussjahres im höheren allgemeinbildenden bzw. technischen Zweig, die Unterricht in voruniversitärer Mathematik erhielten.

Voruniversitäre Physik: Schüler des Abschlussjahres des höheren allgemeinbildenden oder höheren technischen Zweigs, die Kurse in Physik belegt hatten.

Schweden

Struktur des höheren Sekundarstufensystems

Seit 1970 war das höhere schwedische Sekundarschulsystem *(gymnasieskola)* in 47 unterschiedliche Zweige *(linjer)* und rund 400 Spezialisierungskurse *(specialkurser)* unterteilt. Die Dauer dieser Bildungsgänge betrug zwei bzw. drei Jahre. 36 dieser Zweige waren praktisch/berufsbezogen, 30 von ihnen waren von zweijähriger Dauer. Unter den 11 Zweigen hochschulvorbereitender Bildungsgänge waren ebenfalls 5 von zweijähriger Dauer. Innerhalb der 47 Zweige gab es noch weitere Differenzierungen. Ein neues System der höheren Sekundarbildung wurde in den frühen 1990er Jahren eingerichtet und war 1996 voll ausgebaut. Das neue höhere Sekundarschulsystem in Schweden ist in 16 nationale Programme von je dreijähriger Dauer unterteilt. 14 sind primär beruflich ausgerichtet, während 2 (natur- und sozialwissenschaftlich) in erster Linie auf das Hochschulstudium vorbereiten. Die Zulassung zum Hochschulstudium erfolgt auf der Grundlage der Bewertung des Abschlusszeugnisses (ohne besondere Prüfung), nur von Eingangstests. Die Schüler können jedoch auch ein speziell zugeschnittenes oder ein individuell abgestimmtes

Schweden

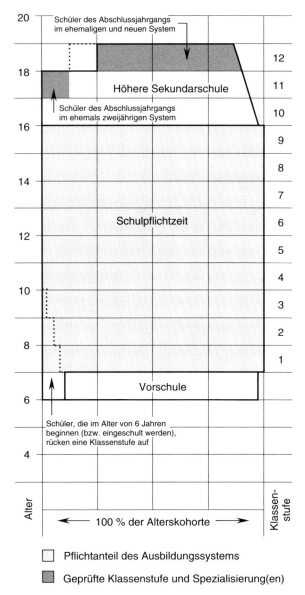

Anmerkung: Die Abbildung zeigt das schwedische Bildungssystem, im noch nicht abgeschlossenen Reformationsprozess im Schuljahr 1994/95.

IEA. Third International Mathematics and Science Study. © TIMSS/III-Germany

Ausbildungsprogramm absolvieren. Alle Programme umfassen acht Kernfächer: Schwedisch, Englisch, Gesellschaftskunde, Religion, Mathematik, allgemeine Naturwissenschaften, Sport und Gesundheitserziehung und Kunst. Zum Zeitpunkt der Untersuchungen waren einige Schulen noch nach dem alten System organisiert, in dem die Schüler zwei Jahre in der Sekundarstufe verbrachten, während in anderen Schulen bereits das neue System von dreijähriger Dauer realisiert war.

Mathematisch-naturwissenschaftliche Grundbildung

In Schulen, in denen das neue dreijährige Sekundarstufensystem eingerichtet war, wurden Schüler der 12. Klasse geprüft. In Schulen mit dem älteren zwei- bis dreijährigen System wurden Schüler des abschließenden Jahres, das heißt der 11. bzw. 12. Klasse geprüft.

Voruniversitäre Mathematik bzw. Physik

Voruniversitäre Mathematik: Schüler des Abschlussjahres (12. Klasse) des naturwissenschaftlichen oder technischen Zweigs.

Voruniversitäre Physik: Schüler des Abschlussjahres (12. Klasse) des naturwissenschaftlichen oder technischen Zweigs.

Schweiz

Struktur des höheren Sekundarstufensystems

In der Schweiz ist das höhere Sekundarschulsystem in vier Zweige unterteilt, die, je nach Form und Kanton, zwei- bis fünfjährige Bildungsgänge anbieten. Die vier Zweige sind: Maturitätsschule (Gymnasium), allgemeinbildende (Diplom-Mittelschulen) und berufsbildende Schulen sowie Lehrerbildungsinstitutionen. Jeder Hauptzweig ist in eine Anzahl von enger definierten Unterzweigen unterteilt. Die Maturitätsschule soll die Schüler auf den Hochschulzugang vorbereiten. Normalerweise beginnen die Schüler diese Schule im Alter von 15/16 Jahren und verbleiben an ihr für vier Jahre. Das Schulabgangszeugnis (Maturitätszeugnis) verleiht ihnen die Zugangsberechtigung für die Hochschule. Es gibt fünf Typen der Maturitätsschule: Typ A (Schwerpunkt auf Griechisch und Latein), Typ B (Latein und moderne Sprachen), Typ C (Mathematik und Naturwissenschaften), Typ D (moderne Sprachen) und Typ E (Wirtschaftswissenschaften). Für Maturitätsschulen gelten die

Richtlinien der Kantone. Je nach Kanton ist die Abschlussklasse in dieser Schulform entweder die Klassenstufe 12, 12,5 oder 13.

Allgemeinbildende Schulen dienen der allgemeinbildenden Vorbereitung auf bestimmte Berufe (wie z.B. paramedizinische und soziale Berufsfelder), die kein Hochschulstudium voraussetzen. Diese zwei- oder dreijährigen Bildungsgänge werden von ungefähr 3 Prozent der Schüler besucht. Das fünfjährige Lehrerbildungsprogramm innerhalb der Sekundarstufe beginnt nach den Pflichtschuljahren und schließt mit dem Erwerb des Primarlehrerpatents, das meistens die Zuerkennung der Maturität einschließt.

Die berufliche Bildung erfolgt meistens in einem dualen System: der praktischen Ausbildung am Arbeitsplatz in einem Unternehmen (3,5–4 Wochentage) sowie dem theoretischen und allgemeinen Ausbildungsanteil, der in einer berufsbildenden Schule (1–1,5 Wochentage) stattfindet. Die berufliche Ausbildung wird durch Bundesrecht reguliert und bietet anerkannte Lehrverhältnisse von zwei- bis vierjähriger Dauer in rund 260 Berufen des industriellen, handwerklichen und dienstleistenden Sektors an. Ein geringer Anteil der Absolventen der Sekundarstufe I setzt die Ausbildung in Vollzeitberufsschulen der höheren Sekundarstufe fort. Die Dauer der Berufsausbildung ist von Beruf zu Beruf unterschiedlich.

Mathematisch-naturwissenschaftliche Grundbildung

In der Schweiz wurden Schüler des Abschlussjahrgangs in Gymnasien, allgemeinbildenden Schulen, Schulen zur Lehrerausbildung und berufsbildenden Ausbildungsgängen getestet. Dies entspricht der Klasse 11 oder 12 am Gymnasium (die Dauer bzw. das letzte Schuljahr ist vom Kanton abhängig), Klasse 12 des allgemeinen Zweigs, Klasse 12 des lehrerbildenden Zweigs sowie den Klassen 11, 12 oder 13 des berufsvorbereitenden Zweigs (das Abschlussjahr ist abhängig vom Berufsfeld).

Voruniversitäre Mathematik bzw. Physik

Voruniversitäre Mathematik: Schüler an Maturitätsschulen (Gymnasien) im Abschlussjahr, das heißt der Klassen 12 und 13, in staatlich anerkannten Schulen der Typen A bis E.

Voruniversitäre Physik: Schüler an Maturitätsschulen (Gymnasien) im Abschlussjahr, das heißt der Klassen 12 und 13, in staatlich anerkannten Schulen der Typen A bis E.

Schweiz

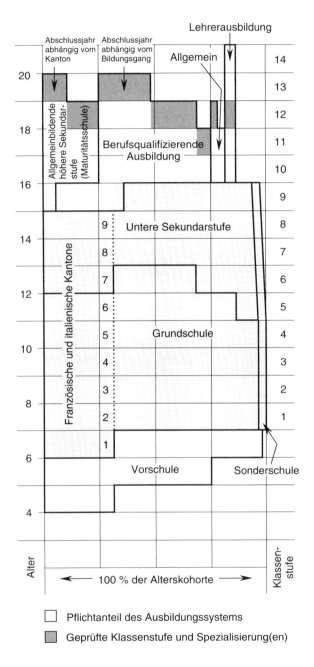

Slowenien

Struktur des höheren Sekundarstufensystems

In Slowenien gibt es auf der Stufe der höheren Sekundarschule fünf Bildungsgänge: das vierjährige allgemeinbildende Gymnasium *(gymnasium)*; eine vierjährige Technische Mittelschule *(srednja tehniška šola)* und eine fünfjährige Handelsakademie *(srednja strokovna šola);* zwei- oder dreijährige Berufsschulen *(srednja poklicno-tehniška šola, srednja poklisna šola, nižja poklicna šola).* Nach Beendigung der vier- oder fünfjährigen höheren Sekundarschule unterziehen sich die Schüler einer Abschlussprüfung, die zu einer postsekundären Berufsbildung oder direkt zum Arbeitsmarkt führt, oder einer Maturitätsprüfung *(matura),* die zum Hochschulzugang berechtigt. Die Gymnasien haben in der Regel ein allgemeinbildendes Profil, einige bieten jedoch ein ausgeprägtes naturwissenschaftliches Profil, andere betonen die humanistisch-sprachlichen Fächer. Alle Schüler des Gymnasiums haben (bis Klasse 10) Pflichtunterricht in den Fächern: slowenische Sprache und Literatur, Mathematik, Physik, Chemie, Biologie, zwei Fremdsprachen, Geschichte, Geographie, Psychologie, Soziologie, Philosophie, Informatik, Kunst und Sport. Die Schüler beenden das Gymnasium mit einer extern begutachteten Reifeprüfung in fünf Fächern. Die Maturitätsprüfung umfasst Slowenisch, Mathematik, eine Fremdsprache sowie zwei vom Schüler ausgewählte Fächer. An der Technischen Schule enthält diese Prüfung dieselben Pflichtfächer wie die gymnasiale Prüfung, zwei der Prüfungsfächer können die Schüler hier aus der jeweiligen Fachrichtung wählen (z.B. Wirtschaft, Elektronik, Ingenieurswesen usw.). Die zwei- oder dreijährigen Berufsschulen qualifizieren ihre Schüler für den Arbeitsmarkt.

Mathematisch-naturwissenschaftliche Grundbildung

In Slowenien wurden Schüler der 12. Klasse an Gymnasien und Technischen Schulen wie auch Schüler der 11. Klasse an Berufsschulen geprüft. Schüler, die die Berufsschule mit der 9. oder 10. Klasse beendeten, wurden nicht in die Tests mit einbezogen.

Voruniversitäre Mathematik bzw. Physik

Voruniversitäre Mathematik: Geprüft wurden Schüler des Abschlussjahres an Gymnasien und Technischen Schulen (12. Klasse), die Kurse in voruniversitärer Mathematik besuchten.

Voruniversitäre Physik: Geprüft wurden Schüler der Gymnasien des Abschlussjahrgangs (12. Klasse), die für die Prüfung das Fach Physik gewählt hatten.

Slowenien

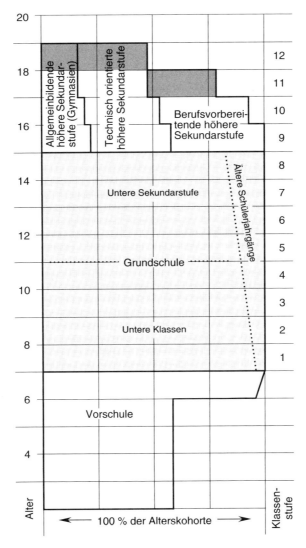

Anmerkung: In Slowenien gibt es in sämtlichen Klassenstufen einen beträchtlichen Anteil an Schülern, die älter sind, als durch die betreffende Altersangabe der Abbildung angegeben.

IEA. Third International Mathematics and Science Study. © TIMSS/III-Germany

Südafrika

Struktur des höheren Sekundarstufensystems

Als Teil des südafrikanischen Bildungswesens war die höhere Sekundarstufe der Rassentrennung unterworfen. Seit dem Inkrafttreten der demokratischen Übergangsverfassung gilt das Prinzip der allgemeinen Gleichwertigkeit innerhalb der vorhandenen Schulformen, die auf absehbare Zeit aber keine Aussage über tatsächliche Qualitäten in der vorhandenen Struktur erlaubt. Unter rechtlich-formalem Aspekt umfasst die höhere Sekundarstufe im Bildungswesen Südafrikas die 10. bis 12. Klasse. Die Mehrzahl der südafrikanischen Sekundarschulen sind Gesamtschulen *(comprehensive schools)*. Während des ersten Jahres der höheren Sekundarschule *(senior secondary school)* (10. Klasse) wählen die Schüler sechs Fächer, mit denen sie ihre fachliche Spezialisierung bestimmen; obligatorisch ist der Unterricht der englischen Sprache und einer der übrigen 10 offiziellen Sprachen (darunter Afrikaans). Mathematik und Naturwissenschaften sind Pflichtwahlfächer. Es gibt eine begrenzte Zahl von Schulen, die wirtschaftsbezogene oder technische Fächer anbieten, sowie sehr wenige, die eine künstlerische Spezialisierung ermöglichen. Da es früher keine Schulpflicht in Südafrika gab, variiert das Eingangsalter der Schulanfänger in südafrikanischen Schulen sehr stark. Daneben gibt es eine große Zahl von Klassenwiederholern und vorzeitigen Schulabgängern.

Mathematisch-naturwissenschaftliche Grundbildung

In Südafrika wurden Schüler der 12. Klasse getestet.

Voruniversitäre Mathematik bzw. Physik

In Südafrika wurden Schüler weder in voruniversitärer Mathematik noch in Physik getestet.

Südafrika

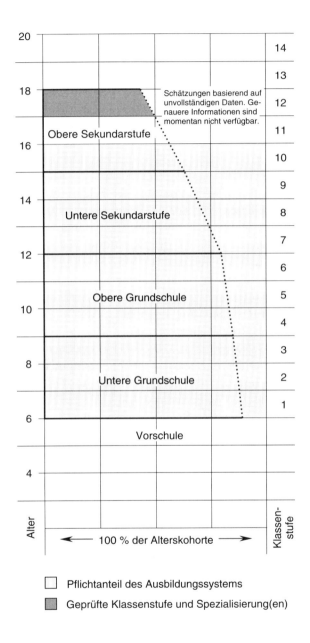

IEA. Third International Mathematics and Science Study. © TIMSS/III-Germany

Tschechien

Struktur des höheren Sekundarstufensystems

Es gibt in Tschechien in der höheren Sekundarstufe drei Bildungsgänge: das allgemeinbildende Gymnasium *(gymnázium)*, die Technische Mittelschule *(středni odborna škola)* und die berufsbildende Berufliche Mittelschule *(středni odborne učiliště)*. Das Gymnasium ist eine vier-, sechs- oder achtjährige allgemeinbildende Bildungsinstitution, die auf ein Hochschulstudium vorbereitet. In ihm verteilten sich bis 1996 die Schüler auf drei Zweige: den geisteswissenschaftlichen, den naturwissenschaftlichen oder den humanistischen Zweig. Die Technische Mittelschule mit drei- bis fünfjährigen Bildungsgängen vermittelt entweder eine breit angelegte Ausbildung oder Spezialisierungen in bestimmten Feldern (z.B. Krankenpflege, verschiedene technische Gebiete, Fremdenverkehrswesen, Bibliothekswissenschaften, Rechnungswesen usw.). Schüler, die mit Erfolg das Gymnasium oder die Technische Mittelschule absolvieren sowie die Abschlussprüfung *(maturita)* bestehen, erfüllen die Voraussetzungen, um sich für das Studium an einer Hochschule bzw. einer anderen Institution der tertiären Bildung zu bewerben. Berufliche Bildungsgänge der höheren Sekundarstufe, die zwei- bis fünfjährige Ausbildungen anbieten, kombinieren praktische Berufsvorbereitung mit allgemeinbildenden Elementen mit dem Ziel, die Schüler auf das Arbeitsleben vorzubereiten.

Die Sekundarbildung endet in verschiedenen Jahrgangsklassen, je nach Eintritt (Klasse 9, 7 oder 5), Schulform und dem gewählten Ausbildungsgang. In fast allen Gymnasien und Technischen Mittelschulen vollenden die Schüler ihre Ausbildung mit dem 13. Schuljahr. In den Beruflichen Mittelschulen haben die Schüler, abhängig vom Ausbildungsgang, die Möglichkeit, entweder in der 10., 11., 12. oder 13. Klasse abzuschließen.

Nach 1995 (Haupterhebungsjahr von TIMSS) wurde das tschechische Schulsystem modifiziert. Seit 1996 ist die Abschlussklasse der unteren Sekundarstufe (9) obligatorisch (bis zur Umstellung war sie freiwillig; 14 % der Alterskohorte besuchten sie im Schuljahr 1993/94). Das Gymnasium ist seither als einheitliche Schulform konzipiert, in der dem obligatorischen Kerncurriculum jeweils einige weitere Fächer (z.B. Latein oder Grundlagen der Naturwissenschaften oder Wahlfächer) hinzugefügt werden können.

Tschechien

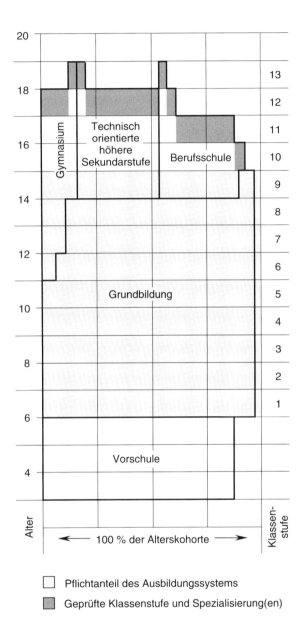

IEA. Third International Mathematics and Science Study. © TIMSS/III-Germany

Mathematisch-naturwissenschaftliche Grundbildung

Tschechien testete Schüler des Abschlussjahres jeder Schulform. An Technischen Mittelschulen und Gymnasien wurden Schüler der 12. und 13. Klasse geprüft. In Beruflichen Mittelschulen wurden Schüler der 10., 11., 12. bzw. 13. Klasse in Abhängigkeit vom jeweiligen Ausbildungsgang getestet.

Voruniversitäre Mathematik bzw. Physik

Voruniversitäre Mathematik: Gymnasiasten im letzten Schuljahr, 12. oder 13. Klasse.

Voruniversitäre Physik: Gymnasiasten im letzten Schuljahr, 12. oder 13. Klasse.

Ungarn

Struktur des höheren Sekundarstufensystems

Die höhere Sekundarstufe Ungarns besteht zum einem aus dem Gymnasium *(gimnázium)*, das acht-, sechs- oder (in der Regel) vierjährig ist (ab Klasse 9), und der differenzierten vierjährigen Technischen Schule *(szakközépiskola)*. Beide Schultypen führen zu Abschlussprüfungen, die – mit oder ohne Eingangsprüfung – zum Hochschulstudium berechtigen. In den Berufsschulen ist dieser Abschluss mit beruflichen Qualifikationsprüfungen verbunden. An einigen Gymnasien bietet ein zusätzliches (13.) Schuljahr spezielle Berufsbildung, Universitätsvorbereitung oder bilingualen Unterricht an; an Technischen Schulen führt dieses Schuljahr zur Technikerprüfung. Zum anderen qualifizieren die dreijährigen Typen der Berufsschule *(szakmunkásképző iskola)* für den Arbeitsmarkt.

Mathematisch-naturwissenschaftliche Grundbildung

In Ungarn wurden Schüler des Abschlussjahrgangs am Gymnasium oder der Technischen Schule (12. Klasse) und Schüler an der Handelsschule (im Berufsschulsektor) (10. Klasse) getestet.

Voruniversitäre Mathematik bzw. Physik

In Ungarn wurden die Schüler weder in voruniversitärer Mathematik noch in voruniversitärer Physik getestet.

Ungarn

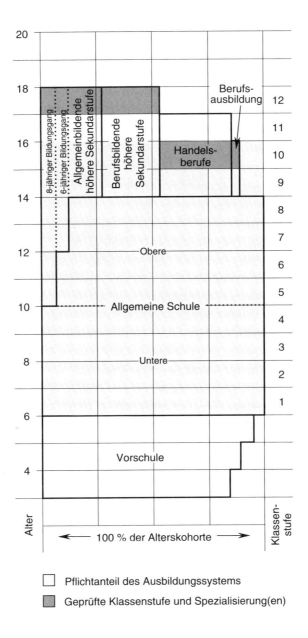

IEA. Third International Mathematics and Science Study.   © TIMSS/III-Germany

USA

Struktur des höheren Sekundarstufensystems

Die höhere Sekundarstufe ist in den USA in einem Gesamtschulsystem *(comprehensive high school)* organisiert und dauert von der 9. bis zur 12. bzw. (in der Mehrzahl) von der 10. bis zur 12. Klasse. Die Schüler entscheiden sich vor dem Eintritt in der Regel für ein studienbezogenes *(academic)*, berufsbildendes *(vocational)* oder „allgemeines" *(general)* Bildungsprogramm; Letzteres stellt eine Kombination von Elementen der beiden erstgenannten Programme. *Comprehensive high schools* mittlerer Größe bieten häufig mehr als 200 Kurse an, deren Besuch die Schüler entsprechend ihren Fähigkeiten, Interessen und Karriereplänen kombinieren können. In vielen Schuldistrikten sind in den vergangenen Jahren *magnet schools* gegründet worden, die konzentrierte Bildungsprogramme in Natur- und Sozialwissenschaften sowie in Fremdsprachen anbieten. Das mit Abschluss der höheren Sekundarstufe erworbene *high school diploma* öffnet den Absolventen vielfältige Wege zum Hochschulzugang. Die Absolvierung von *advanced placement programs* ermöglicht ein verkürztes College-Studium. *Vocational programs,* die häufig die Grundlage tertiärer Berufsbildungszugänge darstellen, sind gewöhnlich in folgende Programmbereiche gegliedert: Landwirtschaft, Marketing und Verteilung, Gesundheit, Hauswirtschaft, Dienstleistungen, technische Programme, Handel und Industrie.

Mathematisch-naturwissenschaftliche Grundbildung

In den USA wurden Schüler der 12. Klasse getestet.

Voruniversitäre Mathematik bzw. Physik

Voruniversitäre Mathematik: Schüler der 12. Klasse, die Unterricht in *Advanced Placement Calculus* (Leistungskurs Infinitesimalrechnung), *Calculus* oder *Pre-Calculus* erhielten.

Voruniversitäre Physik: Schüler der 12. Klasse, die Unterricht in *Advanced Placement Physics* oder Physik erhielten.

USA

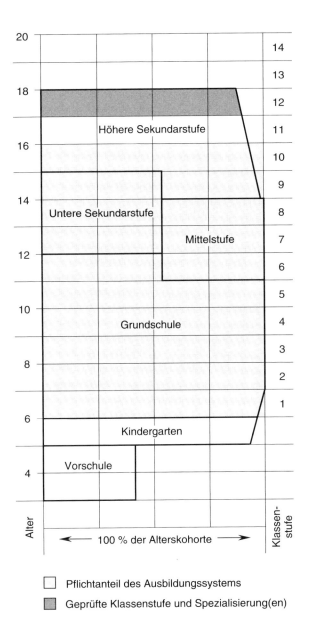

IEA. Third International Mathematics and Science Study. © TIMSS/III-Germany

Zypern

Struktur des höheren Sekundarstufensystems

Allgemeinbildende Lyzeen *(lykeio epilogis mathimaton)*, „Gesamt-Lyzeen" *(eniaio lykeio)* und technisch-berufliche Schulen *(techniki scholi)* bilden die höhere Sekundarstufe Zyperns. In den beiden erstgenannten Schulformen, welche die Schulklassen 10, 11 und 12 umfassen, können die Schüler eine von folgenden fünf Fächergruppen auswählen: klassische Bildung *(arts)*, Mathematik und Naturwissenschaften, Wirtschaft, kaufmännische Fächer, Fremdsprachen. Die drei „Gesamt-Lyzeen" bestehen erst seit 1995; in ihnen wird eine Integration allgemeiner und technisch-beruflicher Bildung angestrebt.

In den dreijährigen technisch-beruflichen Schulen der höheren Sekundarstufe können die Schüler technischen Unterricht mit besonderer Betonung von Mathematik und Naturwissenschaften belegen. Absolventen dieser Bildungsgänge schließen üblicherweise weitere Studien im postsekundären und tertiären Bildungswesen an. Es werden hier aber ebenfalls berufsvorbereitende Bildungsgänge angeboten, in denen die Schüler im Abschlussjahr an zwei Wochentagen eine Ausbildung in der Wirtschaft absolvieren und an den restlichen drei Wochentagen die Schule besuchen. Im berufsvorbereitenden Sektor wird die Ausbildung praktischer Fähigkeiten stärker betont. Das Ziel der öffentlichen technisch-beruflichen höheren Sekundarstufe liegt darin, die Wirtschaft mit Technikern und Handwerkern verschiedener Spezialisierungen zu versorgen, wie zum Beispiel Mechaniker, Kfz-Techniker, Fachkräfte aus den Bereichen EDV/Computer- und Elektrotechnik, Bauwesen, graphische Künste, Schneiderei, Goldschmiedekunst, Schuhmacherei usw.

Mathematisch-naturwissenschaftliche Grundbildung

In Zypern wurden Schüler der 12. Klasse der Allgemeinbildenden Lyzeen und der technisch-beruflichen Schulen getestet. Schüler des privaten höheren Sekundarstufenwesens wurden nicht berücksichtigt.

Voruniversitäre Mathematik bzw. Physik

Voruniversitäre Mathematik: Schüler des Abschlussjahres am Lyzeum mit der Spezialisierung Mathematik/Naturwissenschaften.

Voruniversitäre Physik: Schüler des Abschlussjahres am Lyzeum mit der Spezialisierung Mathematik/Naturwissenschaften.

Zypern

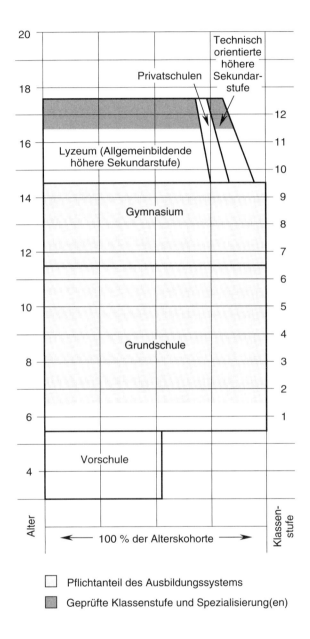

IEA. Third International Mathematics and Science Study.   © TIMSS/III-Germany

Literatur

Adams, R. J. & Gonzalez, E. J. (1996). The TIMSS test design. In M. O. Martin & D. L. Kelly (Eds.), *Third International Mathematics and Science Study. Technical report: Vol. I. Design and development* (Chap. 3, pp. 1–36). Chestnut Hill, MA: Boston College.

Adams, R. J., Wilson, M. R. & Wang, W. C. (1997). The multidimensional random coefficients multinomial logit. *Applied Psychological Measurement, 21,* 1–24.

Adams, R. J., Wilson, M. R. & Wu, M. L. (1997). Multilevel item response models: An approach to errors in variables regression. *Journal of Educational and Behavioural Statistics, 22,* 46–75.

Adams, R. J., Wu, M. L. & Macaskill, G. (1997). Scaling methodology and procedures for the mathematics and science scales. In M. O. Martin & D. L. Kelly (Eds.), *Third International Mathematics and Science Study. Technical report: Vol. II. Implementation and analysis. Primary and middle school years* (Chap. 7, pp. 111–146). Chestnut Hill, MA: Boston College.

Allalouf, A. & Sireci, S. (1998). *Detecting sources of DIF in translated verbal items.* Paper presented at the 1998 Annual Meeting of the American Educational Research Association, San Diego, CA.

American Association for the Advancement of Science (AAAS). (1989). *Science for all Americans: A project 2061 report on literacy goals in science, mathematics, and technology.* Washington, DC: Author.

American Association for the Advancement of Science (AAAS) (Ed.). (1993). *Benchmarks for science literacy. Project 2061.* New York: Oxford University Press.

American Association for the Advancement of Science (AAAS) (Ed.). (1997). *Resources for science literacy. Professional development. Project 2061.* New York: Oxford University Press.

American Association for the Advancement of Science (AAAS) (Ed.). (1998). *Blueprints for reform. Project 2061.* New York: Oxford University Press.

American Psychological Association (APA). (1985). *Standards for educational and psychological testing.* Washington, DC: APA.

Andrich, D. (1978). A rating formulation for ordered response categories. *Psychometrika, 43,* 561–573.

Andrich, D. (1982). An extension of the Rasch model for ratings providing both location and dispersion parameters. *Psychometrika, 47,* 105–113.

Angoff, W. H. (1982). Use of difficulty and discrimination indices for detecting item bias. In R. A. Berk (Ed.), *Handbook of methods for detecting test bias* (pp. 96–116). Baltimore, MD: Johns Hopkins University Press.

Angoff, W. H. & Ford, S. F. (1973). Item-race interaction on a test of scholastic aptitude. *Journal of Educational Measurement, 10,* 95–105.

Arbeitsgruppe Bildungsbericht am Max-Planck-Institut für Bildungsforschung (Hrsg.). (1994). *Das Bildungswesen in der Bundesrepublik Deutschland. Strukturen und Entwicklungen im Überblick.* Reinbek: Rowohlt.

Arbuckle, J. L. (2000). Customizing longitudinal and multiple-group structural modeling procedures. In T. D. Little, K. U. Schnabel & J. Baumert (Eds.), *Modeling longitudinal and multilevel data. Practical issues, applied approaches, and specific examples* (pp. 241–248). Mahwah, NJ: Erlbaum.

Atkin, M. & Helms, J. (1993). Getting serious about priorities in science education. *Studies in Science Education, 21,* 1–20.

Bauersfeld, H. (1993). Drei Gründe, geometrisches Denken in der Grundschule zu fördern. *mathematica didactica, 16,* 3–36.

Baumert, J. (1991). Langfristige Auswirkungen der Bildungsexpansion. *Unterrichtswissenschaft, 4,* 333–349.

Baumert, J. (1992). Koedukation oder Geschlechtertrennung? *Zeitschrift für Pädagogik, 38* (1), 83–110.

Baumert, J. (1997a). Keine einfachen Lösungen für komplexe Probleme. *Profil, 12,* 16–19.

Baumert, J. (1997b). Leistungsvergleich ist keine „Schulleistungsolympiade". *Profil, 11,* 16–25.

Baumert, J. (1997c). Scientific literacy. A German perspective. In W. Gräber & C. Bolte (Eds.), *Scientific literacy: An international symposium* (pp. 167–180). Kiel: Institut für die Pädagogik der Naturwissenschaften.

Baumert, J. (1998). TIMSS – Mathematisch-naturwissenschaftlicher Unterricht im internationalen Vergleich – Anlage der Studie und ausgewählte Befunde. In J. List (Hrsg.), *TIMSS: Mathematisch-naturwissenschaftliche Kenntnisse deutscher Schüler auf dem Prüfstand* (S. 13–65). Köln: div, Deutscher Instituts-Verlag (Kölner Texte & Thesen, Bd. 41, hrsg. vom Institut der deutschen Wirtschaft Köln).

Baumert, J., Bos, W., Klieme, E., Lehmann, R. H., Lehrke, M., Hosenfeld, I., Neubrand, J. & Watermann, R. (Hrsg.). (1999). *Testaufgaben zu TIMSS/III. Mathematisch-naturwissenschaftliche Grundbildung und voruniversitäre Mathematik und Physik der Abschlußklassen der Sekundarstufe II (Population 3)*. Berlin: Max-Planck-Institut für Bildungsforschung (Materialien aus der Bildungsforschung, 62).

Baumert, J., Bos, W. & Watermann, R. (1998). *TIMSS/III. Schülerleistungen in Mathematik und den Naturwissenschaften am Ende der Sekundarstufe II im internationalen Vergleich. Zusammenfassung deskriptiver Ergebnisse.* Berlin: Max-Planck-Institut für Bildungsforschung (Studien und Berichte, 64).

Baumert, J., Klieme, E., Lehrke, M. & Savelsbergh, E. (2000). Konzeption und Aussagekraft der TIMSS-Leistungstests. Zur Diskussion um TIMSS-Aufgaben aus der Mittelstufenphysik. *Die Deutsche Schule, 92* (1), 102–115 (Teil 1); (2), 196–217 (Teil 2).

Baumert, J. & Köller, O. (1998). Nationale und internationale Schulleistungsstudien: Was können sie leisten, wo sind ihre Grenzen? *Pädagogik, 50* (6), 12–18.

Baumert, J., Lehmann, R. H., Lehrke, M., Schmitz, B., Clausen, M., Hosenfeld, I., Köller, O. & Neubrand, J. (1997). *TIMSS – Mathematisch-naturwissenschaftlicher Unterricht im internationalen Vergleich. Deskriptive Befunde.* Opladen: Leske + Budrich.

Beaton, A. E. (1987). *Implementing the new design: The NAEP 1983–84 technical report.* Princeton, NJ: Educational Testing Service (Report No. 15-TR-2).

Beaton, A. E. & Allen, N. L. (1992). Interpreting scales through scale anchoring. *Journal of Educational Statistics, 17* (2), 191–204.

Beaton, A. E., Martin, M. O., Mullis, I. V. S., Gonzalez, E. J., Smith, T. A. & Kelly, D. L. (1996). *Science achievement in the middle school years: IEA's Third International Mathematics and Science Study (TIMSS).* Chestnut Hill, MA: Boston College.

Beaton, A. E., Mullis, I. V. S., Martin, M. O., Gonzalez, E. J., Kelly, D. L. & Smith, T. A. (1996). *Mathematics achievement in the middle school years: IEA's Third International Mathematics and Science Study (TIMSS).* Chestnut Hill, MA: Boston College.

Bellenberg, G. & Klemm, K. (1998). Von der Einschulung bis zum Abitur. Zur Rekonstruktion von Schullaufbahnen in Nordrhein-Westfalen. *Zeitschrift für Erziehungswissenschaft, 1,* 577–596.

Benner, D. (1993). Vom Bildungssinn der Wissenschaften. In P. Gonon & J. Oelkers, *Die Zukunft der öffentlichen Bildung* (S. 23–41). Bern: Lang.

Bildungskommission NRW. (1995). *Zukunft der Bildung, Schule der Zukunft.* Neuwied: Luchterhand.

Bloom, B. S. (1956). *Taxonomy of educational objectives: The classification of educational goals: Handbook 1. Cognitive domain.* New York: Longman.

Blum, W. & Wiegand, B. (1998). Wie kommen die deutschen TIMSS-Ergebnisse zustande? In W. Blum & M. Neubrand (Hrsg.), *TIMSS und der Mathematikunterricht* (S. 28–34). Hannover: Schroedel.

Bollen, K. A. (1989). A new incremental fit index for general structural equation models. *Sociological Methods and Research, 17,* 303–316.

Borneleit, P., Danckwerts, R., Henn, H.-W. & Weigand, H. G. (2000). *Expertise zum Mathematikunterricht in der gymnasialen Oberstufe.* Unveröff. Manuskript.

Bortz, J. & Döring, N. (1995). *Forschungsmethoden und Evaluation* (2. vollst. überarb. und akt. Aufl.). Berlin: Springer.

Bos, W. (1994). Wie multikulturell will Europa sein? In K. Schleicher & W. Bos, *Realisierung der Bildung in Europa* (S. 311–335). Darmstadt: Wissenschaftliche Buchgesellschaft.

Bourdieu, P. (1982). *Die feinen Unterschiede: Kritik der gesellschaftlichen Urteilskraft.* Frankfurt a.M.: Suhrkamp.

Brick, J. M., Broene, P., James, P. & Severynse, J. (1997). *A user's guide to WesVarPC.* Rockville, MD: Westat, Inc.

Brief, A. P. & Nord, W. R. (1990). Work and nonwork connections. In A. P. Brief & W. R. Nord (Eds.), *Meanings of occupational work* (pp. 171–199). Lexington, MA: Lexington Books.

Browne, M. W. & Cudeck, R. (1993). Alternative ways of assessing model fit. In K. A. Bollen & J. S. Long (Eds.), *Testing structural equation models* (pp. 136–162). Newbury Park, CA: Sage.

Bundesministerium für Familie, Senioren, Frauen und Jugend (Hrsg.). (1998). *Frauen in der Bundesrepublik Deutschland.* Bonn.

Bund-Länder-Kommission für Bildungsplanung und Forschungsförderung (BLK). (1997). *Gutachten zur Vorbereitung des Programms „Steigerung der Effizienz des mathematisch-naturwissenschaftlichen Unterrichts".* Bonn: BLK (Materialien zur Bildungsplanung und zur Forschungsförderung, 60).

Bybee, R. W. (1997). Towards an understanding of scientific literacy. In W. Gräber & C. Bolte (Eds.), *Scientific literacy: An international symposium* (pp. 37–68). Kiel: Institut für die Pädagogik der Naturwissenschaften.

Bybee, R. W. & DeBoer, G. (1994). Research on goals for the science curriculum. In D. L. Gabel, *Handbook of research on science teaching and learning* (pp. 357–387). Washington, DC: National Science Teachers Association.

Camilli, G. & Shepard, L. A. (1987). The inadequacy of ANOVA for detecting test bias. *Journal of Educational Statistics, 12,* 87–99.

Camilli, G. & Shepard, L. A. (1994). *Methods for identifying biased test items* (Vol. 4). Thousand Oaks, CA: Sage.

Coleman, J. S. (1987). The relation between school and social structure. In M. T. Hallinan, *The social organization of schools: New conceptualisation of the learning process* (pp. 177–204). New York: Plenum.

Comber, L. C. & Keeves, J. P. (1973). *Science education in nineteen countries. An empirical study.* Stockholm and New York: Almqvist & Wiksell and Wiley.

Cronbach, L. J. & Meehl, P. E. (1955). Construct validity in psychological tests. *Psychological Bulletin, 52,* 281–302.

DeCharms, R. (1968). *Personal causation. The internal affective determinants of behavior.* New York: Academic Press.

Deci, E. L. (1971). Effects of externally mediated rewards on intrinsic motivation. *Journal of Personality and Social Psychology 18,* 105–115.

Deci, E. L. & Casio, W. F. (1972). *Changes in intrinsic motivation as a function of negative feedback and threats.* Paper presented at the meeting of the Eastern Psychological Association, Boston, MA.

Deci, E. L. & Ryan, R. M. (1985). *Intrinsic motivation and self-determination in human behavior.* New York: Plenum Press.

Deci, E. L. & Ryan, R. M. (1993). Die Selbstbestimmungstheorie der Motivation und ihre Bedeutung für die Pädagogik. *Zeitschrift für Pädagogik, 39* (2), 223–238.

Demmer, M. (1998). TIMSS/III. Lesehilfe. *Erziehung und Wissenschaft, 7–8,* S. 16.

Ditton, H. (1992). *Ungleichheit und Mobilität durch Bildung: Theorie und empirische Untersuchung über sozialräumliche Aspekte von Bildungsentscheidungen.* Weinheim: Juventa.

Douglas, J. A., Roussos, L. A. & Stout, W. (1996). Item-bundle DIF hypothesis testing: Identifying suspect bundles and assessing their differential functioning. *Journal of Educational Measurement, 33,* 465–484.

Driver, R., Squires, A., Rushworth, P. & Wood-Robinson, V. (1994). *Making sense of secondary science. Research into children's ideas.* London: Routledge.

Dumais, J. (1998). Implementation of the TIMSS sampling design. In M. O. Martin & D. L. Kelly (Eds.), *Third International Mathematics and Science Study. Technical report. Vol. III: Implementation and analysis: Final year of secondary school* (Chap. 2, pp. 15–35). Chestnut Hill, MA: Boston College.

Educational Testing Service (ETS). (1987). *The ETS sensitivity review process: An overview.* Princeton, NJ: Author.

Erikson, R. & Jonsson, J. O. (Eds.). (1996). *Can education be equalized? The Swedish case in comparative perspective.* Oxford, UK: Westview Press.

Fend, H. (1982). *Gesamtschule im Vergleich. Bilanz der Ergebnisse des Gesamtschulversuchs.* Weinheim: Beltz.

Fend, H. & Prester, H.-G. (Hrsg.). (1986). *Dokumentation der Skalen des Projekts „Entwicklung im Jugendalter": Bericht aus dem Projekt „Entwicklung im Jugendalter".* Konstanz: Sozialwissenschaftliche Fakultät der Universität Konstanz.

Fischer, G. H. & Molenaar, I. W. (1995). *Rasch models – Foundations, recent developments, and applications.* New York: Springer.

Fischer, W. (1986). Was kann Allgemeinbildung heute bedeuten? *Universitas, 41,* 892–902.

Formann, A. K. (1984). *Die Latent-Class-Analyse.* Weinheim: Beltz.

Foy, P., Rust, K. & Schleicher, A. (1996). Sample design. In M. O. Martin & D. L. Kelly (Eds.), *Third International Mathematics and Science Study. Technical report: Vol. I. Design and development* (Chap. 4, pp. 1–19). Chestnut Hill, MA: Boston College.

Frary, R. B. (1985). Multiple-choice versus free-response: A simulation study. *Journal of Educational Measurement, 22,* 21–31.

Freudenthal, H. (1977). *Mathematik als pädagogische Aufgabe* (Bd. 1 und 2). Stuttgart: Klett.

Friedeburg, L. von (1989). *Bildungsreform in Deutschland: Geschichte und gesellschaftlicher Widerspruch.* Frankfurt a.M.: Suhrkamp.

Gambetta, D. (1987). *Where they pushed or did they jump? Individual decisions mechanisms in education.* Cambridge, UK: Cambridge University Press.

Garden, R. A. (1989). Student's achievements: Population B. In D. F. Robitaille & R. A. Garden (Eds.), *The IEA study of mathematics II: Contexts and outcomes of school mathematics* (pp. 126–152). Oxford, UK: Pergamon (International studies in educational achievement, Vol. 2).

Garden, R. A. & Orpwood, G. (1996). Development of the TIMSS achievement tests. In M. O. Martin & D. L. Kelly (Eds.), *Third International Mathematic and Science Study. Technical report: Vol. I. Design and development* (Chap. 2, pp. 1–19). Chestnut Hill, MA: Boston College.

Glaser, R. (1994). Criterion-referenced tests: Part II. Unfinished business. *Educational Measurement, 13* (4), 27–30.

Gogolin, I. (1994). *Der monolinguale Habitus der multilingualen Schule.* Münster: Waxmann.

Gonzalez, E. J. & Foy, P. (1998). Estimation of sampling and imputation variability. In M. O. Martin & D. L. Kelly (Eds.), *Third International Mathematics and Science Study. Technical report: Vol. III. Implementation and analysis: Final year of secondary school* (Chap. 5, pp. 67–80). Chestnut Hill, MA: Boston College.

Gonzalez, E. J., Smith, T. A. & Sibberns, H. (Eds.). (1998). *User guide for the TIMSS international database: Final year of secondary school – 1995 assessment.* Chestnut Hill, MA: Boston College.

Gordon, R. A. (1987). Jensen's contributions concerning test bias: A contextual view. In S. Modgil & C. Modgil (Eds.), *Arthur Jensen: Concensus and controversy* (pp. 77–154). London: Falmer.

Gräber, W. & Bolte, C. (Eds.). (1997). *Scientific literacy: An international symposium.* Kiel: Institut für die Pädagogik der Naturwissenschaften.

Gruehn, S. (2000). *Unterricht und schulisches Lernen: Schüler als Quellen der Unterrichtsbeschreibung.* Münster: Waxmann.

Haertel, G. D., Walberg, H. J. & Weinstein, T. (1983). Psychological models of educational performance: A theoretical synthesis of construct. *Review of Educational Research, 53,* 75–91.

Hagemeister, V. (1999). Was wurde bei TIMSS erhoben? Rückfragen an eine standardisierte Form der Leistungsmessung. *Die Deutsche Schule, 91* (2), 160–177.

Hambleton, R. K. (1994). The rise and fall of criterion-referenced measurement. *Educational Measurement, 13* (4), 21–26.

Hambleton, R. K. & Swaminathan, H. (1989). *Item response theory. Principles and applications.* Boston, MA: Kluwer.

Hambleton, R. K., Swaminathan, H. & Rogers, H. J. (Eds.). (1991). *Fundamentals of item response theory.* Newbury Park, CA: Sage.

Hansmann, O. & Marotzki, W. (1988). *Diskurs Bildungstheorie I: Systematische Markierungen. Rekonstruktion der Bildungstheorie unter Bedingungen der gegenwärtigen Gesellschaft.* Weinheim: Deutscher Studien Verlag.

Hansmann, O. & Marotzki, W. (1989). *Diskurs Bildungstheorie II: Problemgeschichtliche Orientierungen. Rekonstruktion der Bildungstheorie unter Bedingungen der gegenwärtigen Gesellschaft.* Weinheim: Deutscher Studien Verlag.

Harlow, H. F. (1958). The nature of love. *American Psychologist, 13,* 673–685.

Häußler, P., Frey, K., Hoffmann, L., Rost, J. & Spada, H. (1988). *Education in physics for today and tomorrow – Physikalische Bildung für heute und morgen (bilingual).* Kiel: Institut für die Pädagogik der Naturwissenschaften (IPN 116).

Heckhausen, H. (1974). *Leistung und Chancengleichheit.* Göttingen: Hogrefe.

Helmke, A. & Weinert, F. E. (1997). Bedingungsfaktoren schulischer Leistungen. In F. E. Weinert (Hrsg.), *Psychologie des Unterrichts und der Schule* (Bd. 3, S. 71–176). Göttingen: Hogrefe.

Hentig, H. von (1993). *Die Schule neu denken.* München: Hanser.

Hentig, H. von (1996). *Bildung. Ein Essay.* München: Hanser.

Henz, U. (1997a). Der Beitrag von Schulformwechseln zur Offenheit des allgemeinbildenden Schulsystems. *Zeitschrift für Soziologie, 26* (1), 53–69.

Henz, U. (1997b). Der nachgeholte Erwerb allgemeinbildender Schulabschlüsse. Analysen zur quantitativen Entwicklung und sozialen Selektivität. *Kölner Zeitschrift für Soziologie und Sozialpsychologie, 49* (2), 223–241.

Henz, U. & Maas, I. (1995). Chancengleichheit durch die Bildungsexpansion. *Kölner Zeitschrift für Soziologie und Sozialpsychologie, 4* (47), 605–633.

Heymann, H. W. (1996a). *Allgemeinbildung und Mathematik. Studien zur Schulpädagogik und Didaktik* (Bd. 13). Weinheim: Beltz.

Heymann, H. W. (1996b). Mathematikunterricht in der Gymnasialen Oberstufe. *Zeitschrift für Pädagogik, 42* (4), 541–556.

Hofe, R. vom (1995). *Grundvorstellungen mathematischer Inhalte.* Heidelberg: Spektrum.

Hoffmeyer-Zlotnik, J. H. P. (1993). Operationalisierung von „Beruf" als zentrale Variable zur Messung von sozio-ökonomischen Status. *ZUMA-Nachrichten, 32.*

Holland, P. W. & Wainer, H. (Eds.). (1993). *Differential item functioning.* Hillsdale, NJ: Erlbaum.

Hong, S. & Roznowski, M. (1998). *The impact of retaining differentially functioning items on predictive validities: A simulation study.* Unpublished manuscript, Ohio State Univerity.

Hopf, D. (1987). *Herkunft und Schulbesuch ausländischer Kinder: Eine Untersuchung am Beispiel griechischer Schüler.* Berlin: Max-Planck-Institut für Bildungsforschung (Studien und Berichte, 44).

Hopf, D. & Tenorth, H.-E. (1994). Migration und kulturelle Vielfalt: zur Einleitung in das Themenheft. *Zeitschrift für Pädagogik, 40* (1), 3–7.

Hu, L.-T. & Bentler, P. M. (1998). Fit indices in covariate structure modeling: Sensitivity to underparameterized model misspecification. *Psychological Methods, 3,* 424–453.

Husén, T. (1967). *International study of achievement in mathematics: A comparison of twelve countries* (Vols. I and II). Stockholm and New York: Almqvist & Wiksell and Wiley.

Inglehart, R. (1998). *Modernisierung und Postmodernisierung: Kultureller, wirtschaftlicher und politischer Wandel in 43 Gesellschaften.* Frankfurt a.M.: Campus.

Jensen, A. R. (1984). Test bias: Concepts and criticisms. In C. R. Reynolds & R. T. Brown (Eds.), *Perspectives on bias in mental testing* (pp. 507–586). New York: Plenum.

Johnson, E. G. & Rust, K. F. (1992). Population references and variance estimation for NAEP data. *Journal of Educational Statistics, 17,* 175–190.

Jöreskog, K. G. & Sörbom, D. (1989). *LISREL 7: User's reference guide.* Chicago, IL: Scientific Software International.

Jöreskog, K. G. & Sörbom, D. (1993a). *LISREL 8: Structural equation modeling with the SIMPLIS command language.* Chicago, IL: Scientific Software International.

Jöreskog, K. G. & Sörbom, D. (1993b). *LISREL 8. User's reference guide.* Chicago, IL: Scientific Software International.

Kaiser, G. (1997). Vergleichende Untersuchungen zum Mathematikunterricht im englischen und deutschen Schulwesen. *Journal für Mathematik-Didaktik, 18,* 127–170.

Kaiser, G., Blum, W. & Wiegand, B. (1997). Ergebnisse einer Langzeitstudie zu den mathematischen Leistungen deutscher und englischer Lernender. In K. P. Müller (Hrsg.), *Beiträge zum Mathematikunterricht* (S. 263–266). Hildesheim: Franzbecker.

Kaiser-Messmer, G. & Blum, W. (1993). Einige Ergebnisse von vergleichenden Untersuchungen in England und Deutschland zum Lehren und Lernen von Mathematik in Realitätsbezügen. *Journal für Mathematik-Didaktik, 14,* 269–305.

Kaiser-Messmer, G. & Blum, W. (1994). Vergleich mathematischer Leistungen deutscher und englischer Lernender in Klasse 8. *mathematica didactica, 17,* 17–52.

Kirsch, I., Jungeblut, A. & Mosenthal, P. B. (1998). The measurement of adult literacy. In T. S. Murray, I. S. Kirsch & L. Jenkins (Eds.), *Adult literacy in OECD countries: Technical report on the First International Adult Literacy Survey* (pp. 105–134). Washington, DC: U.S. Department of Education, National Center for Education Statistics.

Kish, L. (1995). *Survey sampling.* New York: Wiley.

Klafki, W. (1991). *Neue Studien zur Bildungstheorie und Didaktik.* Weinheim: Beltz.

Klauer, K. J. (1987). *Kriteriumsorientierte Tests.* Göttingen: Hogrefe.

Kleinmann, M. & Köller, O. (1997). Construct validity of assessment centers: Appropriate use of confirmatory factor analysis and suitable construction principles. *Journal of Social Behavior and Personality, 12,* 65–84 [Special Issue: Assessment centers: Research and applications].

Klieme, E. (1989). *Mathematisches Problemlösen als Testleistung.* Frankfurt a.M.: Lang.

Klieme, E. & Bos, W. (2000). Mathematikleistung und mathematischer Unterricht in Deutschland und Japan: Triangulation qualitativer und quantitativer Analysen am Beispiel der TIMS-Studie. *Zeitschrift für Erziehungswissenschaft, 3* (3).

KMK. (1995). Siehe Sekretariat der Ständigen Konferenz der Kultusminister der Länder in der Bundesrepublik Deutschland.

Köhler, H. (1992). *Bildungsbeteiligung und Sozialstruktur in der Bundesrepublik: Zu Stabilität und Wandel der Ungleichheit von Bildungschancen.* Berlin: Max-Planck-Institut für Bildungsforschung.

Köller, O. (1994). Psychometrische und psychologische Betrachtungen des Rateverhaltens in Schulleistungstests. *Empirische Pädagogik, 8,* 59–84.

Köller, O. (1997). Evaluation of STS-approaches: A psychological perspective. In W. Gräber & C. Bolte (Eds.), *Scientific literacy: An international symposium* (pp. 331–347). Kiel: Institut für die Pädagogik der Naturwissenschaften.

Köller, O. (1998). *Zielorientierungen und schulisches Lernen.* Münster: Waxmann.

Köller, O., Baumert, J. & Schnabel, K. U. (1999). Wege zur Hochschulreife. Offenheit des Systems und Sicherung vergleichbarer Standards. Analysen am Beispiel der Mathematikleistungen von Oberstufenschülern an Integrierten Gesamtschulen und Gymnasien in Nordrhein-Westfalen. *Zeitschrift für Erziehungswissenschaft, 2* (3), 385–422.

Kraft, U. (1988). Berufsausbildung und die Entwicklung des Selbstkonzepts. In K. Häfeli, U. Kraft & U. Schallberger (Hrsg.), *Berufsausbildung und Persönlichkeitsentwicklung* (S. 115–147). Bern: Huber.

Krapp, A. (1992). Das Interessenkonstrukt. Bestimmungsmerkmale der Interessenhandlung und des individuellen Interesses aus der Sicht einer Person-Gegenstands-Konzeption. In A. Krapp & M. Prenzel (Hrsg.), *Interesse, Lernen, Leistung: Neuere Ansätze der pädagogisch-psychologischen Interessenforschung* (S. 297–532). Münster: Aschendorff.

Krapp, A. & Prenzel, M. (Hrsg.). (1992). *Interesse, Lernen, Leistung. Neuere Ansätze der pädagogisch-psychologischen Interessensforschung.* Münster: Aschendorff.

Krapp, A., Prenzel, M. & Schiefel, H. (1986). Grundzüge einer pädagogischen Interessentheorie. *Zeitschrift für Pädagogik, 32* (2), 163–173.

Kubinger, K. D. (Hrsg.). (1989). *Moderne Testtheorie.* Weinheim: Beltz.

Lapointe, A. E., Askew, J. M. & Mead, N. A. (1992a). *Learning mathematics. International Assessment of Educational Progress (IAEP).* Princeton, NJ: Educational Testing Service.

Lapointe, A. E., Askew, J. M. & Mead, N. A. (1992b). *Learning science. International Assessment of Educational Progress (IAEP).* Princeton, NJ: Educational Testing Service.

Laugksch, R. C. (2000). Science literacy: A conceptual overview. *Science Education, 84* (1), 71–94.

Lawrence, I. M., Curley, W. E. & McHale, F. J. (1988). *Differential item functioning of SAT-verbal reading subscore items for male and female examinees.* Paper presented at the Annual Meeting of the American Educational Research Association, New Orleans, LA.

Lehmann, R. H. (1996). Reading literacy among immigrant students in the United States and the former West Germany. In National Council for Educational Statistics, *Reading literacy in an international perspective. Collected papers from the IEA Reading Literacy Study.* Washington, DC: NCES.

Lehmann, R. H., Peek, R. & Gänsfuß, R. (1997). *Aspekte der Lernausgangslage von Schülerinnen und Schülern der fünften Klassen an Hamburger Schulen.* Hamburg: Behörde für Schule, Jugend und Berufsbildung, Amt für Schule.

Lehmann, R. H., Peek, R. & Gänsfuß, R. (1998). *Aspekte der Lernausgangslage und der Lernentwicklung – Jahrgangsstufe 7.* Hamburg: Behörde für Schule, Jugend und Berufsbildung, Amt für Schule.

Lehmann, R. H., Peek, R., Pieper, I. & Stritzky, R. von (1995). *Leseverständnis und Lesegewohnheiten deutscher Schüler und Schülerinnen.* Weinheim: Beltz.

Leschinsky, A. & Roeder, P. M. (1981). *Gesellschaftliche Funktionen der Schule. Handbuch Schule und Unterricht* (Bd. 3, S. 107–154). Düsseldorf: Schwann.

Lewalter, D., Krapp, A., Schreyer, I. & Wild, K.-P. (1998). Die Bedeutsamkeit des Erlebens von Kompetenz, Autonomie und sozialer Eingebundenheit für die Entwicklung berufsspezifischer Interessen. In K. Beck & R. Dubs (Hrsg.), *Kompetenzentwicklung in der Berufserziehung. Kognitive, motivationale und moralische Dimensionen kaufmännischer Qualifizierungsprozesse* (S. 143–168). Stuttgart: Steiner (Zeitschrift für Berufs- und Wirtschaftspädagogik, 14. Beiheft).

Lietz, P. (1996). *Changes in reading comprehension across cultures and over time.* Münster: Waxmann.

Linn, R. L. (1994). Criterion-referenced measurement: A valuable perspective clouded by surplus meaning. *Educational Measurement, 13* (4), 12–14.

Little, T. D., Schnabel, K. U. & Baumert, J. (Eds.). (2000). *Modeling longitudinal and multilevel data. Practical issues, applied approaches, and specific examples.* Mahwah, NJ: Erlbaum.

Lord, F. M. (1974). Estimation of latent ability and item parameters when there are omitted responses. *Psychometrika, 39,* 247–264.

Lord, F. M. (1980). *Applications of item response theory to practical testing problems.* Hillsdale, NJ: Erlbaum.

Lord, F. M. & Novick, M. R. (1968). *Statistical theories of mental test scores.* Reading, MA: Addison-Wesley.

Mare, R. (1981). Change and stability in educational stratification. *American Sociological Review, 46,* 72–87.

Marsh, H. W. (1989). Confirmatory factor analyses of multitrait-multimethod data: Many problems and some solutions. *Applied Psychological Measurement, 13,* 335–361.

Marsh, H. W., Balla, J. R. & McDonald, R. P. (1988). Goodness-of-fit indexes in confirmatory factor analysis: The effect of sample size. *Psychological Bulletin, 103* (3), 391–410.

Martin, M. O. & Kelly, D. L. (Eds.). (1996). *Third International Mathematics and Science Study. Technical report: Vol. I. Design and development.* Chestnut Hill, MA: Boston College.

Martin, M. O. & Kelly, D. L. (Eds.). (1997). *Third International Mathematics and Science Study. Technical report: Vol. II. Implementation and analysis. Primary and middle school years (Population 1 and Population 2).* Chestnut Hill, MA: Boston College.

Masters, G. N. (1982). A Rasch model for partial credit scoring. *Psychometrika, 47,* 149–174.

Maxwell, J. A. (1996). *Qualitative research design. An interactive approach.* Thousand Oaks, CA: Sage.

McDonald, R. P. & Marsh, H. W. (1990). Choosing a multivariate model: Noncentrality and goodness of fit. *Psychological Bulletin, 107,* 247–255.

Messick, S. (1998). Validity. In R. L. Linn (Ed.), *Educational measurement* (3rd ed., pp. 13–103). New York: Macmillan.

Meulemann, H. (1992). Expansion ohne Folgen? Bildungschancen und sozialer Wandel in der Bundesrepublik. In W. Glatzer (Hrsg.), *Entwicklungstendenzen der Sozialstruktur* (S. 123–157). Frankfurt a.M.: Campus.

Miller, D. & Linn, R. (1985). *Cross-national achievement with differential retention rates.* Unpublished paper prepared for the Center for Statistics, U.S. Department of Education.

Miller, J. D. (1983). Scientific literacy. A conceptual and empirical review. *Daedalus, 112* (2), 29–48.

Miller, J. D. (1987). Scientifically illiterate (Study of adult understanding of terms and concepts). *American Demographics, 9,* 26.

Miller, J. D. (1995). Scientific literacy for effective citizenship. In R. E. Yager (Ed.), *Science/technology/Society as reform in science education* (pp. 185–204). New York: State University Press of New York.

Miller, J. D. (1997). Civic scientific literacy in the United States: A developmental analysis from middle-school through adulthood. In W. Gräber & C. Bolte (Eds.), *Scientific literacy: An international symposium* (pp. 121–142). Kiel: Institut für die Pädagogik der Naturwissenschaften.

Miller, M. D. & Linn, R. L. (1988). Invariance of item characteristic functions with variations in instructional coverage. *Journal of Educational Measurement, 25,* 205–220.

Millsap, R. E. & Everson, H. T. (1993). Methodology review: Statistical approaches for assessing measurement bias. *Applied Psychological Measurement, 17,* 297–334.

Mislevy, R. J. (1991). *A framework for studying differences between multiple-choice and free-response test items.* Princeton, NJ: Educational Testing Service.

Mislevy, R. J., Beaton, A. E., Kaplan, B. & Sheehan, K. M. (1992). Estimating population characteristics from sparse matrix samples of item responses. *Journal of Educational Measurement, 29* (2), 133–161.

Mislevy, R. J., Johnson, E. G. & Muraki, E. (1992). Scaling procedures in NAEP. *Journal of Educational Statistics, 17* (2), 131–154.

Mislevy, R. J. & Sheehan, K. M. (1987). Marginal estimation procedures. In A. E. Beaton, *The NAEP 1983/84 technical report* (pp. 293–360). Princeton, NJ: Educational Testing Service (NAEP Report 15-TR-20).

Mosenthal, P. B. (1996). Understanding the strategies of document literacy and their conditions of use. *Journal of Educational Psychology, 88* (2), 314–332.

Moser, U., Ramseier, E., Keller, C. & Huber, M. (1997). *Schule auf dem Prüfstand. Eine Evaluation der Sekundarstufe I auf der Grundlage der „Third International Mathematics and Science Study"*. Zürich: Rüegger.

Muckenfuß, H. (1995). *Lernen im sinnstiftenden Kontext. Entwurf einer zeitgemäßen Didaktik des Physikunterrichts.* Berlin: Cornelsen.

Müller, W. (1998). Erwartete und unerwartete Folgen der Bildungsexpansion. *Kölner Zeitschrift für Soziologie und Sozialpsychologie,* 81–112 (Sonderheft 38: Die Diagnosefähigkeit der Soziologie).

Müller, W. & Haun, D. (1994). Bildungsungleichheit im sozialen Wandel. *Kölner Zeitschrift für Soziologie und Sozialpsychologie, 46* (1) 1–42.

Mullis, I. V. S., Martin, M. O., Beaton, A. E., Gonzalez, E. J., Kelly, D. L. & Smith, T. A. (1998). *Mathematics and science achievement in the final year of secondary school. IEA's Third International Mathematics and Science Study.* Chestnut Hill, MA: Boston College.

National Center for Educational Statistics (NCES). (1995). *The condition of education 1995.* Washington, DC: U.S. Department of Education.

National Council of Teachers of Mathematics (NCTM). (1989). *Curriculum and evaluation standards for school mathematics.* Reston, VA: NCTM.

National Council of Teachers of Mathematics (NCTM). (1991). *Professional standards for teaching mathematics.* Reston, VA: NCTM.

National Council of Teachers of Mathematics (NCTM). (2000). *Principles and standards for school mathematics.* Reston, VA: NCTM.

National Research Council (NRC) (Ed.). (1989). *Everybody counts. A report to the nation on the future of mathematics education.* Washington, DC: National Academy Press.

National Research Council (NRC) (Ed.). (1995). *National science education standards.* Washington, DC: National Academy Press.

Nauck, B. & Diefenbach, H. (1997). Bildungsbeteiligung von Kindern aus Familien ausländischer Herkunft: Eine methodenkritische Diskussion des Forschungsstands und eine empirische Bestandsaufnahme. In F. Schmidt (Hrsg.), *Methodische Probleme der empirischen Erziehungswissenschaft* (S. 289–307). Baltmannsweiler: Schneider-Verlag Hohengehren.

Neale, M. C. (2000). Individual fit, heterogeneity, and missing data in multigroup structural equation modeling. In T. D. Little, K. U. Schnabel & J. Baumert (Eds.), *Modeling longitudinal and multilevel data. Practical issues, applied approaches, and specific examples* (pp. 249–267). Mahwah, NJ: Erlbaum.

Neubrand, J. & Neubrand, M. (Eds.). (1999). Special aspects of TIMSS related to mathematics education, Part I. *Zentralblatt für Didaktik der Mathematik, 31* (6), 166–201.

Neubrand, J., Neubrand, M. & Sibberns, H. (1998). Die TIMSS-Aufgaben aus mathematik-didaktischer Sicht: Stärken und Defizite deutscher Schülerinnen und Schüler. In W. Blum & M. Neubrand (Hrsg.), *TIMSS und der Mathematikunterricht* (S. 17–27). Hannover: Schroedel.

Neubrand, M. u.a. (1999). *Grundlagen der Ergänzung des internationalen PISA-Mathematik-Tests in der deutschen Zusatzerhebung: Framework zur Einordnung des PISA-Mathematik-Tests in Deutschland.* Berlin: OECD-PISA Deutschland, Nationales Konsortium.

Oelkers, J. (1988). Öffentlichkeit und Bildung: Ein künftiges Mißverhältnis. *Zeitschrift für Pädagogik, 34,* 579–599.

Organisation for Economic Co-Operation and Development (OECD). (1999). *Measuring student knowledge and skills. A new framework for assessment.* Paris: OECD.

Organisation for Economic Co-Operation and Development (OECD). (2000). *Education at a glance. OECD indicators.* Paris: OECD.

Orpwood, G. & Garden, R. A. (1998). *Assessing mathematics and science literacy.* Vancouver: Pacific Educational Press (TIMSS Monograph No. 4).

Palamidis, H. & Schwarze, J. (1989). Jugendliche beim Übergang in eine betriebliche Berufsausbildung und in die Erwerbstätigkeit. *Mitteilungen aus der Arbeitsmarkt- und Berufsforschung, 1,* 114–124.

Pedhazur, E. J. (1982). *Multiple regression in behavioral research: Explanation and prediction.* Hinsdale, IL: Dryden Press.

Peters, J. J. (1994). Bildungspolitik und Bildungsforschung in einem Europa der Regionen aus niederländischer Sicht. In G. Brinkmann (Hrsg.), *Europa der Regionen. Herausforderung für Bildungspolitik und Bildungsforschung* (S. 77–92). Köln: Böhlau.

Pfundt, H. & Duit, R. (1994). *Bibliography students' alternative frameworks of science education/Bibliographie Alltagsvorstellungen und naturwissenschaftlicher Unterricht.* Kiel: Institut für die Pädagogik der Naturwissenschaften.

PISA-Konsortium (Hrsg.). (1999). *Schülerleistungen im internationalen Vergleich. Eine neue Rahmenkonzeption für die Erfassung von Wissen und Fähigkeiten.* Berlin: Max-Planck-Institut für Bildungsforschung.

Postlethwaite, T. N. & Ross, K. N. (1992). *Effective schools in reading. Implications for educational planners.* Hamburg: IEA.

Postlethwaite, T. N. & Wiley, D. E. (1992). *The IEA study of science II: Science achievement in twenty-three countries.* Oxford, UK: Pergamon (International studies in educational achievement, Vol. 9).

Price, L. R. & Oshima, T. C. (1998). *Differential item functioning and language translation: A cross-national study with a test developed for certification.* Paper presented at the 1998 Annual Meeting of the American Educational Research Association, San Diego, CA.

Raab, E. (1996). *Jugend sucht Arbeit. Eine Längsschnittuntersuchung zum Berufseinstieg Jugendlicher.* München: DJI Verlag Deutsches Jugendinstitut.

Raju, N. S., van der Linden, W. J. & Fleer, P. F. (1995). IRT-based internal measures of differential functioning of items and tests. *Applied Psychological Measurement, 19,* 353–368.

Ramseier, R. (1997). *Naturwissenschaftliche Leistungen in der Schweiz. Vertiefende Analyse der nationalen Ergebnisse in TIMSS.* Bern: Amt für Bildungsforschung der Erziehungsdirektion des Kantons Bern.

Ramsey, J. M. (1997). STS issue instruction: Meeting the goal of social responsibility in a context of scientific literacy. In W. Gräber & C. Bolte (Eds.), *Scientific literacy: An international symposium* (pp. 305–330). Kiel: Institut für die Pädagogik der Naturwissenschaften.

Rasch, G. (1960). *Probabilistic models for some intelligence and attainment tests.* Copenhagen: Nielsen & Lydicke.

Renkl, A. & Stern, E. (1994). Die Bedeutung von kognitiven Eingangsvoraussetzungen und schulischen Lerngelegenheiten für das Lösen von einfachen und komplexen Textaufgaben. *Zeitschrift für Pädagogische Psychologie, 8* (1), 27–39.

Rheinberg, F. (1995). *Flow-Erleben, Freude an riskantem Sport und andere „unvernünftige" Motivationen.* Göttingen: Hogrefe (Sonderdruck aus Enzyklopädie der Psychologie: Motivation, Volition und Handlung, 4, 101–118).

Robitaille, D. F. & Garden, R. A. (Eds.). (1989). *The IEA study of mathematics II: Contexts and outcomes of school mathematics.* Oxford, UK: Pergamon (International studies in educational achievement, Vol. 2).

Robitaille, D. F. & Garden, R. A. (Eds.). (1996). *Research questions & study design.* Vancouver: Pacific Educational Press (TIMSS Monograph No. 2).

Robitaille, D. F., Schmidt, W. H., Raizen, S. A., McKnight, C., Britton, E. & Nicol, C. (1993). *Curriculum frameworks for mathematics and science.* Vancouver: Pacific Educational Press (TIMSS Monograph No. 1).

Roeder, P. M., Baumert, J., Sang, F. & Schmitz, B. (1986). Expansion des Gymnasiums und Leistungsentwicklung. *Zeitschrift für Soziologie, 15* (3), 210–220.

Roeder, P. M. & Schmitz, B. (1995). *Der vorzeitige Abgang vom Gymnasium.* Berlin: Max-Planck-Institut für Bildungsforschung (Materialien aus der Bildungsforschung, 51).

Rolff, H.-G. (1997). *Sozialisation und Auslese durch die Schule.* Weinheim: Juventa.
Rolff, H.-G., Bauer K.-O., u.a. (Hrsg.). (1998). *Jahrbuch der Schulentwicklung.* Weinheim: Juventa.
Rost, J. (1988). *Quantitative und qualitative Testtheorie.* Bern: Huber.
Rost, J. (1996). *Lehrbuch Testtheorie, Testkonstruktion.* Bern: Huber.
Rost, J. & Strauß, B. (1992). Review: Recent developments in psychometrics and test theory. *The German Journal of Psychology, 16* (2), 91–119.
Rubin, D. B. (1987). *Multiple imputation for nonresponse in surveys.* New York: Wiley.

Schafer, J. L. (1997). *Analysis of incomplete multivariate data.* London: Chapman & Hall.
Schmidt, W. H. & Cogan, L. (1996). Development of the TIMSS Context Questionnaires. In M. O. Martin & D. L. Kelly (Eds.), *Third International Mathematics and Science Study. Technical report: Vol. I. Design and development* (Chap. 5, pp. 1–22). Chestnut Hill, MA: Boston College.
Schmitt, A. P. & Dorans, N. J. (1990). Differential item functioning for minority examinees on the SAT. *Journal of Educational Measurement, 27,* 76–81.
Schnabel, K. U. (1998). Stichwort: Schuleffekte. In D. H. Rost (Hrsg.), *Handwörterbuch Pädagogische Psychologie* (S. 431–435). Weinheim: Beltz.
Schultze, W. (1974). *Die Leistungen im naturwissenschaftlichen Unterricht in der Bundesrepublik im internationalen Vergleich.* Frankfurt a.M.: Deutsches Institut für Internationale Pädagogische Forschung.
Schultze, W. & Riemenschneider, L. (1967). *Eine vergleichende Studie über die Ergebnisse des Mathematikunterrichts in zwölf Ländern.* Frankfurt a.M.: Deutsches Institut für Internationale Pädagogische Forschung.
Sekretariat der Ständigen Konferenz der Kultusminister der Länder in der Bundesrepublik Deutschland (Hrsg.). (1995). *Weiterentwicklung der Prinzipien der gymnasialen Oberstufe und des Abiturs. Abschlußbericht der von der Kultusministerkonferenz eingesetzten Expertenkommission.* Kiel: Schmidt & Klaunig.
Shamos, M. H. (Ed.). (1995). *The myth of scientific literacy.* New Brunswick, NJ: Rutgers University Press.
Shavit, Y. & Blossfeld, H.-P. (1993). *Persistent inequality: Changing educational stratification in thirteen countries.* Boulder, CO: Westview Press.
Shealy, R. & Stout, W. F. (1993). An item response theory model for test bias. In P. W. Holland & H. Wainer (Eds.), *Differential item functioning* (pp. 197–239). Hillsdale, NJ: Erlbaum.
Shepard, L. A., Camilli, G. & Williams, D. M. (1984). Accounting for statistical artifacts in item bias research. *Journal of Educational Statistics, 9,* 93–128.
Steiner, G. (1996). Lernverhalten, Lernleistung und Instruktionsmethoden. In F. E. Weinert (Hrsg.), *Psychologie des Lernens und der Instruktion* (Bd. 2, S. 279–317). Göttingen: Hogrefe.
Stout, W., Li, H. H., Nandakumar, R. & Bolt, D. (1997). MULTISIB: A procedure to investigate DIF when a test is intentionally two-dimensional. *Applied Psychological Measurement, 21,* 195–213.

Tatsuoka, K. K., Linn, R. L., Tatsuoka, M. M. & Yamamoto, K. (1988). Differential item functioning resulting from the use of different solution strategies. *Journal of Educational Measurement, 25,* 301–319.
Tenorth, H.-E. (Hrsg.). (1986). *Allgemeine Bildung. Analysen zu ihrer Wirklichkeit, Versuche über ihre Zukunft.* Weinheim: Juventa.
Tenorth, H.-E. (1987). Neue Konzepte der Allgemeinbildung. *Bildungsforschung und Bildungspraxis, 9,* 263–282.
Tenorth, H.-E. (1994). *„Alle alles zu lehren". Möglichkeiten und Perspektiven allgemeiner Bildung.* Darmstadt: Wissenschaftliche Buchgesellschaft.
Thissen, D., Wainer, H. & Wang, W. B. (1994). Are tests comprising both multiple-choice and free-response items necessarily less unidimensional than multiple-choice tests? An analysis of two tests. *Journal of Educational Measurement, 31,* 113–123.

Travers, K. J. & Westbury, I. (1989). *The IEA study of mathematics I: Analysis of mathematics curricula.* Oxford, UK: Pergamon (International studies in educational achievement, Vol. 1).

Treiber, B. (1982). Lehr- und Lernzeiten im Unterricht. In B. Treiber & F. E. Weinert (Hrsg.), *Lehr-Lernforschung* (S. 12–36). München: Urban & Schwarzenberg.

Treiman, D. J. (1977). *Occupational prestige in comparative perspective.* New York: Academic Press.

Tucker, L. R. & Lewis, C. (1973). A reliability coefficient for maximum likelihood factor analysis. *Psychometrika, 38,* 1–10.

Ulrich, J. G. (1995). Perspektiven für die Zeit nach Abschluß der Berufsausbildung. Zukunftserwartungen von Auszubildenden in den neuen Bundesländern. In G. Westhoff (Hrsg.), *Übergänge von der Ausbildung in den Beruf. Die Situation an der zweiten Schwelle in der Mitte der neunziger Jahre* (S. 167–190). Bielefeld: Bertelsmann.

Viehböck, E. & Bratic, L. (1994). *Die Zweite Generation. Migrantenjugendliche im deutschsprachlichen Raum.* Innsbruck: Österreichischer Studienverlag.

Vijver, F. van de & Hambleton, R. K. (1996). Translating tests: Some practical guidelines. *European Psychologist, 1* (2), 89–99.

Voigt, J. (1984). Der kurztaktige, fragend-entwickelnde Mathematikunterricht. Szenen und Analysen. *mathematica didactica, 7,* 161–186.

Walberg, H. J. (1990). A theory of educational productivity: Fundamental substance and method. In P. Vedder (Ed.), *Fundamental studies in educational research* (pp. 19–34). Lisse: Swetz und Zeitlinger.

White, R. W. (1959). Motivation reconsidered. The concept of competence. *Psychological Review, 66,* 297–333.

Wiczerkowski, W., Nickel, H., Janowski, Fittkau, B. & Rauer, W. (1974). *Angstfragebogen für Schüler (AFS)* (3. Aufl.). Braunschweig: Westermann.

Wiegand, B. (1998). Stoffdidaktische Analysen von realitätsbezogenen TIMSS-Aufgaben. *Mathematik lehren, 90,* 18–22.

Wiese, W. (1982). Elternhaus, Lehrerempfehlung und Schullaufbahn: Eine empirische Analyse des Einflusses des Grundschullehrers auf die Bildungslaufbahn des Schülers. *Zeitschrift für Soziologie 11,* 49–63.

Wilhelm, T. (1985). Die Allgemeinbildung ist tot – es lebe die Allgemeinbildung. *Neue Sammlung, 25,* 120–150.

Wilson, J. W. (1971). Evaluation of learning in secondary school mathematics. In B. S. Bloom, J. T. Hasting & G. F. Madaus (Eds.), *Handbook on formative and summative evaluation of student learning* (pp. 643–696). New York: McGraw-Hill.

Winter, H. (1996). Mathematikunterricht und Allgemeinbildung. *Mitteilungen der Gesellschaft für Didaktik der Mathematik, 61,* 37–46.

Wolter, K. M. (1985). *Introduction to variance estimation.* New York: Springer.

Wright, B. D. & Stone, M. H. (1979). *Best test design.* Chicago, IL: Mesa Press.

Wu, M. L., Adams, R. J. & Wilson, M. (1998). *Acer ConQuest: Generalised item response modelling software.* Melbourne: Australian Council for Educational Research.

Yager, R. E. (Ed.). (1993). *What research says to the science teacher: Vol. 7. The science, technology, society movement.* Washington, DC: National Science Teachers Association.

Yager, R. E. & Tamir, P. (1993). STS approach: Reasons, intention, accomplishments and outcomes. *Science Education, 77,* 637–658.